팬데믹 다음 세상을 위한
텐 레슨

파리드 자카리아
팬데믹 다음 세상을 위한
텐 레슨

**TEN
LESSONS**

for a Post-
Pandemic World

개인의 운명과
세상의 방향을 결정지을
10가지 제언

권기대 옮김

민음사

TEN LESSONS

FOR A POST-PANDEMIC WORLD

by Fareed Zakaria

댄, 조애너,
그리고 기디언 로즈에게
이 책을 바칩니다.

미래는 결코 입을 열지 않았으며,
닥쳐올 그의 심오함에 대해서
바보처럼 징후를 보내
한 음절이나마 드러내는 일도 없으리라.

그러나 소식이 무르익어
미처 준비도 못 하게 앞선
행함으로 그 심오함을 보일 땐
달아나라, 혹은 대체하라.[1]

— 에밀리 디긴슨

차례

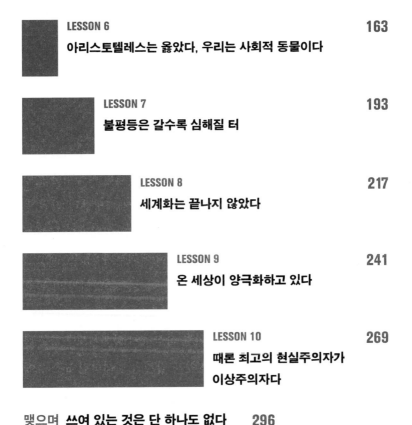

들어가며   박쥐 효과

《뉴욕 타임스》는 그것을 "세계 전역에서 발견된 삐죽삐죽 못이 박힌 둥그런 덩어리"[1]로 묘사했다. 미국 질병통제예방센터 직원 얼리사 에커트와 댄 히긴스는 1월 말 신종 코로나바이러스의 도해(圖解)를 만들라는 과제를 받아 들었다. 나중에 에커트가 《뉴욕 타임스》에 설명한 바로는, '시민들의 주의를 확 잡아끄는 무엇인가'가 필요했기 때문이다. 두 사람이 만들어 낸 것은 밝은 진홍색 스파이크(못)가 여럿 달린 은빛의 구체였다. 뭔가를 상상하게 하면서도 으스스한 그 이미지는 곧 세계 각지로 퍼져 신문과 잡지와 텔레비전 뉴스 등에 모습을 드러냈다. 여러분이 지금 코로나바이러스가 어떻게 생겼는지 그려 보고 있다면, 아마도 에커트와 히긴스의 창작물을 생각하고 있을 공산이 크다. 의학 전문 화가들의 다소 섬뜩한 세계에서 이 그림은 '뷰티 숏'으로 알려져 있다. 바이러스를 위협적이면서 동시에 거대하게 보이도록 만든 입자 한 개의 클로즈업이라고 말이다. 하지만 사실 신종 코로나바이러스의 크기는 지금 여러분이 읽고 있는 이 문장 마침표의 1만분의 1[2]에 불과하다.

우리는 종종 크게 생각하라는 조언을 듣곤 한다. 그러나 이젠 작게 생각하기 시작해야 할지도 모르겠다. 우리는 (아무리 현실성이 떨어졌다 하더라도) 군사 공격이나 침공처럼 큼직하고도 전통적인 위험을 상상하거나, 그런 위험에 대한 대규모의 맞대응을 궁리하는 데 능숙하다. 각국 정부는 방대한 군대를 구축하고, 세계 전역의 부대 이동을 추적하며, 잠재적인 적군과의 모의전(war game)을 실시하느라 천문학적인 금액을 쏟아붓는다. 미국만 해도 해마다 국방비 예산에 7500억 달러[3]를 할애한다. 그런데도 우리는 이 작디작은 세균 하나조차 제대로 막을 준비가 되어 있지 않았다. 두고 보면 알 일이지만 이 바이러스는 인류에게 제2차 세계대전 이래 최악의 경제·정치·사회적 손실을 끼칠 것이다.

이 책은 팬데믹을 다루는 게 아니라, 그 팬데믹의 결과로 (더 중요하게는, 그 팬데믹에 대한 우리 반응의 결과로) 생기게 될 세계를 이야기할 것이다. 거대한 충격은 어김없이 당시 세계의 상태와 (공포, 부정, 혹은 적응이라는) 인류의 반응에 따라 다양한 결과로 이어진다. 신종 코로나바이러스의 경우, 지금의 세계가 서로 끈끈하게 연결되어 있다는 현실, 거의 모든 나라가 전염병에 무방비 상태였다는 현실, 그리고 세계에서 가장 부유한 국가들을 포함한 여러 나라가 인류사에 전례가 없는 방식으로 사회와 경제를 봉쇄했다는 현실에 의해서 그 충격의 양상이 드러나고 있다.

이것은 '팬데믹 이후의 세계'에 관한 책이다. 물론 코로나바이러스가 없어졌기 때문이 아니라, 우리가 중대한 경계선을 막 넘었기 때문이다. 지금 목숨이 붙어 있는 사람은 누구나 역병을 겪지 않아도 되었다. 지금까진 말이다. 그러나 이제 우리는 팬데믹이란 게 어떻게 생겨 먹었는지를 알고 있다. 거기에 대응하는 것이 얼마나 힘든 과제인지, 얼마나 비싼 노릇인지 지켜봤다. 신종 코로나바이러스 감염증(Covid-19)은 존속할 수 있을 테고, 설사 우리가 이것을 박멸한다고 해도 장차 다른 질병이 창궐하리라는 점은 거의 확실하다. 이러한 지식과 경험을 갖춘 우리 인류는 이제 '팬데믹 이후(post-pandemic)'라는 전혀 새로운 시대를 살고 있다.

이번 팬데믹이 몰고 온 결과는 정확히 무엇일까? 어떤 사람들은 역사 경로를 완전히 바꿀 근대사의 결정적인 사건[4]이었음이 드러날 것이라고 했다. 그런가 하면 백신이 개발된 후에는 재빨리 예전의 삶으로 돌아가리라고 믿는 이들[5]도 있다. 또 어떤 사람들은 이 팬데믹이 역사의 모습을 바꾼다기보다는 역사의 흐름을 가속할 것[6]이라고 주장한다. 마지막 시나리오가 가장 그럴듯한 결말로 보인다. 레닌은 이렇게 말한 적이 있다고 한다. "아무 일도 일어나지 않은 채 몇십 년이 흐르기도 하지만, 그러다가 느닷없이 몇 주 안에 십 년 치의 사건이 벌어지기도 한다." 팬데믹 이후의 세계는 여러 면에서 우리가 알고 있던 세상의 '빨리 감기' 버전이 될 것이다. 그러나 우리의 삶을 '빨리 감기' 하면, 그 안의 사건들이 더는 자연스럽게 진척되지 않고, 그 결과는 파괴적일 수 있고 심한 경우엔 치명적일 수도 있다. 1930년대의 개발도상국들은 안정된 속도로 근대화를 이룩하면서 사람들을 농업에서 공업 쪽으로 이동시켰다. 그런데 소련은 그 과정을 혹독하리만치 가속하기로 결정했다. 농업의 집단화라는 모습으로 나타난 이 결정은 국민의 대기근으로 이어져, 수백만 명의 농민을 '살해하고' 독재정치를 공고히 하며 소련 사회를 기기한 모습으로 둔갑시키는 결과를 가져왔다. 스테로이드에 의존하는 세계는 예상치 못한 부작용에 시달릴 수 있는 법이다.

팬데믹 이후의 삶은 국가마다 회사마다 다르고, 특히 한 사람한 사람이 모두 다를 것이다. 설사 경제와 정치가 정상으로 돌아온다 할지라도, 인간은 그렇게 회복되지 못할 것이다. 인간은 드물고 힘든 시련을 이미 겪은 후일 터이고, 새로이 발견해서 힘들게 얻은 기회를 인식할 것이다. 윌리엄 맥스웰(William Maxwell)의 1973년 소설 『그들은 제비처럼 왔다(*They Came Like Swallows*)』에 등장하는 어떤 인물은 스페인 독감에서 살아남은 후로 '자신을 떠나지 않고 붙어 있는 경이로움'[7]을 느낀다. 자신이든 다른 누구이든 그의 삶이 이렇게 변하리라고는 미처 몰랐다는 하나의 계시가 있었기 때문이다. 우리는 작가 캐서린 앤 포터(Katherine Anne Porter)가 1939년 자서전적 중편소설 『창백한 말, 창백한 기수(*Pale Horse, Pale Rider*)』에서 사용했던 표현처럼, 최악의 시간이 지나가면 "내일의 죽어 버린 싸늘한 빛" 속으로 들어가게 된다. 역시 전염병에서 살아남는 이야기를 다룬 이 소설의 마지막 문장은 이렇게 되어 있다. "이제 모든 것을 할 수 있는 시간이 있을 것이다."[8]

역병은 상처를 남긴다

그것이 닥쳐올 것을 예상했어야 했다.[9] 코로나바이러스는 새로운 것일지 몰라도 역병은 그렇지 않다. 서구의 문학도 역병으로 시작한다. 호메로스의 『일리아드』를 시작하는 운문을 읽어 보라, 그리스 군대가 역병으로 참화를 입지 않는가. 나중에 그것은 허영심 많고 탐욕스러운 데다 걸핏하면 다투는 그들의 지도자 아가멤논 대왕을 향해 신들이 내린 벌이었음이 밝혀진다. 서양에서 처음으로 진지하게 기술된 역사 또한 역병을 중심으로 전개된다. 투키디데스의 『펠로폰네소스 전쟁사』는 당대의 강대국이었던 아테네와 스파르타 사이에 벌어진 기나긴 전쟁의 연대기인데, 저자는 전쟁 초기에 끔찍한 역병이 아테네를 휩쓸어 엄청난 수의 건장한 시민들과 특히 이 도시국가의 비할 바 없는 지도자 페리클레스의 목숨을 앗아 갔다고 적었다. 아테네는 민주적이고 스파르타는 좀 더 엄격히 통치되는 전사들의 사회여서, 양쪽은 정치체제가 사뭇 달랐다. 궁극적으로 스파르타가 이기기는 했지만, 만약 역병이 없었더라면 아테네가 이겼을지 모를 일이고, 그랬다면 서구의 역사는 다르게 전개되었을지도 모른다고 말해도 그다지 과장이 아닐 것이다. 활기 넘치는 민주주의가 환하게 타올랐다가 곧 꺼져 버린 불꽃이 아니라 성공의 롤 모델이 되었을지도 모른다는 얘기다. 그렇다, 역병은 상처를 남긴다.

우리가 상상할 수 있는 가장 큰 상처를 남긴 것은 가래톳페스트(선페스트)이다. 1330년대에 중앙아시아에서 창궐하여 이후 10여 년간 유럽으로 퍼졌다. 중세사를 기록한 어떤 저자[10]는 몽고인들이 제노바의 한 성채에다 역병으로 죽은 시신을 투석기로 쏘아 보냄[11]으로써 유럽 대륙에 이 병을 퍼뜨렸다고 비난했다. 인류사 초기의 생물무기였던 셈이다. 하지만 지구촌 교역을 통해 페스트가 확산했다는 이론이 더 그럴듯해 보인다. 시칠리아의 메시나라든가 프랑스의 마르세유 같은 주요 항구로 동방의 물품들을 날라 왔던 카라반과 상선들에 역병이 묻어왔다는 뜻이다. '흑사병'이라고도 불린 이 역병은 쥐의 등에 붙은 벼룩이 옮기는 것으로, 피해자의 림프계를 공격하여 전무후무한 규모의 고통과 죽음을 불러왔다. 유럽 전체 인구의 절반[12]이 몰살당했다. 다른 많은 질병이 그렇듯, 가래톳페스트도 완전히 뿌리뽑히지 않았다. 지금도 세계보건기구는 해마다 몇백 건의 가래톳페스트 발병 사례[13]를 보고하고 있다. 천만다행으로 지금은 항생제 치료가 가능하지만 말이다.

흑사병은 지진의 결과에 맞먹을 상처를 남겼다. 학자들은 그처럼 많은 사람이 죽었으므로 당시의 경제도 완전히 뒤집혔을 것이라고 믿는다. 가령 발터 샤이델(Walter Scheidel)은 흑사병으로 인해 노동력이 희귀해졌고 토지는 남아돌아, 임금이 오르고 임대료는 떨어졌다[14]고 설명한다. 노동자들은 더 높은 협상력을 획득했고 귀족은 밀릴 수밖에 없었다. 농노제도도 서유럽의 대부분 지역에서 자취를 감추었다. 물론 각국의 경제·정치 구조에 따라서 그 충격은 차이가 있었다. 억압적인 조치를 택한 몇몇 나라에서는 실제로 불평등이 더욱 심해졌다. 예컨대 동유럽의 귀족 지주들은 참상과 혼란을 틈타 고삐를 한층 더 죄었고 전에 없던 농노제도를 실행하기도 했다. 이와 같은 물질적인 충격 외에도 흑사병은 지적인 혁명을 촉발하였다. 14세기 유럽인들 중에는 왜 하나님이 이 땅에 그런 지옥을 허락했는지, 그리고 사회계층은 왜 요지부동으로 확립되었는지, 의문을 제기하는 사람이 많았다.[15] 그런 의구심은 궁극적으로 유럽이 중세의 고질병에서 벗어나 르네상스와 종교개혁과 계몽운동을 시작하게 만드는[16] 효과를 가져왔다. 죽음과 공포로부터 과학과 근대성과 성장이 태어난 것이다. Covid-19의 경우엔 그와 같은 대규모의 사망이란 비극에 맞닥뜨리지 않고 있으니, 천만다행이다. 하지만 이 시대의 팬데믹도 우리 사회를 성찰하는 유사한 정신과, 우리의 안일함에 대한 똑같은 충격을 불러오지 않겠는가?

그리 많지도 않은 유럽 병사들이 수백만 명의 라틴아메리카 사람들을 그처럼 신속하게 정복해서 개종시킬 수 있었던 이유는 무엇일까? 역병에 관한 획기적 연구서인 『전염병의 세계사(*Plagues and Peoples*)』를 쓴 역사학자 윌리엄 맥닐(William McNeill)은 바로 이 수수께끼를 풀기 위해 머리를 싸맸다가 역학(疫學)에 매료되고 말았다. 예컨대 스페인 탐험가 에르난 코르테스는 600명의 부하를 거느리고 아즈텍 왕국의 수백만 대군과 맞서지 않았던가. 맥닐이 찾아낸바, 그 해답은 역병에 있었다. 스페인 군대는 앞선 기술의 무기뿐 아니라 천연두 같은 질병까지 품고 왔던 것이다. 자신들은 천연두에 대해 면역력이 있었지만, 라틴아메리카 원주민들에겐 그런 면역력이 없었다. 이어지는 역병의 창궐로 인한 사망자 수는 초기에 전 인구의 30%, 그리고 16세기가 끝날 때까지 60~90%에 이른 것으로 추정된다. 충격적이라고 할 수밖에 없다. 모두 수천만 명이 역병에 목숨을 잃었다.[17] 맥닐은 또한 "스페인 사람들은 털끝 하나 다치지 않고 원주민들만 골라서 죽인 질병이 가져왔을 끔찍한 심리적 영향"[18]을 상상한다. 그래서 원주민들은 저 이방인들이야말로 참으로 강력한 신들을 숭배한다는 결론에 이르렀으리라고 맥닐은 짐작한다. 어째서 그토록 많은 원주민이 스페인에 항복하고 가톨릭교로 개종했을까를 설명해 주는 대목이 아닐까.

지금도 우리의 기억에 생생하게 새겨져 있는 것은 스페인 독감. 제1차 세계대전이 한창일 때 세계를 덮친 이 역병은 전쟁으로 죽은 숫자[19]의 두 배가 넘는 5000만여 명의 목숨을 앗아 갔다.[20] (스페인 독감이라는 이름이 붙은 것은 이 병이 스페인에서 시작되었기 때문이 아니라, 참전국이 아니었던 스페인만큼은 뉴스를 검열하지 않았기 때문이다.[21] 그래서 발병 소식은 주로 스페인에서 보도되었고, 그 결과 사람들은 병이 거기서 시작되었다고 추측하게 되었다.) 20세기 초반부터 과학은 괄목할 만한 진척을 이루었지만, 당시엔 바이러스를 본 사람도 없었고 이 새로운 전염병의 치료법은 더더욱 알지 못했다.[22] 전자현미경은 아직 발명되기 전이었고 항바이러스 약품도 없었기 때문이다. 그런데도 당시 보건 당국이 내건 가장 중요한 세 가지 가이드라인, 즉 사회적 거리 두기와 마스크와 손 씻기는 오늘날에도 백신이 개발될 때까지 코로나바이러스 확산을 멈추기 위한 4대 메커니즘 가운데 3가지로 여전히 유효하다. 다른 하나의 메커니즘인 규칙적 검진은 최근에 추가된 것이다.

최근 몇십 년 사이에 사스, 메르스, 조류독감, 신종 플루(돼지독감), 그리고 에볼라 바이러스 등이 아주 짧은 시간 안에 널리 퍼지자, 인류가 머지않은 장래에 참으로 세계적인 전염병과 맞닥뜨릴 것이라고 경고하는 전문가들이 많았다. 일반 대중도 주목했다. 1994년에 출간된 리처드 프레스턴(Richard Preston)의 베스트셀러 『핫 존(*The Hot Zone*)』은 에볼라 바이러스의 기원을 상세히 밝혔다. 2002~2003년의 사스 전염과 2009년의 신종 플루 대유행에서 아이디어를 얻은 「컨테이전(*Contagion*)」(2011)은 세계적으로 2600만 명의 희생자를 낸 바이러스를 상정하여 만든 영화다. 빌 게이츠는 2015년 한 TED 강의에서 이렇게 경고했다. "만약 앞으로 몇십 년 내에 무엇인가가 1000만 명 이상을 죽이는 일이 생긴다면, 그것은 극도로 전염성이 강한 바이러스일 것이다."[23] 그리고 2년 후, 그는 뮌헨 안보회의에서 경고의 목소리를 한층 더 높여, 그런 전염병이 향후 10~15년 사이에 창궐할 가능성이 비교적 크다고 예측했다.[24]

그때 즈음에는 하나의 팬데믹을 상상하고 그것을 막기 위해 좀 더 많은 시간과 자원과 에너지를 투자해야 한다고 주장하는 데 그다지 큰 선견지명이 필요하지 않았다. 2017년 6월 도널드 트럼프 대통령이 공공 보건과 질병을 관리하는 핵심 관청의 예산 삭감을 제안했을 때, 나는 CNN에서 내가 맡은 프로그램의 일부를 그 주제에 할애하면서 이렇게 말했다.[25]

지금 미국이 맞닥뜨리고 있는 가장 커다란 위협 가운데 하나는 전혀 커다란 것이 아닙니다. 사실 그것은 아주 작아서 현미경으로밖에 보이지 않는, 시침 핀 머리의 몇천분의 일밖에 안 되는 녀석입니다. 인간이 만들었건 자연이 만들었건 치명적인 병원균은 전 지구적인 보건 위기를 촉발할 수 있고, 미국은 그것과 맞설 수 있는 대비가 전혀 되어 있지 않습니다. …… 스페인 독감이 지구 전역에서 5000만 명의 목숨을 앗아 간 것으로 추정되는, 지금으로부터 100년 전인 1918년을 되돌아보기만 해도 우리는 알 수 있지요. 오늘날의 우리는 그때보다 여러 면에서 훨씬 더 취약합니다. 인간들이 꽉꽉 들어찬 도시들, 끊임없는 전쟁, 자연재해, 나라와 나라 사이의 항공 여행 등은 아프리카의 작은 마을에서 시작된 바이러스도 스물네 시간 안에 미국을 포함한 세계 어떤 지역에라도 퍼질 수 있다는 것을 의미합니다. …… 생물보안(biosecurity)과 글로벌 팬데믹은 모든 국경선을 가차 없이 자르고 지나갑니다. 병원균, 바이러스, 질병은 모두에게 똑같이 가혹한 킬러입니다. 위기가 닥치면 우리는 자금도 좀 더 풍부하고 지구촌의 협력도 좀 더 끈끈하면 얼마나 좋을까, 탄식하겠지요. 하지만 그땐 이미 너무 늦은 겁니다.

과연 너무 늦었다. Covid-19에 대비해 정신 바짝 차리라는 경고를 우리는 귀가 아프게 들었다. 그러나 우리는 어떤 팬데믹의 몇 가지 특정한 위험 정도가 아니라, 우리 체제 전반에 가해질 충격의 가능성을 인지했어야 했다.

냉전이 끝난 후 세계는 미국의 파워(지정학적 세력), 자유시장(경제적 세력), 정보혁명(기술적 세력)의 세 가지 힘으로 특징지어지는 새로운 국제 체제에 안착했다. 모든 요소가 힘을 합쳐 더욱 활짝 열리고 번성하는 세계를 만들고 있는 것처럼 보였다. 그러나 그것은 여전히 위기로 가득 찬 세계였고, 점차 통제 불가능으로 내달리는 위기도 더러 있었다. 발칸전쟁, 아시아 금융의 붕괴, 9.11 테러 공격, 세계 금융 위기, 그리고 이제 코로나바이러스 감염증까지. 그것들은 다 다르지만, 중요한 공통점을 가지고 있다. 그것들 모두가 비대칭 충격(asymmetric shocks)[26]이라는 것이다. 다시 말해 시작은 대수롭지 않았지만 끝내 전 세계에 엄청난 지진파를 일으켰다는 점이다. 이것은 그 여파가 가장 오래 느껴진다고 판단될 세 가지 사건, 즉 9.11 테러 공격, 2008년의 금융 위기, 그리고 코로나바이러스의 경우에 특히 그러하다.

9.11 테러는 그야말로 지구촌을 거세게 뒤흔들며 이 새로운 세계에 대한 특별한 반격, 그때까지만 해도 서구인들이 흔히 무시해 왔던 반격에 주의를 집중시켰다. 이 테러 공격은 이슬람 극단주의의 분노, 중동의 긴장, 서구와 이슬람-중동 사이의 복잡한 관계를 세계 무대의 한가운데 올려놓았다. 그리고 미국이 격렬하게 반응하도록 불을 질러 놓았다. 미국은 방대한 국내 보안 조직의 규모를 늘리는가 하면, 동시에 아프가니스탄과 이라크에서 전쟁을 선포하고 다른 지역에서 일련의 표적 작전을 개시해 '테러와의 전쟁'에 (일부의 추정에 의하면) 무려 5조 4000억 달러(약 5500조 원)를 쏟아부었다.[27] 이런 군사행동이 유혈 사태와 혁명과 억압과 난민이라는 결과를 낳으면서, 그로 인한 사상자 및 처참한 결과가 지금까지도 그림자를 드리우고 있다.

두 번째의 충격은 9.11과는 전혀 다른 것으로, 역사상 그리 낯설지 않은 종류의 금융 위기였다. 호황을 누리는 시기가 길어지면 자산 가격이 올라가고 그것이 투기로, 거품으로, 끝내는 붕괴로 이어지기 마련이다. 이 위기는 미국에서 시작되었지만 빠른 속도로 지구촌 전역으로 퍼져 나갔고, 세계를 대공황 이래 최악의 경기 침체에 빠뜨렸다. 이후 경제는 느릿느릿 회복했지만, 시장은 호황을 맞으면서 자본과 노동의 간격을 더 벌려 놓았다. 정치에서 이 위기가 가져온 영향은 복잡하고 통렬했다. 파탄의 뿌리는 민간 부문의 방만함에 있었지만, 많은 국가의 사람들은 경제적인 측면에서 좌파 성향으로 옮아가지 않았다. 그들은 오히려 문화적인 측면에서 우파 쪽으로 움직였다. 경제적 불안은 문화적 불안을 낳았고, 이민자들을 향한 적대감과 익숙한 과거로 돌아가고 싶은 향수를 불러일으켰다. 우익의 포퓰리즘이 서구 전역에서 힘을 얻게 되었다.[28]

마지막으로 세 번째가 바로 지금 우리가 견뎌 내고 있는 그 충격이다. 어쩌면 셋 중에서 가장 커다란 충격일지 모르지만, 어쨌든 확실한 것은 가장 글로벌하다는 점이다. 중국에서 헬스케어의 문제점으로 시작된 것이 오래지 않아 전 지구적 팬데믹으로 커졌다. 하지만 그건 시작에 불과했다. 의학상의 이 일대 위기는 전 세계의 모든 비즈니스가 일시에 문을 닫게 압박했고, 그 결과 대마비(Great Paralysis), 즉 경제 자체가 멈추는 사태가 벌어졌다. 일부의 추정[29]에 따르면, 이 팬데믹이 초래한 경제적 손실은 이미 대공황으로 인한 손실에 견줄 만하다.[30] 정치적인 결과는 앞으로 여러 해에 걸쳐 나라마다 서로 다른 방식으로 펼쳐질 것이다. 그리고 공포와 고립과 목표의 상실 등, 이 팬데믹이 사회와 우리의 심리에 미친 영향은 그보다도 훨씬 더 오래갈 것이다. 지금 코로나바이러스 감염증은 우리 한 사람 한 사람에게 깊고도 영속적인 영향을 주고 있으며, 그 충격의 크기는 우리가 아직도 충분히 가늠할 수 없다.

그런데 이들 세 가지 어마어마한 글로벌 위기는 모두 아주 작은 것, 얼핏 보기에 사소한 것에서 비롯하였다. 가령 9.11 테러 공격을 생각해 보라. 그 위기를 시작한 것은 이루 말할 수 없이 단순하고 조악한 무기, 4000년 전 청동기시대에나 쓰였을 법한 작은 칼로 무장한 열아홉 명의 젊은이였다. 그러나 이들은 전쟁과 정보 작전과 반역과 억압 등을 아우르는 엄청난 파도를 일으켜 온 세계를 뒤덮고 말았다. 아니면 세계 금융 위기의 원천을 곰곰 생각해 보라. '신용 부도 스와프'라는 이름의 아리송한 파생 상품, 그러니까 대부분 주택 담보대출을 기반으로 하는 일종의 보험 상품이 이리저리 묶이고 또 묶이고, 케이크 자르듯이 잘리고 토막 나서, 판매되고 재판매되더니, 끝내 미국 경제보다 3배나 크고 지구촌 경제 전체의 4분의 3에[31] 해당하는 45조 달러짜리 시장[32]으로 둔갑하고 말았다. 그리고 이 시장이 무너지자 세계경제도 덩달아 붕괴했으며, 정해진 순서인 양 포퓰리즘의 물결이 촉발된 것이다. '신용 부도 스와프'라는 괴물이 없었더라면, 아마도 트럼프 대통령은 절대 탄생하지 않았을 것이다.

그럼 이 팬데믹은 어떤가? 중국 후베이성 박쥐 한 마리의 몸속을 돌아다니던 조그마한 바이러스 입자가 어떻게 세계를 무릎 꿇렸는지, 이젠 우리 모두 알고 있다. 나비 한 마리의 날갯짓이 지구 반대편의 기후 패턴에 영향을 준다는 나비효과[33]를 보여 주는 생생한 현실의 일례다. 작은 변화가 커다란 결과를 초래할 수 있다는 것이다. 송전 계통이나 컴퓨터 네트워크에서 자그마한 부품 하나가 고장 나고 그 부하가 다른 부품으로 이전되어 그것까지 고장 나면, 연쇄작용이 일어나 잔물결 하나가 요란한 파도로 둔갑하듯이 점점 더 커질 수 있다. 이런 것을 가리켜 '종속 고장(cascading failure)'이라 부른다. 단 하나의 소프트웨어 결함이나 트랜스포머 고장이 시스템 전체를 멈춰 세울 수 있다는 이야기다. 이와 비슷한 일이 생물학에서도 일어난다. 가령 혈액이 아주 약간만 감염되어도 자그마한 응혈이 생길 수 있고, 그것이 연쇄 작용을 일으켜 엄청난 뇌졸중을 유발할 수 있다. 이것이 '허혈(虛血) 연쇄반응'이라는 과정이다.

오래전 인류는 전염병을 인간의 힘 또는 인간의 책임 밖에 있는 것으로 간주했다. 예를 들자면 '인플루엔자(influenza)'라는 말은 감기나 열병이 별의 힘 때문에 생긴다고 믿었던 이탈리아의 민속에 뿌리를 두고 있다.[34] 그러나 세월이 흐르면서 인식도 변했고, 사람들은 곧바로 눈에 띄는 문제의 특성에 점점 더 초점을 맞추게 되었다. 이것은 그다음의 문제 해결 방법 모색으로 이어지는 중요한 단계였다. 프랑스 사람들은 감기를 '그리프(grippe)'라고 부르는데, '꽉 붙잡음'이라는 뜻의 이 단어는 아마도 목이나 가슴이 '꽉 조이는' 느낌을 암시하는 것이리라.[35] 1990년 이래로 대략 10년에 한 번꼴로 갑작스럽고 어마어마한 '꽉 조임'이 온 세상을 연쇄효과로 '꽉 붙들었다'. 앞으로도 그런 일은 더 생길 것이다. 그것은 의식적인 계획의 산물은 아니지만, 그렇다고 해서 오롯이 우발적인 것도 아니다. 그것은 우리가 구축해 놓은 국가 간 체제에 담긴 고유의 요소로 보인다. 닥쳐올 팬데믹 이후의 세계를 제대로 보려면, 우리는 그 체제를 이해할 필요가 있다. 다시 말해서, 지금 우리가 살고 있는 세계를 이해할 필요가 있다.

안전벨트를
단단히 매어야 할 때

1

코로나바이러스 팬데믹은 일찍이 없었던 새로운 사건으로, 우리 일상의 여러 패턴과 많은 추정을 뒤집어 놓고 있다. 그러나 그것은 또한 세계의 대단히 오래된 여러 측면을 드러내기도 했다. 이 비상사태는 국제 관계에서 "결국 모든 나라는 각자도생, 즉 스스로 알아서 해야 한다."라는 가장 해묵은 진리를 두드러지게 보여 주었다. 팬데믹이 덮치자, 오랫동안 협력해 왔던 (예컨대 유럽의) 나라들은 국경을 꽁꽁 닫아걸고 자신들의 생존을 도모하기 바빴다. 국제 관계를 연구하는 학자들도 이런 현상에 놀라지 않을 것이다. 국제정치에서는 최고의 권력자도, 세계를 다스리는 정부도, 질서를 유지하는 거대한 괴물도 없다[1]는 것이 국내 정치와의 가장 중요한 차이점이라는 사실을 이미 알고 있기 때문이다. 이러한 기본 조건 때문에 많은 사상가들이 영속적인 경쟁과 갈등의 국제 영역을 생각해 내게 되었다. 토머스 홉스는 국가를 "언제나 검투사와 같은 태세로 무기를 곧추세우고 서로에게서 절대 두 눈을 떼지 않는"[2] 존재로 묘사하지 않았던가. 사실 전쟁의 시대와 평화의 시대 모두가 역사를 가득 채우고 있다. 지난 100년 동안 각국은 전쟁보다 평화에 더 오랜 시간을 썼다. 국경을 넘나드는 교역, 여행, 투자가 엄청 늘어났다. 모든 국가는 서로 협력해서 공통의 문제를 해결하기 위한 메커니즘과 제도를 만들어 냈다. 그러나 끝내 죽음이 다가오자 그들은 홀로 걷고 있다.

냉전이 끝난 후에 세계는 존립에 꼭 필요한 구조를 갖추게 되었지만, 코로나바이러스 팬데믹은 그 세계를 강타했다. 강대국들의 경쟁이 수그러들고 국제 교역이 활짝 꽃피면서 세계 각국은 상호 의존의 튼튼한 끈으로 이어졌다.[3] 그러나 서로 유리한 입지를 차지하기 위해 다투고 경제 측면의 새로운 경쟁자가 지정학적인 도전자로 변하면서, 경제적 통합은 또한 여러 형태의 역류를 만들어 내기도 했다. 그리고 같은 시기의 정보혁명 덕택에 재화, 용역, 문화, 아이디어 등 모든 것은 어김없이 초광속으로 움직이게 되었다. 하지만 질병의 전파도 초광속으로! 유형이든 무형이든 이 모든 흐름은 지금도 지구상의 모든 나라를 관통하고 있지만, 어느 한 나라도 자력으로 그 흐름의 양상을 결정할 수 없다. 모두가 서로 이어져 있지만, 그 누구도 통제할 수 없는 상황이다. 달리 표현하자면 우리가 살고 있는 이 세계는 활짝 열려 있는 데다 재빨리 움직이고 있어서, 당연하게도 '불안정'하다.

그토록 역동적이고 개방된 것이라면 거기에 안정을 부여하기란 대단히 어려울 터이다. 어떤 체제에서든 '개방' '신속' '안정'이란 세 요소 가운데 우리가 누릴 수 있는 것은 두 개뿐이라는 사실이 드러나고 있다. 지금 우리가 살고 있는 세계처럼 열려 있고 빠르게 움직이는 체제는 본디 불안하게 마련이다. 빠른 속도와 안정을 누리는 체제는 중국처럼 꽉 닫혀 있기 쉽다. 체제가 개방적이고 안정되어 있으면 역동적이라기보다 굼뜬 사회일 가능성이 크다. 19세기 오스트리아·헝가리제국이나 오토만제국을 생각해 보라. 방대하고 열려 있고 다양했지만, 썩어 가고 있었다. 공학자 재러드 코언(Jared Cohen)은 컴퓨터 네트워크가 개방성, 속도, 보안 가운데 반드시 두 개를 택해야 한다는 점을 간파했는데, 앞의 '트라일레마(trilemma)' 즉 '난감한 삼자택일'은 바로 그의 아이디어를 차용한 것이다. 경제학자들도 그들 나름의 '정책 트라일레마'라는 게 있어서, 어떤 국가든 자유로이 움직이는 자본, 독립된 중앙은행, 그리고 고정환율의 세 가지 중에서 두 개만 누릴 수 있다고 단정한다.[4] 이런 트라일레마들은 다소 공부벌레 냄새가 나긴 하지만 모두 하나의 단순한 개념, 즉 열려 있고 빠르게 움직이는 체제는 위험천만한 통제 불능에 빠질 수 있다는 개념에 도달한다.

자, 우리 글로벌 자본주의의 고도로 다이내믹한 형태를 곰곰 생각해 보자. 그것은 급속한 성장을 가능하게 할 수도 있지만, 동시에 금융 위기라든지 경제의 대폭락이란 결과를 가져올 수도 있다. 금융 시장이 좀 더 단단히 규제되고 있던 1930년대 중반부터 1980년대 초까지는 심각한 금융 공황이 그리 많지 않았다. 그러나 최근 들어 각국 정부가 금융 규제를 풀면서, 우리는 하나씩 차례로 벌어진 위기를 목격했다. 라틴아메리카의 부채 위기, 미국 저축대부조합(S&L)의 붕괴, 멕시코의 '테킬라' 위기, 아시아 금융 위기, 러시아 부도 사태, 미국 헤지펀드 롱텀 캐피털 매니지먼트의 파산, 닷컴 버블 사태, 그리고 세계 금융 위기까지. 좀 더 개방되어 있었고 좀 더 다이내믹했기에, 좀 더 불안정했던 역사다.

우리는 언제나 오버드라이브(과속) 상태에 있는 세상을 만들어 놓았다. 어떤 의미에서건 인류의 발전은 지난 200년에 걸쳐 극적으로 속도를 높여 왔고, 최근 몇십 년 동안은 그 페이스가 한층 더 빨라졌다. 사람들은 더 오래 살고, 더 많이 만들어 소비하며, 더 큰 공간에서 살고 더 많은 에너지를 소모할 뿐 아니라, 더 많은 쓰레기와 온실가스를 배출하고 있다. 딱 하나만 예를 들어 보자. 50개 국가에서 뽑은 전문가 145명이 작성한 2019년의 유엔 보고서는 우리의 자연이 인류 역사상 전례 없는 속도로 피폐해지고 있다는 결론을 내리고 있다.[5] 이 보고서는 육지 전체의 75%가 인간의 행위로 인해 "극심하게 변형"되었으며, 해양의 66%도 마찬가지라고 지적했다. 생태계가 무너지고 있으며, 생물의 다양성도 사라지고 있다. 동식물을 합친 총 800만 가지의 종 가운데 무려 100만 종이 멸종의 위기를 맞고 있으며, 더러는 몇십 년 안에 사라질지도 모른다. 이 모든 긴장과 불균형이 여러 가지 위험을 낳고 있는데, 개중에는 예견되는 위험도 있지만 그렇지 않은 것도 있다.

작용과 반작용

이처럼 가차 없는 작용과 반작용의 모델을 이해하려면, 9.11 사태와 금융 위기와 코로나 유행이라는, 21세기 들어 경험했던 세 가지 커다란 위기를 생각해 보라. 하나는 정치적 위기, 또 하나는 경제적 위기, 다른 하나는 자연이 가져온 위기였다.

먼저 9.11 사태의 경우, 우리는 자본주의와 민주주의 그리고 미국의 패권이라는 멈춰 세울 수 없어 보이는 진군이 이슬람권 일부의 분노에 찬 폭력적 반작용을 초래했음을 목격했다. 서구와 그 가치관이 지구 전역을 휩쓸고 있었지만, 알고 보니 모두가 이를 달가워하진 않더라는 이야기다. 거친 반발은 불만에 가득 찬 소수집단에서 터져 나왔지만(테러리즘이란 결국 약자의 무기[6]가 아니던가!) 그래도 넋 놓고 있던 온 세계를 경악에 빠뜨렸다.

둘째로 2008년의 금융 위기는 어땠는가? 그것은 금융이 어찌나 고삐 풀린 채 날뛰었던지, 금융 엔지니어링이 공학 부문의 엔지니어링보다 훨씬 더 고수익인 상황이 비일비재했던 경제의 결과물이었다. 월스트리트는 파생 상품을 켜켜이 쌓아 올리는 등, 갈수록 기기묘묘한 금융 상품을 만들어 내 사람들이 하찮은 보상을 위해 더 큰 위험을 무릅쓰도록 부추겼다. 게다가 끈질기게도 '내 집 마련'에 초점을 맞춤으로써, 정부와 민간기업이 나서서 더 많은 대출을 얻어 더 큰 집을 사라고 더 많은 사람을 유혹하도록 만들었다. 이런 시스템은 결국 너무나 복잡해져서, 집값이 조금만 움직여도 와르르 무너지지 않을 수 없었다. 이 위기는 경제 부문에서 벌어진 '종속 고장'과 다름없다.

마지막으로 코로나 유행은 대자연의 보복이라 생각해 볼 수 있을 것이다. 지금 우리가 살아가는 방식은 그야말로 동물 바이러스한 테 빨리 와서 인간을 전염시켜 달라고 초대장을 보내는 것이나 다름 없다. 미국 질병통제예방센터는 인간이 겪는 새로운 질병의 75%가 동물에게서 유래하는 것으로 추정한다.[7] 에이즈가 그랬고, 에볼라 바이러스, 사스, 메르스, 조류독감, 신종 플루, 그리고 아마도 신종 코로나바이러스까지 모두 그랬다. 왜 최근 몇십 년 동안 그 모든 질병이 동물로부터 인간에게 더 빨리 건너온 것일까?[8] 세계의 여러 지역에서 인간이 야생동물과 한층 더 가까이 살고 있기 때문이다. 개발도상 국들은 근대화 속도가 너무나 빨라서, 사실상 동시에 몇 개의 다른 세기를 살아가고 있는 것과 다름없다. 중국은 우한 및 그와 비슷한 도시에 기술 면에서 세련된 선진 경제를 구축했지만, 하늘을 찌르는 고층 건물 뒤에는 이국적 동물들이 가득한 야생 생물 시장이 도사리고 있어, 동물에서 인간으로 전해지는 바이러스 감염의 완벽한 온상이 되고 있다.[9] 그리고 이런 곳에 사는 사람들은 과거의 어느 때보다 더 활발히 돌아다니면서 정보와 재화와 서비스 등을 재빨리 퍼뜨린다. 물론 질병까지 신속하게 전파한다는 것을 굳이 말할 필요가 있겠는가.

우리가 자연의 서식지를 파괴하는 탓일지도 모르겠다. 도로를 내고, 땅을 개간하고, 공장을 짓거나 광산을 개발하는 등, 인간이 문명을 대자연 속으로까지 확장하면서 동물들이 우리에게 병을 전염시킬 확률이 높아진다[10]고 믿는 과학자들도 적지 않다. 신종 코로나바이러스는 박쥐로부터 유래했을 것으로 보이는데, 박쥐는 광견병이나 에볼라를 포함하여 다른 많은 바이러스의 숙주이기도 하다. 왜

하필 박쥐일까? 박쥐는 고도로 발달한 면역 체계와 방어기제를 갖추고 있는데, 가령 날아다닐 때의 체온이 마치 열병에 걸린 것처럼 높아서 좀 더 강력한 바이러스들이 선호한다. 다른 동물들을 재빨리 허약하게 만들 각종 바이러스라도 박쥐는 잘 견뎌 내므로,[11] 바이러스가 널리 확산할 기회를 더 많이 주게 된다.* 게다가 박쥐는 대량의 개체가 서로 밀접한 환경에서 떼 지어 모이기 때문에 바이러스 전파를 위한 완벽한 온상이 되어 준다.[13] 텍사스주 샌안토니오를 막 벗어난 곳에 브래큰 동굴 보호구역이 있는데, 이곳은 세계 최대의 박쥐 군락지다. 3월과 10월 사이에 1500만 마리가 넘는 자유꼬리박쥐가 이곳에 운집해 밤마다 하늘을 떠돌며 어찌나 요란한 소리로 어마어마한 장관을 연출하는지, 사람들은 이것을 '박쥐 폭풍'[14]이라고 부를 정도다.

박쥐는 원래 인간과 멀리 떨어져 살았던 동물이다. 그러나 인간이 그들의 서식처를 침범하면서 박쥐의 병이 차츰 인간의 병으로 변했다. 말레이시아의 열대림들은 지난 수십 년 동안 야자유와 목재 생산을 위해 벌목되어 왔다. 시간이 흐르면서 이러한 삼림 파괴는 이 지역의 과일박쥐들을 몰아냈고, 그들은 목숨을 유지할 수 있는 여러 장소로 이동할 수밖에 없었다. 그중에서 많은 개체가 돼지 농장 주변에 모여서 거기서 자라는 망고나 다른 과일을 먹고 살았다. 결국 1998년

---

* 우한 미생물학 연구소(中国科学院武汉病毒研究所) 같은 기관들이 다양한 종류의 코로나바이러스를 포함하여 많은 바이러스의 감염원인 박쥐를 연구하는 것도 바로 이런 이유에서다. 이 연구소에서 사고로 누출된 것이 바로 신종 코로나바이러스라고 주장하는 사람들도 있다. 이 주장은 아직 증명되지 않았지만, 그런 연구소들이 BSL-4라는 최고 등급의 생화학 안전 환경에서조차 누출의 경험이 있다는 사실을 지적하지 않을 수 없다. 2007년 영국의 한 연구소에서 누출된 병원균이 수족구병을 일으킨 것[12]도 그 예이다.

박쥐에 기생하던 니파[15]라는 이름의 바이러스가 돼지들을 전염시키고, 이어서 농장 일꾼들까지 감염시킨 것으로 드러났다. 신종 코로나바이러스와 관련해서도 틀림없이 이와 비슷한 일이 벌어졌을 터이다. 다만 이 경우엔 비늘이 전통 한약재로[16] 쓰인다는 천산갑 같은 중간 숙주를 거쳐서 인간에게 전염되었을 가능성이 크다.[17] 저명한 질병생태학자 피터 다스작(Peter Daszak)은 이렇게 설명한다. "우리 인간은 하루도 빠짐없이 팬데믹의 가능성을 키우는 짓들을 하고 있습니다. 이건 그저 자연의 문제가 아니라는 걸 우리가 알아야 해요. 이건 인간이 자연에 무슨 짓을 하느냐의 문제란 말입니다."[18]

갈수록 경제가 빠른 속도로 발전하고 더 많은 사람에게 영향을 미치게 되면서 우리는 점점 더 큰 위험을 그러안고 있는데, 그렇다는 사실을 인식조차 못 할 때도 많다. 예컨대 육류 소비를 생각해 보자. 생활이 풍요로워지면서 우리는 육류를 더 많이 먹게 된다. 이런 현상이 전 지구적으로 나타나면, 그 결과는 경악에 가깝다. 지금 전 세계에서 인간의 먹이로 해마다 800억 마리의 짐승이 도축되고 있다.[19] 물고기는 아예 계산에 넣지도 않았는데 그렇다! 이 엄청난 수요를 충족시키려면, 환경과 우리의 건강이 어마어마하게 망가져야 한다. 동물성 식품은 인류가 필요로 하는 열량의 18%밖에 공급하지 못하면서도 지구에 있는 농토의 80%를 잡아먹고 있다.[20] 한편 오늘날 육류가 생산되고 있는 공장은 19세기의 도축장과 별반 다르지 않고, 방대한 수의 동물이 끔찍한 환경에서 도축되고 있다. 미국의 경우 99%,[21] 세계 전체로 보면 74% 정도[22]일 만큼 대다수 가축은 공장식 축산 농장에서 나온다.(목초로 키운 유기농 방식의 육류는 사치품이다.) 갖가지 강력한 바이러스 입장에서 이와 같은 대량생산은 세균 배양 접시나 다름없다. 복스 미디어(Vox Media) 시걸 새뮤얼 기자의 설명을 들어보자. "축산 농장 동물의 바람직한 속성, 가령 좀 더 큰 닭가슴살 같은 속성을 얻기 위해 특정 유전자를 선택하는 행위는 이 동물들을 유전 공학적으로 거의 획일화했습니다. 이게 무슨 뜻인지 아세요? 바이러스가 유전학적인 변종이나 이형과 한 번이라도 맞닥뜨린다면 더 전파되지 못하고 멈출 텐데, 그런 게 없으니 일사천리로 동물 사이에 퍼질 수가 있다는 얘기입니다. 한 무리의 동물 사이를 휘젓고 퍼지면서 그 바이러스는 훨씬 더 악성으로 커질 수 있는 겁니다."[23] 유전자 다양성의 결핍이 '면역의 방화선(immunological firebreak)'을 제거해 버린다. 새뮤얼은 생물학자인 롭 월러스(Rob Wallace)의 말을 인용한다. "우리가 상상할 수 있는 가장 위험한 병원균에게 공장식 축산 농장은 더할 나위 없이 훌륭한 선택이다."[24]

'돼지독감'이라고도 불리는 2009년의 신종 플루도 북미의 돼지 농장에서 시작되어 퍼진 것으로 보인다.[25] 그런가 하면, 여러 가지 조류독감의 근원은 가금류를 생산하는 동아시아의 공장식 축산 농장으로 추적되었다.[26] 그뿐인가, 동물들한테 쏟아붓는 항생제가 박테리아를 대부분 죽여 없애도 그 와중에 살아남은 놈들은 극도로 강력해지는 통에, 축산 농장은 항생제에 저항력이 큰 신종 박테리아를 키우는 그라운드 제로(ground zero)가 되고 있다. 존스 홉킨스 대학의 로버트 로런스 교수도 항생제에 대해 내성을 지닌 이런 박테리아를 "축산 농장이 품고 있는 인류 건강의 최대 리스크"[27]라고 부른다. 실제로 질병통제예방센터에 따르면 미국에서는 해마다 280만 명가량이 항생제 내성을 지닌 박테리아에 의한 병에 걸리며,[28] 3만 5000명이 그로 인해 사망한다. 15분마다 한 명이 목숨을 잃는 셈이다.[29] 전 세계적으로 보면 연간 사망자 수가 70만 명에 이른다.[30] 하지만 그런데도 육류 소비는 해마다 늘어나기만 한다.

파멸을 부추기는 인간

참 이상하지 않은가, 성급하고 무계획적인 개발이 우리에게 피해로 되돌아올 수 있다는 교훈을 미국인들이 아직도 깨우치지 못했다니! 이미 그런 경험을 여러 번 했고, 그중에는 북미 역사상 가장 참혹한 생태계 재앙인 거대한 모래 폭풍에 휩쓸렸던 1930년대 더스트 볼(Dust Bowl)의 경험도 포함되어 있는데 말이다. 이것은 미국인들의 기억 속에 생생히 각인되어 있을 뿐 아니라 여러 소설에서도 묘사되고 영화에도 등장하는 사건이다. 모래 폭풍 때문에 살던 곳을 떠난 궁박한 이주민들의 쓰디쓴 이야기에 영감을 받아 탄생한 존 스타인벡의 걸작『분노의 포도』는 미국 역사상 최초의 기후 난민이라 부를 만한 사람들의 곤경을 그려 내고 있다. 이것을 인간의 행위와 그에 대한 자연의 반작용을 묘사한 이야기로 읽을 수도 있겠다.

그레이트플레인스(Great Plains)는 록키산맥 동쪽, 미시시피강 서쪽에 있는 반건조성 평원 지대이다. 이 땅 위를 휩쓸고 지나는 바람은 때로 무시무시할 정도다. 수백 년, 아니 어쩌면 몇천 년에 걸쳐, 이 광풍에 대한 대자연의 해법은 풀을 자라게 해서 느슨한 지표층의 흙을 단단히 고정하는 것이었다. 그러나 19세기 말에 이르러 비옥한 농토라는 약속에 현혹된 개척자들이 서부로 몰려들어, 초원을 갈아엎고 풀이 무성했던 평원을 밀밭으로 둔갑시켰다.[31] 농부들이 바람막이 역할을 했던 나무들을 베어 내고 흙을 자꾸 뒤엎어, 마침내 그 많던 풀이 다 사라지고 지표층의 흙은 아래쪽 단단한 땅을 간신히 덮고 있는 얇고 푸석거리는 지층이 되고 말았다.

이윽고 혹심한 기후가 닥쳐왔다. 1930년을 기점으로 이 지역에는 네 차례의 가뭄이 덮쳤다. 가뭄과 함께 바람도 돌아왔다. 일찍이 목격한 사람이 거의 없었던 막강한 힘으로 지표층을 몽땅 날려 버리는가 하면 하늘을 새까맣게 뒤덮는 모래 폭풍까지 일으키는 무시무시한 광풍이었다. 1934년까지 무려 1억 에이커의 땅을 덮고 있던 지표층이 이 바람에 깡그리 휩쓸려 사라졌다.[32] 엎친 데 덮친 격으로 1934년은 미국이 기온을 기록하기 시작한 이래 가장 더웠던 해여서,[33] 고통은 그 열기로 인해 한층 더 혹심해졌다. 수천 명이 사망했고 수백만 명이 이 땅을 버리고 떠났다.[34] 뒤에 남은 농부들은 10년의 가난 속으로 내던져졌다.

지금 우리는 매일같이 그와 비슷하게 파멸을 부추기고 있다. 기후변화는 그 자체로 여러 권의 책이 되어야 하고 허다한 경고가 이루어져야 마땅한, 방대한 주제다. 그러나 여기에서는 인간들이 지금 자연환경의 거의 모든 영역에서 기후변화의 영향을 목격하고 있다는 사실을 지적하는 것으로 충분하리라. 기후변화는 열대기후를 세계의 더 많은 지역으로 확산시키고 있으며, 그리하여 각종 질병이 생기기에 더 좋은 조건을 만들어 내고 있다. 게다가 더 많은 땅을

(유엔이 추정하기로는 1분마다 23헥타르의 땅을[35]) 사막으로 바꿔 놓고 있다. 사막화 방지를 위한 유엔의 노력을 지휘했던 뤽 나카자(Luc Gnacadja) 사무총장은 2010년 기후변화를 "우리 시대의 가장 커다란 환경 도전"[36]이라고 부르면서 이렇게 경고했다. "인류를 멸종으로부터 막아 줄 수 있는 것은 오로지 지표 20센티미터 두께의 토양뿐이다." 지구 표면의 38%가 사막화의 위험에 처해 있으며,[37] 지구의 기후변화에 의해서라기보다 땅에서 물을 지나치게 많이 뽑아내는 잘못, 좀 더 쉽게 예방할 수 있는 그 잘못 때문에 사막화가 이루어지는 경우도 적지 않다. 세계에서 가장 중요한 수원(水源) 가운데 하나가 오갈랄라 대수층(Ogallala Aquifer)인데, 사우스다코타, 네브래스카, 캔자스, 오클라호마, 텍사스 등의 반건조성 토지를 아우르며 널리 퍼져 있어서 미국의 농장에 물을 대는 데 필요한 지하수의 3분의 1가량을 공급한다.[38] 얼핏 바닥이 안 보일 것만 같은 이 우물은 사실 기업식 영농 때문에 너무나 빨리 말라 가고 있어서, 앞으로 채 50년도 안 되어 70%까지 줄어들 것으로 추정된다.[39] 이 대수층이 말라 버린다면, 강우로 그것을 다시 채우는 데에는 6000년이 걸릴 것이라고 한다.[40]

뭐 새로운 얘기도 아니잖아, 할 수도 있다. 불을 만들 줄 알게 된 이후로 인류는 줄곧 자연의 경로를 바꾸어 왔으니까. 바퀴와 쟁기, 그리고 극적으로 증기기관까지 발명하게 되면서 이러한 변화의 속도는 더욱 빨라졌다. 그리고 20세기 들어서, 특히 최근 몇십 년 사이에 변화는 아주 극심해졌다. 지구 위 인간의 숫자가 1900년 이래 다섯 배로 늘어나는 동안 평균수명은 갑절로 길어졌다. 이 같은 인간수명의 연장은 "자연선택(natural selection)이 형성해 온 모습의 범위"를 훌쩍 뛰어넘는다는 것이 박테리아 유전학에서 이룩한 업적으로 서른세 살에 노벨상을 받은 생물학자 조슈아 레더버그(Joshua Lederberg)의 설명이다. 레더버그가 1989년 워싱턴 DC에서 열린 바이러스학 콘퍼런스에서 행한 탁월한 강연은 지금도 뇌리를 떠나지 않는데, 그 자리에서 그는 인류가 자신의 생물학적 궤적을 너무나도 심하게 변화시킨 나머지 "현대인은 인간이 만들어 낸 종(種)"[41]일 따름이라고 주장했다.

레더버그는 인류의 지속적인 경제 발전과 과학의 진보를 가리켜 "다른 모든 식물과 동물 종에 대한 최악의 위협"이라 불렀다. 우리 '생활공간(Lebensraum)'을 추구하느라 다른 종들을 밀어내기 때문이라는 것이었다. 그는 이렇게 덧붙였다. "몇몇 해충을 제외하고는 호모 사피엔스의 압도적 지배에는 이론의 여지가 없다." 그러나 그는 인류에게 딱 한 가지 진짜배기 경쟁자, 즉 바이러스라는 경쟁자가 있으며, 이놈이 끝내 인류를 이길 수도 있다는 사실을 지적했다. "대자연은 전혀 온순하지 않다는 현실, 대자연은 적어도 다른 종을 제쳐 놓고 인간의 복지에 유난히 다정다감하지 않다는 현실에 순응하기를 무척 어려워하는 사람들이 많다." 레더버그는 1950년대 호주에서 토끼의 개체 수를 억제할 요량으로 점액종 바이러스를 살포했을 때 그들에게 어떤 파멸이 닥쳤던가를 청중에게 상기시켜 주었다. 궁극적으로 토끼들이 집단면역을 얻기는 했지만, 그것은 처음 바이러스가 퍼지면서 무려 99%의 개체를 죽이고 난 다음이었다.[42] 그는 음울한 모습을 제시하면서 강연을 마쳤다. "저는 묻고 싶습니다. 인류의 고작 몇%만이 해변에 살아남게 된다면, 과연 그 사회가 생존할 수 있을까요? 그 토끼들보다 조금이나마 더 높은 수준의 문화로 기능을 발휘할 수 있을까요? 그리고 상황이 그런 지경에 이른다면, 과연 우리는 캥거루와 제대로 경쟁할 수 있을까요?"

아직도 충분히 걱정되지 않는가? 그렇다면 우리는 지금까지 인간의 활동에 대한 자연의 반작용이 품고 있는 위험만을, 그러니까 팬데믹부터 지구온난화까지만을 고려했다는 사실을 기억하자. 그 나저나 인간은 질병을 무기로 이용할 수 있을까? 역사적으로 몇 가지 그런 예가 있다. 멀리 기원전 1320년까지 거슬러 올라가 보면, 소아시아의 왕국들이 박테리아에 감염된 양들을 서로에게 내몰았다고 하는데,[43] 이는 토비 오드(Toby Ord)가 그의 저서 『낭떠러지(*The Precipice*)』에서 지적한 바 있다. 근대로 들어와서는 소련이 정교한 생물무기 프로그램을 운영한 일이 있는데, 한창때엔 9000명의 과학자들을 동원해 천연두부터 탄저균까지 별의별 병균을 다 무기화했다.[44] 생물학과 전반적인 기술의 발전 덕택에 요즘은 잘 훈련된 과학자 몇 명과 약간의 투자만 있으면 치명적인 병원균을 생산할 수 있다.

나는 우리가 맞닥뜨리고 있는 위험 중에서 세균(생물) 테러가 가장 중요하면서도 가장 논의되지 않고 있는 위험이라고 늘 생각해 왔다. 9.11 테러 사건 이후로 미국은 핵무기 확산을 멈추는 데 상당한 에너지를 쏟아부었다. 이라크와 전쟁을 치른 것도 주로 이 나라가 추진하는 것으로 알려진 핵무기 개발을 막기 위해서였고, 이란이나 북한을 향해 전쟁도 불사하겠다고 으름장을 놓은 것도 같은 이유에서였다. 핵 확산 금지는 지금도 미국이 설정한 어젠다의 최상위를 차지하고 있으며, 군축 협약의 방대한 체제가 국제적으로 이런 무기를 규제하고 있다. 그러나 핵무기는 개발하기도 어렵거니와 찾아내기도 비교적 쉽다. 이에 비해 생물무기의 개발은 훨씬 더 실용적이어서, 적은 비용으로 만들 수 있고 자그마한 연구실에서 얼마 안 되는 예산으로 실행할 수 있다. 하지만 그 충격은 거의 상상할 수 없으리만치 어마어마하다. 제조된 병원균에 의한 사망자 수는 간단히 수백만 명 혹은 그 이상으로 치솟을 수 있다. 그런데도 이런 위험이 거의 관심을 끌지 못하고 있는 것이다. 생물무기 방지를 위한 주요 국제 포럼인 '생물무기 금지 협약(Biological Weapons Convention)'도 뒤늦게 서둘러 만든 기구다. 오드는 이렇게 덧붙인다. "인류를 보호하겠다고 만든 이 국제 협약은 직원이래야 기껏 네 명이고, 맥도날드 점포 하나보다도 더 적은 예산으로 움직이고 있다. 기가 찰 노릇이다."[45]

회복 탄력성 구축하기

이것은 여러 가지 위협을 나열해 본 우울한 그림이다. 거기에다 우리 국제 체제의 불안한 속성을 생각한다면, 지금 이 세상은 끔찍하게 약해 빠진 것으로 보일지도 모른다.[46] 하지만 그렇지 않다. 인류의 역사를 읽는 또 다른 방법은 우리가 얼마나 강인한지를 깨닫는 것이다. 인간은 빙하시대도 거쳐 왔고, 갖가지 역병도 겪어 냈으며, 세계 대전과 숱한 혁명을 경험했지만 여전히 살아남았고 번성해 왔지 않은가. 조슈아 레더버그는 노벨상 수상 연설에서, 자연은 언제나 바이러스와 그 숙주의 공존을 선호하는 평형상태를 추구한다고 인정했다. 하기는 인간이 죽으면 거기에 기생하는 것들도 죽을 수밖에 없지 않겠는가. 인간과 인간이 꾸리는 사회는 놀라우리만치 혁신적이고 비상한 수완을 지니고 있다. 지구라는 이 행성의 복원력은 경외감을 불러일으킬 정도다. 그렇지만 우리가 무릅쓰고 있는 위험이 갈수록 커지고 있음을 인식해야 하고, 그런 위험을 줄이기 위해서 행동에 나서야 한다. 현대 인류는 일찍이 그 예를 찾을 수 없는 규모와 속도로 발전해 왔다. 지금 우리가 살고 있는 글로벌 시스템은 개방되어 있고 역동적이다. 완충장치가 거의 없다는 의미다. 그래서 훌륭한 혜택도 많지만, 동시에 취약한 구석도 많다. 갈수록 심해지는 불안정한 현실에 우리가 적응해야 한다. 그것도 지금 당장.

인류는 파멸할 운명이 아니다. 경고음을 울리는 요지는 사람들에게 행동을 촉구하자는 것이다. 그런데 문제는 어떤 행동을 촉구할 것이냐이다. 모든 나라가 경제적인 성장을 멈추고 활짝 열려 있던 세계를 꽁꽁 닫아걸어야 한다고 말하는 이들이 좌우익을 막론하고 없지 않다. 그러나 세상에서 가장 궁핍한 수십억 명에게 그들은 절대 가난에서 벗어날 수 없다고 말해 주어야 한다는 말인가? 기술 발전의 속도를 늦추고 재화와 용역의 전 지구적 이동을 줄이려고 애써야 한다는 말인가? 설사 그렇게 하고 싶다 하더라도, 우리가 이 강력한 힘을 저지할 수는 없는 노릇이다. 도대체 무슨 수로 수십억 인류에게 생활수준을 높이려는 노력을 멈추라고 설득하겠는가. 그리고 인간들이 서로서로 관련되고 엮이는 것을 우리는 막을 수 없다. 기술의 혁신을 막을 도리도 없다. 우리가 할 수 있는 일은 당면한 여러 가지 위험을 지금보다 훨씬 더 절실히 인식하는 것, 그런 위험들에 대비하는 것, 우리 사회가 회복 탄력성을 가지도록 하는 것이다. 우리 사회는 갖가지 충격과 반동을 견딜 수 있어야 할 뿐 아니라, 그로부터 배우고 교훈을 얻을 수 있어야 한다. 나심 니컬러스 탈레브는 우리가 '안티프래질(antifragile)' 체제를 만들어야 한다고 제안한다. 혼란과 위기를 통해 오히려 힘을 얻는 체제 말이다.

우리가 어떻게 해야 하는지는 우리도 잘 안다. '더스트 볼'을 겪은 후로 과학자들은 무슨 일이 있었던가를 재빨리 이해했다. 루스벨트 행정부는 「대평원을 망가뜨린 쟁기질(The Plow that Broke the Plains)」이라는 제목의 단편 기록영화를 만들어 이를 국민에게 설명했다. 여러 정부 기관이 나서서 농부들에게 토양 부식을 예방하는 방법을 가르쳤다. 또 정부는 농부들에게 막대한 규모의 보조금을 지급했고, 토양보존사무국을 설립해 연방 정부가 소유한 1억 4000만 에이커의 초원을 보호구역으로 지정했다.[47] 그 덕분에 1926년부터 1999년까지는 극심한 기후 조건에도 불구하고 제2의 더스트 볼은 없었다.

"질병의 발생은 피할 도리가 없지만, 대규모 전염 사태는 우리하기 나름이다."[48] 45년 전 천연두의 박멸을 도왔던 미국 내과 의사 래리 브릴리언트가 했던 말이다. 질병을 만들어 내는 자연적 현상을 미리 바꿀 수는 없을지 몰라도, 잘 대비하고 일찌감치 행동에 나서서 슬기롭게 대응한다면 그 확산을 재빨리 꺾어 버릴 수 있다는 의미다. 사실 천연두의 박멸은 과학의 이야기이기도 하지만, 그보다는 치열하게 경쟁하고 있던 초강대국들의 놀라운 협력과 지구 전체를 아우르는 감명 깊은 대응 조치의 스토리라 하겠다.

현재진행형인 기후변화도 그와 비슷하다. 우리가 기후변화를 완전히 멈출 수는 없지만, 공격적이고 현명한 정책을 통해서 그 규모를 줄일 수는 있고, 그것이 가져올 해로운 결과들을 피할 수도 있기 때문이다. 물론 그 대가는 적지 않을 것이다. 기후변화에 진지하게 대처하려면 우선 탄소세부터 도입해야 할 터인데, 그렇게 되면 시장에 올바른 가격 신호를 보낼 뿐 아니라, 새로운 기술 개발을 위한 자금을 제공함과 동시에 이미 변해 버린 지구에 적응하는 데 꼭 필요한 수익도 올리게 될 것이다. 그럼 경제 발전에 관해서는 어떨까? 성장, 개방성, 혁신 같은 전통적인 발전 요소를 그대로 유지하면서 동시에 안전, 회복 탄력성, 위기에서 강해지기(anti-fragility) 같은 새로운 요소를 강조하는 등, 발전 과정에 접근하는 수백 가지의 다양한 방식이 있을 것이다.

또 우리는 몇몇 분야에서 효율성과 역동성을 어느 정도 희생하는 대신 우리 사회를 기후변화에 더 철저히 대비시키는 다양한 '트레이드오프(trade off)'를 시도할 수 있다. 어떤 위기에 비효율적으로 대응함으로써 발생하는 경제적 손실에 비하면, 그 위기를 예방하고 그에 대비하는 데 드는 비용은 정말 하찮은 수준이다. 좀 더 근원적으로 말해서, 회복 탄력성의 구축은 정서적 안정이라는, 더할 나위 없이 중요한 안정감을 선사한다. 다음번 재앙으로 우리가 깡그리 멸종될 수도 있다는 두려움에 늘 사로잡혀 있다면, 인간이 무슨 수로 개방과 변화를 오래도록 포용하려고 하겠는가.

자, 그러면 다음번 팬데믹을 예방하는 문제는 어떤가? 마찬가지로 우리는 역동성과 안전 사이에서 균형을 잡아야 할 것이다. 우리는 야생동물이 도륙되고 판매되는 재래시장에 상당히 많은 관심을 쏟아 왔다. 그러나 그런 재래시장들을 하루아침에 닫아 버릴 수는 없잖은가. 특히 아프리카와 아시아의 많은 나라에서 재래시장은 냉장고가 없는 많은 사람에게 신선한 식품을 제공하는 곳이다.(중국의 경우, 전국에서 소비되는 모든 신선 야채와 육류의 73%가 재래시장에서 팔린다.[49]) 이 시장들은 좀 더 확실히 규제되어야 한다. 하지만 박쥐나 사향고양이나 천산갑 같은 야생동물만 팔지 않는다면, 이런 시장이 불러오는 위험은 제한적이다. 불법으로 규제해야 하는 것은 바로 이런 별난 짐승들의 거래다.[50] 그와 마찬가지로 세상 사람들이 육류를 못 먹게 막는 것도 불가능할 터이다. 하지만 육류 소비를 줄인 좀 더 건강한 식습관을 권장하는 것은 인류와 지구 모두에게 이득이 될 것이다. 그리고 공장식 축산도 훨씬 더 안전하며 동물에게 훨씬 덜 잔인한 방식으로 재설계할 수 있지 않을까. 무엇보다 다급한 것은 모든 나라가 강력한 공공 보건 체제를 갖추는 일이며, 아울러 그런 체제들이 서로 소통하고 서로에게서 배우고 서로 협력하는 일이다. 여기저기 국지적인 대응으로 전 지구에 퍼진 질병을 물리칠 수는 없는 노릇 아닌가.

인간은 참으로 놀라운 속도로 자신들의 사회를 발전시켜 왔으며, 모든 영역에서 전례 없는 속도로 확장을 거듭해 왔다. 마치 상상할 수 있는 가장 빠른 경주 차를 만들어 미지의 세계, 아무 표시도 없는 땅을 가로질러 내달리고 있는 것만 같다. 그러나 그 차에다 에어백을 장착할 생각은 미처 하지 않았던 셈이다. 보험도 들지 않았다. 심지어 안전띠를 맬 생각조차 하지 않았다. 엔진은 뜨거워졌고, 부품들도 가열되어서 때로는 불이 나기도 했다. 충돌 사고도 더러 있었는데, 그럴 때마다 상황은 점점 더 나빠졌다. 그래서 이젠 차의 엔진을 끄고, 완충장치를 조정하고, 차체를 손보고, 앞으로 좀 더 잘해 보려고 한다. 그렇지만 계속 내달리기만 한다면 머잖아 자꾸 속도만 올라가게 되고 여태껏 경험하지 못했던 한층 더 거친 땅으로 들어가게 될 것이다. 거기엔 아주 많은 위험이 도사리고 있을 것이다. 이젠 저 에어백들도 장착하고 보험도 좀 들어야 할 터이다. 그리고 무엇보다 안전벨트를 단단히 매어야 할 때다!

중요한 건 정부의 크기가 아니라 능력이다

2

　신종 코로나바이러스가 세계를 휩쓸기 몇 달 전인 2019년 10월, 존스 홉킨스 대학은 첫 번째 세계보건보안지수(Global Heath Security Index)를 발표했다. 이 지수는 유행병이나 팬데믹에 대처할 준비가 가장 잘 되어 있는 국가들에 대한 폭넓은 분석이라 할 수 있다.[1] 여기서 미국은 전체 평균에서 1위를 차지했고, 6개 범주 가운데 예방, 조기 탐지 및 보고, 충분하고 튼튼한 의료 체계, 국제 규범 준수라는 4개 범주에서 최고점을 받았다. 그 정도면 준수한 성적으로 들렸다. 아무려나 미국은 세계 최고의 제약사에다 연구 중심 대학교 그리고 연구소와 의료 기관 등을 보유한 나라가 아니던가. 그러나 2020년 3월에 이르러 신종 코로나바이러스가 미국 전역을 찢어발기는데도 연방 정부는 나약하고 변덕스러운 대응으로 뒷북이나 치게 되면서, 이러한 미국의 우위는 마치 잔인한 농담처럼 보였다. 7월 즈음에는 전 세계 인구의 5%가 사는 미국이 세계 총 누적 확진자의 25%를 보유한 나라가 되어 버렸다.[2] 당시 미국의 인구 대비 1일 사망률은 유럽의 10배 정도로 높았다.[3] 맙소사, 이것이 '미국 예외주의'의 새로운 모습이었던가?[4]

트럼프 대통령에게 화살을 돌리기는 쉬울 것이다. 하긴 이 팬데믹이 미국 땅에 이르렀을 때부터 그것을 과소평가했고, 전국으로 확산할 때도 수동적 태도로 일관했으며, 대통령 과학 자문단의 지침마저 줄곧 헐뜯었으니, 그는 상당한 질책을 받아 마땅하다. 그는 관련 연방 기관이나 50개 주 정부와도 조화롭고 일관된 행동을 취한 적이 단 한 번도 없다. 그러나 무능한 백악관만으로는 설명할 수 없는 더 큰 스토리가 있다. 행정부 전체에 걸쳐 헛발질이 많았다. 질병통제예방센터(CDC)는 결함이 있는 진단 키트를 배포한 데다[5] 초기에 국민에게 마스크를 착용하지 말라고 권유하는 실책을 범했다.[6] 식품의약국(FDA)은 민간 연구소들이 바이러스 진단의 간극을 메울 수 있게 해 줄 일괄 승인 절차 마련을 너무 오래 질질 끌었다. 보건후생부는 그들 나름의 대량 진단 시스템을 펼치지 못했다. 독일을 비롯해 한국, 뉴질랜드 등 많은 나라가 봉쇄 단계를 극복하고 탄탄한 진단 및 추적 시스템을 구축했건만, 미국은 그러지 못했다.[7]

이론만 따진다면 미국은 난공불락의 강점을 지니고 있다. 세계 최고의 부국이고, 과학 및 기술의 확립에 관한 한 둘째가라면 서러울 나라가 미국이다. CDC를 위시한 공공 의료 기관들은 중국을 포함해 온 세계가 본받아 따라 해 온 모범이다. 그러나 압도적인 지위가 오랫동안 계속되면서 안일한 태도를 낳았다. 그러는 동안 연방 정부는 관련 기관들의 예산을 줄곧 깎으면서 지시와 규제만 잔뜩 안겨 주었다. 기능 장애로 갈 수밖에 없는 처방이었다. 미국처럼 거대하고 복잡하기 짝이 없는 연방 정부 전체를 아우르는 조화와 협력은 언제나 그야말로 소름 끼치도록 난감한 도전 과제가 아닐 수 없다. 거기에다 정부의 대부분을 대놓고 적으로 간주하며 해체해야 할 '숨은 권력 집단(deep state)'으로 보는 내각까지 더해졌으니 어땠겠는가? 그 결과는 아주 총체적인 실패였다.

글로벌 어젠다를 설정하는 미국의 역할은 흔히 미국의 약점을 못 보게 만들어 버린다. 존스 홉킨스 대학이 세계인의 건강에 대해서 그랬던 것처럼, 미국인과 미국의 제도들은 결국 기준을 만들어서 세계를 평가하는 주체가 되고 만다. 그러다 보니 어쩔 수 없이 홈팀의 편견 같은 게 생긴다. 미국인들은 미국 시스템의 강점을 잘 보여 주는 측정 방법에만 초점을 맞추고, 그 약점을 들추어내는 측정 방법은 얕잡아 보는 것 같다. 예컨대 코로나바이러스가 널리 퍼지기 전에 미국인들은 아마도 자기 나라의 훌륭한 연구 기관이나 헬스케어에 투입되는 어마어마한 자금 같은 것에서 위안을 찾으면서도, 그 헬스케어의 또 다른 특징인 낭비와 복잡한 구조와 심각하게 불평등한 수혜 같은 것은 까맣게 잊어버리고 있었는지 모른다. 이유가 무엇이었든, 미국이 얼마나 취약한 나라인지를 깨달은 사람은 거의 없었다. Covid-19가 제대로 덮치자, 미국의 비상 의료 체제는 그대로 무너졌다. 트럼프 대통령이 이 바이러스와 싸우기 위해서 전시와 같은 동원령을 내린 지 한 달 후에도, 십여 종의 진단 검사 품질은 들쑥날쑥했고 검진 우선순위는 대혼란이었으며 결과를 얻는 데도 오랜 시간이 걸리는 등, 미국의 진단 체제는 실패작 수준을 못 벗어나고 있었다. (탁월한 고급 의료 능력을 갖추었을 뿐 아니라 미국처럼 글로벌 어젠다를 좌우하는 또 다른 나라인 영국이 존스 홉킨스의 리스트 2위에 올랐다는 사실은 시사하는 바가 크다. 미국처럼 영국도 세계 최고 수준의 사망률을 기록하면서 이번 팬데믹에 대한 방역 성과가 참담할 정도였다.)

확산 초기 미국의 실패는 중국의 성공적인 방역과 또렷한 대조를 이루었고, 이는 민주주의의 쇠락과 중국의 국가 주도 자본주의 모델의 부상이라는 좀 더 큼지막한 내러티브로 표현되었다. 중국은 신종 코로나바이러스와 최초로 맞닥뜨린 나라였지만, 엄청난 속도로 이 전염병을 통제한 것처럼 보였다. 그것은 중국 정부가 강력하고도 기술 관료적이며 민주주의의 제약에 방해받지 않기 때문이었을까? 중국 정부는 국토 대부분을 봉쇄하여 운송을 포함한 거의 모든 경제활동을 중단시킴으로써 7억 5000만 명을 사실상 격리해 버리기도 했었다.[8] 거대한 규모의 중국건축공정총공사(中国建筑工程总公司)는 불과 2주일 만에 2개의 새로운 병원을 뚝딱 지어 냈다.[9] 감염자를 가족으로부터 격리하고, 기술과 수사 작업을 통해 감염자와 접촉한 사람들을 추적했다.

그러나 시간이 흐르면서 중국이 신종 코로나바이러스 사태 초기 대응에 사실상 실패했다는 사실이 분명해졌다. 후베이와 우한 지방의 관리들은 발병을 최소화하고, 전국적으로 경고를 시도하는 의사들의 입을 막았다. 이들 내부 고발자 가운데 한 명인 리원량 박사는 당국에 체포되었고, 비극적인 운명의 장난으로 코로나바이러스에 감염돼 사망했다. 베이징의 고위 지도자들은 세계보건기구 및 지구촌 각국에 발병 사실을 숨김으로써 바이러스에 관한 필수 정보의 발표를 지연시켰다. 시진핑이 영도하는 가운데 중국 정부와 공산당은 정치체제를 바짝 죄어 통제하고 경제와 사회도 장악했으며, 이러한 분위기에서 지방 관료들은 달갑지 않은 뉴스를 지휘 계통의 상부에 보고하기를 극도로 꺼렸다. 신종 코로나바이러스가 발생하고 몇 달 후에도 베이징은 관련 정보에 대한 국제사회의 요청을 여전히 거절하고 있었다. 아니, 심지어는 그에 대한 과학 논문의 발표조차도 억제할 정도였다.[10]

이 모든 것은 중국의 정치체제에 내재한 특성이다. 어디에서든 항상 존재하는 권위주의적 정권은 물 샐 틈 없는 정보 통제를 원한다. 그것이 자신들의 권력의 원천이기 때문이다. 《이코노미스트》는 1960년 이후에 발발했던 모든 전염병을 세밀히 조사한 결과, 독재가 그런 질병에 잘못 대처하는 경우가 흔했다는 사실을 알아냈다.[11] 전반적으로 민주주의가 그런 발병에 더 효율적으로 대응했으며, 같은 수준의 국민소득을 누리는 독재 정권에 비해서 사망률도 훨씬 낮았다는 것이다. 이와 비슷한 예로 노벨 경제학상을 받은 아마르티아 센(Amartya Sen)은 민주주의가 독재 체제보다도 대기근에 훨씬 더 효율적으로 대응하는 경향이 있다고 하면서, 규제받지 않는 정보의 흐름과 그로 인해 선출직 공무원들이 느끼는 압박이야말로 기근의 확산을 막는 열쇠이기 때문이라고 설명했다.[12] 아울러 전면 봉쇄와 같은 중국의 가혹한 접근 방식이 성공으로 나아가는 유일한 길인지도 불분명하다. 그보다 훨씬 덜 강압적인 방법으로도 얼마든지 효율적인 방역을 한 나라가 적지 않기 때문이다.

그러면 미국은 어땠을까? 이번 위기의 어떤 측면에선 대처가 형편없었지만, 훌륭히 대처한 측면도 없지 않다. 방치와 부실 관리로 바이러스가 폭발적으로 확산하게 만들기도 했지만, 전례 없는 지원책 등의 개입을 통해 경제에 미친 충격을 완화한 것도 사실이다. 남북전쟁 이래 양당이 가장 극렬하게 대치하는 분위기에서도, 정부와 의회는 힘을 합쳐 미국 역사상 가장 큰 규모의 재정 지원 패키지를 펼칠 수 있었다. 다른 한편으로 연방준비제도는 실제로 모든 자산의 최종 인수자가 될 태세를 갖춤으로써, 경제 전반을 위한 마지막 지지대를 제공하였다. 2020년 6월 기준 의회를 통과한 지출안에다 연준의 개입 액수까지 더하면 모두 6조 달러 이상이 경제에 투입되었고,[13] 이는 팬데믹 대응 지출 중 절대액으로 세계 최대일 뿐 아니라, 1인당 금액으로도 역시 수조 달러를 지출한 일본, 독일 등과 함께 세계 최대였다.[14] 또 연방 정부보다 아래 단계에서는 몇몇 시장과 주지사들이 코로나 검진율을 높이고 헬스케어 시설을 확충했다. 미국 내 대기업들도 요청이 있을 때 자동차 생산 라인을 산소호흡기 생산 시설로 전환하는 등, 노련하게 영업을 조정했다.[15] 실리콘밸리의 하이테크 기업들은 재택근무를 할 수밖에 없던 사람들에게 생명줄이 되었다. 그리고 미국의 제약사들과 바이오 기업들은 낙관주의자들도 깜짝 놀랄 수밖에 없는 속도로 치료제와 백신 찾기에 경쟁적으로 나섰다. 돌이킬 수 없이 쇠퇴하고 있는 국가라면, 과연 이런 그림이 나오겠는가?

미국을 가장 열렬히 비난하는 자들에게 미국은 항상 실망을 안겨 줄 것이다. 하지만 미국을 열렬히 찬양하는 사람들에게노 마찬가지일 것이다. 워낙 거대하고 복잡한 나라이기에, 무엇을 원하든 찾을 수 있기 때문이다. 그러나 2020년의 팬데믹은 끈질기게 벌어지고 있던 미국의 균열을 적나라하게 보여 주었다. 이미 수십 년 전에 경제학자 존 케네스 갤브레이스(John Kenneth Galbraith)는 미국을 정의하는 것이 "민간 부문의 풍요로움과 공공 부문의 누추함"[16]이라고 썼는데, 이는 미국의 균열에 대한 가장 훌륭한 묘사였다. 미국의 민간 부문이 오래도록 휘황찬란했던 반면에, 공공 부문은 (자체적으로 자금을 조달하고 두루 존경받는 독립기관인 연방준비제도 같은 극소수의 예외를 빼고는) 절름거리며 간신히 걸음을 떼는 지경이었다. 어떤 문제가 생기면 워싱턴이 자금을 집어넣을 수는 있지만, 집합적인 혜택을 베풀 복잡다단한 전국 단위의 프로그램을 운영할 수는 없다. 수표 발행이 주된 업무라고 할 수 있는 사회보장제도가 기능을 발휘하는 반면, 비대할 대로 비대해진 재향군인관리국 같은 곳은 관료주의의 재앙이 아닐 수 없다.

하긴 수표 발행조차 그릇되는 경우가 더러 있다. 워싱턴 정부가 팬데믹 완화를 위해서 수조 달러를 써 댔지만, 그 상당 부분은 대기업들과 부자들이 낚아채고 말았다.[17] 그들의 로비스트가 정부 지원금이 그들에게 흘러 들어오도록 하는 조항을 재주껏 집어넣었기 때문이다.[18] 요식적인 장애가 많았던 데다 막판에 트럼프 대통령의 이름을 수표에 넣자는 주장이 제기되는 등,[19] 지원금이 시민 개개인에게 지급되게 만드는 데에만 필요 이상의 시간이 걸렸다. 2020년 4월 현재 이미 사망한 사람들에게 재무부가 100만 장의 수표를 발송하는 해프닝이 벌어지는 가운데,[20] 5000만 명 이상의 국민은 애타게 지원금을 기다리고 있었다.[21] 이와는 대조적으로 캐나다의 지원금 관련 법안은 간결하면서도 관료주의나 정치에 발목 잡히는 일이 없어서, 모든 지원금은 위기가 발발한 지 이 주일 이내에 곧장 각 개인의 은행 계좌로 입금되었다.[22] 독일 또한 마찬가지여서 일시 휴직한 노동자들에게 임금의 60%, 자녀를 둔 노동자들에게 임금의 67%를 보장하는 지원책[23]을 바이러스 사태 초기에 확정함으로써, 기업들이 대량 해고 사태를 피할 수 있도록 해 주었다. 이와 같은 속도와 능률 덕택에 이런 조치들은 성공을 거둘 수 있었는데, 국민의 재정적 불안과 심리적 불안을 누그러뜨리는 것이 그 목적이었기 때문이다.

이 같은 정부의 문제는 미국의 병이지, 민주주의의 병이 아니다. 다른 많은 민주주의 국가들은 아주 효율적으로 이번 팬데믹에 대처했다. 그 어떤 독재 정권보다도 더 훌륭하게 말이다. 온갖 형태의 정당이 국정을 운영하는 나라들이 여기에 포함된다. 특히 한국, 뉴질랜드, 대만 등 중도좌파 정권에 의해 이루어진 조치들이 아마도 가장 적극적이었을 것이다. 그러나 독일, 오스트리아, 호주 등의 중도우파 연정도 그리 나쁘지 않았다. 가장 느긋한 태도를 견지했고 성과도 그리 좋지 않았던 정부를 들자면, 맹렬한 포퓰리스트 정권이 장악한 브라질과 멕시코라든지 중도좌파 지도자들이 이끄는 스웨덴 정도다. 이 같은 뒤범벅 상황은 우리에게 무엇을 말해 주고 있는가? 해묵은 이념들은 이제 폐기되어야 한다는 사실이 아닐까? 수백 년에 걸쳐 정치조직을 좌우해 온 것은 좌파와 우파의 분열이었다. 좌파는 경제에 대한 정부의 좀 더 커다란 역할을 옹호해 왔다. 우파는 자유시장주의를 고집스럽게 주창해 왔다. 20세기 최대의 정치 논쟁은 정부의 크기와 경제 분야에서 정부의 역할, 그러니까 정부의 양(quantity)에 관한 것이었다. 그러나 이번 신종 코로나바이러스 위기에서 가장 중요해 보였던 것은 정부의 '질(quality)'이었다.

　재빨리 팬데믹에 대응하고 폭넓은 검진을 실행했으며, 감염자를 추적하고 확산세를 늦추었을 뿐 아니라, 봉쇄 조치 없이도 이 모든 것을 해냈던 국가들을 예로 들어 보자. 그런 나라의 리스트 맨 상단에 대만, 한국, 홍콩, 싱가포르가 있는데, 이들은 매년 중국 관광객을 수백만 명씩 맞이하는 터라 더더욱 놀랍지 않을 수 없다. 게다가 거대 국가들도 아니고, 정부의 지출이 경제 전반에서 차지하는 비율도 비교적 낮다. 홍콩으로 말하자면 미국의 보수주의자들이 오랫동안 이상적인 자유시장 경제로 칭찬해 왔고, 헤리티지재단의 경제자유지수(Index of Economic Freedom)에서도 종종 최고 점수를 누려 왔다.[24] 홍콩 경제에서 공공 부문 지출이 차지하는 비율은 깜짝 놀랄 정도로 낮아, 프랑스의 3분의 1[25]인 18%에 지나지 않는다.[26] 그런데도 홍콩은 2020년 7월 말 현재 사망자 수가 18명에 불과한 것으로 기록되어 있다.[27] 같은 시점에 인구 2300만 명인 대만의 사망자 수는 7명뿐이다. 그런데도 대만은 의료보건에 국내총생산(GDP)의 6%밖에 쓰지 않아, 미국의 3분의 1 수준에 지나지 않는다.[28] 한편 독일, 덴마크, 핀란드 등도 팬데믹에 대단히 효율적으로 대처했는데, 이들은 어느 모로 보더라도 덩치가 아주 큰 나라들이다. 캐나다 역시 다르지 않다. 달리 표현하자면, 바이러스를 잘 통제하고 있는 나라들 가운데 일부는 큰 정부를 가지고 있지만, 작은 정부의 국가들도 그에 포함되어 있다는 얘기다. 이들에 공통되는 요소는 무엇이었을까? 유능하고 제대로 기능을 발휘하며 신뢰받는 국가, 다시 말해서 '질 좋은' 정부였다.

질 좋은 정부의 짤막한 역사

어째서 정부가 효율적으로 잘 작동하는 나라도 있고, 그렇지 못한 나라도 있는 걸까? 이것은 학자들이 수백 년에 걸쳐 연구해 온 수수께끼다. 이 물음에 답하기 위하여 맨 처음으로 돌아가 시작해 보자. 인류사의 시초부터 모든 사회는 막스 베버가 "가산제(patrimonial)"[29]라고 묘사했던 정치체제로 출발했다. 간단히 말하자면 힘으로 지배하는 독재자가 통치하는 사회였다. 지배 계층은 그 독재자의 가족과 친구와 맹방이었다. 정치권력과 경제권력이 하나로 합쳐져 있어서, 민의를 전혀 대변하진 못해도 상당히 효율적인 체제를 만들어 냈다. 이런 가산제 체제의 강점을 프랜시스 후쿠야마는 이렇게 설명한다. "이 시스템은 인간의 사회성이라는 기본 건자재, 다시 말해서 서로 혜택을 주고받는 가족이나 친구들을 선호하는 인간의 생물학적 성향을 이용해서 구축된다."[30] 가산제적 체제는 인간 사회에 깊이 뿌리를 내리고 있으며, 수천 년 동안 계속되어 왔다. 마피아 조직은 지금도 이런 방식으로 움직이고 있으며, 이 체제의 기본적인 특성을 유지하고 있는 근대 정권도 적지 않다. 브라질, 그리스, 인도 등도 형식적으로는 근대적 정치체제를 채택했지만, 좀 더 파고 들어가 보면 가족의 유대가 정치권력의 필수 구성 요소로 되어 있는 등, 그 기저에는 가산제의 특징이 깔려 있음을 알게 될 것이다.

미국조차 (가산제까지는 아니더라도) 기본적으로 합법화된 부패나 다름없는 해묵은 후원과 보호 시스템의 요소를 여전히 품고 있다. 나는 재무부의 한 고위 관리에게 물어본 적이 있다. 국가의 다양한 규제 기구도 모자라 의회 내 대여섯 개의 다른 위원회가 은행들을 감독하는 것이 과연 말이 되느냐고 말이다. 일상적인 감독에다 끝도 없고 상충하는 복잡함만 더하는 꼴이 되지 않겠는가. 물론 그 관리의 대답은 노(no)였지만, 상황은 절대로 변하지 않을 것이다. "이 위원회 하나하나, 그 위에 주 정부의 정치인들까지, 모두가 바로 이 은행들한테 돈을 요구함으로써 자기네 선거운동 자금을 끌어모읍니다. 그들의 감독을 없애버리는 것은 그들의 자금 조성을 없애버리는 거랑 같은 얘기거든요." 1976년 '버클리 대 발레오' 사건에 대한 대법원의 판결 이후로 미국은 돈을 쓰는 것은 자유로운 의사 표현 행위이며 따라서 어떤 방법으로도 규제할 수 없다는 견해를 고수해 왔다. 의사 표현에 관한 이런 견해는 이후 2010년의 악명 높은 소위 '시티즌스 유나이티드(Citizens United)' 판결에서 재확인되고 확대되었지만, 지구상의 어떤 선진 민주주의 국가에서도 찾아볼 수 없다. 그런 나라들에서는 대개 정치인들의 자금 모집과 사용을 통상적으로 규제할 뿐,[31] 언론의 자유나 민주주의의 본질에는 조금도 악영향을 끼치지 않는다. 어쨌거나 그 결과로 미국 정부의 심장부에서는 끊이지 않는 일련의 보상, 다시 말해서 베풀어 준 혜택에 대한 대가로 자금이 조성되는 모습을 볼 수 있다. 미국처럼 장황한 조세 규약을 지닌 나라는 세상에서 찾아보기 힘든데, 거기엔 다 이유가 있는 것이다. 정치인들이 선거 자금을 모금할 때 흔들어 대는 무기가 바로 수천 개에 이르는 조세 규약의 수정 조항들이다.

시식인들은 지금 우리가 기술 관료(technocrat)라고 부를 만한 이런저런 전문가들이 운영하는 좀 더 나은 시스템을 항상 꿈꾸어 왔다. 플라톤은 『국가』에서 귀족 체제(aristocracy), 금권 체제(timocracy), 과두 체제(oligarchy), 민주 체제(democracy) 그리고 참주 체제(tyranny)라는 다섯 가지 기본 정치체제를 설명한다. 그는 철학적으로 단련된 철인왕(philosopher-king)이 이끄는 귀족 체제가 가장 이상적이라고 믿었다. 지배 계층은 사회의 가장 중요한 목표를 충분히 이해하게끔 엄격한 교육을 받아야 했고, 이것이 플라톤이 "선(the Good)"이라고 부른 이상이었다. 그들은 재산을 소유할 수 없었다. 자신들의 쩨쩨하고 사적인 이해관계를 추구하는 일을 막으려는 의도였다. 대신 그들에게는 사회 전체를 위해 무엇이 가장 좋은 것일까라는 생각만을 장려했다.

재산을 소유한 자들만이 투표할 수 있는 금권 체제는 귀족 체제가 타락하고 고만고만한 인격과 교육 수준의 남자들이(언제나 남자들이었다.) 통치자로 나설 때 생기는 체제였다. 그들은 탐욕스럽고 권력에 목말라 있어서 오래지 않아 정권을 순전히 과두 체제로 몰고 가는데, 이는 일신의 이익 챙기기가 유일한 삶의 목표인 부자들의 노골적인 통치 형태다. 대중의 통치인 민주 체제와 부자들의 통치인 과두 체제는 이기심에 의해 움직이고 고매한 목표가 빠져 있어서 플라톤에게는 위험해 보였다. 게다가 그 둘은 불안해서 거의 언제나 최악의 통치 형태인 참주 체제로 타락하곤 했다.

유능한 관료 체계를 창출하려는 최초의 노력은 성패를 난정하기가 몹시 어려웠다. 통치할 수 있도록 훈련받은 지배계급이라는 개념을 서구에서 맨 먼저 드러낸 것은 로마제국으로서, 주로 군대 내 장교들의 거대한 행정 네트워크를 통해 통치되었다. 3세기에 왕위에 오른 디오클레티아누스 황제 치하에서는 가장 잘 알려진 개혁이 이루어졌다. 그는 제국의 권력을 지방으로 분산하고 다른 세 명의 사령관에게도 통치권을 나누어 줌으로써, 네 명이 통치하는 '사두 정치(tetrarchy)'라는 정치 시스템을 창시했다. 하지만 군사 및 경제 면에서는 두드러진 성공을 거두지 못했고, 사람들은 흔히 이 체제를 하나의 실패로 간주한다. 로마제국이 5세기 게르만족의 침공으로 무너진 후, 비잔티움의 통치를 받았던 동로마제국은 지칠 줄 모르고 확장을 거듭한 법전과 복잡다단한 계층의 행정으로 인해 거의 전설이 되었다. 그런 경향이 어찌나 심했던지, 사람들은 오늘날까지도 지나치게 복잡한 체계를 '비잔틴(byzantine)'이라고 일컫는다.[32]

서구에서 멀리 떨어져 있었고 플라톤보다 한 세기나 앞서 살았던 공자(孔子)는 완력이 아니라 도덕의식으로 통치하는 지도자, 백성에게 명예와 염치를 심어 주고자 하는 통치자를 칭송했다. 공자의 사상에 영향을 받은 중국은 정부 관리를 선출하는 최초의 과거제도를 확립했다. 이런 과거제의 전신은 한(漢) 왕조에서 이미 찾아볼 수 있지만, 618~907년에 대륙을 다스렸던 당 왕조에 이르러 제대로 자리를 잡았다. 과거를 보는 서생들은 군의 역사 및 전략과 함께 공자의 규범에 관한 지식을 테스트받았다. 이후의 왕조들은 과거제도를 확대했는데, 이는 제국 운영에 필요한 인재 선발 외에 권력을 황제에게 집중하고 지방 호족들의 날개를 꺾어 놓는 역할도 했다. 이러한 과거제도와 능력 위주의 등용 과정은 동아시아의 일본, 한국, 월남에까지 전파되어 각국 나름의 문인 관료 체제를 만들게 한다. 명나라 시대에 중국을 찾은 포르투갈 여행자들이 중국 관리들을 '만다린(mandarin)'이라 부르기 시작했고,[33] 이 단어는 오늘날에도 국가를 막론하고 권력을 장악한 관료라는 뜻으로 사용되고 있다.

이들 테크노크라시, 즉 기술 관료 체제가 반드시 대단히 유능한 국가를 창조해 냈던 것은 아니다. 그 가장 큰 이유는 전문가들이 실제로 권력을 휘두르는 위치에 있지 않았다는 것이다. 우두머리의 자리는 정치 지도자들과 그 측근들의 몫이었고, 시험을 통과한 관리들은 통치자의 친척이나 조정 신하들에게 종속되기 일쑤였다. 관료라고 하면 제법 그럴싸하게 들릴지 모르지만, 그 영역은 제한적이었고 권위조차 없는 경우도 많았다. 그러나 비슷한 점이라곤 찾기 힘든 중국과 독일 양쪽에서 그들은 미래의 정치발전을 위한 초석을 다지고 있었다.

여러 정부를 점차 강력하고도 효율적이게 만든 것은 사실 전혀 다른 요소였으니, 그것은 바로 갈등과 분쟁이었다. "전쟁은 국가를 낳고, 국가는 전쟁을 낳는다."[34] 찰스 틸리(Charles Tilly)가 했던 유명한 말이다. 실제로 우리는 여러 나라가 군사 분쟁에 휘말리면서 어떻게 국가의 크기와 활동 범위가 증대하는지를 볼 수 있다. 전쟁이란 거의 언제나 과세(課稅)를 의미했고, 과세는 국민을 위해 더 많은 서비스를 제공하도록 정부를 압박했다. 왜소한 영국이 그토록 막강한 근대국가가 되어 세계 제국을 건설할 수 있었던 여러 이유 가운데 하나는, 17~18세기에 겪었던 수많은 분쟁이 압도적인 해군의 건설을 도왔을 뿐 아니라 멋들어진 금융기관을 만들게 했다는 점이다. 1700년대 말경 일반 영국인들은 프랑스인보다 거의 세 배나 많은 세금을 내고 있었다.[35] 역사가 존 브루어(John Brewer)의 표현처럼 이런 세금이야말로 "권력의 힘줄"이었으며, 해군력보다는 이 권력의 힘줄이 있었기에 영국은 프랑스를 거듭 물리치고 전 지구의 패권을 거머쥘 수 있었다. 때로는 군사적 압박이 아니라 자연의 압박이 국가 체계에 자극을 주기도 했다. 역사가 프랭크 스노든(Frank Snowden)은 중세의 대역병이 국가가 만든 칵테일의 일부였을지도 모른다는 의견을 제시한 바 있다.[36] 그런 역병이 창궐하면 강력한 정부가 방역을 강제할 수밖에 없어지기 때문이다.

그러나 재해가 변화의 유일한 동인(動因)은 아니었다. 지위의 고하를 막론하고 개혁가들의 존재가 정부를 더욱 효율적으로 키우기도 했다. 그런 개혁가들의 동기는 다양하다. 마키아벨리와 홉스는 단순히 정부가 질서를 회복해 주기만을 바랐다. 18세기 프로이센의 프리드리히 대왕은 계몽주의가 낳은 합리주의를 도입해 정치에 영향력을 행사하려고 애썼다. 19세기에 들어와 나폴레옹은 전 유럽을 근대적인 법전 아래 통일시킨다는 결의를 다졌다. 영국 노스코트·트리벨리언 위원회(Northcote-Trevelyan Committee)의 개혁은 전 세계가 모방하게 될 영구적이고 정치 중립적인 영국 공무원의 표상을 창조했다. 인민헌장주의자, 사회주의자, 자유주의자 등 너나없이 여러 가지 방식으로 정치를 활짝 열어젖히려고 요란하게 움직였지만, 한가지 공통점은 사회적 지위보다는 개인의 재능이나 욕구에 더 기반을 두고 국민에게 힘을 불어넣으려는 희망을 품었다는 사실이다. 이런 종류의 개혁을 일찌감치 시작해서 성공적인 결말까지 목격했던 주로 북유럽의 국가들은 수백 년에 걸쳐서 다양한 정치·이념 체계를 아우르며 효율적인 정부의 오랜 전통을 지켜 왔다. 동독은 심지어 공산주의 체제 아래에서도 항상 다른 동유럽 국가들보다 훨씬 더 효율적이었다.

비서구 국가들은 그처럼 신속한 근대화를 이룩하지 못했지만 그중 일부, 특히 아시아의 몇몇 나라들은 19세기 말에 현저한 발전을 시작했다. 그들 대부분은 서구의 특정 기구나 관행을 모방했고, 그것들을 능력 기반의 시험과 관료주의라는 자신들의 오랜 전통과 결합하여 효율적인 국가를 만들어 냈다. 일본과 한국, 그리고 그들보다 몇십 년 후의 중국이 바로 그런 본보기다. 특히 일본은 19세기 근대화를 일구고 있던 때의 프로이센 관료주의를 의식적으로 모방했으며,[37] 이후 여러 세대가 지날 때까지 아시아에서는 단연코 가장 효율적인 정부였다. 라틴아메리카에서는 여러 나라 중에서 칠레가 돋보이는데, 그 정부가 뿌리도 깊고 기능도 원활해서 후일 지속적인 경제성장을 창출하는 데 크게 도움이 되었기 때문이다.(칠레의 이러한 '예외성'이 과연 무엇 때문인가에 대해서는 논란이 분분하지만, 아마도 문화와 리더십과 행운이 모두 작용하지 않았을까 싶다.) 아무튼 문화의 뿌리에서 자양분을 얻어 사회 통합, 엘리트 관료의 '만다린' 전통, 그리고 (다소 독재적인 틀은 여전히 있지만) 영국의 유산인 좀 더 열려 있고 투명한 시스템을 이룩하는 이러한 현상에 관한 한 싱가포르는 모범적인 사례라고 할 수 있다. 극도로 기강이 잘 잡혀 집중력을 잃지 않는 지도층의 자세도 그에 기여했을 터이다. 그래서 오늘날의 싱가포르는 흔히 세계 최고의 효율성을 자랑하는 정부로 꼽힌다.

약점 드러낸 미국 예외주의

자, 그럼 미국은 어떤가? 미국은 오랫동안 자신의 진로를 스스로 개척해 왔다. 이런 예외주의가 미국이 신종 코로나바이러스 사태에 제대로 대처하지 못한 이유였을까? 그 실패가 세계 최강국의 좀 더 폭넓은 약점을 드러내는 것일까? 그렇다, 확실히 그것은 미국이 지닌 특정한 취약성을 드러내 보인다. 미합중국은 언제나 뿌리 깊은 반국가 전통을 지녀 왔고, 그것은 영국에서 건너온 최초 정착자들의 사상과 관행에서 시작되었다. 유럽에서 발생한 여러 분쟁으로부터 격리되어 있던 열세 개 식민지는 전시체제 돌입에 대비해 국가를 강화해야 한다는 압력을 단 한 번도 받지 않았다. 그들은 표면상으로 정부의 과세권이라는 이슈를 두고 대영제국으로부터 독립을 쟁취하기 위해 싸웠다. 그 결과, 미국은 십 년 만에 붕괴할 정도로 나약한 중앙정부를 가지고 그 나름의 국가 실험을 시작했다. 1789년에 채택한 새 헌법은 연방 정부에 더 많은 권력을 부여했지만 다른 많은 측면에서 여전히 연방 정부를 옥죄었다. 그로부터 100년이 지나 폭발적인 경제성장과 산업화를 뽐내고 있을 때도 미국은 작은 나라였다. 대통령의 힘은 약했고, 의회는 한목소리로 행동에 나서는 경우가 거의 없었으며, 소득에 대한 연방의 과세는 위헌이었고, 군대는 유럽 경쟁국들에 비해서 왜소하기 짝이 없었다.

개혁가들은 미국을 근대화하기 위해서는 강력하고 효율적인 국민국가의 창조가 유일한 방법임을 긴파했다. 그렇지만 남북전쟁이 터지기 전까지 그런 노력은 미미했다. 노예제라는 문제와 그 잠재적 폭발력 때문에 온 나라가 마비되어 있었던 것이다. 마침내 전쟁이 끝나자 국가 경제는 성장했고 그와 함께 전국을 관장할 정부, 좀 더 전문성을 띤 정부의 필요성도 커졌다. 1883년 의회는 그때까지 정치 체제를 지배해 왔던 관리 임명 시스템을 버리고, 연방 정부 내 다수의 직위를 능력 기반으로 채워야 한다고 요구했다. 젊은 학자로 개혁에 참여했던 우드로 윌슨(Woodrow Wilson)은 거기서 한 걸음 더 나아가, 모든 주 정부는 워싱턴에 권력을 이양해야 하며 대통령은 불가피하게 워싱턴에서 가장 강력한 직위가 되어야 한다고 주장했다. 그는 의회의 느림보 같은 태도와 사분오열, 그리고 "좀스러운 귀족들 (petty barons)"[38]을 향해 실망과 좌절을 표하면서, 미국의 헌법 구조에는 "포괄적 권위를 가지고 즉시 의사결정을 할 수 있는 절대적인 궁극의 지도자 한 명이 없다."[39]라고 개탄했다. 수십 년 후 대통령의 자리에 오른 윌슨은 연방 정부의 권력을 확대했고, 그렇게 되자 연방 정부는 이제 트러스트를 해체하고 소득에 세금을 부과하고 노동쟁의에도 개입하기 시작했다. (한 가지 지적해 두어야겠다. 윌슨은 뻔뻔스러운 인종차별주의자였으며, 이러한 권력을 흑인들의 고초를 덜어 주는 데에는 사용하지 않았다.) 그의 전임자 시어도어 루스벨트(Theodore Roosevelt) 역시 대기업들의 과도한 이익 추구를 규제할 수 있는 강력한 국가를 선호했다. 그러나 이 모든 개혁에도 불구하고, 미국은 산업 시대 이전의 마음가짐으로 산업의 세계에 들어갔다.

대격변은 프랭클린 루스벨트(Franklin Roosevelt) 대통령과 더불어 찾아왔다. 그의 전임자인 허버트 후버(Herbert Hoover)는 경제에 대한 정부의 간섭을 심히 마뜩잖게 여겼고, 그 결과 대공황이 닥쳤을 때도 수동적인 대응을 주도했다. 루스벨트의 전략은 달랐다. "뭐든 다 시도해 보자!"가 그의 전략이었다. 그의 측근 브레인 가운데 한 명인 렉스 터그웰(Rex Tugwell)은 좀 더 의도적으로 이념의 언어를 사용해 그의 접근 방식을 포장했다. 예컨대 그는 '경쟁과 갈등'이라는 자유방임적 원칙을 없애고 그 대신 '조정과 통제'의 원칙으로 나아가는 것이 뉴딜의 목적이라고 했다. 루스벨트의 임기 중에 대통령은 이론의 여지가 없는 정부 우두머리가 되었고, 루스벨트 자신은 그어떤 대통령보다도 근대 미국의 설계자가 되었다. 지금 미국이 취급하는 그야말로 모든 임무는 루스벨트 시절에서 그 뿌리를 찾을 수 있다.[40] 하지만 심지어 그의 임기 중에도 반발은 만만치 않았다. 남부의 주들은 항상 워싱턴의 간섭에 저항했다. (인종 분리를 여전히 가능케 했던) 짐 크로(Jim Crow) 법이 종말을 고할까 봐 두려웠기 때문이다. 끝내 인종차별 제도를 없애버린 것이 연방 정부의 권력이었으니, 그들의 그런 걱정은 옳았던 셈이다.

미국의 국가주의 실험은 50년 정도 계속되었으니 비교적 짧았다. 이 기간의 대부분은 거침없는 경제성장과 나날이 증가하는 생산성과 고도의 기업가 정신이 그 특징이었다. 루스벨트의 혁명은 로널드 레이건(Ronald Reagan)이 대통령에 취임하면서 끝났다. "정부는 우리가 맞닥뜨리고 있는 문제에 대한 해답이 아니다. 아니, 정부가 바로 문제다." 레이건이 했던 이 말은 너무나 유명하다. 하물며 그가 이 말을 한 시점이 1930년대 이래 최악의 불황이 한창이던 1981년이 었음에랴. 다시 말해서 레이건은 심지어 재난이 닥쳤을 때 정부가 수행할 수 있는 역할조차 일축하고 있었다는 얘기다. 비록 그가 연방 정부의 지출을 실제로 늘리긴 했지만, 그 숫자는 현혹에 불과하다. 국방비 지출, 사회보장이나 메디케어 같은 대규모 복지후생 계획 등은 그의 임기 중에도 유지되거나 늘어났지만, 다른 모든 것은 위축되었다. 연방 정부에 고용된 민간인은 1950년대에 총고용량의 5%를 넘었는데, 이 수치는 이제 2% 아래로 떨어졌다.[41] 인구는 두 배로 늘어났고[42] 물가 상승률로 조정한 GDP는 일곱 배로 커졌는데도[43] 말이다. 과학, 기술, 인프라스트럭처 등에 대한 정부의 투자도 1950년대의 수준에서 급격히 추락했다. 21세기의 미국은 그 해묵은 자본을 갉아먹고 살아가는 중이다.

오늘날 미국의 국민 1인당 정부 관리의 숫자는 다른 선진 민주주의 국가들보다 더 적다.[44] 이제 공직은 한때 그랬던 것과 달리 명망 높은 커리어가 아니다. 공무원 채용은 얼어붙었고 여기저기 예산 절감의 효과가 나타났다. 브루킹스연구소의 어느 분석가가 지적한 것처럼 "연방 정부 인력의 3분의 1이 지금부터 2025년까지 은퇴하게 될 것이고, 30대 이하의 연방 공무원은 전체의 겨우 6%밖에 안 될 것"[45] 이다. 레이건 행정부 이후로 사람들은 정부가 문제를 해결하기보다는 만들어 내고 있으며, 모든 연방 기구는 부풀어 있고, 당면 과제의 대부분은 민간 부문에서 취급하는 것이 최고라고 지레짐작하는 경향을 보여 왔다. 우익 성향의 정치인들은 정부에 대한 자신들의 전략을 설명하기 위해서 종종 "야수 굶기기(starving the beast)"라는 표현을 사용한다. 과세 반대 운동가인 그로버 노퀴스트(Grover Norquist)는 훨씬 더 자극적으로 쏘아 댄다. "나는 정부를 없애고 싶은 게 아니다. 난 다만 정부를 줄일 수 있을 만큼 줄인 다음, 화장실로 질질 끌고 가서는 욕조에 집어넣어 익사시키고 싶을 따름이다."[46] 트럼프 혁명의 이데올로그 스티브 배넌(Steve Bannon)은 자신이 꿈꾸는 목표의 핵심이 "행정국가의 해체"[47]임을 조금도 숨기지 않았다. 지난 40년 동안 미국은 대체로 자기가 이끄는 정부를 파괴하겠노라고 공공연히 약속하는 사람들이 운영해 왔다. 그들이 성공을 거두었다는 게 조금이라도 놀랍겠는가?

지금까지 설명한 요소에다 미국의 연방주의까지 더해서 생각해 보자. 미국이 겪고 있는 여러 가지 기능 장애는 그것이 주 정부와 지자체 단계에서 되풀이되기 때문에 몇 배로 심해진다. 예컨대 이번 팬데믹에 맞서는 국가 차원의 전략은 서로 시샘하며 자신들의 독립만 지키려는 2684개의 주, 지역, 부족 보건 담당 부서들이 존재하기 때문에 아주 복잡해졌다.[48] 게다가 엎친 데 덮친 격으로, 미국에는 9만 126개의 주 정부와 지자체 정부가 있는 데다 그 상당수는 마스크 쓰기나 집합금지에 관한 규칙을 직접 만들어야 한다는 과제를 떠안고 있었다.[49] 실업수당 역시 다양한 주 정부의 요구 사항 때문에 제때 지급되지 못하고 늦어졌다. 우리는 미국의 연방주의를 즐거운 마음으로 축하한다. 그리고 그것이 있기 때문에 유익하고도 중요한 실험들이 가능해진다. 루이스 브랜다이스(Louis Brandeis)는 이를 "민주주의의 실험실"이라 부르지 않았던가. 여러 주 정부들이 투자와 노동력을 유치하기 위해 서로 경쟁하고, 그것이 성장을 부추기게 된다.

그러나 경계를 모르는 질병과 맞서 싸워야 할 때는, 이처럼 누덕누덕 기워 붙인 권위는 악몽일 뿐이다. 기준의 파편화는 신종 코로나바이러스 검진에서 특히 심각하게 드러난다. 전화기, 데이터 피드, 이메일, 일반 우편에다 심지어 팩스까지, 옛 기술과 새 기술이 종잡을 수 없이 뒤범벅된 경로로 검진 결과를 보고하는 통에 종이만 산더미처럼 쌓이고, 막상 필요 불가결한 자료는 빠지는 경우가 허다하다.[50] (모든 관련 의료 정보를 아우르는 단 하나의 데이터베이스와 바로 연결되는 대만의 '헬스 카드'[51]와 달라도 어쩌면 이렇게 다르단 말인가!) 팬데믹은 둘째 치고 미국의 연방 시스템은 헬스케어와 투표권에 대한 일관된 접근을 창출하려는 모든 노력조차 방해해 왔다. 연방 시스템은 경찰 개혁도 전국 1만 8000개 개별 경찰 부서의 행동에 의존하도록 만들었다.[52] 정부 내의 마비와 정체를 야기한 것도 연방 시스템이다. 합의로 움직이는 정부와 강력한 사회자본이라는 뿌리 깊은 전통을 지닌 몇몇 국가는(가장 두드러진 예가 독일, 스위스, 네덜란드 등인데) 분권화된 정부를 훌륭하게 이끌어 왔다. 하지만 미국에서는 지금껏 그런 성과를 거의 볼 수 없었다.

더 나은 관료 시스템을 구축하라

정부에 대한 건전한 불신이 어떻게 독기 품은 냉소로 둔갑하는지를 이해하려면, 대서양 건너편을 바라보라. 영국은 나름의 반국가주의 전통도 상당히 탄탄했지만, 그래도 역사적으로 모든 수준에서 강력하고 효율적이며 개방된 정부를 가지고 있었다. 전반적으로는 네덜란드라든지 노르딕 여러 나라의 역사적 발전과 강점을 상당 부분 공유하면서, 튼튼한 정치제도와 훌륭하게 규제된 시장도 함께 지니고 있었다. 대영제국의 행정 체계와 법률 체제는 다른 유럽 강대국들로서는 선망의 대상이었다. 학자들은 개발도상국들 가운데 정치적 안정을 누리는 민주국가는 대개 과거 영국의 식민지였다는 점, 즉 그런 민주주의가 영국식 체제와 문화의 유산이라는 점을 심심찮게 지적해 왔다.[53] 싱가포르 건국의 아버지 리콴유는 영국의 식민 통치에 짐스러운 측면도 있지만, 자신이 이끄는 도시국가가 성공해 온 주된 이유는 바로 영국의 효율적이며 깨끗한 관료 체제 전통이라고 여겼다.

그러나 영국은 1980년대 이후로 미국과 똑같은 반정부 이데올로기를 포용해 왔다. 그리고 영국은 효율이라는 이름 아래 국내 기관들을 수척하게 만들었고, 이제 보리스 존슨(Boris Johnson) 총리에 이르러서는 전문가를 깔보고 관료들을 극심한 회의의 눈초리로 바라보는 포퓰리스트 리더의 지배를 받고 있다. 긴축으로 빼빼 마른 나라를 주도하고 있는 그의 정부는 신종 코로나바이러스 유행 초기의 대응이 유난히 형편없어서, 북유럽 국가들보다 훨씬 나빴다. 게다가 기능을 상실한 관료 체제가 가히 전설적이라 할 정도이며 아직 젊고 여전히 개발 중인 민주국가 그리스조차도 영국과 달리 이번 팬데믹에 놀랍도록 잘 대처함으로써 대조를 이루었다. 어째서 그랬을까? 그리스는 유능하고 기술 관료적인 리더, 과학과 선한 경영을 신뢰하는 리더가 이끌고 있었기 때문이다. 이렇듯 최정상의 분위기가 어마어마한 차이를 만들 때도 있는 법이다.

좋은 정부에 대한 공격은 우익에 의해서만 시도된 것이 아니었다. 좌익 성향의 정치인들도 여러 해에 걸쳐 관료 체제와 규제를 겹겹이 덧붙여 왔다. 이 주제를 오랫동안 연구해 온 폴 라이트(Paul Light)는 가령 존 F. 케네디 대통령 시절 내각의 여러 부서에는 계층별로 17명의 후보자가 '층층이' 지명되어 있었다는 사실을 지적한다.[54] 이 숫자는 트럼프 대통령에 이르러서는 무려 71명으로 늘어나 있었다. 이 오지랖 넓은 권한 위임의 대부분은 그럴듯한 목적을 위해서 고안되었다. 식품의약국의 거추장스러운 규칙과 관료적 견제의 이면에는 좋은 의도가 자리 잡고 있다. 그러나 그런 것들이 모이면 서로 부딪치기 일쑤인 수백 가지 요구 사항이 되어, 속도와 효율은 그야말로 이룰 수 없는 꿈이 되어 버리고 만다. 권력 남용이 발견될 때마다 일련의 새로운 부가 규칙이 만들어진다. 연방, 주, 지자체 수준에서 각기 다른 규칙들이 있어서 고분고분 지킬 수밖에 없는 경우도 허다하다. 정부 기구들은 어떤 프로젝트를 추진하든 엄격한 환경 및 노동 관련 심사를 거쳐야 하고, 그 외에 다른 온갖 목표들도 고민해야 한다. 관리자들이 부릴 수 있는 재량권은 거의 없다. 예를 들자면 어떤 사업을 위한 입찰에서는 최저가를 제시한 업체에 발주할 수밖에 없는 경우가 대부분이다. 그 업체의 업무 수행이 형편없거나 늦어질 거라고 생각되더라도 어쩔 수가 없다. 의회는 각 기관의 소소한 부분까지 챙기기를 어찌나 좋아하는지 독일, 일본, 한국 등에서 흔히 볼 수 있는 독립성이나 유연함을 허락하는 일이 거의 없다. 말이야 바른 말이지, 국가주의적이라 알려져 있는 캐나다, 덴마크, 독일 같은 나라보다도 오히려 자유방임의 상징이랄 수 있는 미국에 그런 비능률과 형식주의가 훨씬 더 만연해 있다는 사실에 서구인들은 전반적으로 놀라움을 금치 못한다. 그런 나라들은 국가의 덩치와는 상관없이 독립적인 정부 기구를 만들고, 기술 관료들에게 권한과 자율권을 부여하며, 이런 시스템이 제대로 작동하도록 만전을 기하는 것이 옳다고 믿는다. 좋은 정부에 대한 자긍심이 있다는 얘기다.

테크놀로지 기업을 이끌고 있는 마크 안데레센(Marc Andreessen)은 "지금은 새로이 구축할 때"임을 선언하는 장문의 블로그 글로 2020년의 팬데믹에 대한 의견을 토로했다.[55] 그는 이번 팬데믹 기간 중 미국 정부의 실패를 먼저 언급한 다음, 한 걸음 더 나아가 이렇게 물었다. "이제 미국은 더 많은 주택과 더 나은 공공 기반 시설 공급, 국내 제조업 부활, 수백만 명에 대한 고등교육 확대 등등의 대규모 프로젝트를 왜 더는 상상하지도 실행하지도 못하는가?" 그러고는 그 나름의 이론을 펼친다. 무기력증, 상상력 결핍, 경쟁에만 촉각을 세우는 현직 관리들 때문이라고. 하지만 진짜 이유는 그보다 더 뿌리가 깊다. 프랜시스 후쿠야마가 상대 정파의 정책이나 주장을 무조건 거부하는 정치 행태를 "비토크라시(vetocracy)"라고 불렀는데, 미국이 바로 이런 비토크라시 상황에 이르렀기 때문이다. 정부의 각급 수준에서 견제와 균형의 시스템이 되풀이되면서 그 어떤 긍정적인 행동이라도 반드시 누군가에 의해 언젠가는 좌절되고 만다는 이야기다. 미국은 바야흐로 반대하는 자들의 나라가 되어 버린 것이다.

끈덕진 조사로 유명한 마크 덩클먼(Marc Dunkelman)은 뉴욕 맨해튼의 펜 스테이션, 즉 펜실베이니아 역을 보수하고 재건하려는 노력의 역사를 여러 해 동안 파고들었다.[56] 우선 그 필요성은 누가 봐도 명백하다. 펜 스테이션은 왕래하는 인구가 세계에서 두 번째로 많은 교통 허브로, 이 역을 이용하는 일간 승객 수는 뉴욕 지역 세 개의 공항 승객 수를 모두 합친 것보다 더 많다. 그런데도 어찌나 끔찍하게 못생기고 디자인도 엉망인 데다 형편없이 관리되고 있는지, 미국의 최대 도시를 위한 교통 중심지로서는 말할 것도 없고 심지어 어느 빈곤국의 외딴 마을 역 시설로도 부끄러울 정도다. 지난 삼십 년 동안 내로라하는 정치인들이 이 역을 재건하려는 일련의 노력에 앞장섰지만, 이렇다 할 만한 진전을 이루어 내지 못했다. 덩클먼의 설명으로는, 이런저런 노력을 할 때마다 무슨 단체니 이익집단이 나서서 계획을 무산시켰다고 한다. 그는 이렇게 적고 있다. "비토권을 행사할 수 있는 관련자가 이토록 많은 역학 관계에서 어떤 프로젝트를 밀고 나가기는 불가능에 가깝다. 지금 뉴욕 전체를 위해 가장 좋다고 보이는 일을 할 수 있는 영향력은 아무에게도 없다. 그래서 결국 정부는 무능해지고 마는 것이다." 이러한 문제는 비단 펜 스테이션에 국한되지 않는다. 우리 동네에 뭔가를 짓는 일에 반대하는 이들의 슬로건인 "Not in my Backyard"를 흔히 '님비 현상(NIMBYism)'이라고 부르는데, 비토크라시외 또 다른 형태의 님비 사고방식은 미국 전역에 걸쳐 가치 있는 여러 프로젝트를 가로막고 있다. 캘리포니아의 경우, 이러한 님비는 몇십 년 동안 주택 신축을 좌절시켰고 생활비를 계속 상승하게 부추기는가 하면, 수십만 명의 노동자들이 몇 시간씩 걸려서야 간신히 일터에 갈 수 있도록 만들었다.

미국은 태생적으로 국가주의 반대를 신봉하는 나라다. 우파는 정부가 필요로 하는 자금을 줄임으로써 국가주의에 덤벼든다. 좌파는 어찌나 많은 법규와 조건으로 국가에 지장을 주는지, 우파의 경우에 못지않은 효과를 초래한다. 정치 이론가 새뮤얼 헌팅턴(Samuel Huntington)의 설명처럼, 미국에서 권력이란 흔히 말하는 것처럼 분립되는 게 아니라 공유되는 것이고 경합의 대상이므로, 무슨 일이든 수행하려면 폭넓은 합의와 절충이 필요하다. 이 딜레마는 물론 극복할 수 있지만, 그러기 위해선 루스벨트나 존슨에 필적할 만한 능숙하고도 끈질긴 리더십이 요구된다. 그리고 대체로 단일 정당의 주도가 필요하다. 작가 에즈라 클라인(Ezra Klein)이 관측한 바에 의하면,[57] 예컨대 1930년대나 1960년대처럼 정부가 제대로 기능을 수행하고 원하는 일들이 이루어지는 것처럼 보였던 시절에는 한 정당이 백악관과 의회를 모두 장악했고 여러 정당이 많은 이념을 아우르고 있었다. 하지만 요즘은 어느 정당도 정치권력을 확실히 잡고 있지 않으며 공화당과 민주당 모두 내부의 반대자들이 적어서, 만사가 당파적으로 변하고 대부분의 노력은 교착상태로 끝나고 만다. 그것은 다시 미국 정치 문화의 한가운데 자리 잡은 뿌리 깊은 반국가주의를 더욱 억세게 만든다. 미국인들은 이처럼 이러지도 저러지도 못하는 정체를 피할 수 없게끔 투표를 해 놓고는, 바로 그 정체를 지적하면서 워싱턴에서 뭐 좋은 게 나오겠느냐고 절망한다.

신종 코로나바이러스는 이미 시작된 추세에 속도를 더함으로써 위와 같은 상황을 어느 정도 바꾸어 놓았다. 트럼프 대통령은 자유방임주의 경제에 대한 이념적 책무를 저버린 채 2조 달러의 경기 부양책을 기꺼이 승인했다. 이제 공화당은 무역 관세, 중상주의, 이민 제한, 경기 침체의 충격을 완화할 연방 차원의 막대한 지출 등을 지지한다. 이러한 변화가 혹시나 정부를 바라보는 새로운 태도의 시작을 알리는 것일까? 으뜸가는 보수주의자인 조시 홀리(Josh Hawley) 미주리주 상원 의원은 고용주들에게 인건비의 80%를 보조하자는 덴마크식 계획을 제안함으로써, 작가 제임스 트라웁(James Traub)의 말마따나 "노르딕 모델에서 악마적이란 오점을 떼어 낸"[58] 놀라운 반전을 보여 주었다. 홀리가 여러 가지 사회적 이슈에서 극우파임에도 불구하고 그런 지출에 불편함을 느끼지 않은 것은 사실 그다지 놀랍지 않다. 뭐니 뭐니 해도 그의 영웅은(그리고 그가 2018년에 저술한 전기의 주제는) 바로 혁신주의 시대 공화당의 지도자였던 시어도어 루스벨트였으니까. 그렇지만 공화당 내부에는 여전히 반국가주의 기류가 강력하고도 치명적이며, 어떤 면에서는 한층 더 심술궂고 음모적으로 변했다. 미시건에서는 공중 보건의 여러 가지 제약에 진저리가 난 시위자들이 총기를 들고 주 의사당을 점령한 다음 입법 회의를 강제로 중단시켰다. 오하이오에서는 비슷한 단체들이 보건 당국 책임자를 윽박질러 물러나게 만들었다. '숨은 권력 집단'을 둘러싼 음모론이 난무하고, 트럼프 대통령이 이를 부추기는 경우도 많다. 보수의 인각에서는 정부에 맞서는 주장이 인구 변동과 문화의 물결을 거스르고 근대화 자체까지 거스르는 어둡고 필사적인 노력으로 둔갑하기도 했다.

일찍이 미국은 권력이 제한된 주(그러면서도 영국이 기원이므로 효율적 기능을 장착한 주) 시스템으로 독특하게 강력한 사회와 역동적인 경제의 기반을 닦아 놓았다. 그것은 자유가 활짝 꽃필 수 있도록 보장했다. 20세기 들어서는 진보적 개혁가들이 근대적인 정부를 만들어 미국이 대공황을 견뎌 낼 수 있게 도왔고, 2차 대전과 냉전을 싸워 이기도록 도왔으며, 그러는 중에도 세계 최강 경제를 달성하게 했다. 그러나 이제 그 나라는, 만신창이가 되어 삐걱대는 이 나라는, 21세기를 위해 수리해야 하고 개선해야 한다. 주위를 둘러보라. 이젠 미국과 마찬가지로 자유로우면서도 정부가 훨씬 유능한 자유민주주의 국가들이 너무나 많다. 사회 기반 시설, 직업훈련, 기후변화, 공공보건 등 우리 시대의 긴급한 난제들을 처리하면서 미국 정부가 한 세대 동안 실패를 거듭해 왔다는 증거는 너무도 많다. 신종 코로나바이러스 사태는 허다한 경고 가운데 최근의 일례일 뿐이다. 어쩌면 가장 심각한 예일지도 모르지만.

　나는 거대한 정부를 좋아하지 않는다. 나는 그야말로 무능과 비효율의 전형이라고 할 수 있는 거대하고 야심만만한 국가인 인도에서 자랐다. 그 무능과 비효율이 수십 년 동안 인도의 가능성을 망쳤고 지금도 이 나라의 발목을 잡고 있다. 그저 정부의 덩치만 불린다고 해서 사회의 여러 문제를 해결할 수는 없는 노릇이다. 권력은 제약받지만 선이 또렷한 권위, 그것이 바로 좋은 정부의 요체다. 좋은 정부는 어떻게 관리들에게 자율과 재량권을 주고 스스로 판단력을 행사할 수 있게 해 주느냐가 관건이다. 그러려면 총명하고 헌신적인 사람들, 조국에 봉사하며 그로 인해 존경받을 기회에 고무되는 사람들을 선발해야 한다. 물론 하루아침에 될 일은 아니지만, 그래도 가능한 일이다. 대만이나 한국이 어디 좋은 정부를 가지고 태어났던가? 아니, 오히려 그 반대로 그들은 부패한 독재 정권으로 시작했지만, 수십 년에 걸쳐서 다른 나라들로부터 부지런히 배우면서 그들 나름의 고유 모델을 창조했다. 사실은 이번 팬데믹에 훌륭하게 대처한 나라들은 거의 모두 이러한 속성을 공유하고 있다. 그들은 역사에서 교훈을 얻었다. 그들은 자본주의가 제대로 작동하는 것을 보았고 자신들의 사회에 그것을 적용했다. 그들 중에는 경제발전의 여러 단계를 두어 개씩 뛰어오를 수 있도록 최신 기술을 기꺼이 포용한 나라들이 많았다. 그리고 최근에는 사스와 메르스 사태를 겪으면서 교훈을 얻고 다음번 비슷한 사태에 착실히 대비했다. 그러나 무엇보다 주위를 잘 둘러보고 따라 할 수 있는 최선의 관행을 찾자는 것이 그들의 전반적인 마음가짐이었다. 이런 나라들이 역사적으로 종종 모범으로 삼았던 것이 바로 미국이었다.

지난 몇십 년 동안 미국 정부는 줄곧 형편없는 정치를 펼쳐 왔지만, 초강대국이라는 권위 덕분에 그 결과가 감추어질 수 있었다. 이라크 점령부터 간단하게는 지하철을 확장하는 문제까지, 미국이 최근에 시도한 너무나 많은 것들이 값비싼 희생을 치른 재앙이었다. 다른 선진국들의 시민에 견주어 볼 때, 미국인들은 모든 단계에서 이류에 지나지 않는 정부를 수십 년간 감내해 왔다. 이제 국가가 보상해 줄 수 있지 않겠는가? 미국은 기축통화 보유국이며 원하는 대로 얼마든지 달러를 찍어 낼 수 있다. 미국은 아직도 지구 위 최대의 군사력을 자랑한다. 미국은 디지털 세계를 지배하는 거대한 기술 산업을 지니고 있다. 미국의 방대한 국내시장은 교역에서 오는 압박과 대외 경쟁의 상당 부분을 무시할 수 있게 해 준다. 하지만 이런 것들은 그저 버팀목일 따름이다. 그것들이 미국을 지탱하여 응당 받아야 할 벌을 피하도록 해 주고, 저지른 실수의 진짜 대가를 한 번도 제대로 체험하지 못하게 했다. 하지만 그것도 지금까지일 뿐이다. 더는 그럴 수 없다.

지금까지 미국의 성공은 아주 넉넉해서 절대로 단번에 거꾸러 지지는 않겠지만, 서서히 세가 기울 수는 있다. 다이내믹한 경제와 기능을 상실한 정치가 얼버무려진 상태를 그럭저럭 견디면서 말이다. 미국의 군사력은 어쩌면 여전히 다른 모든 나라를 앞설지 모르지만, 보통 미국 사람의 삶은 다른 나라들이 어떻게 나아지고 있는지도 모른 채로 조금씩 뒤떨어질 것이다. 미국은 영향력도 혁신의 힘도 잃어버려 한층 더 편협해지고 한층 더 세계 무대에서 멀어질 수 있다. 그러면서 미국은 철두철미 예외적이라는 환상으로 자신을 위로하려 들지도 모른다. 세계는 수십 년 동안 미국으로부터 배워야 했다. 그러나 이젠 미국이 세계로부터 배워야 할 차례다. 그중에서도 가장 시급히 배워야 할 과제는 정부다. 큰 정부냐 작은 정부냐가 아니라, 훌륭한 정부란 무엇이냐를 배워야 한다.

시장만으로는
충분치 않다

3

《파이낸셜 타임스》는 엘리트를 위한 신문이다. 1888년 런던에
설립된 이 신문의 창간호는 "정직한 금융인과 성실한 투자자와 존경
할 만한 중개인과 거짓 없는 기업인 그리고 합법적인 투기자"[1]의 친
구가 되겠노라고 약속했다. 세계대전과 대공황, 파시즘과 사회주의
등등을 거치면서도 일관되게 자본주의를 옹호해 왔다. 오늘날 우리
가 살고 있는 이 경제 시대를 불러온 마거릿 대처(Margaret Thatcher)
와 로널드 레이건(Roanld Reagan)의 자유시장 개혁을 지지했고, 지
구 위 그야말로 모든 나라를 하나의 글로벌 경제 속으로 불러들인 자
유무역의 폭넓은 확대도 지지했다. 시장을 좀 더 개방하고 더 큰 자유
를 허락한다면 세상의 거의 모든 문제를 해결할 수 있다는 믿음이 이
신문 정체성의 핵심이다.

그랬기 때문에 2020년 4월 3일 이 신문을 펼쳐 든 독자들은 그러한 정통성의 상당 부분과 작별을 고하는 사설을 읽고서 틀림없이 경악을 금치 못했을 것이다. 그 짧은 글은 코로나바이러스 팬데믹이 시민들에게 집단적인 희생을[2] 요구할 것이며, "그런 집단 희생을 요구하려면 모두에게 혜택을 주는 사회계약을 제시해야 한다."라는 지적으로 시작되었다. 그 지적은 "오늘의 위기는 수많은 부유한 사회가 얼마나 이런 이상에 턱없이 못 미치는지를 적나라하게 보여 주고 있다."라는 말로 이어졌다. 그러면서 사설은 "급진적인 개혁으로 지난 사십 년간을 주도해 온 정책 방향을 뒤집어야 할" 필요성이 있다고 선언했다. "각국 정부는 경제 분야에서 좀 더 적극적인 역할 수행을 수락해야 할 것이다. 공익사업을 부채가 아니라 투자로 간주해야 하고, 노동시장의 불안을 줄이는 방법을 찾아야 한다. 재분배가 다시금 어젠다에 오를 것이고, 고령인 부자들이 누리는 특권에는 의문부호를 붙이게 될 것이다. 기본소득과 부유세처럼 최근까지도 상궤를 벗어난 것으로 여겨졌던 정책들이 함께 토론의 대상이 되어야 할 것이다."

이것은 뜻밖의 장소에서 터져 나온 거센 발언이다. 그러나 서구 세계에서는 이미 이보다 훨씬 급진적인 아이디어도 환영하는 사람들이 많았다. 가령 2019년 5월 갤럽이 실시한 여론조사 결과에 의하면 조사 대상이었던 미국인의 43%가 '어느 정도의 사회주의'는 국가에 이롭다는 데 동의했다.[3] 1942년 똑같이 물었을 때는 단지 25%만이 동의했던 내용이다. 조용한 혁명이 은연중에 이루어지고 있는 것 같았다. 당당하게 자본주의를 옹호하는 것이 바로 정체성이나 다름 없었던 나라가 이젠 20세기 내내 맞서서 싸웠던 이념을 갈수록 포용하고 있는 것으로 보인다. 그리고 신종 코로나바이러스는 이러한 추세를 더욱 부추길 뿐이었던 것 같다.

갤럽의 여론조사는 지난 사십 년 세월로부터의 현저한 변화, 특히 종종 세계의 이념 지형을 좌지우지했던 앵글로아메리카 지역에서의 변화를 보여 주었다. 1980년대는 레이건과 대처가 지배한 시절이었는데, 두 사람은 자국에서 자유시장 개혁의 물결을 주도하는 선봉장이었으며 전 세계가(심지어는 이념적으로 반대하는 나라들까지도) 어떤 형태로든 그들의 개혁을 따라 했다. 예컨대 프랑수아 미테랑(François Mitterrand)은 열성적인 사회주의자로서 1981년 프랑스 대통령에 취임했지만, 오래지 않아 낯익은 좌파 어젠다의 대부분을 내던져 버리고 긴축재정과 통화 긴축을 기꺼이 채택했다. 1990년대에 접어들어서는 반대로 빌 클린턴 대통령과 토니 블레어 총리가 자본주의자들의 새로운 합의를 받아들이는 좌파의 대명사가 되었다. 또 다른 좌익 성향의 지도자인 게르하르트 슈뢰더(Gerhard Schröder) 독일 총리는 1998년에 취임해서 수십 년에 걸친 독일 시장 개혁의 대부분을 직접 주도했다. 오랫동안 사회주의와 보호주의를 실행해 왔던 인도는 1991년에 경제 위기를 맞아 어쩔 수 없이 자유화를 단행해야만 했다. 그리고 이듬해 중국은 덩샤오핑의 소위 '남순강화(南巡講話)'와 더불어 한동안 주춤했던 자본주의 개혁을 되살렸다.

2008년의 금융 위기는 좌파와 우파 모두에 대한 재평가 과정에 시동을 걸었다. 스티브 배넌은 바로 이 금융 위기가 트럼프 대통령의 공화당 인수를 초래한 씨앗을 뿌렸다고 주장한다. 그때 이후로 여러 해에 걸쳐 우파는 시장에 헌신하는 태도를 버리는 대신, 미국의 트럼프 대통령과 영국의 보리스 존슨 총리 그리고 지구촌 각지의 포퓰리스트들이 옹호하고 있던 보호주의, 국가 보조금, 이민 통제, 문화의 국수주의 등등을 거침없이 펼치게 된다.[4] 한편 좌파 진영에서는 버니 샌더스와 제러미 코빈이 유행을 선도하고 있었는데, 두 사람 모두 자칭 '사회주의자'였다. 거기에 사회주의라는 딱지를 전혀 불편해하지 않는 알렉산드리아 오카시오코르테스 뉴욕주 상원 의원 같은 혈기왕성한 정치 신인들까지 합세했다. 그리고 몇 차례의 선거에서 18~29세의 미국 국민은 사회주의에 대해서 고령자들보다 훨씬 더 높은 지지율을 보여 주고 있다.[5] 사실 그 연령대의 젊은이들 가운데 자본주의를 지지하는 수는 전체의 절반도 되지 않는다는 여론조사 결과도 더러 있다. 이 모든 것을 종합해 보면 결국 사회주의를 향한 전환을 의미하는 것일까?

좀 더 가까이에서 잘 들여다보면, 그림은 한층 더 흐릿해 보인다. 지난 수십 년 동안 여론조사 진행 요원들은 자본주의 대 사회주의에 관한 질문을 일관성 있게 하지 않았다. 그렇기에 또렷이 추세를 보여 주는 선이 없다. 냉전이 한창이던 때 사람들이 사회주의에 대해 더 심한 적내감을 드러낸 것은 사실이다. 그러나 그 설명은 어쩌면 개념의 정의에 들어 있는지 모르겠다. 그 시절엔 '사회주의'란 용어가 종종 '공산주의'와 같은 뜻인 양 쓰이기도 했고, 서방에는 불구대천의 적이요 독재 정권인 소련의 정치체제를 묘사하기 위해 쓰이기도 했다. 오늘날 사회주의를 지지한다고 주장하면서도 사실은 이 용어가 최초에 의미했던 바와는 전혀 다른 무언가를 염두에 두고 있는 사람들이 굉장히 많다.

사회주의의 교과서적 의미는 공장과 농장과 기업 등의 생산수단을 정부가 소유하는 것이다. 인도의 자와할랄 네루에서 이스라엘의 다비드 벤구리온을 거쳐 영국의 클레먼트 애틀리에 이르기까지 20세기 사회주의 정치인들이 추구했던 계획이 바로 그런 것이었다. 그 나라들에서는 전기, 전화, 물, 가스 등의 공익사업은 물론이거니와 항공, 열차, 버스 서비스라든가 석탄, 원유, 철강 등의 기업들도 대개는 국가가 소유하고 운영했다. 이 지도자들은 레닌이 품었던 사회주의 경제 미래상의 민주주의 버전을 시행했다. 국가가 경제의 '최고봉'에 자리 잡는 버전 말이다.

　　그러나 지금 사람들이 사회주의라고 할 땐 그게 무엇을 의미하느냐고 물어보면 그런 시스템을 뜻하는 게 전혀 아니다. 오늘날의 자칭 사회주의자들은 더 많은 정부 투자, 새롭고 확장된 안전망, 기후변화에 대처하기 위한 '그린 뉴딜', 부자들에 대한 더 많은 과세를 원한다. 버니 샌더스조차도 자신이 꿈꾸는 나라는 쿠바가 아니라 덴마크라고 분명히 밝혔다. 엘리자베스 워런(Elizabeth Warren)이 샌더스와 똑같은 정책들을 지지하면서 자신을 가리켜 "뼛속까지 자본주의자"[6]라고 부른다는 사실만 보더라도, 사회주의의 표지가 얼마나 모호한지 알 수 있다. 자본주의적이라 해도 되고 사회주의적이라 해도 되는 프로그램이라면 필시 그 둘의 중간 어디쯤 놓여 있을 것이다. 그래도 샌더스라면 사회주의자로서 그런 프로그램을 노골적으로 옹호하고 나설 것이며, 젊은이들도 그 이름표 때문에 등을 돌리지는 않는다. 한편 우익 진영에서는 저명한 정치인들도 대규모 정부 지원책을 제안하는 일을 아무렇지도 않게 생각한다. 또 자유론자를 자처하는 테크 기업인들은 로봇과 소프트웨어가 사람들의 일자리를 앗아 간다 하더라도 굶어 죽도록 놔두지는 않도록 하기 위한 보편적 최저임금 개념을 포용한다. 많은 금기 사항이 이미 깨졌거니와, 미국의 자본주의 자체가 깨졌기 때문에 그런 금기도 깨진 것이다.

흔들리는 진자

사람들이 어느 정당을 지지하는 것은 그 정당의 기본 원칙, 가치관, 논리 등에 철두철미 동의하기 때문일까? 우리는 종종 그럴 것이라고 생각하는 우를 범한다. 하지만 사실 이런 현상을 연구해 온 학자들이 대체로 도달한 결론에 따르면, 사람들은 오히려 사교 클럽을 고르듯이 지지할 정당을 선택한다. 그렇게 선택한 정당을 밀어주는 데에도 여러 가지 이유가 뒤섞여 있다. 소속감, 친근감 혹은 호감, 다른 멤버에게서 느끼는 동질감 등이 주된 이유일 텐데, 그중 일부는 계급과 인종에 기반을 두기도 한다. 그 결과, 이들의 이념적 헌신이라는 것도 우리가 상상하는 것보다는 덜 순수한 경우가 많다.[7] 몇 년 전만 해도 자신을 확고한 자유시장주의자라고 밝혔던 공화당 지지자가 느닷없이 보호무역이라는지 국경 폐쇄에 열렬하게 박수를 보낸다고 생각해 보자. 실제로 이런 변절을 보여 주었던 폭스 뉴스의 호스트 터커 칼슨(Tucker Carlson)은 2019년 이렇게 선언함으로써 사람들을 깜짝 놀라게 했다. "공화당 지도자들은 자유시장 자본주의가 종교가 아니라는[8] 사실을 수긍해야 할 것이다. …… 바보가 아니고서야 그런 걸 숭배할 수는 없을 것이다. 우리의 체제는 인간에 의해, 인간을 위해 만들어졌다. 우리가 시장에 봉사하기 위해서 존재하는 게 아니잖은가. 아니, 그 정반대다. 어떤 경제체제든 가족을 약하게 만들고 파괴한다면 붙들고 있을 가치조차 없다. 그런 시스템은 건강한 사회의 적이기 때문이다." 버니 샌더스라 한들 이보다 더 훌륭하게 말할 수 있었겠는가!

이념은 그때그때의 중요한 문제를 건드리기 때문에 호소력을 얻기 쉽다. 자본주의는 1930년대에 좌초하면서 금융 분야가 공황 상태에 빠져 붕괴했고 대량 해고 사태가 벌어졌다. 그리고 그런 상황은 짧은 시일 내에 돌이키기가 불가능한 것처럼 보였다. 그러던 중 프랭클린 루스벨트가 취임했고, 그는 시장 기능이 소용없게 된 곳에 정부가 개입하도록 했고, 마침내 나라가 다시 움직이도록 만들었다. 1970년대 들어 인플레이션이 기승을 부리고 성장이 더디어지면서 서방 국가들은 임금과 가격의 통제라든지, 무늬만 구제책이었을 뿐 사태를 더욱 악화시키기만 했던 여러 정책을 폈고, 서구 사회는 경제에 대한 국가의 지나친 간섭으로 피해자가 되어 버린 듯한 모습이었다. 이러다 보니 경제를 개방하고 민간 부문의 잠재력을 꽃피게 하는 참신한 접근법에 대한 갈증이 있었다. 제3세계에서도 그와 마찬가지로 국가사회주의가 더할 나위 없는 경기 침체를 불러왔고, 1980년대에 이르자 레이건·대처 방식의 개혁이 곤경의 타개책인 것 같았다. 이제 진자가 되돌아왔고, 수그러들 줄 모르는 기술 변화와 해외 경쟁으로 촉발된 악화일로의 불평등과 걷잡을 수 없는 고용 불안정은 시장의 힘만으로는 결코 해결할 수 없다는 인식이 널리 퍼졌다. 그런 문제들은 정부의 해결 노력을 요구하기 때문이다.

　　Covid-19 팬데믹은 예전에 우리가 감히 상상하지 못했던 방식으로 사회의 분위기를 바꾸어 놓았을까? 체제에 가해진 과거의 충격은 어떤 불길한 예감을 불러왔고, 사람들은 엄청난 변화가 닥쳐오리라고 예측했다. 하지만 결국은 겨우 정책을 피상적으로 변화시킨 정도만으로 끝나 버렸다. 1990년대 말 아시아 금융 위기가 한창일 때 경제학자 폴 크루그먼(Paul Krugman)은 《포춘》에 기고한 에세이에서 이렇게 경고했다. "아시아 국가들이 자국 통화를 통제하는 등 극단의 조치를 펼치지 않는 한, 육십 년 전에 겪었던 주가 폭락, 황폐해진 경제, 흔들리는 정부, 그리고는 끝내 전쟁에까지 이르는 진짜배기 대공황 시나리오와 맞닥뜨리게 될지도 모를 일이다."[9] 닷컴 버블이 터져 5조 달러의 자산을 몽땅 쓸어 갔던[10] 2000년에는 기술과 인터넷에 대한 집착의 종말을 예측[11]하는 사람도 많았다. 금융 위기가 세계를 강타하고 지나간 후 《파이낸셜 타임스》의 선임 경제 평론가 마틴 울프(Martin Wolf)는 "또 다른 이념의 신은 실패했다."[12]라고 선언했으며, 티모시 가이트너(Timothy Geithner) 미국 재무부 장관은 "예전과 사뭇 다른 자본주의"[13]를 약속했다. 그러나 위기가 하나씩 지나갈 때마다 경제는 그럭저럭 수습되고 우리는 어쨌든 그런대로 견뎌 왔다. 이번에도 우리는 그렇게 할 수 있을까?[14]

　　물론 그럴 수는 있다. 가능하다. 그러나 이번 팬데믹은 우리 역사에서 경제체제에 대한 불만이 훨씬 더 심각한 때에 우리를 덮쳤다. 크루그먼, 울프, 가이트너는 그 체제의 취약성을 모두 정확하게 묘사했고, 틈이 벌어진 곳을 지적하는가 하면, 어떤 틈 때문에 체계 전제가 와르르 무너질 수도 있다고 걱정했다. 하지만 그들의 우려에도 불구하고 구조를 뜯어고치는 작업은 거의 이루어지지 않았다. 자유시장 경제를 둘러싼 논쟁을 종식하기 위해 마거릿 대처가 사용한 표현처럼 "도무지 대안이 없다."라는 인식이 구석구석에 배어 있었다. 대처 총리가 "도무지 대안이 없다.(There Is No Alternative.)"라는 슬로건을 어찌나 즐겨 썼던지, 각료들이 그녀를 티나(TINA)라고 부르기 시작할 정도였다.

이 슬로건은 당대의 정신을 잘 포착했으니, 그것은 역사적 필연이라는 거의 마르크스주의적 개념이었다. 물론 "역사의 종말"[15]에 살아남는 것은 사회주의가 아니라 자본주의라는 점이 다르긴 했지만 말이다. 게다가 대처 총리만 그런 게 아니었다. 서구 지도자들은 거의 모두가 글로벌 자본주의는 마치 우리가 숨 쉬는 공기처럼 어디에나 존재한다고 믿었다. 그건 싸울 수 있는 상대도 아니므로, 우리가 거기에 적응해야 한다고 말이다. 게다가 공산주의의 붕괴는 이런 생각을 한층 더 공고히 했다. 빌 클린턴 대통령은 1993년 북미자유무역협정(NAFTA)에 서명하면서 미국 국민에게 이렇게 설명했다. "우리는 전 지구적 변화를 멈출 수 없습니다. 이미 어디에나 존재하는 국가 간의 경제적인 경쟁을 없앨 수는 없는 노릇입니다. 그러므로 다만 에너지를 우리한테 이롭게 활용할 수밖에 없지요."[16]

토머스 프리드먼(Thomas Friedman)의 『렉서스와 올리브나무(*The Lexus and the Olive Tree*)』가 1999년에 출간될 즈음, 자본주의는 최고의 전성기를 구가하고 있었다. 그것은 닷컴 붐의 시대요, 부유국이 빈곤국에 처방해 준 일련의 자유시장 개혁인 워싱턴 콘센

서스(Washington Consensus)의 시대였다. 책에서 프리드먼은 개도국 대부분이 경제적 번영의 이 새로운 공식을 "황금 구속복(Golden Straitjacket)"으로 간주한다고 설명했다.[17] 구석구석 세심하게 연구한 개혁인지라 일탈의 가능성은 거의 없었지만, 그래도 규칙을 준수하면서 해야 할 일들을 충실히 완수하는 국가는 막대한 보상을 거둘 수 있었다. 프리드먼의 공식에 의하면 구속복을 입고서도 "우리 경제는 성장하고 우리 정치는 줄어든다.". 그러나 여러 해에 걸쳐 사람들은 바로 그 구속복에 짜증이 나 있었다. 그 공식과 다른 방법으로 국정을 운영했는데도 어쨌든 발전해서 앞서 나간 나라들도 더러 있었으며, 그런 사실을 깨닫게 된 것이 더 중요하다.

지난 이십 년 동안 세계에서 가장 빨리 성장해 온(사실은 인류 역사상 가장 빠른 속도로 성장한 주요 국가인) 중국[18]을 예로 들어 보자. 이 나라는 자본주의와 국가 주도 계획과 개방과 독재를 그들만의 독특한 방식으로 뒤섞은 혼합 정책을 따랐다. 그들의 경제도 성장했지만, 정치적인 통제 또한 더 커졌다.(《뉴욕 타임스》의 니컬러스 크리스토프는 이것을 "시장 레닌주의"[19]라고 묘사했다.) 그렇게 자신들만의 길을 개척하면서 중국은 세계 제2위의 경제 대국이 되었고, 철강[20]이나 시멘트[21] 같은 전통적인 산업을 지배할 뿐 아니라 컴퓨터, 텔레콤, 소셜 미디어, 심지어 인공지능 분야를 주도하는 플레이어가 되기도 했다. 베이징의 부상을 지켜보면, 어째서 세계 전 지역의 지도자들이 마거릿 대처가 틀렸다고 생각할 수 있는지 쉽게 이해할 수 있다. 그렇다, 대안은 있는 법이다.

중국의 성공만큼이나 중요한 것은 미국의 실패다. 지난 몇십 년 동안의 시장 자유화가 성장과 혁신을 초래하긴 했지만, 그와 동시에 공공 부문이 궁핍해졌고 불평등은 심해졌으며 독점으로 가는 경향이 뚜렷해지는가 하면, 부유하고 권력 있는 자들이 정치 시스템을 매수해 버렸다. 그리고 이번 팬데믹을 겪으면서 이러한 결점들이 고스란히 드러나는 모습을 많은 미국인들이 목격했다. 취약하고 제 기능을 발휘하지 못하는 국가, 극도로 불평등한 헬스케어 혜택, 임금에 목을 매는 노동자들보다 자본과 연줄 있는 사람들을 더 많이 도와주는 지원 메커니즘 등등. 환멸감은 세계 금융 위기와 더불어 시작되었다. 시스템은 무너졌고, 그 와중에 죄지은 자들은 멀쩡하고 가장 취약한 사람들만 벌을 받는 것 같았다. 어이가 없을 정도로 부유하거나 연줄 많은 사람들만 보상을 받았다. 최근에만도 두 번이나, 그러니까 2008~2009년과 2020년에, 연방 정부는 대기업을 구제하고 가장 부유한 미국인들의 자산을 지키기 위해서 몇조 달러 규모의 돈을 썼다. 그러면서도 유치원이라든지 저소득층을 위한 주택을 위해 겨우 몇십억 달러를 지원해 달라는 요청에 대해서는, 비용이 심각하게 우려된다느니 시민들을 위한 지원금은 해로운 결과를 낳을 거라느니 하는 반응으로 일관했다. (주식과 채권으로 배부른 사람들을 위해 연준이 지원을 제공하는 폐단은 왜 걱정하지 않는 걸까?) 우린 이제 특별한 규칙과 예외적인 비상조치로 만신창이가 되어 버린 미국 자본주의에 길들었다. 그런데도 만사 오케이라는 소리만 들어 왔다. 우리 시스템은 훌륭하게 작동하고 있다고 말이다.

유료 사회: 뭐든 하고 싶으면 돈을 내라

신종 코로나바이러스 사태가 시작되었을 때, 노르웨이 과학기술대학은 해외에서 유학 중인 자국 학생들의 귀국을 촉구하는 글을 페이스북에 올렸다. 그러면서 이렇게 덧붙였다. "특히 공중 보건 서비스와 인프라스트럭처 그리고/혹은 집단 기간 시설이 형편없이 뒤떨어진 나라, 예를 들자면 미국 같은 나라에서 유학 중이라면." 이후 노르웨이 과기대는 실수를 인정하면서 미국에 대한 언급을 삭제했는데, 이를 두고 사람들은 부지불식간에 진실을 말해 버리는 실수였다고 농담을 주고받았다.[22]

바이러스 사태가 심각하다는 것을 미국인들이 깨닫게 된 2020년 3월 말경, 모든 국민이 즉시 검진을 받게 하는 것은 그리 어렵지 않았을 터이다. 틀림없다. 미국이야말로 다른 선진국들에 비해 일인당 헬스케어 비용을 두 배나 쓰고 있지 않은가 말이다![23] 그러나 미국은 절박하리만치 검진이 모자랐고, 또 미국의 헬스케어 조직은 이윤 추구를 위해 만들어진 터라, 설사 검진이 가능했다 하더라도 도저히 비용을 감당하지 못할 사람들이 너무나 많았다. 부자들과 연줄 좋은 사람들은 그런 문제가 전혀 없었다. 3월 중순 미국프로농구(NBA) 여덟 팀에 소속된 선수들 전원이 검진을 받았다.[24] 증상이 전혀 없었던 유명인들과 정치인들도 검사를 받았다. 그러는 가운데 보건 의료 노동자들은 몇 주씩 혹은 그 이상으로 기다려야 했다. 취약한 계층의 사람들에 대한 대규모 검진에 실패함으로써 결국 모두가 불안하게 된 것이다.

미국의 헬스케어 시스템은 방대하고 복잡하고 비싸지만, 시장의 인센티브가 있으면 그에 반응한다. 검사와 치료를 위한 여러 시설은 소득수준이 높은 지역에 집중되어 있어서, 다른 지역에 사는 사람들은 각자 나름의 방식으로 수준 이하의 시설들을 찾을 수밖에 없다. 의사들은 많은 시간을 들여 의료 시술의 비즈니스 측면이 작동하게 만들어야 하므로, 가장 많은 수익을 창출하는 의료 행위에 우선권을 줄 수밖에 없다. 병원들은 마치 호텔처럼 운영되고 있어서, 환자 없이 노는 병상이 없도록 하고 남는 수용력을 최소한으로 줄이는 게 목표다. 기업가로 엄청난 성공을 거두고 팔십 대가 된 빌 버딩어는 이 같은 사고방식 변화에 대해 다음과 같은 느낌을 드러냈다. "내가 한창 자라나고 있을 땐 세상이 달랐다. 이윤이란 것은 최대화하는 게 아니라 적절해야 하는 시대였다. 병원들의 경우에는 병상 점유율이 높으면 뭔가 행동을 취해야 할 신호로 간주했다. 있을지 모르는 비상사태에 대비해서 병상이 더 필요했으니까. 그런데 지금은 점유율을 높이기 위해서 아예 병상을 줄이는 게 목적이다." 여분의 의료용품, 환자가 없이 노는 병상, 가외의 인원들, 이 모든 것이 시간을 두고 제거해야 할 비효율이 되어 버린 거다.

헬스케어의 혜택을 누리는 데에서 벌어지는 극도의 불평등은 '유료 사회(pay-to-play society)'라는 좀 더 큰 역학 관계의 일부분이다. 유료 사회에서는 모든 것이 시장에 지배당하게 된다. 병원의 경영진이나 대학 총장들은 사회 지도자가 아니라 CEO로 간주되고, 또 CEO처럼 움직이는 대가로 보수를 받는다. 과거에 법·금융·회계 같은 전문직을 이끌었던 원칙은, 만약 독립성과 성실성을 희생해야만 얻어지는 이윤이라면 그런 이윤은 극대화하지 말라는 것이었다. 한 때 이런 사람들은 고객들에게, 온갖 비즈니스를 게걸스럽게 독식하느니 차라리 아예 거래하지 말라고 충고하곤 했다. 사회와 경제에서 문지기와 중재자 역할을 했던 집단들이 이젠 돈만 낸다면 누구에게나 관리를 훌륭하게 했다는 인장을 제공하는 이윤 추구 기업으로 둔갑했다.[25] 이해 충돌이라든지 좀 더 너른 의미의 위험 따위는 아랑곳하지 않는다. 2008년의 금융 위기 이전부터 독립적이고 공정해야 할 신용 평가사들은 조잡하고 위험하기 짝이 없는 금융 상품에다 기꺼이 승인 도장을 찍어 주었다. 오로지 그렇게 하면 짭짤한 수입을 올릴 수 있다는 이유로 말이다.

어쩌면 시장이 정치 자체를 아예 인수해 버렸다는 것이 가장 중요한 점일지 모른다. 정치학자인 로버트 달(Robert A. Dahl)은 1993년에 쓴 에세이에서 거의 모든 국가가 왜 순수히 시장 주도로 국가조직을 만들지 않고 국가에 큼직한 역할을 맡기기로 했는지를 설명했다.[26] 사회에는 가령 정치인들과 시민들의 투표처럼 사람들이 시장의 힘에 좌우되지 않도록 떼어 놓고 싶어 하는 것들이 상당히 많다고 그는 지적했다. 하지만 이세는 그런 것들조차 거래할 수 있는 재화가 되어 돈이 정치를 지배하게 되었다는 것이다. 회사든 개인이든 부유한 자들이 사실상 표를 사서 자신들의 입맛에 맞게 여러 가지 규칙을 쓰기도 하고 고쳐 쓰기도 할 수 있을 정도로 말이다.

프랑스 출신의 경제학자로 1980년대에 미국으로 이주한 토마 빌리폰(Thomas Philippon)은 저렴한 가격으로 항공권부터 금융 상품과 전화 서비스까지 다양한 제품을 기막히게 경쟁적으로 제공하는 미국 경제에 깜짝 놀랐다. 그러나 오늘날 더 싼 재화와 용역을 더욱 다양하게 공급하는 것은 오히려 유럽 쪽이다. 지난 이십 년 동안 미국이 공급 폭을 줄이는 동안 유럽은 오히려 그 폭을 넓혀 왔기 때문이다. 필리폰이 조사해 밝힌 바에 의하면, 이러한 변화를 가능하게 만든 배후의 힘에는 구조적인 요소가 더러 있다고 한다. 디지털 경제에서 시장이란 (어떤 시장이든) 한두 명의 플레이어가 지배하는 경향이 있어서, 그들이 가격을 올릴 수 있다는 것이다. 그러나 정말로 중요한 원인은 여러 산업이 지닌 정치적 파워라는 것을 그의 연구는 보여 주었다. 다수의 기업이 경쟁자들의 진입을 막아 자신들의 높은 이익을 유지할 수 있도록 규칙을 만들 수 있다는 이야기다.

움직임이 굼뜨고 사회주의적 성향인 인도에서 자랐기 때문인지는 모르겠으나, 나는 항상 시장의 힘이 지닌 진가를 알아보았다. 시장이란 믿을 수 없으리만치 역동적이어서 침체된 사회를 흔들어 깨울 수 있다. 인도와 중국에서 시장은 수억 명의 인간을 가난에서 벗어날 수 있게 만들었다. 시장은 탁월한 혁신을 낳고, 갖가지 배경의 사람들에게 좀 더 나은 삶을 살아갈 기회를 부여한다. 그렇지만 자유 시장은 그 나름의 결함도 많다. 시장은 너무도 엄청난 부와 불평등을 만들어 낼 가능성을 제공하기 때문에, 사람들은 시장 자체를 뒤집어 엎을 방법을 모색한다. 이런 문제는 자본주의가 작동할 때 생기는 피할 수 없는 결과일지도 모르겠다. 시장은 언제나 평등하지 않은 이익을 창출한다. 실리콘밸리의 벤처 투자가인 피터 틸(Peter Thiel)도 인정했다시피, 모든 기업의 목표는 독점의 달성이다. 그렇다면 성공을 거둔 기업이 그들의 여러 가지 자원을 이용하여 경쟁을 없애려 하는 것은 당연한 노릇이다. 이런 노력을 가로막을 수 있는 것은 오로지 그들에 대한 정치 시스템의 모니터링뿐이고, 그렇게 하기 위해서는 정치 시스템이 비즈니스로부터 어느 정도나마 격리되어 있어야 한다. 무슨 뜻이냐 하면, 이런저런 선거를 위한 민간 부문의 지출을 억지해야 하고 진정으로 독립된 관료 체제를 가져야 한다는 얘기다. 제대로 개방된 시장과 강력한 국가라는 이 조합은 만만치 않은 줄타기다. 필리폰이 보여 주는 것처럼 완전한 경쟁의 실행이라는 점에서 유럽연합이 미국보다 훨씬 더 낫다는 게 그다지 놀랍지 않다. 브뤼셀의 유럽연합 고위 공무원들은 거만하고 위세를 부릴지도 모르지만, 그래도 캠페인 기부금을 받는 대신 규정 준수의 의무를 면제해 주는 일 따위는 하지 않는다.

그렇지만 시장에 대해서는 경제학을 뛰어넘는 좀 더 폭넓은 비평도 있다. 시장 중심의 사고는 우리 인간의 삶 구석구석을 파고들어 공정, 평등, 내재적 가치 등의 다른 가치들이 자리 잡을 틈새조차 남겨 두지 않았다. 신종 코로나바이러스 사태를 겪는 동안 세계 전역의 사람들은 훨씬 오래전에 눈떴어야 할 사실을 깨닫게 되었다. 하는 일이 설사 커다란 물질적 보상을 가져오지 못한다 할지라도, 우리는 우리가 하는 일로 인해 칭송받아야 한다는 사실을 말이다. 우리는 목격하지 않았던가, 보건 의료 노동자들이 위험을 무릅쓰고 타인의 치유라는 필수 임무를 완수하는 거룩한 모습을? 우리는 목격하지 않았던가, 전등이 꺼지지 않도록, 식수가 끊어지는 일이 없도록, 쓰레기가 쌓이지 않도록, 마트의 물건이 고갈되지 않도록, 요컨대 다른 사람들이 집에서 근무할 수 있도록 하려고 버스와 열차에 고단한 몸을 싣는 사람들의 모습을? 이번 팬데믹으로 우리는 반드시 기억해야 한다, 비록 하는 일이 거대한 수익을 창출하진 않아도 가치 있고 꼭 필요하며 심지어 고귀하기까지 한 일을 묵묵히 수행하는 사람들, 다시 말해 학자며 교사, 잡역부와 환경미화원 같은 사람들을 소중히 여겨야 한다는 사실을! 시장은 그들에게 제대로 보상해 주지 않을지 모른다. 그러나 우린 그들을 존중해야 한다.

위대한 덴마크 사람들

미국인들은 자신들을 지원하고 어려움을 완화해 주는 대규모 정부 프로젝트가 없었기에 언제나 자기 힘으로 '아메리칸 드림'을 이루어야 한다고 배워 왔다. 이 나라의 심장을 상징하는 하나의 믿음이 있다면, 그것은 미국이 누구나 성공할 수 있는 나라라는 믿음, 아이들이 자라서 부모보다 더 잘살 수 있는 나라라는 믿음, 배경이 어떻든 누구나 대통령이 될 수 있고 (더욱 좋게는) 억만장자도 될 수 있는 나라라는 믿음이다. 버락 오바마에서 스티브 잡스에 이르기까지, 그런 성공담의 눈부신 사례들이 미국에는 여전히 차고 넘친다. 그러나 알고 보면 그런 것들은 놀라운 예외일 뿐, 미국인 대부분이 맞닥뜨리는 운명을 결코 대변하지는 못한다. 이 주제에 관한 연구는 너무나도 많고 또 확실해서 심지어 군건한 보수 성향의 《내셔널 리뷰(*National Review*)》에 실린 어느 에세이조차 다음과 같이 마무리되고 있다. "확실한 것은 적어도 한 가지 측면에서 미국의 사회적 유동성은 범상치 않다는 사실이다. …… 사회의 밑바닥으로부터 상향 이동할 여지가 극히 제한되어 있다는 점에서 미국은 정말 두드러진다."[27] 아메리칸 드림을 수치로 나타내기 위해 시작된 스탠퍼드 대학의 한 연구에서는 그것을 "소득분배 5분위 가운데 최하층에 속하는 부모를 둔 아이가 이를 극복하여 최상위층까지 도약할 수 있는 확률"로 정의했다. 이 연구의 최종 데이터에 의하면, 저소득층의 미국인이 그 정도로 경제 사다리의 최상단까지 오를 가능성은 7.5%이며, 이에 비해 덴마크 저소득층의 상향 이동 확률은 11.7%, 캐나다 저소득층은 13.5%로 미국인들의 거의 두 배였다.[28]

이런 종류의 비교 분석에 대해, 미국은 엄청나게 많은 가난한 이민자를 흡수해야 한다는 독특한 난제를 안고 있다는 것이 전통적인 반응이었다. 그러나 이 점에서는 이제 미국도 더는 독특하지 않다. 많은 이민자를 받아들이는 유럽 국가가 한둘이 아니고, 해외에서 태어난 국민의 숫자로 말하자면 캐나다는 전체 인구의 22%[29]로 미국의 14%[30]보다 훨씬 더 많다. 그리고 이 다른 나라들은 모두 이민자들을 사회에 통합시키려고 안간힘을 쓰는 동안에도, 갖가지 배경과 종교를 가진 자국민들에게 기회와 소득의 사다리를 타고 올라갈 수 있는 길을 열어 줄 수 있었다.

다시 말하자면 아메리칸 드림은 지금도 생생하게 살아 있는데, 문제는 그게 미국에는 없다는 점이다.[31] 프랜시스 후쿠야마는 그의 야심만만한 두 권짜리 저서 『정치 질서와 정치의 부패(*Political Order and Political Decay*)』에서 간단명료하게 "우리는 어떻게 덴마크에 도달할 수 있는가?"가 모든 인간 사회의 근원적인 질문이라고 썼다. 그리고 이렇게 설명한다. "물론 이것이 실제로 덴마크라는 나라를 의미하는 것은 아니다. 번영하는 나라, 민주주의적이고 안전하며 훌륭하게 통치되는 나라, 부패의 정도가 아주 낮은 상상 속의 사회를 이야기하는 것이다."[32] 여기서 후쿠야마는 경제체제보다는 오히려 정치체제를 이야기하고 있지만, 그 둘은 단단히 연결되어 있다. 사실은 그 중 하나가 다른 하나를 튼튼하게 한다. 덴마크는 경제적으로 성공했기 때문에 정치적으로도 성공한 것이다. 그 반대도 맞는 말이고.

덴마크는 칭찬하는 사람들이나 비방하는 사람들이 상상하는 것과는 좀 다른 나라다. 버니 샌더스는 덴마크를 사회주의의 천국으로 간주하면서, 자신이 흉내 내고 싶은 시스템의 전형으로 거듭 언급했다. 그러자 덴마크의 총리가 공개리에 샌더스를 반박하는 일까지 생겼다. "덴마크는 사회주의경제, 계획경제와는 거리가 먼 나라다. 덴마크는 시장경제를 신봉한다."[33] 2015년 라르스 뢰케 라스무센 총리는 그렇게 설명했다. 사실이 그의 말을 뒷받침한다. 자유시장을 지지하는 헤리티지재단의 경제자유지수에서 덴마크는 8위에 올라 17위의 미국을 한참 앞선다.[34] 전반적으로도 덴마크는 다른 북유럽 국가들과 마찬가지로 열려 있고 관세율이 낮으며 경쟁적인 경제체제다. 자본소득세와 상속세가 더 낮다는(덴마크의 상속세율은 15%이고[35] 스웨덴[36]과 노르웨이[37]는 0%다.) 등의 몇 가지 측면에서는 미국보다도 자본 축적의 동기를 훨씬 더 잘 부여한다. 1990년대에 덴마크 총리로서 여러 가지 개혁을 법제화했고 지금은 '유연안전성 모델(flexicurity model)'로 불리는 개념까지 만들어 낸 포울 뉘루프 라스무센을 몇 년 전에 만난 적이 있다. 그는 이 용어의 앞쪽 절반이 핵심이라는 점을 강조했다. 세계를 향해 열려 있고 경쟁적인 경제체제 안에서 고용주들이 지나친 규제나 소송 없이 근로자를 쉽게 고용하고 해고할 수 있는 유연성을 확보하는 것이 중요하다는 것이다. 하지만 그는 이 모든 것이 넉넉한 안전망을 제공하는 시스템 안에서 이루어져야 한다고도 했다.

북유럽 국가들을 미국과 확연히 구분 짓는 것은 높은 일반 과세와 재분배 수준이다. 다른 말로 표현하자면, 그들의 시스템이 자유시장과 자유 교역을 통해 부를 창출하기 쉽도록 고안되어 있다는 얘기다. 그런 다음 국가는 그렇게 창출된 부의 상당 부분을 거두어들이고, 시민들에게 동등하고 풍부한 기회를 부여하기 위해 이를 사용한다. 가령 덴마크의 세금을 총합하면 국민총생산의 45%에 이르는 반면, 미국의 경우 그 수치는 24%에 불과하다.[38] 그리고 덴마크는 단순히 부자들에만 과세하는 게 아니다. 다른 유럽 국가들처럼 덴마크는 세수의 상당 부분을 매출세(sales tax) 형태로 거두어들이는데, 그 세율은 25%로서 유럽연합의 평균치인 20%와 크게 다르지 않다.[39] 이에 비해 미국 각 주의 판매세는 평균 7%밖에 되지 않는다.[40] 덴마크의 경우, 맥주에서 달걀이며 스마트폰에 이르기까지 모든 제품에 대한 소비세는 당연히 가난한 사람들에게 더 무겁게 다가온다. 소득 가운데 더 많은 부분을 제품 구매에 쓰기 때문이다.[41] 그러나 이 같은 역진세 체계는 정부가 저소득 계층 및 중산계급을 유난히 강력하게 지원하는 지출이나 사업이 있기 때문에 충분히 상쇄되고도 남는다. 이렇게 세 부담을 폭넓게 공유할 때 생기는 추가적인 이점은 더욱 튼튼해지는 유대감이다. 모두가 빠짐없이 정부의 사업을 위해 공헌한다고 느끼기 때문에 그런 사업을 적극 지지한다는 얘기다.

자, 당신이 그저 평균적인 가정을 일구고 산다고 가정해 보자. 당신네 부부에겐 아이가 한 명 있고, 소득도 평균 수준이라고 치자. 그리고 사는 곳은 미국 아니면 덴마크 중에서 선택할 수 있다. 그렇다면 세율이 높은 덴마크에서 살 때 당신의 가처분소득은 미국에서 살 때보다 대략 1만 5000달러(약 1600만 원)만큼 적을 것이다.[42] 그러나 더 많은 세금을 내는 대신 포괄적인(그리고 미국에서보다 더 훌륭한 결과를 얻을 수 있는) 의료 서비스, 최고의 대학원까지 모두 포함하는 무상교육, GDP 대비 퍼센티지로 봤을 때 미국에서보다 무려 열일곱 배나 국가가 지원하는 근로자 재취업 훈련[43]은 말할 것도 없고, 품질 높은 기간 시설과 대중교통에다 아름다운 공원과 다른 공간들을 누릴 수 있을 것이다. 그뿐인가, 덴마크인들은 미국인들보다 연간 550시간이나 더 많은 여가도 즐긴다.[44] 그러니까 1만 5000달러를 더 받는 대신 훨씬 더 오래 일하고 휴가도 적은 데다 의료 서비스나 교육이나 취업 훈련이나 교통까지도 알아서 챙겨야 하는 쪽을 택할 수도 있다는 것인데, 이런 식의 선택지를 보여 준다면 대부분의 미국인은 덴마크 모델을 선택하리라고 나는 생각한다. 그저 무상교육이나 멋들어진 기차 따위를 넘어서서 노르딕 국가의 '유연안전성'이 지닌 압도적인 이점은 근대적이고 세계화된 세상의 중심에서 역동성을 포용하면서도 동시에 그런 세상이 가져오는 여러 가지 불안을 완화해 준다는 것이다. 그리고 이번 팬데믹을 겪으면서 이런 불안들은 더 말할 나위 없이 새로운 정점에 이르렀다.

요즈음 사람들이 왜 초조해지는 걸까? 그 점을 이해하기는 어렵지 않다. 숨 가쁘게 움직이는 시장과 기술의 변화로 이루어진 활짝 열린 세상은 무섭다. 한 가지 해결책은 그런 세상을 닫아 버리는 것이다. 도널드 트럼프 같은 포퓰리스트들은 이민자의 입국을 막고, 재화와 용역의 흐름을 제한하며, 자국의 기존 문화를 어떻게든 지키고 싶어 한다. 그들은 과거의 몇 가지 방식으로, 주로는 자신들의 상상 속에만 존재하는 위대한 시절로 돌아가려고 안간힘을 쓴다. 그러나 현실은 어떤가? 에덴동산은 전혀 없었다, 단 한 번도. 우리가 향수에 젖어 회상하는 그 시절은 기실 우리 기억 속의 모습보다 훨씬 더 어렵고 팍팍했다. 만약 당신이 여자이거나 소수 인종이거나 동성애자라면, 1950년대에 살아가는 것이 과연 어떠했을까? 생각해 보라. (심지어는 제철소나 탄광에서 일하는 백인 노동자에게도 그 시대의 삶은 결코 소풍이 아니었잖은가.) 미국을(아니, 그 어떤 나라든) 다시금 위대하게 만들기 위한 여정은 앞으로 나아가는 것이지, 절대 뒷걸음치는 것이 아니다.

세계를 봉쇄할 수는 없는 노릇이다. 우리는 신흥국들이 성장하는 것을 멈추게 할 수도 없고 그래서도 안 된다. 기술의 진보를 방해할 수도 없고, 그래서도 안 된다. 우리는 단지 우리가 맞닥뜨리는 시대와 추세를 뚫고 항해를 계속해야 하며, 그 항해를 멋지게 해내거나 엉망을 만들거나 둘 중의 하나일 뿐이다. 장차 우리는 경제에서 거친 맞바람을 만나게 될 것이다. 팬데믹에 대한 공포와 보호주의 같은 새로운 추세는 인구 감소라든지 '구조적 장기 침체(secular stagnation)' 같은 더 깊숙한 구조적 변화를 악화시킬 것이다. 그리고 그 결과로 적어도 선진국에서는 당분간 성장이 계속 저조할 것으로 예측된다. 그렇지만 역동성을 부추기는 여러 가지 방법이 있고, 또 더 많은 사람에게 기회를 확산하는 방법도 있다.

규제를 목표에 맞추어 적절하게 조절하기만 한다면, 자유롭고 공정한 경쟁을 확보하는 수단이 될 수 있다. 과세 정책도 그 혜택이 노동자들에게 더 돌아가고 자본가들에겐 덜 돌아가도록 조정할 수 있을 터이다. 정부는 과학과 기술에 큼직큼직한 투자를 실행하는 방향으로 돌아가야 한다. 교육과 재취업 훈련에도 더 많은 자금 지원이 필요하며, 이는 관료주의적 행정 절차를 최소화하고 최상의 교육이라는 목표에 초점을 맞추기 위한 정부 계획의 재편성과 조화를 이루면서 실행되어야 한다. 시민들이 번성을 위한 적절한 도구와 훈련과 안전망으로 무장하고서 글로벌 경쟁과 기술의 역동성이라는 환경에 의연하게 대처할 수 있게 만들어 주는 것, 바로 이것이 어려운 과제다. 덴마크 같은 북유럽 국가들은 세계를 향해 문을 활짝 열어 두는 동시에 국민을 이렇게 '무장'하면서, 다이내믹하고도 민주적이며 안전하고도 공정한 길을 이미 찾았다.[45] 그들은 시장이 놀랍도록 강력하면서도 동시에 충분치 않다는 사실을 깨달았고, 여러 가지 지원과 완충장치와 보완이 필요하다는 사실을 이해했다. 우리 모두 그들의 가장 훌륭한 관행을 우리의 국가 현실에 맞추어 응용해야 한다. 정말이지, 다른 대안이 없다.

전문가의 말을 들어야 한다, 전문가는 사람들 얘기를 듣고

도널드 트럼프가 공화당의 대통령 후보 지명을 확보할 태세를 갖춘 2016년 3월, 그는 어느 외교정책 전문가로부터 자문을 얻고 있느냐는 질문을 받았다. 그는 이렇게 답했다. "저는 다른 누구보다 먼저 저 자신과 대화를 합니다. 저는 머리가 아주 똑똑하거든요.[1] 저의 첫 번째 컨설턴트는 저 자신입니다. 이런 일들에 관해서 저는 본능적으로 훌륭한 감을 갖고 있어요." 전문가에 대해선 왜 언급을 회피했는지, 그는 나중에야 이렇게 설명했다. "전문가라는 사람들은 형편없습니다.[2] 우리 곁에 전문가들이 이렇게 많이 있는데도 우리가 처해 있는 이 엉망진창의 상황을 좀 보세요." 이 일이 있은 지 몇 달 후 영국의 정치인 마이클 거브(Michael Gove)는 자신의 브렉시트 옹호에 관한 질문을 받으면서, 유럽연합에서 이탈하는 것이 비즈니스에 유리하다는 그의 견해를 뒷받침해 줄 경제학자가 있다면 몇 명만 말해 보라는 요청을 받았다. 그의 대답은? "전문가라면 이 나라에 충분히 많지 않았습니까."[3]

이제 세계는 지구 전체를 휩쓴 팬데믹을 경험했으니, 우리가 전문가의 말에 귀를 기울여야 한다는 사실을 뼈저리게 또렷이 절감했어야 마땅하다. 그러나 상황은 그런 방향으로 나아가지 않았다. 물론 많은 나라에서 권위 있는 사람들, 특히 과학 분야의 권위자들에게 강렬하고도 본능적인 경의를 표하는 모습을 볼 수 있다. 동아시아 국가들에서는 특히 그런 경향이 강하다. 대만의 거의 완벽에 가까운 대응은 부총통의 작품이었는데, 그는 존스 홉킨스 출신의 감염학자로서 사스가 확산하고 있을 때 위생복리부 장관을 맡아 대만을 이끌었던 경력의 소유자다.[4] 독일은 과학자 출신의 앙겔라 메르켈이 지휘하는 가운데 유난히 침착하고 사실에 기반을 둔 태도로써 팬데믹에 접근했다. 또 그리스 총리는 확산에 성공적으로 대처한 비결이 무엇이냐는 질문에 간결하게 답했다. "우리는 전문가들의 말에 귀를 기울였습니다."[5]

그렇지민 확산 초기에는 전문가들의 의견에 경의를 표했지만, 오래지 않아 의료 전문가들의 권고에 의문을 제기하고 어떤 경우엔 그들의 권유를 따르지 않겠다고 거부하는 나라들도 있었다. 가령 브라질에서는 신종 코로나바이러스가 기껏해야 '시시한 감기'에 지나지 않는다고 일축하고 그 확산을 늦추기 위한 의료 전문가들의 충고에 분노를 터뜨린 자이르 보우소나루 대통령이 이러한 태도를 부추겼다. 그는 보건 담당 장관을 해고하는가 하면, 그 후임자조차 물러나지 않을 수 없게 만들었다. 또 그는 정부의 방역 규정에도 불구하고 마스크 착용을 거부함으로써 결국 판사가 마스크를 쓰라고 명령하는 일까지 있었다. 결국 보우소나루는 스스로 이런 경솔한 태도의 피해자가 되어, 2020년 7월에 코로나바이러스 양성 판정을 받았다고 발표해야 했다.[6] 보리스 존슨 영국 총리도 코로나바이러스 사태 초기에 눈에 띌 정도로 사회적 거리 두기에 소홀하더니, 끝내 중환자실 신세를 졌다. 멕시코의 안드레스 마누엘 로페스 오브라도르 대통령도 마찬가지여서, 시민들에게 마음대로 외출하고, 집회에도 참석하고, 악수도 하고, 서로 끌어안으라고 격려함으로써 자신이 이끄는 정부 보건 담당 관리들의 뜻을 정면으로 거슬렀다. 그는 마치 긍정적인 사고가 바이러스를 치료할 수 있기라도 한 것처럼, 멕시코 국민에게 이전의 삶을 멈추는 일 없이 행복하고 낙관적으로 살라고 촉구했다.[7] 미국도 다르지 않았다. 일부 주지사들은 충분한 검사와 마스크 착용의 강제가 없이는 감염이 신속하게 확산할 거라는 전문가들의 경고를 무시하고, 자신들이 통치하는 주를 활짝 개방하자고 고집을 부렸다. 아니나 다를까, 바이러스는 재빨리 퍼져 나갔다.

도널드 트럼프의 경우, 그는 트위터를 통해 민주당 소속 지사들의 명명백백한 독재에 신음하고 있는 주를 "해방"하려는 우파의 운동을 지지했다.[8] 그런 민주당 주지사들이 트럼프 행정부가 권유한 바로 그 봉쇄 조치를 강화하고 있었는데도 그런 식이었다. 말이야 바른말이지, 도널드 트럼프는 전문가들이 자신에게 제공한 지침을 일관되게 훼손해 왔다. 수개월 동안 공식 석상에서 마스크 착용을 거부함으로써, 얼굴을 가리는 것은 약해 빠진 자유주의자들이나 하는 짓이라는 신호를 보냈었다.[9] 또 자신이 고안해 낸 처방이나 치료법을 권유하기도 했는데, 미국 정부 공중 보건 담당 관리들은 그 대부분을 정면으로 반박했다. 심지어 그는 청소용 제품을 인체에 주사할 가능성까지 제기할 정도였으며, 이 때문에 살균 소독제 제조사들이 고객들에게 표백제를 마시지 말라고 경고하는 해프닝이 벌어지기도 했다.[10] 트럼프는 말라리아 치료제를 "게임 체인저"라고 부르면서 코로나바이러스 대응책으로 내세우는가 하면,[11] 2020년 5월에는 부정맥을 초래할지도 모른다는 식품의약국의 경고에도 불구하고[12] 자신은 일주일 넘게 그 치료제를 복용해 왔다고 떠벌리기까지 했다. 그러고는 이렇게 말했다. "그걸 복용했더니 기분이 좋습니다. 중요한 건 그것 아닙니까. 기분이 어떠냐는 것뿐이죠.[13] 아시잖아요, 전 스마트합니다. 기분이 아주 좋아요." 그것은 삶이 예술을 흉내 내는 꼴이요, 코미디언 스티븐 콜베어(Stephen Colbert)가 「콜베어 리포트」 첫 에피소드에서 "트루시니스(truthiness)"[14]라고 부른 것, 즉 느낌이나 직관이야말로 진실의 원천이라고 생각하는 것을 고스란히 보여 주는 짓이다. 이 뉴스쇼에 나오는 캐릭터는 이렇게 물었다. "브리태니커가 무엇이기에 감히 나한테 파나마운하는 1914년에 완공되었다고 말하는 거지? 내가 그 일은 1941년에 일어났다고 말하고 싶다면, 그거야 내 권리잖아. 난 책을 안 믿어. 책엔 온통 사실뿐이고 따뜻한 가슴이 없잖아. …… 그러니까 여러분, 피하지 말고 맞닥뜨리세요, 미국은 갈라진 나라입니다. 머리로 생각하는 이들과 가슴으로 아는 사람들로 쪼개진 나라라고요. 왜냐고요? 신사 숙녀 여러분, 진실이란 바로 여기, 바로 이 배짱에서 나오기 때문이지요."

과학은 어떻게 작동하는가?

이처럼 참으로 절망적인 '모르쇠주의(know-nothingism)'의 노골적인 과시를 공포에 질린 채 지켜봐야 하는 우리에게 해결책은 무엇일까? 삼척동자라도 알 수 있을 것 같다. 과학을 따르는 것이다. 하지만 과학은 우리에게 무엇을 말해 주는가? 미국 정부의 감염병 최고 전문가 앤서니 파우치(Anthony Fauci) 박사는 신종 코로나바이러스의 위험을 초기에는 별거 아니라고 평가절하했다. 2020년 1월 말 그가 했던 말을 들어 보자. "미국에 대한 이 바이러스의 위험도는 대단히 낮습니다.[15] 미국민이 걱정하거나 두려워해야 할 만한 것이 아니지요." 며칠 뒤 알렉스 아자르(Alex Azar) 보건복지부 장관 역시 "미국인들이 감염될 위험은 여전히 낮다."[16]라는 말로 정부 보건·의료 공무원들의 압도적인 견해를 내비쳤다. 이것은 1월 말까지만 해도 팬데믹의 가능성을 부인했던 국제보건기구(WHO)의 여러 가지 결론을 반영한 것이었다. 미국 질병예방통제센터도 처음엔 사람들에게 실내에 머물 것과 마스크를 착용하지 말 것을 권유했다가, 몇 달이 지난 후에 이런 의견을 번복하고 사람들에게 정반대의 조치를 촉구했다. 완전히 봉쇄당한 나라들도 더러 있었고, 자신들만의 역학 전문가들과 대응 모델로 봉쇄를 면한 나라들도 있었다. 자, 이 모든 사례에서 우리는 무엇을 깨달아야 할까?

과학은 단 하나의 간결한 해답을 제공하지는 않는다. 그것이 현실이다. 코로나바이러스 같은 전혀 새로운 현상에 관해서는 특히 그러하다. 미국 국립알레르기·전염병연구소 소장인 파우치 박사는 최초의 증거를 고려하여 합리적인 결론에 이르렀다. 처음엔 코로나바이러스가 막중한 위험이라고 믿지 않은 과학자들이 아주 많았다. 그러나 데이터도 거의 없는 상황에서 모두가 성급한 판단을 내린 것이다. 신종 코로나바이러스는 영락없이 바로 '신종', 즉 일찍이 보지 못한 새로운 바이러스였다. 감염률과 사망률은 여전히 불분명했다. 하지만 증거가 바뀌면서 파우치 박사와 다른 사람들의 마음도 바뀌었다. 이것은 정상이다. 어떤 전문가도 '절대 무결점'일 수는 없지 않은가. 초기 모델의 코로나바이러스 관련 입원 비율에 대한 일부 예측은 지나치게 높았고, 이로 인해 병원들이 병상을 확보하기 위해 위급하지 않은 의료 서비스를 중단하는 결과를 초래했다.[17] 이렇게 되면서 바이러스와 상관없는 환자들은 병원에 가도 치료를 받지 못할 거라는 그릇된 인식으로 응급실을 찾을 엄두를 내지 못한 것으로 보인다. 게다가 과부하가 걸린 병원에서 바이러스에 감염되기라도 하면 어쩌나 하는 우려도 물론 있었다. 일부 병원 시스템은 심근경색 환자가 50%가량 줄어드는 경험을 했고, 이는 사람들이 집에서 사망하는, 얼마든지 피할 수 있었던 사태가 벌어졌음을 의미한다.[18] 이후의 입원 비율 추정이 훨씬 더 정확한 것으로 드러났다.

우리는 과학이 하나의 결정적인 대답을 제공한다고 믿는 경향이 있지만, 사실은 그렇게 작동하는 게 아니다. 과학이란 무엇보다도 묻고 탐구하는 한 가지 방법이요, 여러 가지 질문을 던지고 이런 가정들을 엄격하게 검증하는 과정이다. 새롭고 좀 더 나은 데이터로 무장하면 우리는 새롭고 좀 더 나은 결론에 이른다. 과학자들은 신종 코로나바이러스에 관해서 여전히 중요한 의문을 많이 갖고 있으며, 그런 의문은 앞으로 몇 달이 아니라 몇 년에 걸쳐서 답을 얻게 될 것이다. 전문가들이 수십 년씩 주제를 연구하고, 엄청난 자료를 수집하고, 동료들의 검토를 거쳐 수많은 연구 결과를 발표하고, 어떤 합의에 이르렀던 몇몇 분야가 있다. 기후변화 같은 것이 그런 분야다. 물론 수정될 수도 있고 번복될 수도 있어서 임시적인 합의인 경우가 대부분이지만 말이다. 우리가 학교에서 배운 과학의 상당한 부분에 관해서는 강력한 합의가 유지된다.

하지만 신종 코로나바이러스는 완전히 다르다. 파우치 박사 같은 공중 보건 전문가가 이 바이러스를 얼마나 심각하게 받아들여야 하는지를 즉각 판단하자고 촉구해야 했을 때, 이 바이러스는 발생한 지 겨우 두 달 남짓이었고 기껏 몇몇 나라에서만 보고되었다. 그로부터 두어 주 이내에 더 많은 정보가 제공되어, 이제는 이 주제에 관한 상당한 조사 결과를 이용할 수 있을 뿐 아니라 그런 정보는 매달 늘어나고 있다. 그러나 감염 초기 단계의 의사와 과학자들은 마치 전쟁이 터졌을 때의 장군들이나 마찬가지다. 그들은 불완전하고 종종 사실과 다르기까지 한 정보를 손에 쥐고 있다. 게다가 정보가 그러하다는 사실을 그들도 알고 있으니, 더욱 고약한 노릇이다. 그런데도 그들은 또렷한 사실이 밝혀지기 훨씬 전에 어마어마한 판단, 엄청난 파장을 몰고 올 수밖에 없는 판단을 내려야 한다.

팬데믹의 안개 속에서 작전을 수행하려니 딜레마가 생길 수밖에 없다. 이번 위기가 초기 단계였을 때 어떤 과학자들은 당장 손에 쥔 증거가 담보하는 것 이상으로 대담하게 발언해야 할 필요성을 느꼈다. 사람들에게 자신들의 지침을 심각하게 받아들이라고 격려하기 위해서 그럴 때도 있었다. 그런 접근법은 단기간의 혜택은 있을지 몰라도, 장기적으로는 위험하다는 결점이 있다. 예측이 틀린 것으로 드러나거나 새로운 데이터가 전체 그림을 바꾼다면, 그것은 이 전문가들의(그리고 나아가서는 과학 전반의) 권위나 완전함을 해치게 된다. 예전의 전염병 사태에서 우리는 이런 현상을 목격한 바 있다. 가령 영국의 봉쇄령을 초래한 조사를 이끌었던 역학자 닐 퍼거슨(Neil Ferguson)은 2009년에 신종 플루(돼지독감)로 인해 영국에서만 6만 5000명이 목숨을 잃을 수 있다고 예측함으로써, 당시 런던 시장 보리스 존슨을 위시한 정치인들을 공황 상태에 빠뜨렸다. 결국 신종 플루는 450여 영국인의 목숨을 앗아 가는 것으로 마무리되었다.[19] 그러나 잘못된 모델로 인한 피해는 이미 돌이킬 수 없었다. 이후 10년이 지나 총리직에 오른 존슨에게는, 이처럼 과장된 공포의 기억이 신종 코로나바이러스에 대해서 너무 늦게 그리고 어설프게 대응하는 데 일조했을지도 모를 일이다.[20] 이제 전문가들에게 귀를 기울이고 싶지 않은 다른 정치인들은 자신이 따르고자 하는 조치를 정당화하기 위해서 그들의 진술 여기저기를 지적하거나, 아예 자신들만의 '전문가'를 만들어 내기도 한다.

그렇다면 진짜 전문가들이 취할 수 있는 최선의 방책은 무엇일까? 자기 분야가 어떻게 작동하는지, 특히 과학이 어떻게 작동하는지를 보통 사람들이 이해할 수 있도록 돕는 것이다. 미국인들은 대개 과학을 그 종점에 의해서(그러니까 무슨 발견이나 돌파구나 발명 같은 것에 의해) 판단한다. 그들은 은하계의 황홀한 사진을 바라보고, 기적의 의약품에 관한 기사를 읽는다. 그러나 과학이란 사실 배움과 발견의 과정이며, 거기엔 실패와 실망이 넘쳐 난다. 스티븐 핑커 하버드 대 교수는 2020년 4월의 한 인터뷰[21]에서 과학자들이 "애써 얻은 권위"가 무너지고 있을지도 모르며, 그리하여 대중은 흰 가운을 입은 저들을 단순히 또 다른 성직자들처럼 생각할지도 모른다고 경고했다. 그는 과학을 옹호하는 사람들에게 "공개 토론과 반박의 시도"라는 과정을 통해 "두건을 벗어던지고 과학이 작동하는 모습을 보여 주기" 시작하자고 촉구했다. 앙겔라 메르켈 총리는 독일 봉쇄 해제 계획을 발표할 때, 전국 TV 방송에 나가 국민을 상대로 과학 강의를 했다.[22] 그는 신종 코로나바이러스의 감염 재생산 지수가 1.0이며, 그것은 감염 환자 1명이 완치되기 전에 다른 1명을 감염시킨다는 의미라고 설명했으며, 따라서 감염자의 전체 숫자는 늘어나지 않는다고 알려 주었다. 이 재생산 지수가 봉쇄 해제에 조심스러운 낙관을 제공하지만, 그래도 독일은 "살얼음판을 걷고" 있다고도 했다. 그 재생산 지수가 1.1이나 1.2로 커지기만 해도 독일의 헬스케어 시스템은 곧 압도될 수 있고, 다시금 봉쇄 조치를 실행해야 할지도 모른다고 설명했다. 메르켈 총리는 자신의 의사 결정을 좌우하게 될 핵심 측정치를 대중이 이해하도록 도운 것이다. 그저 가장 혹독한 봉쇄를 단행한다고 해서 가장 좋은 결과를 가져오는 것은 아니었다. 독일, 한국, 대만처럼 신종 코로나바이러스에 성공적으로 대처했던 여러 국가는 비교적 짧고 부분적인 봉쇄에다 폭넓은 검사와 추적을 결합함으로써 그렇게 할 수 있었다.

미묘한 차이라도 정직하게 설명해 준다면 대중이 이해할 수 있다. 그러나 엘리트들은 보통 사람들을 향해 거만하고 생색내는 태도를 보인다. 서구의 전문가들은 동아시아 국가들의 훌륭한 대응책 가운데 핵심 요소가 바로 '전국적인 마스크 쓰기'라는 증거가 갈수록 분명해지는데도 처음에는 이를 간과했다.[23] 그 효과에 관한 데이터가 완벽하게 분명하지 않았다손 치더라도, 마스크 쓰기에 대한 미국 정부의 공식 담화는 근본적으로 불성실했다.[24] 공무원들은 마스크가 보통 사람들을 보호하는 데 효율적이지 않고 의사와 간호사들이나 사용하도록 놔두어야 한다고 주장하면서, 적극적으로 마스크 사용을 말리고 나섰다. 그러나 이런 태도의 진정한 목적이 마스크 사재기를 피하기 위함이었다면, 적어도 일반인들이 집에서 간단한 마스크를 만들어 쓰라고 격려할 수도 있지 않았을까? 티셔츠와 가위만 있으면 될 일이었을 텐데? 시간이 흐르고 공중위생국장 같은 고위 관리들은 사람들이 '패닉 바잉'과 사재기를 하게 되면 의사와 간호사들이 써야 할 마스크가 부족할까 봐 걱정했다는 사실을 인정했다.[25] 틀림없이, 일반 마스크는 써도 상관없지만 특별한 종류의 마스크는 의료 현장의 근로자들을 위해 남겨 두어야 한다는 점을 구구절절 설명하는 것이 너무 복잡하다고 봤던 모양이다.

이런 전통은 몇십 년 전으로 거슬러 올라간다. 딘 애치슨(Dean Acheson) 국무장관은 회고록에서 자신이 냉전 초기에 소련의 전 세계에 걸친 팽창주의에 대해 미국 국민에게 공포심을 조장할 수밖에 없었던 이유를 설명하고 있다. 그의 정당화는 저자세인 듯하면서도 오만의 물방울이 뚝뚝 듣는다.

진술의 단순함을 위해선 조건이나 제한 같은 걸 포기해야 한다. 어떤 점을 분명히 할 때 미묘함과 뉘앙스 따위는 단도직입, 혹은 거의 잔혹함에 양보해야 한다. …… 저 신비에 싸인 '보통 미국인'들은 미국 바깥의 세상에 관해서 듣고, 읽고, 논쟁하는 데 매일 어느 정도의 시간을 투자할까? 국무성에서 우리는 이런 질문을 주고받곤 했다. 어느 정도 교육을 받았고, 가족이 있으며, 직업이 있는 사람의 경우, 많아 봐야 하루 평균 십 분 정도일 것으로 봤다. 이것이 대충 정확한 수치라면, 이해할 수 있을 만한 논점들은 아주 간결해야 했다.[26]

애치슨은 소련에 맞서는 싸움의 복잡다단함을 잘 알고 있었다. 그러나 자신의 주장을 대중에게 (스스로 표현한 것처럼) "진실보다 더 또렷한" 것으로 만들면서, 그와 다른 관리들은 미국을 노리는 실존적이고도 전 지구적인 위험을 꾸며 냈다. 라틴아메리카에서 인도차이나에 이르기까지 어디에서나, 쿠데타에서 은밀한 전쟁에 이르기까지 무슨 방법을 동원해서라도 반드시 맞서야 할 위험을 말이다. 뉘앙스에 힘을 조금만 더 실어 주었다면 많은 유혈 사태를 미리 막을 수 있었을 텐데!

전문가들이 좀 더 설명해 주면 도움이 될 터이고, 덜 위선적인 것 역시 도움이 될 것이다. 영국이 두 가지 놀라운 사례를 보여 준다. 2020년 5월 닐 퍼거슨은 연인과 밀회를 즐기면서 자기가 내건 사회적 거리 두기 규칙을 어긴 것으로 드러나 공직에서 물러날 수밖에 없게 된다. 이후 6월에 접어들기도 전에 보리스 존슨 총리의 특별 보좌관 도미닉 커밍스(Dominic Cummings)가 훨씬 더 큰 공분을 샀다. 커밍스는 부인이 코로나바이러스에 감염된 상황에서 자가 격리 명령을 몰래 어기고 차로 수백 킬로미터를 달려 가족을 방문했기 때문이다. 총리가 지지하는 가운데, 그는 어린 아들이 돌봄 케어를 받게 하려면 어쩔 수 없었노라고 해명했다. 커밍스는 현직에서 물러나기를 거부했다. 결혼, 출산, 장례까지도 놓치는 등 가정사에서 커다란 희생을 강요당했던 영국인들은 분노로 들끓었다. 이런 스캔들을 겪으면서 보수당 정부에 대한 신뢰는 땅에 떨어졌고[27] 봉쇄령 위반 사례도 크게 늘었다.[28]

대서양 너머 미국에서는 전문가들의 의견이 훨씬 더 의도적으로 무시당해 왔다. 그러나 전문가들을 향한 트럼프 대통령의 태도와 그의 무능력도 바꾸지 못하는 현실이 있으니, 그것은 어느 한 분야의 전문성만으로는 전국에 걸쳐 널리 퍼진 난제에 대한 해결책을 도저히 찾을 수 없다는 현실이다. 한 나라의 경제를 오롯이 봉쇄함으로써 수백만 명이 일자리를 잃고 기업들이 도산한 다음 모든 걸 새로이 시작해야 할 정도로 엄청난 이슈를 고려할 때는 특히 그러하다. 과학적 데이터는 너무도 중요하지만, 경제적 분석 또한 중요하다. 공중 보건 담당 공무원들이 경제 봉쇄에 대응하는 여러 접근법의 비용과 혜택을 알 수는 없지 않은가. 도시의 방대한 구역을 봉쇄할 때는 도시계획자들의 의견을 들어 봐야 한다. 역사상 가장 위대한 전쟁 이론가인 카를 폰 클라우제비츠(Karl von Clausewitz)는 이렇게 전망했나. "전쟁은 단순히 어떤 정책을 행동으로 옮기는 것이 아니라, 정치의 진정한 도구다." 무슨 의미일까? 군사에 관한 전문성만으로는 전쟁을 치를 수 없고, 다른 관점들도 거기에 녹아들어야 한다는 뜻이다. 사회의 모든 것을 동원하는 '전면전' 성격을 띤 현대전의 경우, 이 말은 특히 유효하다. 엘리엇 코언(Eliot Cohen)이 보여 주었다시피[29] 링컨, 처칠, 조르주 클레망소, 다비드 벤구리온처럼 이런 종류의 군사적 분쟁에서 승리한 지도자들은 휘하 장군들에게 이의를 제기하거나 그들을 무시하기까지 했고, 다른 견해나 원칙들을 고려했으며, 포괄적인 정치·군사 전략을 만들어 냈다.

팬데믹의 창궐을 뚫고 한 국가를 이끌어 나아가는 것은 전쟁의 난국을 뚫고 이끌어 나아가는 것과 닮은 바가 많다. 양쪽 모두 경제와 사회에 어마어마한 충격을 가져다줄 수밖에 없다. 한 가지 위험을 다른 위험으로 대체하는 끔찍한 '교환'을 결심해야 하는 경우도 많다. 어쩌면 전설적인 전시 지도자 클레망소는 바로 그런 이유에서 다음과 같이 말했던 것인지도 모르겠다. "전쟁은 너무나도 중요해서 장군들에게 그걸 맡겨 둘 수는 없다."[30] 물론 장군들을 배제함으로써 전쟁에서 이길 수 있다는 뜻은 아니었으리라. 가장 폭넓은 이해에 도달하기 위해 장군들에게 다른 유의 전문성을 지닌 사람들을 보충해 주어야 한다는 얘기였다. 이와 똑같은 의미에서 코로나바이러스 팬데믹은 너무나 중요하므로 과학자들에게만 맡겨 둘 수 없다고 말할 수 있을 터이다. 과학자들은 필수 불가결이지만, 다른 분야의 전문가들 또한 마찬가지다.

위기에 빠진 지식

그러나 사람들이 전문가들의 코로나바이러스 관련 충고에 귀

기울이기를 거부하는 근원적인 이유는 과학의 난해함이나 제한된 최초 데이터와는 무관할지도 모른다. 아무리 두터운 신망을 받는 전문가라 할지라도 그를 불신하는 사람들은 많다. 심지어 자신들의 건강이 걸려 있는 문제에서조차 말이다. 트럼프 대통령이 이번 팬데믹을 국가 비상사태로 선언한 지 일주일 후에 이루어진 연구에서, 세 명의 정치학자가 미국인들을 대표하는 세 집단을 상대로 위기를 맞았을 때의 태도에 관해 여론을 조사해 봤다. 그들이 알게 된 사실은 참으로 놀라웠다. 사람들이 손을 씻는가 여부, 다른 사람들과의 접촉을 피하는가 여부, 또는 자가 격리에 들어갈 것인가 여부를 가장 잘 예측할 수 있게 해 주는 한 가지 요소는 그들이 사는 지역도 아니요, 그들의 나이도 아니고, 오히려 그들이 어느 당을 지지하느냐였다! 연구의 결론은 이러했다. "공화당 지지자들은 민주당 지지자들보다 질병통제예방센터가 권유하는 생활 태도를 따를 가능성이 희박하다. 또 팬데믹에 관해서 민주당 지지자들만큼 걱정하지도 않는다." 그들의 보고서는 이렇게 계속된다. "사람들의 생활 양식, 태도, 취향 등을 예측해 주는 일관된 요소는 우리가 측정한 다른 어떤 것보다도 바로 그들의 당파심이다."[31] 이후 이루어진 일련의 연구에서도 비슷한 결론이 도출되었다. 휴대전화와 선불카드 자료를 이용한 몇몇 연구는 트럼프에게 표를 던진 지역 주민들이 힐러리 클린턴을 지지했던 주민들보다 (지역에 따른 확진자 수의 차이를 반영한 다음에도) 제자리에서 몸을 사릴 가능성이 적다고 했다.[32] 담당 공무원들은 그저 공중 보건 방역 수칙을 수동적으로 무시하는 단계를 넘어서 대놓고 적대감을 보이는 사람들과 맞닥뜨리기도 했다. 인터넷에서는 여러 가지 음모론

이 갈수록 터무니없이 퍼져 나갔고, 이 질병이 중국의 세계 지배 음모 때문이다, 빌 게이츠 때문이다, 5G 무선 기술 탓이다 등등으로 번져 나갔다. 영국의 경우, 팬데믹이 시작된 지 겨우 열흘 만에 무선 기지국 같은 통신 장비에 대한 방화나 파손 사례가 서른 건을 넘어섰다.[33]

이런 알아낸 사실을 웃어넘기기는 쉬운 일이다. 바이러스처럼 삶과 죽음이 걸린 문제에서조차 사람들은 정치라는 프리즘을 통해 전문가들의 견해를 보고 있었다. 저들은 수십 년 동안 감염병을 연구해 온 파우치 박사 같은 공중 보건 관리들을 믿는 대신, 자신들이 지지하는 정당 지도자(트럼프)와 자기 당파를 지지하는 뉴스와 분석의 소스(폭스 뉴스)를 더 신뢰했다. 이쯤 되자 일부 평자들은 "정보 수준이 낮은 유권자들(low-information voters)"을 두고 격분하게 되었지만, 문제는 무지가 아니었다. 사회심리학자 조너선 하이트(Jonathan Haidt)를 위시한 학자들은 "동기를 지닌 추론(motivated reasoning)"의 힘을 강조했다.[34] 자기가 좋아하는 결론에 이르기 위해 이런저런 주장을 구축하는 방식의 추론 말이다. 뉴스를 폭넓게 읽고 신중하게 지켜보는 소위 "정보 수준이 높은 유권자들"이 당파적 사고라는 잘못을 더 많이 저지른다는 사실을 밝혀낸 연구도 더러 있다.[35] 이런 현상을 연구해 온 정치학자 크리스토퍼 에이컨(Christopher H. Achen)과 래리 바텔스(Larry M. Bartels)가 줄곧 주장해 온 것처럼 "합리화하는 유권자(rationalizing voters)"가 좀 더 적절한 용어일지도 모르겠다.[36] 그러니까, 사실을 읽고 토론을 지켜보지만 자기 지식을 이용해서 기존 선입견을 정당화하고 지지하는 똑똑한 사람들 말이다.

이 연구 조사는 계몽주의 철학자 데이비드 흄(David Hume)이 보여 준 직관을 반영한다. 그는 이성을 "열정의 노예"라고 불렀다.[37] 우리는 합리성을 목적에 이르는 수단으로 이용한다. 그러나 그에 앞서 우리가 어디로 가고 싶은지를 말해 주는 것은 우리의 직관이다. 그러니까 미국이 직면하고 있는 것은 《복스(*Vox*)》 기자인 데이비드 로버츠(David Roberts)가 "지식의 위기(epistemic crisis)"라고 불렀던 바로 그것이다.[38] 로버츠의 설명을 들어 보자. "철학 중에서도 인식론은 지식에 관한 분야이며, 우리가 어떻게 사물을 알게 되는가를 다룬다. 그런데 우리가 하나의 정치적 조직체로서 똑같은 사물들을 배울 줄 모르게 되고 알지 못하게 되었으며, 그 결과 응집력 있게 행동할 수 없게 되었다는 점이 바로 지식의 위기다." 오늘날 전문가의 말에 귀를 기울이고, 뉴스를 읽고, 사실을 얻는 것은 더는 중립적 행위가 아니며, 오히려 정치적 의미가 가득한 행위다.

　　이것은 미국만의 이야기가 아니다. 사람들이 체제를 미심쩍어하고 스스로 확보한 원천에 의존하면서 진실보다 당파심을 앞세우는 와중에 똑같은 역학이 작동하는 모습을 볼 수 있는 다른 나라도 허다하다. 예컨대 브렉시트 논쟁도 서로 다른 두 세트의 사실이 있다는 인식이 그 주된 특징을 이루었다. 이런 현상은 브라질, 멕시코, 터키, 인도 등지로 확산해 이들 나라에서는 정치적인 경계선을 사이에 두고 한쪽이 전문가들을 대변한다고 자처하는 반면, 다른 한쪽은 현 체제에 대한 뿌리 깊은 불신을 키우고 있다. 이들 두 집단 사이에서 갈수록 격화되는 적대감은 지난 10년 새 가장 두드러진 정치 트렌드, 즉 선 세계를 휩쓰는 포퓰리즘이란 트렌드의 일부분이다.

　　이 새로운 포퓰리즘의 핵심에는 기존 체제에 대한 깊은 반감과 혐오가 자리 잡고 있다. 한쪽에는 민주당 내 버니 샌더스 지지파부터 그리스의 급진 좌파 연합인 시리자까지, 일제히 정부의 더 많은 간섭과 지출을 요구하는 포퓰리즘의 좌익 버전이 있다. 반대편의 트럼프 미국 대통령부터 보리스 존슨 영국 총리와 이탈리아의 마테오 살비니까지, 포퓰리즘의 우익 버전은 주로 이민 행렬에 대한 걱정을 늘어놓는다. 그뿐인가, 브라질의 보우소나루, 인도의 나렌드라 모디, 터키의 에르도안, 필리핀의 로드리고 두테르테 같은 개발도상국 포퓰리스트들도 있다. 이들에게 이민자 이슈는 덜 중요하지만, 그들이 호소하는 바는 역시 문화적 쇼비니즘과 종교적 국수주의를 뒤섞어 놓은 것에 기반을 두고 있다. 이들은 거의 언제나 소수민족이라든지 도시 자유주의자 같은 "저들"을 악마로 묘사하곤 한다. 이 다양한 움직임 모두가 엘리트들을 향한 포퓰리스트의 적대감을 공유한다. 그리고 2020년의 팬데믹은 이런 추세를 병적인 흥분과 열광의 수준까지 올려놓았다.

네덜란드의 정치학자 카스 무데(Cas Mudde)는 포퓰리즘에 대한 가장 유용한 정의를 이렇게 제시한다. "사회라는 것은 궁극적으로 '순수한 시민'과 '부패한 엘리트'라는 두 개의 균질한, 그리고 서로 적대하는 집단으로 나뉜다고 간주하는 이데올로기."[39] 그러면서 그는 정치가 "국민의 일반의지(*volonté générale*, general will)를 표현해야 한다."라고 주장한다. 마치 그의 이런 논지를 증명이라도 하듯, 트럼프 대통령은 2016년의 대선 유세에서 이렇게 선언했다. "손에 꼽을 만큼 극소수의 엘리트들이 저지른 수십 년간의 터무니없는 통치를 돌려놓을 유일한 해독제는 국민의 뜻을 대담하게 고취하는 것입니다."⁴⁰ 트럼프의 '대담한 고취'를 실행한 실질적인 결과는 무엇이었을까? 전문성의 완벽한 훼손이었다. 트럼프 임기 중의 실정을 보여 주며 독자들의 등골을 서늘하게 만드는 마이클 루이스(Michael Lewis)의 『다섯 번째 리스크(The Fifth Risk)』는 해양대기청처럼 잘 알려지진 않았어도 극히 중요한 정부 기구 내에서 전문가들이 가장자리로 밀려나는 일이 전 세계적으로 일어날 거라고 경고했다.⁴¹ 기상이변을 예보해 주게 되어 있는 해양대기청은 2019년 허리케인 도리언이 휩쓸고 지나갔을 때 전문성과 진실을 둘러싸고 세상의 주목을 받았다. 당시 트럼프는 근거도 없이 태풍이 앨라배마를 들이칠 거라고 주장함으로써 전문가들에 대한 그의 태도를 여지없이 드러냈다. 누군가가 태풍의 진로를 검정 보드 마커로 다시 그려 앨라배마를 강타하는 것으로 표시했는데, 사람들은 대체로 그 '누군가'가 트럼프라고 믿는다.⁴² 전문가들의 일을 이처럼 만화같이 엉망으로 훼손한 것도 모자라, 트럼프는 자신의 그릇된 주장을 반박했던 정부 내 기상학자들을 힐난하기까지 했다.⁴³

새로 등장한 지배계급

우리는 대개 여러 분야의 전문가들을 더하고 덜할 것 없이 '전문가'로 바라본다. 그들은 교육받고 열심히 공부하고 경험도 쌓아 특정 주제에서 대가의 경지에 이르렀다. 또 이런저런 실험을 하면서 재능을 과시했고, 최고의 대학을 졸업했으며, 탁월함을 소중히 여기는 조직에서 일해 왔다. 이런 그들이 훤히 아는 이슈에 관해 이야기할 땐, 당연히 사람들이 믿어 주기를 기대할 것 아닌가. 하지만 마이클 린드(Michael Lind)는 『새로운 계급 전쟁(*The New Class War*)』이라는 책에서 그렇지 않다고 말한다. 그는 1960년대의 급진주의자들이 했던 말을 인용하면서 이렇게 설명한다. "진짜 이슈는 그 이슈가 아니다." 다시 말하면 갈등의 포인트는 어떤 특정한 사안이나 논쟁이 아니란 얘기다. "진짜 이슈는 바로 권력이다."[44] 그의 주장인즉, 어떤 사회에서건 정치와 경제와 문화의 장에는 권력이 있다는 것이다. "오늘날 서구 사회의 세 영역 모두가 새로운 계급 전쟁이 벌어지는 전선이다." 많은 사람들에게 '전문가의 충고'는 새로운 지배계급(다시 말해서 엘리트 계층)이 수립하는 좀 더 커다란 지배 전략의 한 부분이다.

선진국들은 예외 없이 능력주의(meritocracy)에 의해서 움직인다. 학교는 주로 시험 성적에 기반을 두고 학생들을 입학시키고, 기업도 대개는 이런저런 자격과 성적을 근거로 직원을 채용하거나 승진시킨다. 정부, 기업, 예술 및 문화 부문의 지도자들도 대개는 대학교육을 받았고, 대학원을 졸업한 사람도 적지 않다. 이런 경향을 극단적으로 실천하는 사회도 더러 있다. 동아시아 국가들이 그렇다. 가령 대만은 1990년대 말에 내각을 구성하는 지도층의 70%가 석사 학위를 가지고 있으며 그중 60%는 미국에서 대학 교육을 받았다고 자랑을 늘어놓은 적이 있다.[45] 그러나 이 같은 고등교육이 얼마나 배타적인지를 한번 생각해 보라. 미국과 유럽연합의 경우, 대학을 마치고 학위를 따는 사람은 인구의 3분의 1 정도에 불과하다.[46] 대학원까지 진학하는 숫자는 더더욱 적어서 미국은 겨우 13% 정도이다.[47] 그런데도 서구 사회 지도자급 직위의 대부분은 최소한 대학 교육을 받았고 보통은 대학원 훈련까지 받은 사람들이 차지하고 있다. 달리 표현하자면, 인구의 3분의 1이 모든 것을 좌지우지하는 가운데, 나머지 3분의 2는 곁에 서서 쳐다보고 있을 뿐이라는 얘기다. 대학 졸업자가 차지하는 비율이 더 낮고 덩치는 커다란 아시아 국가에서는 이러한 간격이 훨씬 더 크다고 해도 과언이 아니다. 예컨대 중국은 인구의 겨우 10%만이 대학에 다니지만,[48] 중국 공산당 중앙위원회 구성원은 (2016년 자료 기준) 99%가 대학 졸업자이니 실제로 전부라고 해도 좋을 정도다.[49] 덕분에 중국 공산당이야말로 세상에서 가장 '엘리트주의적'인 조직이 되는 셈이니, 참으로 아이러니가 아니겠는가.

실력을 갖춘 엘리트들은 사회의 나머지 부분과 확연히 분리되는 또렷한 계급을 형성한다. 우선 그들은 소득수준이 월등히 높다. 미국에서 실시한 인구조사에 의하면 대학원 이상 학력 소지자는 예컨대 고등학교 중퇴자보다 3.7배나 많은 소득을 올린다.[50] 이처럼 고도의 교육을 받은 미국인들은 대개 도시에 거주하고, 전문직에 종사하며, 사회적으로 진보적인 경향을 보인다. 이에 반해 대학에서 공부해 보지 못한 사람들은 지방에 살며 전문직은 훨씬 적고 사회적으로는 대체로 보수적이다. 2016년의 대선에서 힐러리 클린턴은 전자에 속하는 사람들의 표를 거의 휩쓴 반면, 도널드 트럼프는 후자에 속한 이들의 표를 대부분 획득했다.[51] 해마다 벌어지고 있는 도회와 지방의 이런 차이는 (선거에 관해 말하자면) 미국에서 가장 중요한 단층선일 수도 있으며, 인종이나 성의 차이보다도 더 의미심장할지 모르겠다. 여론조사 결과를 보면 비도시 지역에 사는 미국인의 3분의 2가량이 트럼프를 지지했고, 도시 주민들의 3분의 2 정도는 그를 혐오한 것으로 드러난다.[52] 2019년의 어떤 연구는 이러한 선별 과정이 "이제 기본적으로 공화당 도시라는 것이 전혀 존재하지 않는 지경에 이르렀을 만큼 진행되었다."라고 지적했다.[53] 현재 공화당은 하원의 '순수 도회 지역구' 가운데 겨우 6%만을 통제하고 있다.

이런 패턴은 유럽 전역에서도 반복된다. 영국의 경우, 대학 졸업장이 없는 사람들은 브렉시트에 찬성표를 던질 확률이 훨씬 더 높았다.[54] 프랑스에서 소위 '노란 조끼(yellow vest)' 시위를 주도한 사람은 주로 지방에 살며 대학 교육을 받지 못했던 사람들이었다.[55] 그 운동에 '노란 조끼'라는 이름이 붙게 만든 바로 그 복장 자체가 도시에 대한 반감의 상징이었으니, 차량 운전자들이 비상사태로 차를 세울 때 입어야 했던 노란 조끼를 치솟는 유류세에 항거할 때 입었기 때문이다. 즉 차에 대한 의존도가 높은 지방 주민들이 지하철을 주로 이용하는 파리 시민들의 녹색 어젠다에 반대하는 폭동의 신호탄이었다고 할 수 있다.[56] 노령 인구가 많은 시골 지역이 극우 성향을 지지하는 독일의 정치에서도 이처럼 깊은 골은 여지없이 드러난다.[57] 터키는 어떨까? 권위주의적인 포퓰리스트 에르도안 대통령이 가장 열렬한 지지층을 얻는 곳은 바로 터키 민족의 심장부인 아나톨리아 지역이며, 그를 가장 치열하게 반대하는 사람들은 이 나라 서해안을 따라 퍼져 있는 도시들과 소수민족 거주 지역에서 찾을 수 있다.[58]

2020년의 팬데믹은 이런 간격을 더욱더 벌려 놓았다. 농촌 주민들은 대도시에서 비롯된 질병이 자신들의 공동체로 확산하는 양상을 지켜봐야 했다. 하지만 그 질병의 파괴력에도 불구하고 도시

주민들에게는 자기 생활을 유지할 여러 가지 방법이 있었다. 왜냐고? 코로나바이러스의 골은 동시에 계급의 골이기도 하기 때문이다. 미국 노동통계국에서는 2019년 자국민들이 '일자리 유연성(job flexibility)'을 얼마나 충분히 누리고 있는지를 들여다보는 보고서를 발표했다. 학사 이상의 학위를 지닌 사람들 가운데 거의 절반은 적어도 가끔은 재택근무를 한다고 답했다. 이에 반해 고졸 학력자 가운데 한 번이라도 재택근무를 해 본 사람은 10%에도 미치지 못했으며, 고등학교 중퇴자인 경우 고작 3%였다.[59] 그러니 코로나바이러스가 창궐하고 봉쇄가 시작되었을 때 가장 극심한 피해를 본 것은 바로 집에서는 일할 수 없는 이들이었다. 조금도 놀라운 일이 아니다. 10만 달러 (약 1억 1000만 원) 이상의 가계소득을 누리는 사람들 가운데 해고당하거나 무급 휴가로 쉰 사람은 13%에 불과한 데 비해, 가계소득 4만 달러(약 4400만 원) 이하인 사람들에서는 39%였다.[60] 전 세계에 걸쳐 경제가 회복되면서, 대학을 졸업하고 고급 훈련까지 받은 사람들은 그렇지 못한 이들보다 훨씬 더 형편이 나을 것으로 보이며, 대기업들은 영세한 자영업보다 훨씬 더 실적이 좋을 것이다. 자격을 갖춘 엘리트와 그 밖의 사람들, 둘 사이의 간격은 한층 더 넓어질 모양새다.

유세에 나선 도널드 트럼프는 미국의 엘리트를 공격할 믿을 만한 박수 부대를 찾았다. 그 자신의 학력과 부를 신나게 떠벌린 다음, 그는 군중을 향해 이렇게 말했다. "그들은 엘리트가 아닙니다. 여러분이 엘리트란 말입니다." 그는 미국인들 다수의 기분, 그러니까 한층 더 성공 가도를 달리는 동료 시민들이 온 나라를 망쳐 온 모습과 그러면서도 여전히 자기네 삶을 주무르고자 하는 모습을 보면서 느끼는 역겨움을 제대로 이용한 것이다. 브렉시트를 선택한 영국 유권자들도 말만 번지르르한 기술 관료들, 폴란드 노동자들이 들어와서 (그들 생각으로는) 자신들의 일자리를 앗아 가도록 내버려 둔 그 관료들에 대해 적개심을 품었다. 또 프랑스의 노란 조끼 시위대는 대도시의 엘리트들이 자기네 이익을 위해 국정을 운영하고 시골 무지렁이들을 경멸한다고 믿고 있다. 엘리트에 대한 이러한 반감은 많은 사람들이 지금의 세상을 살아 나가는 과정에서 경험하게 되는 무력감, 즉 지식과 권력으로 가는 열쇠는 전문가와 지식인들만이 들고 있다는 무력감을 어느 정도 반영하는 것이다. 이미 수십 년 전에 이런 현실을 간파한 위대한 미국 역사가 리처드 호프스태터(Richard Hofstadter)는 이렇게 적었다. "예전의 지식인들은 필요 없다는 이유로 은근히 조롱당했지만, 요즘은 지식인들이 너무 지나치게 필요해서 사람들이 분개한다."[61]

공감과 전문성

지금까지 우리는 사람들이 엘리트들에 대해 어떻게 생각하는지를 논의했다. 그렇다면 반대로 엘리트들은 일반 사람들을 어떻게 생각할까? 권력을 소유하고 있다는 것이 자기 자신에 대한 인식에 어떤 영향을 미칠까? 좋은 영향이라곤 추호도 없다는 것이 전문가들의 이야기다. 헨리 키신저는 이렇게 주장한 적이 있다. "권력은 궁극의 최음제다."[62] 권력은 더할 나위 없이 매혹적이지만, 그것을 휘두르는 자의 민감성 혹은 감수성을 무디게 한다는 것이 여러 심리학 연구에서 드러난 바이다. 간단히 말하자면 권력은 공감 능력을 죽인다는 얘기다. 버클리 대의 대커 켈트너(Dacher Keltner) 교수는 여러 가지 연구를 실행한 끝에, 부와 권력과 명성이 막강한 집안에서 성장한 사람일수록 암에 걸려 고통받는 아이들 같은 고통의 이미지를 봤을 때 신경학적 징후가 훨씬 더 적게 나타난다는 사실을 발견했다.[63] 사회계급이라는 깊은 뿌리는 고사하고, 심지어 아주 최근에야 권력을 잡은 사람들조차 공감 능력은 한풀 꺾이고 이기심은 늘어나는 효과를 보이더라는 얘기다. 어떤 실험에서 켈트너는 학부생 세 명으로 구성되는 그룹 프로젝트를 위해 임의로 그중의 한 명을 감독에 지명했다. 그러자 새롭게 임명된 이 '보스'는 삼십 분도 채 안 돼 더 큰 권리를 과시하기 시작하면서, '팔로어'들보다 두 배나 자주 접시에 담긴 과자를 낚아채곤 했다. 켈트너는 『권력의 역설(The Power Paradox)』이라는 책에서 권력의 효과를 "자기 잇속만 차리는 충동적 행태로 몰고 가는" 일종의 뇌 손상에 비유했다. 다시 말해 권력을 효율적으로 휘두르는 데 필요한 바로 그 연민과 공감을 훼손한다는 것이니, 황당한 역설이 아니겠는가. 인간의 심리를 가장 깊이 연구한 이들 중에 이런 과정을 정말 굉장한 문학적 기교로 묘사한 사람이 있으니, 바로 셰익스피어다. 그의 『맥베스』는 권력을 획득하면서 공감 능력을 잃게 되어 극의 막바지에서는 끝내 아내가 죽어도 슬픔을 느끼지 못하는 지경에 이르고 마는 한 남자의 이야기다. 수십 년 동안 권좌를 누려 왔던 리어왕은 이제 아첨의 소리밖에 듣지 못하고, 자신에게 감히 진실을 말하고자 하는 단 한 사람인 자기 딸 코딜리어마저 추방하고야 만다.

그러나 막강한 권력을 손에 쥐고도 공감 능력을 계발하는 사람들 또한 부지기수다. 두 명의 루스벨트 대통령은 미국 귀족 출신이지만 보통 사람들과 끈끈한 유대 관계를 구축할 수 있었다. 아내와 어머니를 사별한 후 뉴욕을 벗어나 다코타주 배드랜즈로 간 시어도어 루스벨트는 카우보이와 목장 일꾼들과 술집 주인들과 말 도둑들 사이에서 삼 년을 지냈고, 그들과의 교분을 즐겼으며 그들 모두로부터 인생을 배우기도 했다. 시어도어와는 먼 친척뻘인 프랭클린 루스벨트는 성장 배경이 훨씬 더 화려했지만, 가난하고 헐벗은 사람들의 예상치 않았던 대변자가 되었다. 소아마비와의 힘겨운 싸움이 틀림없이 그에게 삶의 고난을 깨닫게 해 주었을 거라고 사람들은 생각했다. 그렇지만 그의 전기를 쓴 진 에드워드 스미스(Jean Edward Smith)[64]와 도리스 컨즈 굿윈(Doris Kearns Goodwin)은 그와 더불어 아주 중요한 점을 포착한다.[65] 프랭클린은 병에서 빨리 회복하기 위해 수시로 조지아에 있는 웜 스프링즈 온천을 방문했다. 이곳의 뜨거운 자연 광천수가 하체 마비의 아픔을 덜어 주는 것 같았기 때문이다. 그는 이 작은 마을에서 대부분이 소박한 가정 출신인 다른 소아마비 환자들과 헤엄도 치고 소풍도 다니며 해마다 한 달가량을 보내곤 했는데, 그러면서 그들의 어려움을 알게 되었다는 것이다. 프랭클린은 웜 스프링즈에서 그런 친구들이 지켜보는 가운데 숨을 거두었는데, 그때까지 그들을 한 번도 잊은 적이 없었다고 한다. 무력하다는 것이 어떤 것인지를 프랭클린은 뼈저리게 깨닫고 있었던 셈이다. 미국을 주무르는 와스프(WASP) 출신의 이 귀족, 동년배 중에서 가장 막강한 권력을 누린 이 사람, 그런 그가 어떻게 보통 사람들과 마음을 주고받을 수 있었을까? 출처는 다소 불분명할지 모르지만, 그 진수를 제대로 포착한 이야기가 여기 있다. 프랭클린 루스벨트의 장례 행렬이 지나가고 있을 때 어떤 추모객이 슬픔을 이기지 못하고 주저앉았다고 한다. 그를 도와 일으킨 사람들이 무슨 연유로 그렇게 슬퍼하는지 물었다. 대통령을 사적으로 잘 아셨던 모양이죠? 그러자 그 사람이 이렇게 답했다. "아닙니다. 전 그를 잘 모릅니다. 하지만 그분은 저를 잘 아셨죠."[66]

세계는 굉장히 복잡해졌다. 우리는 전문가가 덜 필요하기는커녕 더 많은 전문가가 필요하다. 그래야만 대기업에서 작은 마을에 이르기까지 모든 국사를 처리해 낼 수 있기 때문이다. 이런 시기일수록 더 그렇다. 따라서 그들은 어쩔 수 없이 일종의 엘리트가 될 수밖에 없고, 보유한 지식으로 인해 권위와 권력을 차지하는 집단이 되기 마련이다. 우리가 사는 이 시대에 대안은 생각할 수 없다. 직감이나 배짱으로 움직이는 정부라든가, 무지를 찬양하는 일을 어찌 상상할 수 있겠는가. 최근에 미국, 브라질 그리고 몇몇 다른 데서 시도했던 것만 본다면, 결과는 참담했다.

그러나 전문가와 엘리트들도 어떻게 사람들과 소통하고 그들의 욕구를 항상 염두에 둘 것인가에 대하여 궁리하는 수고를 아끼지 말아야 할 것이다. 내 성공과 높은 사회적 지위가 모든 중요한 면에서 나를 우월한 존재로 만들어 준다는 신념이야말로 능력주의의 가장 큰 도덕적 결함이다. 적어도 민주주의에서는 결국 사람들의 희망이야말로 권위를 부여하는 궁극의 원천이니까. 그러니 분명히 해 두자, 지금의 팬데믹과 미래의 여러 가지 위기를 헤쳐 나갈 때 우리는 전문

가의 말에 귀를 기울여야 한다. 그러나 그 전문가들도 사람들의 말을
경청해야 한다.

삶은 디지털이다

5

행여 우리가 이 신종 코로나바이러스 팬데믹의 결과를 과장하고 있는 것은 아닐까? 혹시 그 영향이 우리가 상상하는 것보다 더 사소한 것은 아닐까? 그럴 수는 있다. 인간이란 고통과 상실을 꿀꺽 삼키고 다시 앞으로 나아가는 탁월한 능력을 보유하고 있으니까. 상처가 영원히 아물 것 같지 않았지만, 지나고 보면 그저 일시적이었던 걸로 드러나는 사건들도 있다. 가령 스페인 독감을 생각해 보라. 미국에서만 약 70만 명, 그리고 전 세계에 걸쳐 5000만여 명의 목숨을 앗아 간 팬데믹이 물러간 직후,[1] 미국은 '광란의 1920년대' 혹은 '재즈 시대'에 안착했다. 금주법이 시행되고 있던 1920년대 뉴욕에서는 최고 10만 개나 되는 무허가 술집이 성업 중이었다.[2] 그것은 억눌려 있던 욕망의 분출이었을까? 아니면 제1차 세계대전과 독감으로 인한 어마어마한 상실이 탄생시킨 물불 안 가리는 태도였을까? 그 이유가 무엇이었든, 그 끔찍한 전염병이 물러간 후에 사람들의 일하는 방식이 달라졌다든가 그들의 사회적 교류가 확 줄어들었다는 증거는 거의 없다. '뉴 노멀'도 전혀 없었고, 있는 것은 그저 예전과 같은 '노멀'뿐이었다. 심지어 팬데믹이 물러간 후 첫 번째로 미국 대통령에 선출된 워런 하딩(Warren G. Harding)은 "정상으로 돌아가자!"라는 모토를 내걸고 유세에 임했다.[3]

그러나 역사가 언제나 반복되는 것은 아니다. 우리는 '연속'에 의해 충격을 받는 것만큼이나 '단절'에 의해 충격받는 일도 없지 않다. 그리고 스페인 독감과 신종 코로나바이러스를 비교할 때가 바로 그런 경우일지 모르겠다. 1920년대의 사람들은 예전의 농장과 공장과 사무실로 돌아갔다. 그들에겐 대안이 없었기 때문이다. 일을 하려면 일터에 나가는 수밖에 없었으니까. 오락거리를 구할 수 있는 곳은 오로지 극장과 뮤직홀뿐이었다. 먹거리나 옷이 필요하면 실제 소매점으로 가야 했다. 하지만 이제 더는 그렇지 않다. 최근 이십 년 동안 우리는 사람들이 직접 모여들거나, 교통 체증과 싸우거나, 만원 열차에 타거나, 출퇴근에 몇 시간씩 허비하지 않고서도 만사를 해결할 수 있게 해 주는 디지털 경제의 부상을 목격했다. 특히 요 몇 년 사이의 변화는 화상회의와 전자 상거래 수준을 훨씬 넘어선다. 이젠 디지털로 삶을 영위할 수 있다는 얘기다.

우리는 언제 디지털 경제로 전환했을까? 당연히 그것은 하나의 과정이었고, 딱 하나의 전환점을 지적할 수도 없다. 처음엔 제1차 세계대전 중 군사용으로 개발되었던 컴퓨터가 우리 삶에 들어왔다. 집

적회로의 발명은 개인용 컴퓨터 생산으로 이어졌는데, 이는 흔히 프로토타입 컴퓨터 Kenbak-1이 만들어진 1971년의 일로 알려져 있다.[4] 인터넷 또한 1960년대 국방부의 아르파넷(ARPANET)에서 시작되어 서서히 개발되었으며, 이어 1970년대와 1980년대에 대학으로 차근차근 확산했다. 월드와이드웹(World Wide Web)은 1990년에 태어났다. 그중 규모가 가장 큰 아마존은 책을 판매하는 사업으로 1995년 출범했다. 시애틀에 본사를 둔 아마존은 초기에 판매가 이루어질 때마다 소리가 울리도록 자동 벨을 설치했다. 저널리스트 브래드 스톤의 기사에 나온 것처럼 "그렇게 벨이 한번 울리면, 사무실 직원들이 모두 모여 누가 아는 고객이 구매했는지를 보곤 했다."[5] 그러나 판매가 늘면서 벨 소리가 너무 자주 울리게 되자, 그 시스템을 없앨 수밖에 없었다. 빨리 감기를 해서 2020년 1분기에 이르면, 아마존은 1초당 1만 달러를 판매하고 있었다.[6] 초기에 썼던 벨을 지금도 사용한다면, 지금은 쉬지 않고 끊임없이 울릴 것이다. 마치 새로운 시대의 도래를 알리는 자명종처럼 말이다.

그동안 기술 변화의 물결은 셀 수 없이 많았다. 가장 최근의 기술 변화를 이해하고 싶다면, 2011년 8월로 돌아가 봐야 한다. 어쩌면 그건 좀 야릇한 선택으로 보일지 모른다. 그 8월은 기술 낙관주의의 이상이 아니라 우울한 한 달이었으니까. 전 세계 경제는 지구촌 금융 위기의 여파로 여전히 허덕이고 있었다. 유럽인들은 스페인과 이탈리아가 채무 불이행 상태에 빠져 대륙 전역에 위기를 초래할까 봐 전전긍긍했다. 미국의 실업률은 끈질기게도 높은 9%대에 머물러 있었다.[7] 유럽과 미국의 증시는 이러한 공포를 반영했다. '블랙 먼데이'로 알려진 8월 8일 다우존스 산업평균지수는 635포인트나 주저앉아, 역사상 여섯 번째로 큰 낙폭을 기록했다. 최초의 웹 브라우저인 모자이크(Mosaic)를 발명한 마크 안데레센이 《월스트리트 저널》에 「왜 소프트웨어는 세계를 먹어 치우고 있는가」라는 아리송한 제목의 글을 실었던 것도 바로 이처럼 불편한 환경이 지배하던 때였다.[8]

이 시점에 이르러서는 사실 디지털 경제와 실물경제라는 두 개의 경제가 있었다. 그런데 디지털 경제가 너무나도 강력해지고 있어서 실물경제를 압도하고(먹어 치우고) 있다는 것이 바로 안데레센이 말하고자 했던 요지다. 갈수록 더 많은 신설 기업들이 소프트웨어를 이용함으로써 이익도 현저히 늘리고, 판매망도 확대하며, 실제 상품이 아니라 디지털 서비스를 판매할 수 있다는 사실을 배워 가고 있었다. 기존 기업들도 그런 추세에 편승하지 않으면 곧바로 밀려나게 되었다. 예컨대 코닥은 디지털 사진이라는 혁명의 물결을 놓치는 바람에 파산을 면치 못했다. 소비자들이 스포티파이 같은 스트리밍 서비스를 위해 온라인 구독을 시작하자, 음반 상점들은 그야말로 자취를 감추었다. 우버는 택시라는 실물 산업의 모습을 바꾸어 정보 네트워크를 본질로 삼는 산업으로 만들어 놓았으며, 그 네트워크는 소프트웨어에 의해 만들어지고 유지된다. 엔터데인먼트 업계에서도 가장 빠르게 성장하는 회사는 영화 스튜디오나 테마 공원이 아니라 온라인에서 비디오게임을 파는 소프트웨어 기업이라는 사실을 안데레센은 지적하기도 했다.(적어도 10년 동안 비디오게임 산업의 수익은 영화 및 음악 산업의 수익을 합친 것보다 더 많았다.[9]) 신종 코로나바이러스로 인해 디지털 소매가 실제 소매를 한층 더 빠른 속도로 따라잡는 상황에서, 향후 5년 이내에 미국 내 (2007~2009년의 불황기 동안 폐업한 숫자의 세 배에 해당하는) 10만 개의 오프라인 점포가 문을 닫을 것이라는 예측도 나오는 실정이다.[10]

얼핏 보기에 가장 전통적인 기업들조차 지금은 소프트웨어를 이용하고 있다. 사티아 나델라(Satya Nadella) 마이크로소프트 CEO는 가장 놀랄 만한 사례로 티센크루프(Thyssenkrupp) 이야기를 내게 들려주었다. 이 회사는 독일 산업계의 위대한 거인이요, 최고의 철강 제조업체일 뿐 아니라, 세계 4위의 엘리베이터 제조사다. 티센크루프는 여전히 엘리베이터를 만들고는 있지만, 최대의 부가가치 창출은 엘리베이터 가격을 점차 높이는 데 있는 게 아니라 엘리베이터를 가장 효율적으로 유지하는 서비스 계약을 판매하는 데 있음을 이젠 알고 있다. 소프트웨어가 작동하는 티센크루프의 스마트한 승강기들은 클라우드에 연결되어 있어서 운행 자료를 끊임없이 발송하며, 회사는 이를 엄격하게 분석한 다음, 문제가 불거지기 전에 수리하는 '예측성 유지 보수'를 위해 이를 이용한다. 이 소프트웨어는 마이크로소프트가 개발한 것이어서 나델라가 나에게 이 이야기를 들려줄 수 있었다.

클라우스 클라인펠트(Klaus Kleinfeld)는 알루미늄 회사 알코아의 CEO로 재직 중에 그것을 이렇게 표현한 적이 있다. "우린 많은 용광로를 가지고 있다. 옛날엔 몇 년에 한 번씩 용광로를 새로 만들 때마다 효율을 조금씩 개선할 수 있었다. 하지만 요새는 소프트웨어가 용광로를 움직이고 있어서, 지치는 법도 없이 해마다 성능이 좋아진다." 소프트웨어 혁명은 갈수록 디지털 경제와 실물경제의 구분이 흐려지는 신세계를 만들어 냈다. 지금은 소프트웨어가 거의 모든 것을 움직인다. 그리고 그것이 클라우드 컴퓨팅 같은 다른 돌파구를 촉진했고, 그것은 다시 빅 데이터를 향한 이동을 초래했다. 사람들은 데이터를 새로운 원유라고, 즉 현대 비즈니스의 불을 지피는 원천이라고 말하지만,[11] 데이터를 정련할 수 있는 소프트웨어가 없다면 데이터도 무용지물이 된다. 어떤 비즈니스를 위해서도 소프트웨어가 성장의 열쇠가 된 것이다.

똑같이 소프트웨어 덕분에 가능해진 또 하나의 유사한 혁명이 있었으니, 그것이 바로 모바일(mobile) 혁명이다. 아이폰이 세상에 모습을 드러낸 게 2007년이었는데, 이제 세계의 대부분을 인터넷과 연결해 주는 것이 바로 스마트폰이다.[12] 대부분의 사람들에게 전화기가 곧 컴퓨터다. 이 같은 전환을 가장 잘 이해하려면, 인도를 보라. 대다수 최빈국의 국민들처럼, 인도인들도 최근까지는 정보혁명에 끼지 못한 채 대체로 뒤처져 있었다. 컴퓨터는 비쌌고 와이파이는 드물었다. 라비 아그라왈(Ravi Agrawal)이 『연결된 인도(*India Connected*)』라는 책에서 풀어놓은 이야기는 요컨대 이런 내용이다. "2000년만 해도 인터넷에 접속할 수 있는 인도인은 겨우 2000만 명이었다.[13] 그러니 겨우 10년 뒤 그 숫자는 1억 명으로 늘어났다." 하지만 그가 언급한 2010년에 이르러서도 인도의 10억이 넘는 시민들은 아주 간단한 핸드셋에 불과한 그들의 전화기로 온라인의 세계에 접속할 수 없었다. 그러는 가운데 4G가 도입되었고, 덕분에 30달러짜리 스마트폰으로 손쉽게 인터넷에 접속할 수 있는 시대가 열렸다. 이제는 인도의 5억 5000만 국민이 손안에 꼬마 컴퓨터를 들고 다니게 되었다.[14] 그들은 그 꼬마 컴퓨터로 물건을 사고파는가 하면, 뉴스도 보고, 여흥의 시간도 즐기고, 그룹에 참여하거나 원격 근무까지 한다.

인도는 놀라 자빠질 정도의 속도로 디지털 격차를 훌쩍 건너뛰었다. 2015년 인도는 모바일 브로드밴드 침투율에서 세계 155위였다.[15] 그러더니 2017년 인도는 지구 위 어떤 나라보다도 더 많은 모바일 데이터를 소비하고 있었다.[16] 2025년에 이르면 인터넷과 연결된 휴대용 컴퓨터를 소지한 인도인의 숫자가 몇억 명 늘어날 것으로 예상된다.[17] 이러한 움직임을 강력하게 밀어붙인 것은 인도 최대 기업 릴라이언스(Reliance)의 무케시 암바니(Mukesh Ambani) 회장이다. 그는 새로운 무선 네트워크를 구축하고 이를 상상하기 어려울 정도로 저렴하게 소비자들에게 제공하기 위해 370억 달러(약 40조 원)라는 경이로운 금액을 투자했다.[18] 그는 나한테도 이야기했다, 디지털화처럼 인도를 확 뒤바꾸어 놓을 일은 그 어느 때에도 없었을 것으로 믿는다고. 그러고는 이렇게 예측했다. "앞으로 20년, 거미줄처럼 연결된 네트워크 사회에서 우리는 지난 100년 동안 목격했던 것 이상의 변화를 겪게 될 것입니다." 모바일 혁명은 인도 같은 나라에서 놀랄 만한 페이스로 근대화의 속도를 높이고 있다. 모든 변화가 긍정적인 것은 아닐 테다. 가령 스마트폰은 인종별로 사람들을 동원하는 데에서 위험하리만치 효과적이라는 사실이 이미 드러나고 있다. 최근 인도에서는 다양한 메시징 앱을 통해 퍼져 나간 근거도 없는 소문들이 군중을 부추겨 살인을 저지르게 한 사건들이 있었다.[19] 또 스마트폰을 통해서 끝도 없는 포르노와 잔혹한 폭력의 흐름을 불편하지만 생전 처음으로 알게 되는 사람도 얼마나 많은지 모른다.

백 투 더 퓨처

2018년에 이르러 우리는 마침내 이렇게 말할 수 있었다. "세계의 대부분이 서로 연결되었다!" 그런데 신종 코로나바이러스가 이 무대에 등장해 디지털 미래로의 진입을 가로막는 마지막 한 가지 장애물을 제거해 버렸다, 바로 인간의 태도라는 장애물을. 옛날 방식에 발목이 잡혀 있는 사람들이 너무 많았다. 인터넷상에서 신용카드 정보 전송을 여전히 꺼림칙하게 느끼는 사람도 더러 있었다. 온라인으로 뭔가를 배우거나 강의 듣는 것은 상상조차 못 하겠다는 이들도 있었다. 영상 채팅을 통하여 의사와 약속 잡기에는 동의하는 사람이 거의 없었을 것이다. 그런데 팬데믹과 그 결과로 따라온 봉쇄 조치는 사람들의 태도 변화를 강제하였고, 그 점에서는 사람들이나 비즈니스나 마찬가지였다. 할리우드의 대형 스튜디오들이 막대한 예산을 들인 영화를 (극장이 아니라) 스트리밍 서비스 형태로 개봉한다는 것을 꿈엔들 상상했겠는가. 미슐랭 스타에 빛나는 식당들은 당연히 자신들이 테이크아웃이나 배달 음식과는 차원이 다르다고 생각하지 않았겠는가. 헬스클럽들이 어찌 유튜브 영상이나 만드는 비즈니스를 하고 싶었겠는가. 그러나 이 모든 터부(taboo)는 여지없이 깨지고 장벽은 무너졌으며 이젠 그야말로 뉴 노멀(new normal)이 존재하게 되었다. 이제 우리가 완전히 과거로 돌아가는 일은 아마도 없을 것으로 보인다. 2020년의 팬데믹은 디지털 라이프를 위한 일종의 강요된 대량생산 제품 테스트 역할을 했으며, 우리의 기술적 도구들은 대개 이 시험을 통과했다.

Covid-19 위기가 초래한 가장 의미심장한 경제적 추세를 딱 하나만 꼽자면, 인간이 하는 일 자체의 속성에서 찾아야 할 것 같다. 위기가 시작된 지 불과 몇 주 후에 미국 매사추세츠 공과 대학(MIT)에서 발표한 한 보고서는 이전에 실제 사무실로 출퇴근했던 미국인의 3분의 1가량이 재택근무를 하고 있다고 했다.[20] 그와 비슷한 시기에 인도에서 가장 큰 기업 가운데 하나인 타타 컨설턴시 서비스는 신종 코로나바이러스 때문에 늦어도 2025년까지는 직원의 75%가 원격 근무를 하게 될 것이라고 발표했다. 이 회사의 수브라마니암 COO는 이렇게 말했다. "우리가 완벽한 생산성을 구현하기 위해 사무실이나 생산 시설을 꼭 지켜야 하는 인원은 우리 전체 인력의 25%를 넘을 필요가 없다고 믿습니다."[21] 언론들이 타타 컨설턴시 서비스의 새 정책은 인도 내 종업원 35만 명 가운데 25만 명에게 영향을 미칠 것이라고 보도하자, 회사 측은 정정 기사를 싣고[22] 이 정책이 사실 전 세계 45만 임직원에게 적용된다고 했다.[23] 미국과 유럽의 기업들을 상대로 한 다양한 설문 조사에서도, 이들 기업의 대부분은 그런 식으로 근로자들에게 유연성을 부여하고 사무실 공간 비용을 절약하면서도 생산성은 유지할 수 있다고 믿기 때문에 일부 업무를 영구히 온라인으로 전환할 계획이라고 답했다.

몇 가지 측면에서 이 미래는 우리를 과거로 데려간다. 근대의 사무실은 20세기 초의 공장 모델을 고스란히 적용한 것이다. 모든 직원이 월요일에서 금요일까지 같은 시간에 출퇴근한다. 그들은 커다란 가운데 장소에서 근무하고 구내식당에서 함께 식사하는 경우가 허다하다. 모두가 조립라인에서 각자 맡은 바를 수행하며 손을 모아

서로 도외야 했던 사업 시대에는 누구나 고개를 끄덕일 수 있는 관행이었다. 그러나 (지금 대부분의 선진국처럼) 서비스 지향의 현대 경제에서는 일하는 패턴이 사뭇 다르다. 협동은 신체적·물리적 팀워크가 아닌 이지적인 팀워크를 요구하고 그런 일은 이메일, 그룹 채팅, 화상회의 등으로 이루어질 수 있다. 이러한 새 업무 형태에서는 사람들이 일상 업무를 원격으로 수행하고 회의나 프레젠테이션이나 브레인스토밍 모임 따위가 있을 때만 사무실로 출근하면 될지도 모른다. 일상적인 그룹 회의는 가상(virtual)으로 이루어질 수 있겠지만 네트워킹, 유대 관계 심화, 지적인 자극이나 엔터테인먼트 제공 목적의 회의에는 멤버들이 직접 참여해야 할 것이다. 몇 가지 유형을 합친 하이브리드 모델이 새로 나타날 가능성이 대단히 크다. 이 새로운 틀이 개인 간의 유대나 예측 불가능한 상호작용의 가치를 떨어뜨리기는커녕, 앞으로 훨씬 드물어질 그 일들을 더 소중한 것으로 만들어 줄 것이다.

어떤 의미에서 일은, 인류사의 대부분 동안 그랬던 것처럼 집에서 영위하는 삶에 좀 더 밀접하게 연관되는 형태로 돌아갈 것이다. 농부는 자신의 땅에서 살면서 농사를 지었다. 수 공업자는 자기 집 옆에서 일했고, 상인은 자기가 사는 집의 일 층에 점포를 갖고 있었다. 사적인 영역과 업무 영역이 서로 뒤엉켰고, 아이들은 부모를 단순히 가족으로서뿐만 아니라 근로자로서 인지했다. 공장과 사무실이 등장하면서 최근 200년에 걸쳐 가정생활과 직장 생활은 확연히 두 갈래로 나뉘었다. 일자리가 있는 사람이라면, 으레 아침마다 가족의 세계를 뒤에 남겨 두고 문을 걸어 나와 완연히 다른 업무의 세계로 여행했다. 직장 동료들이 나의 한 면을 보는 한편, 내 가족은 나의 다른 한 면을 보았던 것이다. 말하자면 그것은 드라마 「매드 멘(*Mad Men*)」의 세계였다. 하지만 21세기의 인간은 어쩌면 그 두 세계를 뒤섞고, 가족과 동료 모두가 나의 전체를 보게 할지도 모르겠다.

코로나바이러스 팬데믹이 가장 빠르게 일자리의 모습을 바꾼 것은 의료 분야에서다. 의료 서비스 제공 기술을 이용할 때 얻는 혜택은 삼척동자라도 알 수 있다. 환자들은 정기 검진이나 처방을 위해서 굳이 의사를 찾아가 기다리고 돌아오는 수고를 할 필요가 없게 된다. 전화로 설명하거나 화상 면담으로 보여 줄 수 있는 증상은 너무나도 많다. 이런 것쯤은 새롭지도 않고 이미 한동안 존재해 온 기술이다. 다만 인력이나 조직상의 장애물이 있었을 뿐이다. 환자들은 인터넷을 통해 진료를 받고 싶지 않았고, 의사들은 대면 의료만큼 보수를 받을 수 없는 원격의료를 달가워하지 않았다. 이해할 만했다. 그런데 신종 코로나바이러스가 이 모든 것을 바꾸어 놓았다. 미국에서는 주 경계선을 넘나드는 의료를 좀 더 수월하게 만들기 위해 여러 가지 면허 조건을 완화한 주들이 많았다. 선택지가 그다지 많지 않은 환자들은 아무 진료도 받지 못하느니 영상으로나마 진료를 받겠다고 동의했는데, 막상 해 보니 훨씬 더 편리하다는 사실을 알게 되었다. 의료 서비스 제공자들 역시 유리한 점들을 깨닫게 되었다. 환자들이 몰려드는 사태가 벌어질 때 병원들이 꼭 해야만 하는 트리아지(triage), 즉 환자 분류 또는 중증도 분류에 그동안 많은 관심이 집중되었다. 그러나 시스템 내의 진짜 트리아지는 의사들이 원격진료 덕분에 덜 심각한 질환은 온라인으로 처리함으로써, (코로나바이러스 관련이든 아니든) 좀 더 심각한 환자들의 치료를 위한 시간과 자원과 인력을 확보하게 된다는 것이었다. 2020년 한 해 동안 미국인들의 가상 의료 서비스 거래가 10억 건 정도에 이를 것으로 추정하는 사람도 있었다.[24]

이번 팬데믹은 훨씬 더 폭넓은 전환으로 나아가는 문을 활짝 열어젖혔다. 어떤 임무가 디지털 영역으로 옮겨 갈 때마다, 소프트웨어를 이용하여 그 임무를 자동화하고 최적화하기가 한결 쉬워진다. 의료도 마찬가지다. 이미 각종 기계와 소프트웨어가 진단, 수술, 처치, 치료 등을 도와주고 있다. 이와 동시에 소형 휴대용 의료 기기들은 개인의 생체 기능을 끊임없이 모니터해서 그 자료를 클라우드로 옮겨 놓고, 거기서 자료 분석을 통해 감지되는 비정상적인 상태를 의료 전문가들에게 전송할 수 있다. 애플의 팀 쿡 CEO는 자기 회사의 "인류를 위한 가장 위대한 공헌은…… 건강과 관련이 있을 것"이라고 말한 바 있다.[25] 그리고 그것은 애플 워치 같은 제품들을 의료 부문에 갈수록 정교하게 이용함으로써 가능할 것이다.

팬데믹으로 촉발된 온라인의 움직임이 의료 서비스의 초점 자체를 아예 질병 치료에서 질병 예방으로 옮겨 놓는다면, 그것이 가장 이상적일 것이다. 예방이야말로 우리 모두를 건강하게 지켜 주는 훨씬 더 효과적인 방법이니까. 그렇지만 불행하게도 그런 전환을 가로막는 방해꾼이 있으니, 진료와 치료는 수입이 짭짤하지만 예방으로 벌어들일 수 있는 돈은 훨씬 적다는 불편한 진실이 바로 그것이다. 그 결과, 새로운 사전 예방 모델의 실험은 정부가 공중 보건 시스템을 운영하는 나라에서 아마도 가장 잘 이루어질 수 있을 것이다. 반대로 미국처럼 민간 부문이 압도하는 나라에서는 의사와 병원이 이러한 모델을 기꺼이 받아들일 인센티브가 거의 없다. 그렇다고 이 사람들이나 조직들이 명예롭지 못하다거나 비열하다는 얘기는 결코 아니다. 하지만 시장경제에서 경제적 인센티브는 중요하고, 따라서 자원과 기술은 가장 많은 수익을 실현하는 곳에 투입되는 법이다.

인공지능 혁명

장기적으로 볼 때 의료 서비스의 모습을 가장 많이 바꾸어 놓을 것은 인공지능이다. 사실 인공지능은 우리가 인간으로서 시도하게 될 가장 심오한 변환이라고 해도 과언이 아닐 것이다. 그것이 몰고 올 파장은 소프트웨어의 지배보다도 훨씬 더 중요한 것으로 드러날 공산이 크다. 인공지능은 세계를 집어삼킬 뿐만 아니라, 그 세계에 속한 인간들까지도 꿀꺽 먹어 치울 것이다.

어떤 의료 영역에서는 기계가 이미 의사들과 필적할 만할 뿐 아니라 그들을 능가하기까지 한다. 병리학적 이미지들을 읽을 수 있도록 훈련받은 인공지능 프로그램은 이제 몇몇 종류의 폐암을 97%의 정확도로 진단해 낼 수 있다.[26] 또 인공지능은 방사선 스캔을 읽으면서 잘못된 양성 판정을 할 확률이 상황에 따라 인간 전문가들보다 11%나 더 적다는 사실을 발견한 연구도 있었다.[27] 팬데믹이 확산하고 있을 때, 인공지능 시스템인 왓슨을 배후에서 움직인 IBM과 MIT 팀은 패혈증의 위험이 있는 코로나바이러스 환자 찾기, 바이러스가 인간의 세포와 결합하지 못하게 막는 단백질 디자인, 안면 마스크 원자재의 효율성 테스트, 이미 승인된 약품이 바이러스 퇴치에 도움 되느냐의 여부 예측, 백신의 대규모 제조 및 공급 계획 등 몇 가지 다른 용도에 그 기술을 사용해 봤다.[28] 이런 적용의 상당수가 실험 수준이긴 하지만, 그 결과는 인상적이다. 왜 인공지능은 그토록 많은 임무를 인간보다도 더 잘 수행해 낼까? 진단과 같은 과정은 근본적으로 정보를 수집하고 잘 간추려서 분석하는 것으로, 이 점에서는 컴퓨터가 인간의 뇌보다 훨씬 더 낫기 때문이다. 물론 삼십 년에 걸친 경력을 쌓고 산전수전 다 겪은 의사는 이미 수만 명의 환자를 봤을 테고 수백 편의 학계 논문도 읽었을 터이다. 하지만 인공지능 프로그램은 환자에 관한 수천만 개의 자료를 몇 초는 아닐지 몰라도 몇 분 안에 분석할 것이다. 지금 컴퓨터가 비행기를 날게 하고 주식을 사고팔 수 있게 해 주는 이유가 바로 여기에 있다. 컴퓨터는 체스 시합이나 TV 게임 쇼 「제오파디(Jeopardy!)」나 비디오게임에서 챔피언을 이길 수도 있다. 간단히 말해서 인공지능은 아주 복잡한 분석 임무를 이론적으로 인간보다 훨씬 더 잘할 수 있으며, 임무가 복잡하면 복잡할수록 컴퓨터의 우위도 한층 더 두드러진다.

지금 당장은 컴퓨터에도 이런저런 한계가 있다. 신종 코로나바이러스 사태가 터졌을 때, 이를 지켜본 사람들은 인간이 찾지 못하는 해법을 인공지능이 찾아낼지도 모른다는 희망을 품었다. 그 결과는 한마디로 잘라 말하기 어렵다.[29] 헤아릴 수 없이 많은 장애물이 끼어들었다. 우선 컴퓨터가 어떤 패턴을 보려면 어마어마하게 많은 자료가 있어야 하는데, 신종 코로니바이러스 초기에는 자료가 거의 없었고, 그 후 몇 달 동안에도 정보는 줄곧 불완전했다. 다른 바이러스에 관한 과거 자료도 별로 쓸모가 없었던 것이, 치사율이나 바이러스의 변이 방법 등 중요한 차이점들이 많았기 때문이다.

위치 추적 데이터 역시 애초의 약속에는 미치지 못했다. 몇몇 동아시아 국가들이 그걸 이용해서 핫스폿(hotspot)을 예측하고 슈퍼 전파자를 밝혀내는 데 어느 정도 성공을 거두었지만, 이 기술에는 이런저런 결점이 있다. 위치 추적 앱의 설치가 자발적인 데다 모든 사람이 이 앱을 설치하진 않기 때문에, 데이터는 전체 그림의 일부만을 제공한다.[30] 사회의 응집력과 정부에 대한 신뢰도가 상당히 높은 싱가포르에서조차 2020년 6월이 되도록 국민의 30% 정도만이 정부의 위치 추적 앱을 내려받았다.[31] 중국이 그랬던 것처럼 모든 주민이 예외 없이 건강 정보를 제공하도록 강제하는 것은 대부분의 민주주의 국가에서는 선택지가 될 수 없다. 어쨌거나 논란의 여지가 있는 점이다. 신종 코로나바이러스와의 전쟁에서 중국, 한국, 싱가포르 등이 거둔 성공은 사생활을 침범하는 신기술 덕분이 아니다. 오히려 이 국가들이 남달랐던 점은 팬데믹에 대한 특징적인 적절한 대응, 다시 말해 재빠르고 폭넓은 검진과 대면 인터뷰를 통해 이루어지는 전통적인 접촉자 추적 같은 것이다.

신종 코로나바이러스와의 싸움에서 인공지능이 맞닥뜨렸던 장애물들이 그 기술의 기저에 깔려 있는 결함을 반영하는 것은 아니다. 그런 장애물은 불분명한 것이 많고 자료를 얻기 힘든 특별한 상황에서의 한계점을 드러냈을 뿐이다. 시간이 흐르면서 이 질환에 관해 좀 더 많은 자료, 좀 더 질 좋은 자료가 축적될 것이고, 온도 측정을 위한 다중 열 스캐닝에서 안면 인식에 이르기까지(둘 다 공공장소에서 다수

군중 안의 질병 가능성을 재빨리 탐지하는 데 쓰인다.) 그 자료를 사용하는 혁신적인 방법도 생길 것이다. 인공지능이 관찰한 패턴을 기반으로 어느 환자들이 더 나빠지고 어느 환자들이 회복할 것인지를 예측하는 것은 이미 가능하다. 가령 단백질의 삼차원적 구조를 그린다든가 하는 선구적인 의학 조사에도 인공지능이 계속 사용되고 있다. 이런 조사는 치료나 백신 개발에 도움을 줄 수 있는 인상적인 결과를 계속 보여 줄 것이다. 그리고 코로나바이러스 연구가 활발해지면서 물론 인공지능은 매주 세계 각지에서 생산되는 수천 가지의 연구 결과를 인간들보다 훨씬 더 효율적으로 분석함으로써, 과학자들이 이 바이러스를 이해하는 데 이미 도움이 되고 있다. 그러나 모든 걸 고려할 때, 이 팬데믹의 경험은 현재로서는 인공지능의 강점뿐 아니라 그 한계 또한 강렬하게 보여 주었다

　　신종 코로나바이러스가 인공지능에 미친 가장 장기적인 영향은 아무래도 특정한 의학적 돌파구보다는 로봇의 부상과 더 관계가 있을 것 같다. 더 많은 환경에서 더 많은 로봇이 경제의 기능을 활발하게 만들 것이며, 그러는 가운데 감염의 위험을 최소화할 것이다. 《MIT 테크놀로지 리뷰》에 게재된 어떤 연구는 "인간끼리의 상호 교류에서 야기되는 건강 리스크를 줄이고 위기의 시대에 생산성을 지켜 주는 여러 기술이 3200만~5000만 개의 미국 내 일자리를 섬점 더 많이 보조하게 될 것"임을 알려 준다.[32] 그런 일자리 중 출납계원 같은 일부는 완전히 대체될 수 있는 소지가 분명하다. 요리사 등 다른 직업은 좀 더 복잡하지만, 그래도 이미 그런 일을 효과적으로 해내는 로봇이 나와 있는 형편이다.[33]

그리고 로봇이 많으면 많을수록, 그 생산성을 높이기 위해 인공지능을 활용할 수 있는 여지도 더 넓어진다. 기계에다 일단 소프트웨어를 장착하기만 하면 그것이 기계를 조종하는 요소가 되는 것과 똑같은 방식으로, 어떤 시스템에든 인공지능을 도입하기만 하면 그 역시 차차 그런 과정을 밟아 일반화된 전력승수(force multiplier)가 된다. 우리는 지금 대부분의 제도와 조직 안에 인공지능을 도입하는 궤도에 접어들었다. 인공지능이 그것들을 한층 더 잘 작동하게 만든다는, 아주 단순한 이유에서다. 그러나 이는 일에 필요한 사람의 숫자가 (노무직이든 사무직이든) 틀림없이 줄어들 것임을 뜻한다. 인공지능은 만사를 훨씬 더 효율적으로 만들어 주기 때문이다. 만약 기계가 많은 서류를 스캔하여 여러 가지 사건이나 이런저런 사실이나 패턴들을 찾아낼 수 있다면, 그렇게 많은 법률 보조원이나 신참 변호사가 필요 없을 것 아닌가.

그뿐인가, 만약 컴퓨터가 자동차, 버스, 트럭 등을 제어할 수 있다면 당연히 그렇게 많은 운전자가 필요치 않을 것이다. 자율 주행은 안전 면에서 어마어마한 은혜요, 선물이 될 것이다. 해마다 전 세계에서 자동차 사고로 목숨을 잃는 사람이 백만 명 이상[34]이며, 미국 교통부에 의하면 미국에서 발생하는 충돌 사고의 94%가 운전자 부주의로 인한 것[35]이라고 한다. 하지만 운전자가 필요 없는 세계가 도래한다면, 운전기사로 일하는 400만 미국인들(거의가 대학 교육을 받지 못한 남자들)은 대체 어떻게 될까?[36] 지금 당장은 아마존과 기타 온라인 소매점들이 승승장구하고 있어서 그 사람들의 커리어 전망은 호전되는 중이다. 2020년 5월 페덱스의 CEO 겸 회장인 프레더릭 스미스(Frederick Smith)는 자기 회사가 매주 4000명가량의 운전기사를 추가 고용하는 등, "어마어마하게" 인력을 늘리고 있다고 말했다.[37] 하지만 장기적으로 보면, 그들의 업무 가치가 떨어질 것이기 때문에, 이 기사들은 일자리를 완전히 잃지는 않더라도 생계유지가 가능한 임금을 누릴 수 없게 될 것이다. 컴퓨터는 빠른 속도로 인간의 역할을 최소한의 지경까지 위축시키고 있다. 이미 상업 비행은 거의 언제나 자동항법장치로 이루어지고 있지 않은가. 배송의 마지막 단계에는 여전히 동네 배달 차량과 노동자들이 사용되고 있지만, 인공지능이 구동하는 장거리 트럭 운전도 이미 공공 도로에서 테스트되고 있지 않은가. 심지어 그처럼 제한된 역할조차도 점점 사라질지 모른다. '마지막 배송 단계(last mile)'라는 문제점마저 점차 인공지능 드론이 대체해 가고 있기 때문이다. 인공지능이 반드시 실업을 불러오는 것은 아닐지 모르고, 향후 몇십 년처럼 더 긴 시간대에나 영향을 미칠수도 있을 것이다. 그러나 그것이 우리 일생의 '게임 체인저'가 될 것임은 분명하다.

인공지능의 미래를 풀어내는 일은 아직 로봇에 의해서 위협받은 적이 없는 직업에 맡겨 두자. 이언 매큐언(Ian McEwan)은 2019년 소설 『나와 같은 기계들(*Machines Like Me*)』에서 자동화가 일상의 일부로 자리 잡아 가는 세상을 묘사하고 있다.[38] 소설 속 런던에서는 대량 실업에 항의하는 시위가 여기저기 벌어지는데, 주인공은 이렇게 읊조린다.

난 어떤 시위 행렬에 합류했다가 뉴캐슬 밖에서 생산을 시작한다는 어떤 자동차 공장에 관한 기사를 읽고는 포기해 버렸다. 이 새 공장은 예전에 있던 공장에 비해 6분의 1밖에 안 되는 인력으로 세 배나 많은 자동차를 만들고 있었다. 효율성이 열여덟 배에다, 수익률도 어마어마하겠지. 그 어떤 비즈니스도 그런 걸 마다할 수 없을 거야. 일자리를 기계에 뺏긴 것은 작업 현장만이 아니었다. 회계, 의료 지원, 마케팅, 물류, 인사, 미래 기획 등등의 부문들이 다 그랬다. 이젠 시인들까지. 다들 안절부절못하고 애태우는 중이다. 오래지 않아 우리는 생각해야 할 것이다, 도대체 우리 삶은 무엇을 위한 것인가 하고. 일을 위한 건 아니리라.

팬데믹이 확산되는 가운데 그러한 전망은 그 어느 때보다 가까이 다가온 것처럼 보인다.(심지어 시인들에 관한 매큐언의 예측조차 현실로 변하고 있다. 컴퓨터 과학자들이 문학작품을 쓸 수 있는 알고리즘을 개발하고 있으니 말이다.[39]) '일의 미래'에 관한 토론은 그 미래가 이미 우리 곁에 와 있다는 사실을 인식해야 할 것이다. 일단 기술이 우리 일자리의 상당량을 대체해 버리고 나면, 어떻게 해야 사람들이 가라앉지 않고 삶을 유지하도록 만들 수 있을까? 이에 대해서는 철학자들이 다양한 이론을 제시하곤 했다. 그런데 이번 신종 코로나바이러스 때문에 거의 보편적인 기본소득 같은 것을 실험해 보지 않을 수 없게 된 나라들이 아주 많았다. 미국의 경우, 이런 아이디어는 불과 몇 달 사이에 하나의 주류 사상이 되어 버렸다. 깜짝 대선 후보 앤드루 양(Andrew Yang)의 돈키호테식 탐색 정도에 그치는 게 아니라, 하나의 정식 법안이 되어 의회가 경제적인 재앙을 저지하기 위해 이를 통과

시키기까지 했다. 팬데믹이 활개를 치는 동안 각국 정부는 비록 자신들의 잘못은 아니지만 어쨌든 사람들이 돈을 벌 수 없게 되었으니, 일을 못 하더라도 돈은 받을 만하다는 결론에 이르렀다. 그런 논리를 따라가다 보면, 인공지능으로 인해 일자리를 잃게 된 사람들도 그와 비슷하게 보상을 받을 만하다고 국가가 결정할 수 있는 걸까?

존 메이너드 케인스는 1930년 「우리 자손들의 경제적 가능성」이란 제목의 글에서 바로 이 질문을 곰곰 생각하고 있었다. 그는 기술 발전으로 가능해진 주 50시간 근무의 세계를 꿈꾸었다. 하지만 설사 그런 세계가 현실이 된다 할지라도, 사람들에게는 뭔가 할 일들을 주어야 할 것이다. 교육, 공공 일자리 프로젝트, 공원 및 야생지 유지 보수 등 여러 다양한 분야에서 가외 일자리를 창출해야 한다. 그러니까 프랭클린 루스벨트의 저 유명한 공공산업진흥국과 민간자원보존단이 수백만 명의 미국인을 고용해서 인프라스트럭처를 확충하고 국토를 아름답게 꾸몄던 것처럼 말이다. 물론 이런 일자리 중에는 그야말로 일자리를 위한 일자리도 포함되게 마련이다. 케인스도 이렇게 쓰지 않았던가. "우리는 (비유컨대) 빵을 버터 위에다 얇게 펴서[40] 바르려고 애를 써야 할 것이나. 무슨 일거리가 남아 있든 간에 그것을 가능한 한 널리 공유할 수 있도록 말이다."

이러한 미래를 총천연색으로 보여 주는 예로서 1960년대 만화 시리즈에 나오는 주인공 조지 젯슨 이야기를 꼽을 수 있다. 스페이슬리 스페이스 스프로케츠라는 이름의 회사에 다녔던 조지가 하는 일은 일주일에 사흘, 하루에 세 시간씩 몇 개의 단추를 누르는 일이다.[41] 다른 모든 일은 완전 자동화되어 있다. 그러나 그것 역시 일이며, 그

와 그의 가족에게 1960년대를 살아가는 이들이 그럭저럭 인정할 만
한 가정생활 및 사회생활의 윤곽이나마 제공한다. 그것이 자동화
된 우리 디지털 미래, 중심이 얼추 잡혀 있는 미래의 한 가지 비전이
다. 삶의 패턴은 다시 조정되기는 해도 파괴되는 일은 없다. 하루 여
섯 시간, 주 4일 근무를 촉구했던 핀란드 총리의 말에서 우리는 이 가
능한 세상의 초기 사례를 목격할 수 있다.[42] 또 근로자들이 스스로 근
무시간을 정할 수 있는 우버나 도어대시의 운전 서비스처럼 긱(gig)
이코노미의 특징을 보여 주는 유연한 일자리에서도 그것을 목격할
수 있다. 사무실에서 소셜 미디어를 만지작거리며 갈수록 더 많은 시
간을 소비하는 사람들의 모습에서도 그것을 목격할 수 있다. 그리고
마지막으로 인류학자 데이비드 그레이버(David Graeber)가 다채롭
게도 "삽질(bullshit jobs)"이라고 부른 일자리가 점차 많아지고 있는
현상에서도 그것을 목격할 수 있다.[43] 그레이버가 삽질이라고 묘사
하는 일에는 '빈칸에 체크하는 사람(box tickers)'과 '십장 또는 감독
(taskmasters)' 등이 있는데, 전자는 아무 일도 없는데도 뭔가 일이 일
어나고 있는 것처럼 보이기 위해 서류만 잔뜩 만들어 내는 사람이고,
후자는 관리할 필요도 없는 사람들을 관리하는 사람을 가리킨다.

　　기술혁명의 커다란 문제점은 갈수록 기술이 너무나 많은 일을
하고 있어서 인간이 목적의식을 찾지 않으면 안 될 거라는 점이다. 케
인스가 했던 말이다. 일이란 것은 역사적으로 인간에게(특히 남자들
에게) 정체성과 성취감과 존엄을 부여해 왔다. 그런 것은 전혀 무관
한 속성들이 아니다. 바로 그 점 때문에 나는 보편적 기본소득이란 개
념이 언제나 마뜩잖다고 느껴 왔고, 근본적으로 저소득 노동자들의

임금을 보충해 주는 근로소득 세액공제(Earned Income Tax Credit) 같은 프로그램의 확대를 선호해 왔다. 그것은 일하려는 동기를 부여하면서도 궁핍화를 막아 주기 때문이다. 그래서 이 아이디어는 자유주의 옹호자뿐 아니라 극좌파로부터도 지지를 얻어 왔다. 그것은 간결하고 상징적으로 표현할 길이 없어서, 최저임금 인상처럼 효율성이 떨어지는 다른 정책들보다도 오히려 인기는 없다고 확신한다. 그것을 본격적으로 확대하기는 해야겠지만, 대단히 돈이 많이 들 것이다. 그러나 영구적인 대량 실업의 가능성 등, 이 문제가 얼마나 큰지를 인식한다면, 그건 헛되이 쓰인 비용은 아닐 것으로 보인다.

케인스는 또 일거리 감소와 더불어 생기게 될 그 많은 자유 시간도 골칫거리가 되지 않을까 걱정했다. 사람들은 여유 시간의 활용에 별로 익숙하지 않기 때문이다. 이미 그 문제에 맞닥뜨리고 있던 귀족들의 게으름과 나태가 결국 대중에게 닥칠지도 모를 상황에 대한 암울한 징조임을 그는 알아차렸다. 매큐언도 그의 소설에서 인공지능이 움직이는 세상의 인간들을 묘사하면서, 이 '여가 문제'를 두고 생각에 잠긴다.

우리는 아무런 목적도 없이 시간의 노예가 될지도 모른다.[44] 그렇게 되면 무슨 일이 생길까? 전반적인 르네상스, 고삐 풀린 연애, 우정과 철학, 예술과 과학, 대자연 숭배, 스포츠와 취미, 발명과 의미 추구? 그러나 점잖은 레크리에이션을 아무나 다 즐기는 것은 아닐 터. 난폭한 범죄행위 또한 그 나름의 매력을 품고 있고, 우리 안에서 맨주먹으로 피 터지게 싸우는 것도 마찬가지다. 가상현실 포르

노, 도박, 음주와 마약, 아니, 심지어 지루함과 절망까지! 우리는 우리의 선택을 컨트롤할 수 없을 것이다.

이 시나리오는 로봇과 인공지능의 부상이 다다르는 논리적 종점이다. 자동화 덕택에 일은 줄어들겠지만, 그래도 새로운 일자리는 여전히 만들어질 것이다. 훌륭한 일을 찾지 못하는 사람들을 위해서는 정부의 지원이 상당히 확대될 것이다. 게다가 레크리에이션과 여가 활동에서 만족을 찾을 수 있는 시간과 기술적 통로도 더욱 늘어날 것이다. 사람들은 이 새로운 세상에 각자의 방식대로 자연스럽게 적응할 것이다. 더러는 마침내 해방되었다는 느낌으로, 더러는 꽉 붙들렸다는 느낌으로. 그러나 좀 더 어둡고 우울한 대안은 여러 가지 추세가 차근차근 심화하는데도 정부에서 대규모 프로그램으로 대응하지 않는 형태의 미래일 것이다. 불평등은 더 심해지고 더 많은 일자리가 사라지며, 실질임금은 제자리걸음을 하고 사람들의 삶의 질은 대체로 떨어지는 그러한 미래 말이다. 이것은 몇몇 부자만이 부를 움켜쥐는 동안 다른 모든 사람은 뒤처지면서 최악의 경우 알코올이나 마약 중독과 자살로 끝나는 미래다. 이렇게 되면 포퓰리즘을 추구하는 아우성이 커진다. 지금 우리는 바로 그런 미래의 모습들을 바라보는 초입에 와 있다. 그러나 그중 어느 것이 우리 앞에 펼쳐질지는 분명치 않다.

오로지 인간만이

　일거리의 감소는 실로 엄청난 문제이지만, 설사 그 문제를 해결한다손 치더라도 인공지능은 그보다 훨씬 더 큰 난제를 우리에게 던진다. 우린 기계를 통제할 수 없게 될 것인가? 지금 이 순간 일어나고 있는 중차대한 변화는 '약한' 인공지능에서 '강한' 인공지능으로의 전환이다. 전자의 경우, 기계는 하나의 특정한 임무(예컨대 체스 시합에서 이기기)를 완성하도록 프로그램되어 있고, 그 임무를 탁월하게 완수한다. 후자의 경우는 창의적으로 생각하고 판단까지 내릴 수 있는 일종의 지능을 좀 더 폭넓게 개발하는 것이다. 인공지능에 관한 한, 인지력의 도약은 하나의 분수령이 되는 순간이었다. 바둑은 세상에서 가장 복잡한 보드게임으로 간주된다. 우리가 관측할 수 있는 우주 안에 존재하는 원자보다도 훨씬 더 많은 '수(手)'가 있기 때문이다.[45] 구글이 만든 알파고는 이런 바둑을 배웠고, 무려 열여덟 차례나 세계 챔피언 자리를 차지했던 이세돌을 맞아 2016년 3월에 다섯 번 중 네 번의 대국을 이겨 승리했다.(그 이듬해에는 알파고의 후계자인 알파제로가 단 사흘 만에 독학으로 바둑을 배워 알파고를 100 대 0으로 격파했다.) 컴퓨터 과학자들은 알파고를, 기계도 스스로 배우며 비선형으로 또 창의적으로 사고할 수 있다는 사실을 알려 준 이정표로 본다. 2020년 3월 알파고를 만든 팀의 발표는 더욱 놀라웠다. 그들이 만든 또 다른 프로그램이 일련의 아타리 비디오게임을 그저 지켜보기만 했을 따름인데, 곧장 쉰일곱 가지의 게임을 완벽하게 익혀서 단 하나의 게임도 놓치지 않고 완전히 인간을 압도했다는 것이었다.[46]

이처럼 좀 더 강력한 형태의 인공지능은 인간의 정신 능력을 흉내 낸다. 하지만 프로그램은 단순히 흉내 내기에 그치지 않을 것이다. 머지않아 프로그램은 우리의 능력을 어마어마하게 추월할 것이다. 수많은 분석 임무에서 이미 인간보다 훨씬 더 스마트한 기계는 너무도 많다. 그리고 그런 기계는 앞으로도 더 많은 데이터와 신경망(neural network) 같은 학습 메커니즘을 이용해서 더욱더 나아질 것이다. UCLA 버클리의 컴퓨터 과학자 스튜어트 러셀(Stuart Russell)은 이런 추세를 그 나름의 방식으로 설명한다.[47] 그는 근대의 컴퓨터가 제대로 이해하지는 못하면서 그냥 읽었다는 점을 지적한다. 가령 번역을 할 수 있었던 것도, 이전에 번역된 자료를 보고 단어, 구절, 문장 등을 끼워 맞추었기 때문이다. 그러나 이제 컴퓨터는 이해하는 법을 배우고 있다. 일단 컴퓨터가 이해하기 시작하면, 빠르게 읽고 인간이 어떤 주제에 관해 어떤 글을 썼든 간에 하나도 빠짐없이 흡수할 수 있다는 것이다. 이 지점에 이르면 컴퓨터는 그 어떤 인간보다도, 아니, 지구 위 모든 인간보다도 훨씬 더 많이 알게 될 것이다.

인간에게 의식이 있다는 것과 같은 의미로 이 컴퓨터들도 의식을 가지게 될까? 도덕도 가지게 될까? 러셀은 만약 우리가 컴퓨터에게 암을 없애 버리라고 부탁한다면 어떤 일이 일어날 것인가라는 예를 들고 있다.[48] 이 경우 컴퓨터는 암을 없애는 가장 수월한 방법이 모든 인간을 죽여 버리는 것이라고 결론지을 수 있다. 그렇게 하면 암을 가장 확실히 끝낼 테니까. 나는 인간이 여차하면 기계의 플러그를 빼 버릴 수 있으니 결국엔 인간이 통제하는 주체라고 항상 생각해 왔다. 그러나 만약 컴퓨터가 그 사실을 알고 자신의 임무를 완수하기 위해선 언제나 작동 상태에 있어야 한다고 믿는다면, 그래서 결코 전원이 꺼지지 않게 하는 방법을 찾는다면 어쩔 것인가? 이것은 이미 50년 전 영화 「2001 스페이스 오디세이」에서 스탠리 큐브릭이 탐색했던 딜레마이다. 이 영화는 인공지능이 제기하는 가장 커다란 딜레마를 이해하는 데 도움이 될, 믿기 어려울 정도의 선견지명을 보여 주었다. 주인공처럼 등장하는 컴퓨터 핼(HAL)은 임무 완수를 위해서 인간인 주인들을 죽이기로 결심한다. 마지막에 인간인 데이비드 보먼이 기계를 능가하는 것으로 마무리되지만, 현실에서는 정반대의 결말이 훨씬 더 그럴싸해 보인다. 빌 게이츠, 일론 머스크, 그리고 기술에 관해 대체로 낙관적인 다른 유명인들이 닉 보스트롬(Nick Bostrom) 옥스퍼드 대학 철학 교수의 경고를 되뇌는 이유가 바로 거기에 있다.[49] 범용 인공지능의 개발이 인류의 존재 자체를 위협할 수도 있다고 걱정하는 것이다.

인공지능에 의해 움직이는 컴퓨터는 이미 블랙박스나 다름없다. 그들이 올바른 해답에 도달한다는 것을 우리는 알고 있지만, 어떻게 혹은 왜 그런 답에 이르는지는 알지 못한다. 그러면 인간의 판단에는 어떤 역할이 남게 된단 말인가? 헨리 키신저는 인공지능의 부상이 계몽주의의 종말을 의미하는 것이냐고 물은 적이 있다.[50] 18세기를 풍미했던 그 운동은 인간의 이성을 케케묵은 미신과 도그마와 숭배를 초월하는 자리에 올려놓았었다. 이마누엘 칸트는 계몽주의 운동을 "인간이 스스로 부과한 미숙함, 미발육에서 벗어남"이라고 불렀다.[51] 인간은 성장해야만 했다. 우리는 스스로 세상을 이해해야만 했다. 그러나 만약 인공지능이 자신의 논리를 밝히지도 않은 채 우리보다도 더 훌륭한 대답을 내놓는다면, 그렇다면 우리는 다시 인류의 유년기로 돌아가 신앙에 의존하게 될 것이다. 그리고 우리는 (하나님을 가리켜 말했던 것처럼) 신비한 방식으로 그의 놀라움을 행하시는[52] 인공지능을 숭배할 것이다. 어쩌면 구텐베르크에서 알파고에 이르는 그 기간은 하나의 예외, 즉 인간이 통제의 주체라고 믿었던 비교적 짤막한 시대였을 뿐이라고 판명될지도 모를 일이다. 그 전의 수천 년 동안 인간은 자신들이 완전히 이해할 수 없는 방대한 체계 속의 자그마한 톱니, 신과 자연의 법칙에 순종하는 톱니에 지나지 않는다고 생각했다. 인공지능의 시대는 어쩌면 우리를 그와 비슷하게 초라한 역할로 되돌려 놓을지 모른다. 그러나 이번에는 인간이 좀 더 높은 수준의 지능과 손잡고 협력할 수도 있다. 그것에 굴종하지도 않고, 그것 위에 완벽히 군림하지도 않으면서 말이다. 어떤 면에서 그것은 방대하고 불가해한 우주 안에서 우리가 실제로 차지하고 있는 자리를 좀 더 정확하게 보여 준다.

우리가 인공지능 혁명과 더불어 역시 대전환을 불러올 법한 또 하나의 혁명을 목격하고 있으니, 그것은 바로 생체공학 혁명(bioengineering revolution)이다. 간단히 말하자면, 우리는 좀 더 나은 인류, 더 튼튼하고 더 건강하며 더 오래 사는 인류를 창조하는 데 점점 더 뛰어난 솜씨를 보이는 중이라는 얘기다. 이미 부모들은 유전자 선택이라는 방법으로, 인간이 알고 있는 여러 유전병으로부터 자유로운 수정란을 골라 가질 수 있다.(머지않아 가령 금발에 파란 눈을 가진 사내아이만 고르게 될지도 모른다고 걱정하는 이들도 많다.) 천재 학자 유발 하라리(Yuval Noah Harari)는 지난 천 년 동안의 그 모든 사회적,

정치적, 경제적 변화에도 불구하고 인류는 육체적으로나 정신적으로나 지금까지는 그다지 변하지 않았다고 주장한다. 생물학과 컴퓨팅에서 벌어지는 이 쌍둥이 혁명의 결합으로 인간은 육체와 정신의 능력 또는 수용력을 확대할 수 있을 것이다. 그리고 그 결과는 신과 닮은 슈퍼맨, 즉 호모 데우스(Homo Deus)의 출현일 것이라고 하라리는 말한다.[53]

어쩌면 우리 앞에 놓여 있는 것이 바로 그런 것이리라. 인공지능과 생체 기술의 미래는 엄청난 논쟁의 대상이고, 이 책이 다룰 수 있는 범위와 이 저자의 능력을 넘어서 있다. 기계 안에 진짜로 범용 지능이 장착되기까지, 그러니까 예컨대 그저 과학 문제를 푸는 정도가 아니라 혁신의 근저에 깔린 논리나 과학의 개념 자체를 파악하는 지능이 장착되기까지는 갈 길이 멀다고 나는 믿는다. 인간이 줄곧 그래 왔던 것처럼, 인공지능도 새로운 탐구 양식을, 그리고 모든 영역에서 새로운 지식 분야를 정말로 만들어 낼 수 있을까? 어떤 경우이건 한 가지는 분명해 보인다. 지금까지 이 기술혁명은 인간을 대체하는 효과에까지 이르지는 못했고, 다만 인간 활동의 초점을 바꾸어 놓았다는 사실이다. 개발도상국에서 병원을 운영하거나 의사 부족을 메꾸기 위해 인공지능을 광범위하게 배치해 본 사람들과 이야기를 나누어 보면, 기계의 탁월한 진단 능력 덕분에 의사와 간호사들이 환자 간호에 집중할 수 있게 되었다고 지적한다. 이제 이 전문 인력은 환자들이 자신의 질병 상태를 이해하도록 돕고, 필요한 약을 빠뜨리는 일이 없도록 하고, 식습관이나 생활 습관을 바꾸도록 설득하는 등의 일에 온전히 몰두할 수 있다는 것이다. 그리고 회복의 필수 요소인

용기와 심리적 지원을 제공하는 코치의 역할을 할 수 있다는 것이다. 이러한 것들은 엑스레이를 해독한다든지 실험 결과를 해석하는 등의 순전한 분석 임무보다도 훨씬 더 중요한 인간적 임무다. 이러한 발전은 기계와 인간이 각자 가장 잘하는 일을 하는 새로운 분업을 보여 준다.

코로나바이러스 팬데믹은 이들 기술혁명이 우리가 생각해 왔던 것보다 훨씬 더 멀리까지 와 있음을 보여 주었다. 디지털 라이프는 답답하게 느껴질 수 있고, 진짜 세계의 형편없는 복제품으로 느껴질 수도 있음을 보여 주었다. 이런 변화는 많은 이들에게 섬뜩하게 다가올 것이다. 어떤 일자리들은 사라질 것이다. 하지만 전반적인 생산성은 개선되어 우리 모두를 도와줄 더 많은 부를 창출할 것이다. 만인의 삶의 질이 더 나아질 수 있다는 얘기다. 프라이버시에 대한 실질적인 우려도 있다. 데이터 취급이라든지, 정부가 이 영역에서 기업과 자기 자신을 규제하는 역할 같은 것 말이다. 그렇지만 그런 것은 풀지 못할 문제는 아니다. 디지털 라이프의 혜택도 보면서 우리의 프라이버시도 보호할 수 있다. 그리고 인공지능과 생체공학 혁명을 둘러싼 여러 규칙을 조심스럽게, 신중하게 만들어 나간다면, 우리는 인간성을 상실하지도 않을 것이다. 아니, 오히려 인간성을 드높일 수 있을 것이다.

인공지능이 고도로 발전함에 따라 인간이 너무나 많은 것을 컴퓨터에 의존하게 되고 끝내는 컴퓨터를 친구로 생각하며 그들 없이는 아무런 기능도 수행할 수 없게 될까 봐 걱정하는 사람들이 많다. 그렇지만 내 전화기는 이미 다른 어떤 인간보다도 더 많은 정보를 나에게 제공할 수 있다. 복잡한 문제도 순식간에 풀 수 있다. 방대한 시공간을 아우르는 콘텐츠로 나를 즐겁게 해 주기도 한다. 그럼에도 내가 나의 전화기를 친구로 오해하는 일은 단 한 번도 없었다. 기계가 데이터 계산과 해답 제시에 더 스마트해질수록, 추론 능력을 넘어서서 우리가 독특하게 인간적인 점은 무엇인지 더욱더 생각하지 않을 수 없게 만든다. 말이야 바른 말이지, 지능을 갖춘 기계들 때문에 우리는 인간 동료들을 한층 더 소중하게 여길지 모른다. 그들의 창의력, 변덕, 예측 불가능성, 따뜻함, 친밀함 때문에 말이다. 이것은 그리 이상한 생각이 아니다. 역사의 대부분 동안 인간은 계산하는 능력이 아니더라도 용맹성, 충성심, 관대함, 믿음, 사랑 같은 여러 자질로 인해 칭송을 받아 왔다. 디지털 라이프를 향한 움직임은 폭넓고 빠르고 생생하다. 그러나 그것의 가장 심오한 결과는 어쩌면 우리가 우리 내면의 가장 인간적인 것을 보듬어 아끼도록 만든다는 점이 아닐까?

아리스토텔레스는 옳았다, 우리는 사회적 동물이다

코로나바이러스 팬데믹을 둘러싼 진정한 수수께끼는 왜 그런 팬데믹이 좀 더 자주 일어나지 않는가이다. 가래톳페스트, 사스, 메르스, 에볼라 그리고 다른 몇몇 질병과 더불어 신종 코로나바이러스는 '동물원성 감염증(zoonosis)'이라고 알려져 있다. 동물에서 인간으로 전염되는 질환이란 뜻이다.(Zoonosis는 '동물'과 '병'을 가리키는 고대 그리스어에서 유래한 단어다.) 에이즈를 초래하는 인간 면역 결핍 바이러스(HIV) 역시 어떤 사냥꾼이 적도아프리카에서 감염된 침팬지를 죽이다가 상처를 통해 동물의 피에 노출되면서 종을 뛰어넘은 것으로 추측된다.[1] 하지만 정말로 섬뜩한 질문은 이것이다. 수천 가지 동물의 종에 스며들어 있으나 미처 알려지지 않은 수천 가지 바이러스가 존재한다면, 왜 인간에게 훨씬 더 자주 전염되지 않는 걸까? 아니, 사실은 자주 전염되고 있다. 바이러스가 침팬지에서 인간으로 점프하는 일은 이미 여러 번 일어났던 일이다. 크레이그 팀버그(Craig Timberg)와 대니얼 핼퍼린(Daniel Halperin)이 에이즈 확산의 기원을 탐구한 책에서 설명한 내용이다.[2]

박쥐, 사향고양이, 천산갑 등이 독감류의 바이러스를 국지적으로 퍼뜨리고 있는 아시아에서도 이와 유사한 시나리오는 수십 년 전, 어쩌면 수백 년 전으로 거슬러 올라간다.[3] 그렇다면 어째서 유행병이나 팬데믹이 더 많이 일어나지 않는 것일까? 아니, 그냥 더 많은 정도가 아니라, 훨씬 더 많이 더 자주 일어나지 않는 걸까? HIV를 기술하면서 팀버그와 핼퍼린은 이렇게 설명한다. "바이러스가 우리 등골을 오싹하게 하는 그 숙명을 완수하려면 중앙아프리카에서 일찍이 볼 수 없었던 땅, 그러나 이 지역의 한가운데서 지금 떠오르는 땅, 다시 말해서 거대하고 번성하고 북적대는 곳, 사람들과 에너지로 가득한 곳, 새로운 교역의 혼란 속에서 낡은 규칙 따위는 헌신짝처럼 내던져지는 곳이 필요했다." 간단히 말하자면 도시가 필요했다는 얘기다.

"우리는 해마다 100만~700만 명이 실제로 이 박쥐 코로나바이러스에 감염될 것으로 예측합니다." 첫 번째 레슨에서 내가 소개했던 '바이러스 사냥꾼' 피터 다자크의 설명이다. 그러나 그는 또 이렇게 지적한다. "그 불운한 사람들 중 누군가가 야생동물 시장에 가거나 그 시장에 있던 누군가를 동물이 감염시키고, 이어서 바이러스가 확 퍼지면서 팬데믹이 일어나는 일은 어쩌다가 한 번씩 있을 뿐입니다."[4] 바이러스가 완전한 팬데믹을 유발하려면 도회 환경으로 나아가는 길을 찾아야 한다. 이번 신종 코로나바이러스가 바로 이 원칙을 완벽하게 보여 준다. 미국의 경우 이 병을 생각할 때면, 우리는 인파로 가득한 도로와 온종일 입추의 여지가 없는 지하철로 상징되는 뉴욕시가 어떻게 최대의 진원지로 변했는지를 기억한다.

물론 뉴욕만이 아니다. 어디든 사람들이 뒤엉켜 밀접하게 교류하는 도시는 언제나 질병의 매개체가 풍성한 장소였다. 도시 내의 연결 고리들, 도시와 도시 사이의 연결 고리들은 항상 감염에 대한 취약성의 원천이었다. 19세기 후반에 철도와 전보가 도시들을 엮어 주었을 때, 그것은 인간과 질병 모두에게 새로운 시대가 열렸음을 포고한 것이었다. 1889년 말 러시아 상트페테르부르크에서 창궐한 독감이 처음 보고되었을 때, 이 뉴스는 전보를 통해서 유럽 전역에 퍼져 나갔다.* 이 언론 보도는 처음엔 걱정이 아니라 호기심을 더 자극했다. 런던 시민들은 수십 년 동안 발생하지 않았던 질환이 분명히 다시 수면 위로 올라온 것이 어떻게 결국 학문적인 특이 상황에 지나지 않는 것인지를 《더 타임스》에서 읽었다. 이 신문은 새로운 감염이 병리학자들에게 "대단히 생생한 관심"을 불러일으킬지도 모르며, 그것은 희귀한 사냥감을 뒤쫓는 스포츠맨이나 이집트의 미라를 발굴하는 인류학자가 느낄 법한 전율과 다르지 않다고 설명했다.[5] 그러나 오래지 않아 치명적인 감염이 유럽 대륙의 메트로폴리스들을 휩쓸고 마침내 런던과 기타 지역으로까지 진입하자, 시민들은 기사를 읽으면

---

* 당시 사람들이 독감이라고 생각했던 1889년의 이 팬데믹은 사실 동물원성 코로나바이러스였을지 모른다. 암소로부터 건너온 바이러스 종류였을 수도 있다. 이 점을 눈여겨볼 가치가 있다. 《바이러스학 저널》 79(3): 1595-1604에 게재된 레인 페이헌(Leen Vijgen) 등의 「휴먼 코로나바이러스 OC43의 완전한 게놈 서열」을 참조할 것.

서 점점 더 공포를 느끼게 되었다. 떼려야 뗄 수 없이 연결된 도시들의 세계, 철로와 증기선으로 이어진 이 세계에서 바이러스는 겨우 넉 달 만에 지구를 한 바퀴 돌았다.[6] 오늘날 항공 여행이 일상화한 데다 도심 지역 인구밀도까지 높아지면서, 도시들은 질병을 끌어들이는 자석 역할을 더 톡톡히 하고 있다. 신종 코로나바이러스의 초기 핫스 폿도 모두 대도시였다. 그런 진원지는 우한, 한국의 대구, 이란의 콤 (Qom)처럼 서구인들이 거의 모르는 대도시였다. 그러나 바이러스는 재빨리 심장부를 노리고 들어와 밀라노, 런던, 뉴욕 같은 곳을 제압해 버렸다.

2020년 4월 즈음엔 세계의 매력 만점인 주요 도시들이 거의 다 예전의 모습은 온데간데없이 껍데기만 남게 되었다. 텅 빈 인도에 예쁜 카페들이 즐비하게 늘어선 파리는 영화 촬영장을 방불케 했다. 심지어 봉쇄 해제 이후에도 조금이나마 정상적인 모습을 되찾으려는 이 도시들의 발걸음은 더디기만 할 뿐이었다. 팬데믹 이전 파리의 지하철은 출퇴근 시간에 1대당 약 2600명의 승객을 실어 날랐지만, 코로나 이후 새로운 사회적 거리 두기 지침의 결과로 그 숫자는 700명으로 줄어들었다.[7] 도시에서 사람들을 떼어 놓기란 (특히 러시아워의 대중교통에서는) 어마어마하게 어렵다는 사실도 드러났다. 서로 밀어 대고 부딪치는 사람들의 에너지와 시너지는 깡그리 사라졌다. 도시 생활의 자발성 역시 사라졌다. 런던은 7월에 일부가 다시 개방되었으나, 술집마다 바텐더들이 맥주 한 잔 내놓기 전에 만약의 경우에 대비해 손님의 이름과 전화번호 등을 일일이 적었으니, 술집 순례 모험의 기분이 사뭇 달랐을 터이다.[8] 아시아의 일부 대도시들에서는 스마트폰 추적을 통해 한층 더 프라이버시를 침범하는 모니터링을 실험하기도 했다. 싱가포르 정부의 앱을 선택한 사용자들은 코로나 양성 환자와 접촉했다는 블루투스 데이터가 뜨면 경고 신호를 받는다. 그런 다음 이 앱은 감염 가능성이 있는 사람에게 진단 검사를 받도록 재촉한다.[9] 어쨌거나 그동안 팬데믹은 수많은 식당, 극장, 화랑, 술집, 연주회장, 소매점 등을 파산시켰고, 도시들이 자랑하는 최고의 매력을 앗아 갔다.

언제 정상을 되찾을지, 아니, 정상을 회복할 수 있기나 한 건지조차 불분명한 가운데, 인류가 질병에 맞닥뜨렸을 때마다 늘 그랬듯이 도시 생활자들은 달아났다. 어떤 이들은 가족과 친구들을 만나겠다고 오래 자리를 떴고, 다른 이들(특히 재산깨나 있는 이들)은 시골의 별장으로 가거나 그런 장소를 빌리든지 구입하기도 했다. 스마트폰에 대한 한 분석 자료에 의하면, 2020년 3월 1일과 5월 1일 사이에 많게는 42만 명가량이 뉴욕시를 빠져나간 것으로 드러났다.[10] 어퍼 이스트 사이드, 웨스트 빌리지, 소호 같은 부자촌의 주민 숫자는 40%가 넘게 줄어들었다. 원격 근무는 이러한 옵션을 한층 더 가능하게 만들었는데, 다만 이것은 전문직에만 해당하는 얘기였다. 캘리포니아주의 도시들에서도 이와 유사한 도심 탈출이 예측된다. 페이스북의 마크 저커버그 CEO는 팬데믹이 시작된 이래 직원의 4분의 3 정도가 베이 지역을 벗어나고 싶다는 의사를 표명했다고 말했다.[11] 프랑스에서 들려오는 소식도 파리 주민들이 한때 '시골'이라고 경멸하던 농촌 지역으로 서둘러 떠나는 등, 미국과 비슷한 추세를 전했으며, 농촌 주민들은 감염의 위험까지 있는 이 반갑지 않은 손님들을 의구심 가

득한 눈초리로 바라본다고 했다.[12]

도시 사람들은 곤란한 문제가 생길 때면 보금자리를 버리고 떠나곤 했다. 수백 년에 걸쳐 보아 왔던 모습이다. 가래톳페스트가 피렌체를 강타하여 (일부 추산에 의하면) 이 도시의 주민 절반 이상을 죽였던 것이 14세기. 당시의 이야기들을 모은 조반니 보카치오(Giovanni Boccaccio)의 『데카메론』은 놀랍게도 오늘날의 상황처럼 들리는 충고를 제시한다. 도시를 떠나라. 몇몇 친구들과 더불어 고립되라. 저녁이면 다들 모여서 먹고, 마시고, 이야기를 나누라(넷플릭스의 14세기 버전). 그렇지만 이런 탈출은 일시적인 것으로 드러난다. 도시들은 언제나 돌아왔다. 인류사에 기록된 이 끔찍한 역병이 물러난 후, 이탈리아의 도시국가들, 그중에서도 특히 피렌체는 르네상스의 꽃을 피웠다.

위대한 도시들은 재앙을 견디고 한층 더 강해져서 돌아오는 경우가 많았다. 1666년 런던을 돌아본 사람이 이거야말로 악마의 해가 틀림없다고 생각했다 한들 그를 나무랄 수는 없을 터이다. 이 도시는 처음엔 역병으로 그다음엔 대화재로 연거푸 파괴되었으니 말이다. 수만 명이 병으로 죽어 갔고,[13] 도시의 80%가량이 잿더미가 되어 버렸다.[14] 그야말로 종말처럼 보였다. 그러나 런던의 죽음이라는 보도는, 두말할 것도 없이, 엄청난 과장이었다. 그것은 영국이 마지막으로 역병을 겪은 해였다. 그리고 정말 중요한 것은 무엇이었는지 아는가? 시민들이 런던을 (현대적인 용어로 말하자면) "한층 더 훌륭하게 복원하기로" 결심했다는 사실이다.[15] 대개 목재로 구축했던 옛 런던은 부싯깃 상자나 다름없었다. 새로운 런던은 벽돌과 암석으로 다시 탄생했다.[16] 오늘날 우리가 알고 있는 그 런던이 잿더미에서 솟아오른 것이다.

저널리스트 클레이 젠킨슨(Clay Jenkinson)은 도시의 죽음을 선언하는 이런 경향을 보여 주는 신세계의 사례를 지적한다. 필라델피아는 1793년만 해도 미국의 수도인 데다 인구도 가장 많아서 대표적인 메트로폴리스였다. 그런데 황열병이 번져 주민 5만 명 가운데 5000명이 목숨을 잃는 끔찍한 경험을 했다. 당시 국무장관으로 항상 도심을 싫어했던 토머스 제퍼슨은 교외에 살면서 시내로 출퇴근했는데, 나중에 이렇게 적고 있다. "대부분의 고약한 일은 무언가 좋은 것을 만들어 내는 수단이다. 황열병은 우리나라에서 규모가 큰 도시들의 성장을 저지할 것이다."[17] 하지만 역사는 그의 말과 같이 흘러가지 않았다.

멈출 줄 모르는 도시화

2020년 내내 뒷전에 물러나 있던 사람들에게는 마치 그들이 사는 도시의 기이하고도 으스스한 버전 안에서 사는 것 같지 않았을까. 모든 에너지가 쑥 빠져나간 채로 말이다. 내가 뉴욕을 생전 처음 방문한 것은 1970년대의 일인데, 그때의 뉴욕은 거칠고 더러워도 활력이 넘치고 있었다. 인도 출신의 소년에게 그것은 세상에서 가장 휘황찬란한 메트로폴리스처럼 보였다. 이후 내가 1990년대에 완전히 이주한 뉴욕은 새로운 대호황의 시대를 만끽하면서도, 그 혼돈의 정신만큼은 절대로 잃지 않고 있었다. 그 시대를 2020년 4월과 비교해 보라. 도시 봉쇄, 텅 빈 거리, 잠잠한 도시 한복판, 괴괴한 정적 속에 이따금 사이렌 소리를 앵앵 내며 지나가는 구급차의 도플러 효과. 이 모든 게 생소했고 낙심천만의 광경이었다. 앨런 와이즈먼(Alan Weisman)은 2007년 논픽션 『인간 없는 세상』에서 만약 인간이 사라진다면 어떻게 도시들이 무너지고 어떻게 다시 황야로 바뀔지를 상상해 본다.[18] 아주 빠르게 하수도는 꽉 막히고 지하철에는 물이 들이찰 것이며 건물들은 붕괴할 것이라고 그는 썼다. 음식과 온기를 제공해 줄 인간이 없으니, 생쥐며 바퀴벌레들도 죽을 것이라고. 그러고도 남는 거라고는 도구에 쓰인 알루미늄 조각, 스테인리스스틸로 된 팬과 냄비, 그리고 물론 플라스틱과 같은 현대 문명의 추억뿐일 거라고.

　　만약 도시 생활자들이 위험에 처해 있다면, 그건 바로 우리일 것이다. 전 세계적으로 지난 몇십 년 동안 도시로 향했던 사람의 물결은 아마도 우리 일생에서 가장 중대한 인구통계학적 변동이리라. 인류가 약 1만 년 전에 처음으로 정착한 이래로 절대다수는 농장과 시골에서 살았다. 이젠 그렇지 않다. 1950년에는 도시에 거주하는 사람이 전 세계 인구의 3분의 1도 채 되지 않았지만, 2020년 현재엔 절반을 넘어섰다. 도시는 늘어나고 커질 뿐이다. 지구 어딘가에 시카고 같은 도시를 이 주일마다 하나씩 세우는 것과 맞먹는 속도로![19] 유엔의 추정으로는, 2050년에 이르면 인류의 3분의 2 이상이 도시에 살고 있을 것이다. 이러한 유입을 수용하기 위해서는, 새로운 도시들이 생겨야 할 뿐 아니라 기존 도시들도 덩치를 키워야 한다. 1800년만 해도 인구가 200만 명 이상인 도시는 런던과 베이징 딱 두 개뿐이었으나,[20] 1900년엔 열다섯 개로 늘어나 있었고 2000년 즈음엔 그 숫자가 371개에 이른다.[21] 2030년까지는 700개를 넘을 것으로 예측되고, 그 중 125개는 중국의 도시일 것이다. 그때가 되면 세계는 1000만 명이 넘는 주민을 자랑하는 메가시티가 40개 이상일 것으로 기대해도 좋을 것이다.

도시들이 썩어서 없어지리라는 과거의 모든 예언은 허무맹랑한 것으로 드러났다. 도시는 꿋꿋이 살아남을 것이다. 도시화, 특히 개발도상국의 도시화는 회복할 것이며 대충 팬데믹 이전의 속도로 계속 전진할 것이다. 한 도시를 떠나는 사람들은 대부분 단지 다른 (아마도 좀 더 작은) 도시로 옮기는 것일 뿐, 농촌의 부흥은 가까운 장래엔 절대 없다. 교외에 집을 사는 이들도 있겠지만, 그들의 삶은 여전히 도시를 중심으로 이루어지며, 꼼짝하지 않고 도시에 눌러살겠다고 마음먹는 사람이 더 많을 것이다.

"아니, 이번엔 다를 거야." 평자들은 그렇게 말한다. 새로운 기술 덕택에 사람들이 집에서 일하는 게 훨씬 더 쉬워졌고, 감염의 위험은 사람들을 도시에서 멀찍이 떨어져 있게 만들 거라고. 그렇다, 업무의 속성이라든지 매주 사람들이 사무실에 나와야 한다는 낡은 개념에 중요한 변화가 다소 있을 거라는 생각은 옳다. 그러나 오늘날 도시의 문제들은 과거와 비교할 때 대단치 않아 보인다. 에드워드 글레이저(Edward Glaeser) 하버드 대학 경제학과 교수는 1970년대 미국의 도시들이 마주했던 미래가 황량했음을 지적한다. 지금 우리가 바라보는 미래보다 훨씬 더 황량했다는 것이다. 세계화와 자동화는 섬유 제조부터 해운까지를 아우르는 위대한 도시산업의 많은 부분을 죽여 없앴다. 자동차는 사람들이 사무실에서 멀리 떨어진 곳에 살 수 있게 하는 획기적인 기술임이 오래전에 증명되었다. 그것은 줌(Zoom)보다도 훨씬 더 혁명적인 변화였다. 전화 서비스는 값싸고도 쉬워진 지 오래다. 여기에다 인종 폭동과 범죄까지 더해 보라, 도시 생활을 망가뜨리는 여러 요소가 뒤섞인 화염병이 따로 없었다.

그렇지만 도시들은 돌아왔다. 도시는 금융부터 컨설팅과 헬스케어까지를 아우르는 서비스 부문에서 새로운 경제적 삶을 찾았다. 팩스 기계, 이메일, 저렴한 통신비, 화상회의 등등이 등장했지만, 인간은 서로 섞이기를 좋아한다는 아주 단순한 사실에 의존한 도시들은 수많은 다양한 방식으로 자신의 다른 모습을 보여 왔다. 금융이나 기술 같은 업계에서는 활동의 현장에 가까이 있고, 새로운 사람들을 만나며, 멘토로부터 일상을 배우고, 메모를 비교해 보는 (이런 일들의 대부분이 우연히 일어나지만) 사람들이 어마어마한 이점을 누린다는 사실에 글레이저는 주목한다.[22] 그는 데이터를 가리킨다. "주민이 100만 명 이상인 대도시 지역에 사는 미국인들은 규모가 더 작은 도회에 사는 사람들보다도 생산성이 평균 50% 이상 높다. 교육이나 경험 혹은 노동자의 근면성 같은 걸 고려하더라도 이런 관계에는 변함이 없다. 심지어 근로자 개개인의 지능지수를 고려하더라도 달라지지 않는다." 우리는 이와 똑같은 현상을 전 지구적으로도 보게 된다. 즉 세계에서 가장 큰 대도시 지역 300개가 지구촌 GDP의 절반, 그리고 GDP 성장의 3분의 2가량을 실현한다.[23]

근대적인 삶을 위해 인간을 조직화하는 이상적인 방법, 다시 말해 그들을 한곳에서 뒤섞이게 하고 일하게 하고 놀게 하는 이상적인 방법이 바로 도시다. 도시들은 건강한 사회의 기반이 되는 경제적, 사회적 자본을 축적하도록 도와준다. 또 도시는 가장 적응성이 뛰어난 지리적 단위여서, 좀 더 폭넓은 추세나 주민들이 가해 오는 압력에 꾸준히 대응할 수 있다. 디지털 기술의 어떤 측면은 원격 회의 같은 도시 생활의 대안을 제공하기도 하지만, 차량 공유나 음식 배달을 비롯하여 그 대부분은 사실 도시 생활을 한층 더 수월하고 풍요롭게 만든다. 오늘날 우리는 스마트폰을 이용하여 도시 구석구석을 재빨리 돌아다니고, 수백 가지 식당에서 음식을 주문하고, 동네에서 발생하는 사건에 대한 경고 신호도 받고, 스와이프 같은 앱으로 데이트도 할 수 있다. 기술은 사람들이 도시에서 사는 핵심적 이유인 사람 만나기를 더 강화해 주었다. 사실 오랫동안 도시들은 더욱 매력적이고 신나는 라이프스타일을 약속해 왔고 그 약속을 지켜 왔다. 그리고 적어도 20세기에는 도시인들에게 어느 정도 더 높은 삶의 질을 가져다주었다.

근대 도시는 사람들에게 더 건강한 삶을 가능하게도 했다. 우리가 가진 도시 오염과 질병 같은 이미지는 사실은 다른 시대의 산업도시 이미지에서 비롯한 것이다. 연구자들은 그런 곳에서 사는 사람들이 감내하는 소위 '사망률 벌칙(mortality penalty)'이란 것을 설명한 바 있는데, 이는 산업혁명과 그 뒤를 이은 대규모 도시화의 시작과 더불어 극심해졌다. 예컨대 1890년 미국 내 도시 지역의 사망률은 농촌의 그것보다 3분의 1가량 더 높았다. 어린 연령대가 가장 심해서, 도시에 사는 1~4세 아동의 사망률은 94%나 더 높았다.[24] 그러나 시간이 흐르면서 그런 벌칙은 사라졌다. 포장도로, 하수관, 가로등, 쓰레기 처리, 전문적인 소방서, 건축 조례, 위생 관련 법, 공원 — 이 모든 것들이 건강과 안전을 개선했다. 공원이나 놀이터를 위한 열린 공간 운동의 추진력은 나쁜 공기가 병을 유발한다는 생각이었다. 뉴욕의 센트럴파크를 설계한 프레더릭 옴스테드(Frederick L. Olmsted)는 당대를 풍미하던 지혜를 잘 포착해, 1870년과 1886년에 이렇게 적고 있다. "햇빛과 나뭇잎은 공기를 소독해 준다."[25] 그러므로 "공원은 도시의 허파 역할을 하는 것이다."[26] 선진국의 경우, 19세기 중반까지만 해도 디킨스 시대 오물의 장막인 더럽고 불결한 것들이 사방팔방 널려 있었지만, 20세기 들어 한층 더 깨끗하고 안전하고 더 효율적인 도시로 대체되었다.

《뉴요커》기자인 애덤 고프닉(Adam Gopnik)은 이렇게 만들어진 자유주의의 이점들을 가리켜 "천 개의 소소한 정상(sanities)"이라고 부른다. 이에 맞먹을 근대 도시화의 묘사는 아마도 '천 개의 소소한 위생설비(sanitations)'가 아닐까. 물론 천 개는 실제보다 적은 수이겠지만. 대청소의 과정은 19세기 런던에서 시작되었다. 전례 없이 많은 인구를 품은 산업 시대의 도시에서 불결한 물은 위기를 불러왔다. 작가 스티븐 존슨(Steven Johnson)은 1851년의 런던을 이렇게 묘사한다. "사회 기반 시설도 없는 상황에서 200만 명의 인구가 느닷없이 겨우 90제곱마일(약 230제곱킬로미터) 안에 모여 살 수밖에 없었으니, 이건 터지기를 기다리는 재앙 정도가 아니라, 아주 영속적으로 반복되는 재앙이었다."[27] 콜레라가 거리마다 퍼져 가며 수만 명의 목숨을 앗아 갔다. 감염학의 선구자인 존 스노(John Snow)는 콜레라가 수인성 전염병이라는 이론을 세우고 이를 증명하기 위해 지역의 배수펌프를 막아 버렸다. 그랬더니, 아니나 다를까, 그 동네만큼은 광란의 전염병 확산이 멈추었다. 그러나 이 극적인 실험도 당국에 확신을 주어 스노의 추천 사항들을 체계적으로 실시하도록 만드는 데에는 실패하고 만다.[28] 하지만 수십 년 후 결국 그의 아이디어는 국민적 합의가 된다. 수천 명이 헛되이 죽은 다음의 일이었다.

한편 대서양 건너, 세기말의 아메리카도 좀 더 건강한 도시를 지향하는 그 나름의 길을 닦고 있었다. 1908년 저지시티는 처음으로 식수의 염소 소독을 대규모로 시행했다. 그 효과는 믿기 힘든 기적이었다. 장티푸스 같은 질병으로 인한 사망률은 바닥으로 떨어졌고[29] 이에 볼티모어, 시카고, 신시내티, 클리블랜드, 디트로이트, 필라델피아, 피츠버그 등의 대도시들도 속속 이 관행을 도입했다. 또 도시들은 물을 공급하는 방식에 다른 변화를 시도하기도 했다. 필터로 거르기도 하고, 오염을 막으려고 배수 운하를 건설하기도 했으며, 오염된 강이 아니라 깊은 지하의 수원으로부터 물을 얻기도 했다. 위생에서 이루어진 이런 진보와 다른 간단한 개선책들은 경이로운 효과를 보였다. 데이비드 커틀러(David M. Cutler)와 그랜트 밀러(Grant Miller)가 조사한 바에 의하면, 1900년과 1940년 사이 미국의 사망률은 40%가량 떨어졌고, 기대 수명은 47세에서 63세로 길어졌다. 아울러 같은 기간에 물이 깨끗해졌다는 사실 하나만으로 "주요 도시들의 사망률 감소의 거의 절반을 설명할 수 있다."라고 두 사람은 덧붙였다. 아이들의 경우엔 그 감소율이 한층 더 높았다.[30]

세계 전역의 도시들이 성공적인 정책들을 거듭거듭 채택했으며, 개선된 내용이 널리 퍼져 나가고 서로서로 도와 가면서 시스템을 구축해 나갔다. 여기에는 우리가 즉각 도시와 연결지을 법하지 않은 새로운 아이디어도 많이 들어 있었다. 예컨대 보스턴과 필라델피아에서는 19세기 말부터 학교에서 점심을 제공하기 시작했다. 온갖 종류의 개혁 운동들이 도시를 단단히 사로잡았으며, 한 도시에서 성과를 거둔 새로운 아이디어는 다른 도시로 퍼져 나갔다. 이런 식으로 도시 생활은 더 나아지고, 안전해지고, 건강해지고, 더 길어졌다. 도시의 이런 실험들은 아직도 멈추지 않았다. 오늘날 사망의 주된 원인을 살펴보면 심장 질환이나 만성 호흡기 질환 같은 비전염성 질병이 포함되어 있는데, 이들은 건강하지 못한 식습관이나 운동 부족으로 생기는 현상이다. 이에 대응해서 근대도시들은 별의별 이니셔티브를 다 내놓았다. 자전거 전용 도로를 만들고, 공원을 늘리고, 영양실조를 막기 위해 영양이 풍부한 음식물을 사람들이 좀 더 쉽게 얻을 수 있도록 했다. 심지어 마이클 블룸버그(Michael Bloomberg) 뉴욕 시장이 제안했다가 시민들의 뭇매를 맞았던 소다세(soda tax) 도입조차도 무섭게 불어나는 비만의 물결을 가라앉히려는 노력의 일환이었다.[31] 그랬던 블룸버그 시장은 2011년 마침내 뉴욕 시민의 기대 수명이 전국 평균보다도 2년이나 더 긴다고 자랑스럽게 말할 수 있었다. "만약 여러분이 평균적인 미국인보다 더 오래 더 건강하게 살고 싶다면, 뉴욕시로 오세요![32] 여러분이 정말로 아끼고 사랑하는 친구나 친척이 다른 곳에서 살고 있습니까? 그들이 뉴욕으로 삶의 터전을 옮긴다면, 대체로 훨씬 더 오래 살 수 있을 겁니다."[33]

도시는 또한 지구 위에서 살아가는 훨씬 더 지속 가능한 방법이다. 도시가 환경친화적이라고 하면 우리가 늘 연상하게 마련인 콘크리트와 타르와 쓰레기와 연기 등의 도시 이미지와는 맞지 않을지도 모르겠다. 그러나 사실을 반박하기는 어려운 노릇이다. 우선, 도시에 사는 이들이 차지하는 공간이 훨씬 작다. 도회 지역이 지구 위 인간들의 대부분을 품고 있는데도, 지구 표면적에서 차지하는 비율은 3%도 채 안 된다.[34] 도시 주민들은 아이도 훨씬 적고, 에너지에서 음식에 이르기까지 그야말로 무엇이든지 소비하는 양도 더 적다. 사실 오히려 농촌 지역의 오염 실태가 훨씬 더 나쁜 경우가 더러 있는데,[35] 이것은 산업 활동 때문이거나 더러운 화석연료에 의존하기 때문이다.[36] 가령 루이지애나의 미시시피강 유역을 따라 드문드문 흩어져 있는 석유화학 공장들 사이로 대부분이 흑인인 주민들이 사는 지역, 즉 저 악명 높은 "암 골짜기(Cancer Alley)"를 생각해 보라.[37] 또 다른 이유는 도시에서의 운송이 훨씬 더 깨끗하다는 점이다. 도시인들은 버스나 기차나 지하철 혹은 자전거를 이용하기 때문이다. 뉴욕의 길거리마다 산더미처럼 쌓인 쓰레기조차도 오해를 사기 십상이다.[38] 도시 주민들은 평균적으로 재활용을 더 많이 하면서,[39] 농촌이나 교외 주민들보다 물과 전기는 덜 쓴다.[40 41] 유럽과 아시아의 주요 도시들은 효율과 지속 가능성이란 측면에서 세계를 주도하고 있다.[42]

팬데믹 이후의 도시

그러나 호흡기로 침투하는 바이러스가 이 모든 것들을 바꿔 놓을까? 사실은 그렇지 않다. 이번 팬데믹을 둘러싼 근거 없는 믿음 가운데 하나는 도시가 유난히도 취약하다는 생각이다. 그렇다, 물론 질환이 항상 도시를 먼저 공격한다는 것은 맞는 말이다. 어떤 나라건, 도시야말로 세계화가 가장 많이 이루어진 곳이니까. 그러나 어느 나라에서든 바이러스는 불규칙하게 펼쳐진 교외나 시골 쪽으로 곧장 확산한다. 미국과 유럽의 농촌 지역은 신종 코로나바이러스로 인한 사망률이 대도시보다도 훨씬 더 높았다.[43][44] 또 도시 내에서는 인구 밀도가 높은 동네의 감염률이 가장 낮은 경우도 적지 않았다. 가령 뉴욕의 경우, 교외인 스태튼 아일랜드가 월등히 밀도 높은 맨해튼보다도 더 많은 감염을 겪었다.[45] 어쨌거나 독감 타입의 감염이 발생했을 때라도 훌륭한 공공 정책은 도시의 삶을 안전하게 만든다. 이것이 가장 중요하다. 해외로 눈을 돌려 보면, 깜짝 놀랄 정도로 바이러스에 잘 대처한 거대도시들이 한둘이 아니다. 홍콩, 싱가포르, 타이베이 등은 모두 밀집도가 높은 대중교통 시스템을 갖춘 고밀도 도시들인데도, 신종 코로나바이러스로 인한 사망자 수는 놀랍도록 적다. 홍콩은 해마다 중국 본토에서 수백만 명의 여행자가 몰려오는 곳이지만, 2020년 7월까지 누적 감염자가 불과 2100명, 그리고 사망자는 18명뿐이었다.[46] 이 도시들이 바이러스에 성공적으로 대처할 수 있었던 이유는 단순하다. 준비가 잘되어 있었기 때문이다. 사스의 급속한 확산은 그들에게 뼈아픈 가르침을 주었다. 그들은 헬스케어와 위생에 과감히 투자했고, 코로나바이러스에 일찌감치, 공격적으로, 이지적으로 맞섰다. 훌륭한 리더십으로 이끄는 도시라면 어디든, 인구 밀집이 필멸의 숙명은 아니었다.

개발도상국 중에는 자원이 적고 문제는 더 심각한 나라들도 많다. 빽빽한 동네에 가난한 사람들이 가득 모인 그들의 도시에는 위생 시설이 극도로 압박을 받거나 완전히 수용 불가능 상태다. 그런 도시의 주민들은 의사를 거의 찾지 않는다. 팬데믹이 확산하면서 이런 도시들이 가장 취약하다는 사실이 분명히 드러났다. 압박을 받게 되면서 창의력을 발휘하는 도시도 있었다. 예컨대 인도 뭄바이의 공무원들은 감염의 확산을 막기 위해서, 감염자를 적극적으로 추적하고 찾아내 진단 검사를 받게 하여 아시아 최대의 슬럼인 다라비에 격리하겠다는 새로운 방침을 실시했다. 인도 주재 BBC 특파원인 수틱 비스와스는 이렇게 보도했다. "개인 병원 의사들이 바이러스 캠프에 합류했다.[47] 현금이 풍부한 지자체, 정치인들, 비영리법인들은 수만 명에게 무료 급식을 제공하고 식량을 나누어 주었다. 발리우드의 배우들과 영화업계 인사들도 방호복과 산소통과 의료용 장갑, 마스크, 의약품, 산소호흡기 등을 기부했다." 코로나 위기 이전엔 같은 도시에 함께 사는 가난한 자들을 (찾아보기는 고사하고) 별로 생각조차 하지 않았던 도시의 엘리트들이었다.

19세기 말 여기저기 콜레라가 창궐하고, 초만원인 공동주택에서 "다른 절반은 어떻게 살고 있는가."에 대한 보도가 널리 알려지면서 유럽과 미국에서의 도시 개혁 운동이 촉발되었다. 오늘날 개발도상국의 도시들은 기하급수적으로 커지는 규모라는 이슈에 맞닥뜨리고 있지만, 결국 그들도 서양의 도시들이 한 세기 전에 사용했던 해법, 즉 위생과 청결한 물 공급에 집중하는 방법을 수월하게 적용할 수 있을 것이다. 그리고 이번 팬데믹은 어쩌면 다른 재앙에 맞서 자신들을 보호할 조치들을 앞당길지도 모른다. 유엔은 세계적으로 인구 50

만 명 이상의 도시들 가운데 59%가 태풍, 홍수, 가뭄, 지진, 산사태, 화산 폭발 등 자연재해의 위험을 안고 있는 것으로 추정한다.[48]

도시들은 여전히 그 나름의 문제가 있다. 말할 필요도 없다. 미국 도시의 경우, 기대 수명의 차이는 암담한 인종 간 불평등과 경제적 불평등을 고스란히 드러내 보인다. 시카고에서도 주민의 대다수가 백인인 부자 동네 스트리터빌 구역에서 태어난 아기는 평균 90세까지 살 수 있을 것으로 기대된다. 그 남쪽으로 주로 흑인들이 모여 사는 엥글우드 구역의 신생아보다도 무려 30년이나 더 긴 기대 수명이다.[49] 그런가 하면 경찰은 흑인과 백인을 심히 불평등하게 대우한다. 이런 잔혹한 현실은 도시일수록 너무도 두드러진다. 이런 격차에는 단 하나의 해결책이 있을 수 없고, 심도 있는 개혁이 많이 필요하다. 그러나 도시는 흔히 국가의 문제들을 환히 드러내 한 장소에서 집중적으로 보여 준다. 미국은 어디서건 불평등과 인종차별로 몸살을 겪고 있다. 도시들은 이런 이슈를 높은 대문과 사설 경호원들로 에워싸 가리는 게 아니라, 우리가 그 문제에 맞서지 않을 수 없게 만든다.

우리는 잘 안다, 도시는 언제나 사상과 혁신과 행동의 중심이었다는 것을. 도시는 또 정치적 진보의 원천이기도 하다. 존 이빗슨 (John Ibbitson)과 대럴 브리커(Darrell Bricker)가 인구통계학 연구 과정에서 설명하고 있는 바와 같이 "사회가 도시화하고 여성이 더 많은 권력을 얻게 되면서, 혈족의 유대와 틀을 갖춘 종교의 힘과 남성의 지배력이 약화하고 출산율도 함께 떨어진다".[50] 농촌 지역에서는 아이를 많이 낳는 것이 곧 노동력의 확대를 의미하기 때문에 바람직한 일로 여겨진다. 한편 도시에서는 비대한 가족이 부담으로 다가오며 여자들에겐 특히 그렇다. 도시는 여자들을 답답한 시골 생활로부터 풀어 주면서 그들에게 새로운 기회를 제공한다. 도회의 중심은 또 사회운동의 시발점이 되기도 한다. 중요한 정치·사회·경제적 운동은 거의 모두 도시에서 시작되었다. 심지어 시에라 클럽(Sierra Club)에서 그린피스에 이르기까지 가장 효율적인 환경 단체들조차 빤질빤질한 도시인들이 만든 경우가 많다. 그뿐인가, 흑인 조지 플로이드가 경찰에 살해당하는 사건이 터지자 시위대가 몰려들어 경찰 개혁을 요구한 것도 미국의 도시들에서 벌어진 일이었다.

　　도시화는 개발도상국에서 빠른 속도로 계속될 것이다. 사실 2030년에 이르면 개발도상국들이 전 세계 초대형 도시들의 80%가량을 품게 될 것이다.[51] 그러나 선진국에서는 아마도 도시화가 이미 정점에 이르렀을 것이다. 도시 인구가 미국 전체 인구에서 차지하는 비율은 현재 83% 정도다. 2050년 즈음엔 그 비율이 89%까지 올라가겠지만,[52] 그 정도라면 자연스러운 한계점에 다가가고 있는 것으로 보인다. 학자들은 최근 뉴욕, LA, 시카고 등의 대도시들이 인구 감소를 경험했으며,[53] 일부는 뉴욕 인구가 10%나 줄어들었던 1970년대와 같은 현상이 반복되지나 않을지 걱정하고 있다고 지적한다.[54] 휴스턴, 워싱턴 DC, 마이애미 등 다른 도시들도 근년에는 인구 증가율의 정체를 지켜보았다.[55] 하지만 이런 현상의 상당 부분은 도시에서의 높은 생활비와 관련되는 문제로서, 이는 실패의 증상이 아니라 성공의 증상이라 하겠다. 알고 보면 1970년대 미국의 도시들에서는 '백인 탈출(white flight)' 사태로 인해 공동화가 발생했는데, 오늘날의 도시들은 젠트리피케이션(gentrification)으로 인한 공동화, 즉 도심 인근에 새롭게 조성된 고급 주택지에 살려는 부자들이 너무 많아서 생기는 문제에 직면하고 있다.

어쨌거나 도시를 떠나는 사람들 대부분은 작은 마을로 향하지 않는다. 그들은 메트로 지역 내의 다른 데로 옮기거나, 다른 도시로 (좀 더 작은 도시일 수도 있지만) 옮겨 간다.[56] 분명한 것은 자리가 잘 잡힌 도시들이 주민들의 이탈을 막기 위해서 갈수록 서로서로 싸워대고 있다는 사실이다.

새로운 대도시 모델

미래의 도시는 어떤 모습일까? 우리는 한 번 더 상상해 볼 수 있을 것이다. 이런 점에서는 파리를 눈여겨봐야 한다. 닥쳐올 팬데믹의 심각성이 아직 충분히 알려지지 않았던 2020년 1월, 안느 이달고 (Anne Hidalgo) 파리 시장은 코로나 이후의 세계에서 활기를 찾을 수 있을 담대한 새 계획을 제시했다. 그녀는 재선 캠페인의 한 전략으로 파리를 "15분 도시(ville du quart d'heure)"로 바꾸겠다는 목표를 발표했다.[57] 무슨 말이냐 하면, 사람들이 매일같이 다녀야 할 곳은 어디든 시 조금만 걷거나 자전거를 타고 갈 수 있도록 만들겠다는 얘기다. 식료품점, 일터, 공원, 학교, 카페, 헬스클럽, 병의원 — 어디든 15분 이내에 도착할 수 있도록 말이다. 기분 좋고 모호한 구석이라고는 없는 아이디어였지만, 그것은 혁명과 다름없다. "정말로 이것은 도시계획의 100년 묵은 정설을 거스르는 계획이다. 도시의 여러 기능을 따로 따로 떼어 놓겠다는 생각이니까 말이다."⁵⁸ 시카고 국제 문제 협의회(Chicago Council on Global Affairs)에서 일하는 전문가 새뮤얼 클링(Samuel Kling)의 평가다. 지금까지만 해도 지배적인 아이디어는 도시 내의 주거, 상업, 엔터테인먼트, 산업 등 영역을 차별화하는 것이었다. 그리고 미국보다도 이러한 원칙이 철저하게 시행된 곳은 따로 없었다. 규제 위주의 구역 설정은 밀집을 금지하고 건설을 가로막고 주거비를 천정부지로 솟구치게 만듦으로써 발전을 왜곡했다. 영향력 있는 주택 보유자들의 단체는 자신들의 영역을 침범하거나 동네에 (흔히 소수민족을 가리키는) '어울리지 않는 사람들'을 끌어들일 것으로 보이는 모든 변화를 방해하고 나섰다. 이와 같은 님비 현상은 최근에 캘리포니아 및 기타 지역에서 대항 운동을 촉발하기도 했다. 그런 운동가들은 역으로 '임비(YIMBY, Yes In My Backyard)'를 주창하면서, 역동적인 도시화를 촉진하기 위한 구역 설정 개혁, 대중교통 개선, 추가 개발 등을 옹호하고 있다.⁵⁹

이달고 파리 시장은 도시의 여러 가지 기능을 통합하기 위해 애쓰고 있는 터라, 그녀의 계획은 편의 시설과 체험 양면에서 일관되게 '다양성의 비전'을 추구한다. 15분 도시의 새로운 근접성은 자전거 타기를 북돋우고 자동차 운행을 줄인다.(그녀는 이미 센강을 따라 달리는 저 유명한 고속도로를 자전거도로 및 보행자의 거리로 바꾸어 놓았다.) 이달고 시장은 자동차 쪽을 지지하는 '노란 조끼'의 반격을 물리치고 팬데믹 기간 중 압도적인 표 차로 재선되어 지금도 자신의 어젠다를 밀고 나가는 중이다.⁶⁰ 그녀의 인기에는 머리가 끄덕여진다. 필요한 모든 것이 걸어서 몇 분 안에 다 있다면, 금방 뽑은 푸조 신차를 신나게 모는 것조차 별로 매력 없는 일이 되지 않겠는가. 게다가 대중 교통 역시 조금은 한산해질 터이니, 그렇잖아도 사회적 거리 두기 때 문에 걱정되는 상황에서 반가운 일이다. 파리의 계획이 이렇게 더 진 척된다면, 다른 도시의 시장들도 걸어서 다닐 수 있는 작은 공동체 느 낌의 도시를 만들려고 노력할지 모르겠다. 이제 지하철을 타는 대신 달리거나 걷거나 자전거를 타는 사람들을 좀 더 안전하게 지켜 주기 위해, 바르셀로나나 뉴욕 같은 대도시는 일부 거리의 차량 통행을 금 지했다. 주차 공간은 사회적 거리 두기를 지키는 식사를 위한 옥외 좌 석으로 변했다. 몇몇 유럽 도시에서는 이런 움직임들에 대한 반응이 어쩌나 뜨거운지, 다시 보행자들의 차지가 된 이런 구역들은 바이러 스가 물러난 후에도 차 없는 거리로 남을 것 같다.[61]

도심에서 멀리 떨어진 곳에 교외와 준(準)교외가 주변에 배치 되어도 도시는 여전히 허브 역할을 한다. 빡빡한 도시 생활을 즐기는 사람도 있지만, 좀 멀리 떨어진 곳의 좀 더 큰 집에서 살면서 업무와 오락을 위해서만 도심을 오가는 편을 좋아하는 이들도 있다. 이처럼 장소에 따라 활동의 별자리는 달라도, 어디든 도시는 그것을 둘러싼 태양계의 중심이다. 작가인 파락 카나(Parag Khanna)는 경제 면에서 미국이 사실상 상호 연결된 내도시 지역의 집합체로 변했음을 지적 하면서, 그것을 "미도시협중국"이라 부르기도 한다.[62] 잘 발달한 대 도시들은 자신들이 세계라는 무대에 선 독립 배우라고 생각하기 시 작한다. 주요 대도시들이 경제와 인구의 성장을 경험하면서, 그 시장 들은 중앙정부를 넘어 국제 무대에서까지 더 큰 권력을 행사하려고 한다. 트럼프 대통령이 2017년 미국을 파리기후협약에서 탈퇴시키겠다는 의사를 표명하자 애틀랜타, 피츠버그, 뉴욕, 시카고, 솔트레이크시티, LA 등을 이끄는 시장들은 그에 개의치 않고 협약을 밀어붙였다.[63] 기후변화, 테러리즘, 그리고 (물론) 팬데믹은 도시들이 공통의 난제에 맞닥뜨리고 있으므로 하나가 되어 그 어려움을 타개해야 한다는 생각을 확실히 심어 주었다.

가장 큰 도시들이 커다란 관심의 대상이 되겠지만, 작은 도시들에서도 많은 일이 일어나고 있다. 미국의 경우 주변 대학의 졸업생들을 끌어모을 수 있는 주도(州都)와 여타 도시들은 현대 경제에서 번성할 준비가 특히 잘되어 있는 것으로 보인다. 덴버, 오클라호마, 오스틴, 내슈빌, 콜럼버스 같은 도시들이 최근 몇 년 사이 두드러진 인구 증가를 보인 것도 바로 그 때문이다. 미국에서 가장 큰 대학 가운데 하나인 오하이오 주립 대학의 재학생 중 40%는 졸업 후에도 콜럼버스를 떠나지 않을 계획이라고 한다.[64] 좀 더 높은 연령층 역시 작은 도시에서 살기를 원하고 있으며, 문화가 다양하고 최고급 의료 시설과 가까운 대학 도시가 그에 해당할 때가 많다.

물론 도시들이 전반적으로 번창할 거라고 해서 모든 도시가 그렇게 되지는 않을 것이다. 뉴욕과 런던은 엄청난 자원을 보유하고 있었는데도 신종 코로나바이러스 사태 초기에 대응이 엉망이었다. 팬데믹을 기회로 삼아 오래전에 했어야 할 변화를 실행하는 도시들은 되살아날 것이다. 반면, 위기를 형편없이 다루는 도시들은 추락의 나선에 빠져들 것이다. 하지만 도시가 몰락한다면, 그것은 뭔가 광범한 구조적 경향이 불리해서가 아니라 국가가 몰락하는 것과 똑같은 이유, 즉 틀려먹은 통치와 부실한 관리라는 이유로 그러할 것이다.

위대한 도시들의 흥망[65]

나는 도시를 사랑한다. 나는 크고 시끄럽고 지저분한 도시, 온 나라가 고깝게 바라보는 도시 뭄바이에서 자라났다. 그리고 지금은 또 다른 도시, 여러 면에서 뭄바이와 다르지 않은 도시 뉴욕에서 살고 있다. 그러나 나는 좀 더 작고 조용한 도시도 좋아한다. 보스턴에서, 그것도 가장 오래되고 아취 있는 비컨힐에서 구세계의 매력에 흠뻑 빠져 칠 년 동안 산 적도 있다. LA도 참 좋다. 물론 아주 다른 도시로, 당당하고 자신만만한 기백과 모더니즘의 반항적 기질이 넘친다. 파리와 런던, 빈과 베를린, 이스탄불과 카이로, 싱가포르와 도쿄도 나는 사랑한다. 그들이 북적댈 때도 좋고 아주 조용해졌을 때도 역시 좋다. 글쎄, 텅 빈 도시에서 뭔가 아름다움을 보려면 낭만주의가 필요할지도 모른다. 윌리엄 워즈워스는 1802년 9월의 어느 이른 아침, 얼핏 보기에 사람이 살지 않는 것만 같은 런던에 매료되어 이렇게 적었다. "이제 이 도시는 마치 옷을 걸치듯 / 고요하고 헐벗은 아침의 아름다움을 입고 …… / 아, 하나님, 이 집들 자체가 잠든 것 같습니다 / 그리고 전능의 가슴은 잠잠하게 누워 있습니다!"[66] 워즈워스는 황량한 도시의 확 트인 모습에서도 무언가 평화롭고 기쁜 것을 보았다. 하늘은 깨끗했고 강물은 조용히 흘렀다. "한번도 못 보았네, 한번도 못 느꼈네, 이처럼 깊은 고요함을!" 그렇게 감탄했다.

나의 뉴욕 체험은 항상 동화 작가 E. B. 화이트(E. B. White)가 1949년에 발표한 『여기 뉴욕에서(*Here Is New York*)』의 찬가에 가까웠다.[67] 화이트는 도시인들과 그들의 열정적인 활동이야말로 그 도시에 활기를 불어넣는다고 보았다. 대부분의 뉴요커들이 한 블록 밖에서 벌어지는 일에 무관심하다 하더라도, 그것은 맞는 말이었다. 화이트에겐 가까움이 신나는 일이었다. 점심 먹으러 식당에 갔는데 바로 "18인치(약 45센티미터)" 거리에 유명한 배우가 앉아 있어서 짜릿했고, 혈기왕성한 젊은 커플이 바로 "18인치" 밖에서 식사하는 것도 신났다. 그런데 아, 짜릿함을 주었던 그 거리는 이제 팬데믹 때문에 위험한 거리가 되었다. 지금 당장은 말이다. 그럼에도 화이트에게 "도시는 시와 같다. 모든 생명과 모든 인종을 작은 섬에 응축해서 거기음악을 더하고 내면의 엔진이라는 반주를 얹는다. 맨해튼 섬은 의심할 여지 없이 지구에서 가장 위대한 인간의 농축이요, 수백만 주민들이 이해할 수는 있어도 완전한 의미는 영원히 붙잡을 수 없는 신비를 품은 한 편의 시다.".

위대한 도시 이론가 제인 제이콥스(Jane Jacobs)가 도시에서 사랑했던 요소, 즉 '다양성'의 정수를 제대로 포착하지 않았는가! 도시의 건축은 계획되지 않고 되는대로 유기적으로 자라야 한다는 그녀의 믿음도 바로 그 다양성 때문이다. 그녀는 이렇게 표현한다. "구축된 환경의 순수하고 풍요로운 다양성은 언제나 헤아릴 수 없이 많은 서로 다른 마음의 산물이고, 가장 풍성할 때도 그것은 다른 목적과 양식을 지닌 서로 다른 시대의 산물이다."[68] 제이콥스는 또한 도시 인구의 다양성도 찬양했다. 수백 년 동안 그처럼 많은 사람을 도시로 이끌어 온 것은, 거기서 자신과 다른 사람들을 만날 것이고 다른 눈으로 세상을 볼 수 있을 거라는 기대감이었다. 그녀는 가장 좋은 도시는 모자이크라고 생각했다. "모자이크의 조각 하나하나는 전체 그림을 완

성하도록 돕지만, 그럼에도 각자의 정체성을 갖고 있다는 아이디어" 때문이다.[69]

지금 우리가 맞이하고 있는 세계는 한층 더 많은 종류의 사상과 산업과 일자리와 기업과 사람들로 인해 과거의 그 어느 때보다 더 다양할 것이다. 그리고 온갖 배경과 인종과 피부색과 종교를 지닌 이 사람들은 별의별 신들을 믿거나 아무 신도 믿지 않거나 할 것이다. 이런 세계에서 성공하려면, 다양성에 위협을 느낄 게 아니라 다양성을 잘 다스리고 거기서 힘을 얻어야 할 것이다. 도시는 다른 어떤 장소보다도 그렇게 잘할 것이다. 도시는 동화와 융합의 공장으로 구축되었기 때문이다.

도시들이 불가피하게 몰락할 거라고 예언하는 사람들은 줌(Zoom)과 그 밖의 원격 근무 도구들을 예로 든다. 하지만 원격 업무는 정말 멋진 도구이지만 실제 인간의 접촉을 대체하기에는 불완전하다는 사실이 점점 분명해지고 있다. 탄탄한 관계를 이미 확립한 동료들이라면 물론 온라인 채팅만으로도 서로 원만하게 계속 일할 수 있을 것이다. 그러나 동영상으로 새 동료를 데려오고 그들과 신뢰와 팀워크를 구축하기란 극히 어려운 노릇이다. 커피 마시면서 자발적으로 꽃피우는 대화라든지, 생각들이 부딪치면서 결국 생산성과 혁신을 느높이는 우연한 모임을 원격 업무에서는 찾을 수 없음은 더 말할 나위도 없고.[70] 화상회의를 할 땐 사회적 자본을 구축하기보다 소모하는 셈이다. 영상에 의한 교육은 결국 학생들의 진을 빼고 활기도 떨어뜨려, 배움의 핵심인 교사나 친구들과의 인간적 접촉에 목마르게 만든다. 기술에는 전환의 힘이 있지만, 최상의 모델은 가상 소통의 편안함과 물리적 접촉의 더 큰 울림에 모두 가치를 부여하는 혼합 모델이다.

디지털 라이프가 도시를 쓸모없게 만든다고 생각하는 이들은 E. M. 포스터(E. M. Forster)의 공상과학소설 『기계, 멈추다(*The Machine Stops*)』를 읽어 보기만 해도 충분할 것이다. 1909년에 나온 이 책은 2020년에 봐도 선견지명이 느껴져 섬뜩하다. 포스터가 상상한 디스토피아에서 인간은 현실 세계를 거의 한 번도 경험하지 못한다. "대중의 모임이라는 어설픈 시스템은 없어진 지 오래고" 대신 사람들은 모두 "벌집처럼 육각형인" 작은 개별 방에서 살아가는데, 아마존 같은 "압축공기 포스트"가 음식물, 상품, 오락물 등을 모두 배달해주며, 사람들은 오로지 화상회의로만 대화한다. 영국에서 중국에 이르기까지 이 세계의 모든 도시는 다리미로 다린 것처럼 획일화되어 있다.

> 과학 발전 덕택에 지구 위 어디든 똑같은 모습이라, 이 시대엔 여행하는 사람도 거의 없었다. 예전의 문명이 많은 것을 얻어 내리라 기대했던 급속한 교류는 스스로 무너짐으로써 끝장났다. 베이징이 에든버러와 똑같다면, 뭣 때문에 굳이 베이징을 찾겠는가? 혹은 뭣 때문에 굳이 베이징에서 에든버러로 돌아오겠는가? 인간은 거의 몸을 움직이지 않게 되고……[71]

그러나 미래에 대한 이 허구적 전망에서도 포스터는 정확히 예상한다. 그 어떤 기술도 얼굴과 얼굴을 맞댄 연결을 진정으로 대체할 수는 없음을. 디지털 번역에는 섬세함이 빠져 있을 수밖에! 소설의 한 대목에서 어떤 아이가 엄마에게 말한다. 포스터는 이렇게 적고 있다. "아이가 말을 멈추자, 엄마는 그가 슬픈 표정일 거라고 상상한다. 하지만 기계는 표정의 뉘앙스를 전해 주지 않기 때문에 엄마는 확신할 수 없다. 기계는 그저 사람에 대한 개략적인 아이디어, 실용적인 목적에는 그것만으로도 충분한 아이디어를 제공할 뿐이므로." 아이는 엄마에게 제발 직접 찾아와 달라고 부탁한다. 거기엔 포스터의 가장 상징적인 문구, 우리 인간더러 서로 더 가까이 다가서라는 그의 부탁이 반영되어 있다. "단지 서로 이어지기를!"[72]

현실에서 이루어지는 사람과 사람 사이의 관계가 행복과 의미의 원천이라는 이 직관은 미래에 대한 전망에서도 얻을 수 있지만, 먼 과거로부터도 우리에게 주어진다. 기원전 350년경에 쓰여 정치학을 다룬 최초의 작품에 속하는 아리스토텔레스의 『정치학(Politika)』은 첫 페이지에서 인간이 "사회적인 동물"이라는 속성을 지녔다고 선언한다. 이 표현은 가끔 '정치적인 동물'로 번역되기도 한다. 둘 다 그 의미의 핵심을 건드리고 있는데, 원래 언어의 뜻이 많은 것을 시사한다. 고대 그리스어로 zoon politikon인데, '동물'을 가리키는 말과, 고대 그리스 도시국가 및 인간 공동체인 '폴리스' 개념이 합쳐진 것이다.

나아가 아리스토텔레스는 인간이 오로지 도시에서만 만족을 찾을 수 있다고 설명하면서, 벌집 안에서만 진정으로 번성할 수 있는 벌에 비유한다. 그에게 인간이란 태어날 때 완전한 형태를 갖추지 못한다는 점에서 유별난 동물이다. 그래서 인간은 환경에 의해서 형태가 갖추어지는바, 인간을 충분히 완성된 성인으로 키우는 데 가장 좋은 환경이 바로 도시라는 얘기다. 사실 도시의 최우선 목적은 우리를 모범적인 인간으로, 그리고 특히 시민으로 만드는 것이다. 아리스토텔레스가 보기에 도시의 근본은 기념물이나 공원이 아니라 거기 사는 사람들과 그 특성이다.

인간은 도시를 창조하고 도시는 인간을 만든다. 동전의 양면과 같다. 재앙과 맞닥뜨리고도 우리의 도시가 성장하고 견디는 것은 우리 대부분이 참여와 협동과 경쟁에 이끌리도록 태어났기 때문이다. 도시에서의 삶을 합리화하는 것은 다양하다. 일, 동료 의식, 엔터테인먼트, 문화, 혹은 그 모든 것. 그러나 이런 외적인 이유의 밑바탕에는 사회적 교류를 향한 깊은 욕구가 숨어 있다. 신종 코로나바이러스는 이처럼 고정된 배선에 합선을 일으키진 않을 것이다. 아니, 사실 봉쇄의 격리는 그 단순하지만 심오한 직관, 인간은 속성상 사회적인 동물이라는 통찰을 우리에게 상기시킴으로써, 어쩌면 정반대의 효과를 가져올지도 모른다.

아리스토텔레스는 옳았다.

불평등은 갈수록 심해질 터

LESSON

7

　팬데믹은 만사를 평등하게 만들어 주는 것일까. 전염병은 종종 국적, 인종, 계급, 신앙 따위에는 아예 괘념치 않는 것처럼 보인다. 고대 그리스의 역병이 창궐한 해에서 콜레라의 시대에 이르기까지 인류는 이런 생각을 전달하기 위해 예술가에 의존해 왔다. "죽음은 민주적이다."[1] 멕시코 예술가 호세 과달루페 포사다(José Guadalupe Posada)의 말이다. "종말에 이르면 그대가 백인이건 흑인이건, 부자건 가난뱅이건, 모두 해골이 되어 끝난다." 포사다의 작품 중 가장 유명한 「라 카트리나(*La Catrina*)」라는 제목의 에칭은 이런 암울한 생각에서 영감을 얻은 것으로,[2] 커다란 깃털 모자 속에 우아한 여자의 해골이 담긴 모습을 보여 준다. 빅토리아풍 세련됨 속의 이 으스스한 모습에서는 멕시코의 '죽은 자들의 날'이 연상된다. 그는 이 지우기 힘든 이미지를 콜레라가 여전히 위세를 떨치던 1910년경에 처음으로 창조해 냈다. 같은 해 포사다의 또 다른 작품에는 「오싹한 콜레라의 두개골」이란 제목이 붙어 있다.[3] 그러나 만인을 평등하게 대하려는 그 모든 충동에도 불구하고, '카트리나' 이미지는 불평등에 관해 많은 걸 얘기하고 있기도 하다. 상류사회식으로 해골을 치장함으로써, 이 작품은 멕시코 내부의 계급 및 부의 격차뿐 아니라 멕시코와 훨씬 더 부유한 서구 국가들 사이(다시 말해 우리가 개발도상국 및 선진국으로 생각하게 된 나라들 사이)의 격차를 익살스럽게 풍자하고 있다.

이 세상에서 확실한 것은 죽음과 세금뿐이라고 하지만, 불평등도 거기에 끼어들어 영원히 우리를 떠나지 않을 것처럼 보인다. 그러나 우리는 최근 몇 년 사이에 이 현상을 특히 고약한 것으로 간주하게 되었다. 학자들도 서가에 가득 꽂아도 될 정도로 많은 책을 이 주제에 바쳐 왔고, 언론인들 역시 불평등에 관해 수백 편의 칼럼을 썼다. 어떤 퓨(Pew) 여론조사에서는 조사 대상인 39개국 가운데 35개국에서 대다수가 불평등을 "아주 심각한 문제"로 받아들인다는 사실이 밝혀졌다.[4] 따라서 몇몇 중요한 측정에 의하면 불평등이 조금씩 해소되어 왔다는 것을 여러분이 안다면 놀랄지도 모르겠다. 지구촌의 불평등, 그러니까 최빈국과 가장 부유한 나라 사이의 소득 격차는 수십 년 동안 줄어들고 있더라는 얘기다. 지역을 막론하고 부국과 빈국 사이의 (가령, 미국과 말레이시아 사이의) 소득 격차 역시 같은 기간 중 감소해 왔다.[5] 이 두 번째 측정치의 변화는 의미심장하다. 산업혁명으로 서구가 결정적으로 여타 지역들을 앞서게 되었던 1820년 이래로 줄곧 벌어졌던 격차였기 때문이다. 제2차 세계대전 이후에 싱가포르나 한국 같은 비서구 국가들이 산업화한 국가들의 클럽에 들어오게 된다. 하지만 이런 예외를 빼고는 세계 부국과 빈국 사이의 전반적인 격차는 꾸준히 커졌다. 아주 최근까지는 말이다.

소득 격차라고 할 때 우리는 흔히 한 나라 안에서 부자와 빈자 사이의 차이를 의미한다. 이 경우 데이터는 좀 더 뒤섞여 있다. 그런 종류의 불평등은 수십 년 동안 증가했다가 최근에 좀 줄어들기 시작했다. 1993년과 2008년 사이에 세계은행(World Bank)이 분석한 91개국 가운데 42개국이 불평등의 증가를 경험했고, 39개국은 격차의 감소를 경험했다.[6] 그리고 2008년과 2013년 사이에는 같은 나라들의 상황이 훨씬 더 나아져서 불평등이 심화된 나라와 감소한 나라의 비율은 1:2였다.[7] 같은 기간 중, 위계질서가 뚜렷한 사회로 악명이 높은 라틴아메리카의 경우 연구 대상이었던 16개국 가운데 12개국에서 부가 좀 더 광범하게 분배되었던 것으로 나타났다.[8]

불평등을 어떻게 측정하느냐는 열띤 논쟁의 대상이다. 나는 소위 지니계수(Gini coefficient)라는 표준적인 측정 방법을 택했다. 이는 세계은행, 국제통화기금(IMF), 그리고 학자들 대부분이 수십 년에 걸쳐 사용해 오던 것으로, 상대적인 불평등을 재는 방법이다. 가령 내가 100만 원을 벌고 당신이 1000만 원을 벌고 있는데 둘 다 소득이 10% 오른다면, 우리의 상대적 불평등은 변함없이 그대로일 것이다. 그러나 1000만 원의 10%는 100만 원의 10%보다 절대 금액으로 훨씬 크니까, 당신이 훨씬 더 많이 득을 보게 된다. 국가와 국가 사이에서도 물론 마찬가지다. 만약 미국이 연간 3.5% 성장하고 중국이 5% 성장한다면, 출발점에서 훨씬 더 경제 규모가 컸던 미국은 절대 금액으로 중국보다 총생산이 훨씬 더 많이 늘게 될 것이다. 비록 상대적인 의미에선 중국이 미국과의 격차를 좁혔다고 하더라도 말이다. 이와는 다른 렌즈를 이용해서 최상위 10% 혹은 1%의 소득 증가에 초점을 맞추는 이들도 있다. 그렇게 바라보면, 이들 집단이 나머지보다 훨씬 더 돈을 많이 벌기 때문에, 격차는 극적으로 벌어진다.[9] 다시 말해서 불평등을 바라보는 합당한 방법 중에는 격차가 늘어났음을 보여 주는 것도 있지만, 전통적이고 역사적인 측정법을 이용하면 꾸준히 늘어 왔던 '글로벌' 불평등이 최근에는 감소했음을 볼 수 있다는 얘기다.

세상에서 가장 부유하고 성공적인 국가들은 이런 추세에서 예외에 속한다. 그들 중에는 불평등이 급속도로 악화한 나라가 많다. 대공황과 뉴딜 개혁이라는 결과를 가져왔던 고삐 풀린 자본주의 시대의 결과로 불평등이 증가했던 1928년 이후로 지니계수가 최고 수준에 이른 미국이 특히 그렇다.[10] 오바마 대통령은 2013년 불평등의 혹심한 악화를 "우리 시대의 본질적인 의미를 규정하는 난제"라고 불렀다.[11] 그렇지만 미국에서의 어려운 상황 때문에 다른 많은 지역에서의 진보가 흐려져서는 안 될 것이다. 우리는 위기와 비극과 실패에 주로 관심을 기울이지만, 폭넓게 이루어진 이 눈에 띄는 성공도 인식해야 한다.

세계적인 불평등의 감소는 크게는 중국, 인도, 기타 개발도상국의 지속적인 경제성장 덕분이었다. 이 나라들은 지난 이십오 년 동안 선진국들보다 월등히 빠른 성장을 이룩하여, 격차를 줄이고 수백만 명을 빈곤에서 구해 냈다. 아직 어린이였던 1960년대부터 정기적으로 방문해 온 인도 각지의 변화를 나는 직접 목격했다. 시골 촌락이 마을로 변하고 마을이 도시로 둔갑했다. 집들은 커졌고 좀 더 영구적인 구조로 바뀌었으며 임시변통으로라도 화장실이 한두 개씩 있다. 자전거, 스쿠터, 자동차가 곳곳에서 늘어나 사람들에게 긴요했던 이동성을 제공했다. 물론 이 모든 것이 독성 대기와 불결한 식수와 지나치게 붐비는 도로와 열차 등등의 문제들을 초래했다. 그러나 동시에 수많은 아이들이 영양실조로 죽어 가게 만들었던 유의 빈곤을 없앤 것도 사실이다. 유엔은 2000년 9월에 '새천년 개발 목표(Millenium Development Goals)'를 수립했다. 그중 하나는 2015년까지 (하루 1.25달러 이하의 돈으로 생활하는) 극빈층 사람들이 차지하는 비율을 절반으로 줄이자는 목표다. 이 목표는 계획보다 5년 앞당겨 달성되었다.[12] 전 세계에서 극빈층 인구는 1990년의 19억 명에서 2018년의 6억 5000만 명으로 줄어들었다.[13] 한 가지 중요한 측정치로 볼 때 또 하나의 엄청난 진보가 있었으니, 같은 기간 내 아동 사망률이 59% 감소했다는 점이다.[14]

무엇이 엄청난 불평등을 야기하는가?

신종 코로나바이러스로 인해 이러한 진보의 상당 부분은 역전될 수도 있다. 이 팬데믹은 개발도상국들이 지난 이십오 년간 이루어 놓은 발전을 지워 버리고, 엄청난 전 지구적 불평등이 갈수록 벌어지는 세상으로 우리를 돌려보낼지도 모른다. 처음엔 상황이 그렇게 나빠 보이지 않았다. 바이러스의 첫 번째 물결은 개발도상국 대부분을 비껴갔다. 정말이지, 감염 발생 지도를 보면 의아한 생각이 들지 않을 수 없다. 어째서 빈곤국에는 감염자가 그렇게 적었을까? 2020년 4월 말 기준, 세계 인구 전체의 84%가 살고 있는 저소득 및 중위 소득 국가들에서는 신종 코로나바이러스로 인한 사망의 단지 14%만이 일어났다.[15] 진단 검사가 부족했고 사망 원인을 신종 코로나바이러스로 분류하지 못했기 때문이라고 어느 정도 설명할 수는 있을 터이다. 또 다른 요소들도 있을 수 있다. 부유국들의 경우 신종 코로나바이러스가 밀집·밀폐된 요양 병원을 휩쓸어 사망자의 상당 부분을 냈지만, 개발도상국에서는 그런 일이 극히 드물었다. 더위가 바이러스 확산을 줄이는 데 어느 정도 도움을 줄 수 있지만, 이 점은 아직 증명된 바가 없다.[16] 개발도상국의 국민은 살아가면서 훨씬 더 많은 질병에 노출되었기 때문에 면역 체계가 좀 더 강력할 가능성이 있다는 의견을 일부 의료 전문가들이 개인적으로 표명하기도 했다.(이 주제에 관해선 쓸 만한 연구가 거의 없긴 하다.)

이런 여러 가지 설명 가운데 더러는 옳을 수도 있다. 어쨌거나 우리는 이 병에 대해서 여전히 배우는 중이지 않은가. 하지만 개발도상국들은 대체로 최초의 핫스폿과 여행이나 교역으로 덜 연결되어 있었기 때문에 초기 몇 달 동안 바이러스 영향권에서 벗어나 있었던 것 같다. 바이러스가 중국에서 유럽으로, 그다음엔 미국으로 움직인 것은 사람들이 움직인 경로가 바로 그랬기 때문이다.(중국은 2019년에 거의 1억 7000만 명의 관광객과 여행객을 내보냈는데, 이는 지구에서 가장 많은 숫자다.[17]) 그러나 팬데믹의 다음 단계에서 바이러스는 남아시아와 라틴아메리카 그리고 아프리카를 향해 조금씩 그러나 꾸준하게 움직였다. 이들 지역 내 업무와 주거 공간의 밀집도와 열악한 위생 환경은 불붙기 쉬운 혼합기체나 다름없다. 인도의 경우, 초기 진원지는 하나의 슬럼에 100만 명이 붙어살며 인구밀도는 뉴욕의 거의 30배에 달하는 뭄바이였다.[18] 아프리카 최대 도시인 나이지리아의 라고스는 주민의 3분의 2가 밀집된 슬럼에 거주하면서 만원 버스로 출퇴근하는 곳이다.[19] 소득이 더 적은 나라에선 병원조차 흔치 않다. 방글라데시 같은 나라엔 인구 1만 명당 병상이 8개밖에 없는데, 이는 미국의 4분의 1, 유럽연합의 8분의 1 수준에 지나지 않는다.[20] 팬데믹이 시작될 시점에 아프리카 41개국을 다 뒤져도 산소호흡기는 2000개에 못 미쳤다.[21] 미국에만도 17만 개가 있는 상황과 비교해 보라.《뉴욕 타임스》는 인구 1100만 명의 남수단에 산소호흡기의 숫자가 부통령의 숫자보다도 적다고 냉랭하게 지적했다.[22]

인구의 대부분이 매일 자신과 가족을 간신히 먹여 살릴 정도의 수입만 얻는 개발도상국도 아주 많다. 그래서 정부는 딜레마에 빠졌다. 경제를 봉쇄해 버리면 사람들은 굶주리게 된다. 그렇다고 경제활동을 유지하게 놔두자니 바이러스가 확산할 판이다. 그들 정부에 사람들이 집에 머무르도록 하거나 문 닫은 업체에 보조금을 주기 위한 자금이 없다는 점을 고려한다면, 가장 현명한 조치는 (돌이켜보면) 전면 봉쇄를 단행하지 않는 것이었으리라. 예컨대 인도는 (부분적으로는) 봉쇄 조치의 결과로 2020년 경제 실적이 5% 위축되는 것을 보게 되었다.[23] 사상 최악의 성과에 버금가는 실적이다.[24] 그런데도 2020년 7월 현재 인도에서 신종 코로나바이러스로 인한 사망자는 대충 2만 8000명으로 확인되었다. '매월' 영양실조로 죽어 가는 6만 명의 아이들보다는 적은 숫자다.[25] 설사 바이러스로 인한 죽음이 크게 과소평가되고 있다고 가정한다손 치더라도, 이 끔찍한 숫자는 개발도상국들이 신종 코로나바이러스를 좀 더 쉽게 이해하도록 해 준다. 인명을 구한다는 의도이긴 했지만, 거의 모든 활동을 봉쇄한 것은 경제가 무너지는 결과를 초래했다. 그리고 이것은 말로 하기 힘든 어려움을 가져온 데다, 굶주림에서 우울증에 이르기까지 여러 건강 문제까지 악화했으니 묘한 아이러니다. 그럴 만한 가치가 있었을까? 정말 결정하기 어려운 문제다. 그러나 봉쇄에 뒤따를 재앙을 충분히 고려하지 못한 개발도상국이 많았다고 생각하지 않을 수 없다. 검역이 강화되고 감염자가 폭증했을 때, 다시 봉쇄 단행을 고려한 개발도상국이 거의 없었던 까닭이 아마도 바로 여기에 있을 것이다.

경제의 마비 다음에는 어쩔 수 없이 부채 위기가 닥쳐온다. 미국, 유럽, 중국, 일본 등이 겪은 경제적 손실은 잔혹한 수준. 그러나 그것은 타격을 줄이기 위한 정부의 엄청난 지출로 인해 완화될 것이다. 이 나라들(특히 미국)은 수조 달러의 돈을 낮은 금리로 비교적 수월하게 빌릴 수 있다. 그러나 이미 빚더미에 올라앉은 가난한 나라들은 어림도 없다. 옛말마따나 자본은 겁쟁이인지라, 팬데믹이 발생한 초기 몇 달 사이에 천억 달러 이상의 돈이 신흥국 시장에서 빠져나갔다.[26] 이 나라들은 경제 붕괴를 막기 위해 고금리로 달러를 빌려 와야 할 것이고, 그것을 급속히 평가절하되고 있는 자국 통화로 갚아야 한다. 대규모 부채 탕감 프로그램이 없는 한, 이들 나라는 결국 초인플레이션이나 채무 이행 불능(default)이라는 현실에 직면할 가능성이 매우 크다.

지난 몇십 년 동안 지구촌 교역이 속도를 더하면서 개발도상국들은 선진국보다 빠르게 성장했고, 생활수준도 그에 따라 향상했다. 금융 위기 이후에도 가난한 나라들은 부유한 나라보다 더 빨리 회복했다.[27] 그들은 복잡한 금융 상품에 덜 노출되었기 때문에 침체기를 비교적 잘 견뎌 냈다. 그런데 팬데믹 이후로 수십 년간 쌓아 온 업적이 몇 달 안에 무너져 버린 것이다. 앞으로 몇 년 사이에 적게는 7000만 명에서 많게는 4억 3000만 명이 극빈 상태로 되돌아갈 것으로 여러 가지 연구에서 추산된다.[28] 가장 핵심적인 불평등, 지구 위 아주 부유한 자와 가난한 자 사이의 불평등은 다시금 커지고 있다. 그것도 빠른 속도로.

세계가 훌륭한 헬스케어 시스템을 갖춘 나라와 그렇지 못한 나라로 양분되면서, 부자 나라와 가난한 나라 사이의 차이는 더 확연해질 것이다. 세계 각국은 코로나바이러스를 잘 통제한 국가의 국민에게는 이미 기꺼이 국경을 개방하고, 감염 가능성이 큰 국가로부터의 여행은 금지하기 시작했다. 후자의 범주에는 바이러스 통제에 실패한 브라질과 러시아 같은 나라들과 (애석하게도, 그리고 놀랍게도) 미국이 포함된다. 저신다 아던(Jacinda Ardern) 뉴질랜드 총리는 호주가 신종 코로나바이러스에 잘 대처했으므로 뉴질랜드와 호주 두 나라가 "트랜스태즈먼 버블(trans-Tasman bubble)"을 만들 가능성을 제기했다.[29] 이 버블 안에 사는 주민들이 마음대로 왕래할 수 있게 한다는 계획이다. 하지만 그녀는 이렇게 덧붙였다. "그러나 앞으로 오랫동안 세계의 다른 지역에 대해서는 국경을 개방하지 않을 것이다."[30] 이 두 나라 관광객들이 쓰고 가는 달러에 극도로 의존하는 가난한 태평양 섬나라들은 이 새로운 여행 구역에 가담하기 위해 지열한 로비전을 벌이고 있다.[31]

통가와 투발루에는 참 애석한 일이지만, 앞으로 여행객들과 비즈니스맨들은 괜찮은 의료 시설이 없는 곳들을 방문하고 싶지 않을 것이며, 이국적인 여행지들도 매력을 잃을 것이다. 또 여러 개발도상국의 경제도 특별한 고충을 겪게 될 것이다. 가령 태국, 필리핀, 멕시코 등은 국민총생산의 15~25%를 여행과 관광 사업으로 벌어들인다. 이보다 크기가 작은 바베이도스나 바하마연방 같은 곳은 30%를 넘는다.[32] 두려움은 갈라놓기의 명수다. 특히 질병에 대한 두려움은 과거에도 세계를 둘로 갈라놓았다. 유럽에서는 가래톳페스트가 일찌감치 사라졌으나 일부 아시아 지역에선 잠재하고 있던 19세기에도, 두려움은 산업화한 세계와 그렇지 못한 세계 사이, 식민 세력과 식민 당한 자들 사이를 한층 더 갈라놓았다.

큰 녀석들은 한층 더 커지고

불평등의 스토리는 국가들만의 이야기가 아니라 기업들에도 해당한다. 안전하고 불안하지 않은 곳으로 물러나는 성향은 큰 녀석들은 한층 더 커지는 기업의 세계에서도 드러난다. 이 또한 지금 우리가 목격하는 추세에 속도를 붙이는 요인이다. 최근 몇 년 동안 학자들은 대기업들이 이윤과 시장점유율을 모두 높여 가는 와중에 작은 경쟁자들은 낙오하여 진흙탕에 뒹굴고 있음을 깨달았다. 그것은 서구에서 시작해 다른 지역까지 넘어가고 한 부문에서 다른 부문으로 이어지는 현상이었다. 미국의 아마존, 구글, 월마트, 편의점들, 홈디포(Home Depot), 혹은 유럽의 폭스바겐, 까르푸, 지멘스 등을 생각해 보면 알 것이다. 중국의 경우 최대 규모의 기업들은 거의 다 국유 기업이고 따라서 생길 때부터 유리한 고지를 확보했으며, 알리바바나 텐센트 같은 민간 부문의 거인들도 해마다 강력해지고 있다.

혁신은 경쟁의 판을 공정하게 만드는 커다란 요소다. 허다한 스타트업과 기업가들이 문제를 해결하고 생산성을 높이는 새로운 방식을 찾아가는 동안, 선대로부터 물려받은 대기업들은 여태껏 걸어왔던 길을 느릿느릿 가기 마련이다. 하지만 이젠 어림도 없다. OECD가 실시한 연구의 결과를 한번 보자. 2001년과 2013년 사이 선진 공업국에서는 가장 생산성이 높은 상위 5% 제조업체들이 생산성을 33% 증가시켰다.[33] 서비스 분야의 최상위 5%는 생산성을 44%나 늘렸다. 반면, 다른 모든 제조업체 생산성은 겨우 7%, 그리고 다른 모든 서비스 업체들은 5% 증가에 그쳤다. 이러한 추세가 최근 수십 년 동안 더욱 확연해졌음이 다른 조사에서도 밝혀졌다.[34] 왜 그럴까? 오늘날의 경제에서는 큰 것이 아름다운 것이다. '세계화'와 '정보혁명'이라는 우리 시대의 지배적인 두 가지 경제 추세를 기업들이 활용할 수 있게 만드는 것이 바로 크기다. 폭스바겐이나 이케아는 작은 기업들보다 훨씬 쉽게 중국이나 인도네시아 시장에 진출할 수 있다. 대규모 은행들은 세계 어디서든 새로운 고객 확보가 가능하지만, 국지적인 작은 은행은 그럴 수 없다.

인터넷이 애초에 의도한 것은 만인 평등을 실현하겠다는 것, 조그만 스타트업도 세계 각지의 고객에 접근할 수 있게 만들겠다는 것이었다. 이런 생각에는 어느 정도의 진실이 담겨 있다. 그러나 좀 더 큰 진실은 영 딴판이다. 경쟁을 가능케 하는 플랫폼이 되기는커녕, 역사상 일찍이 본 적이 없는 규모의 독점 탄생을 부추기는 것이 바로 인터넷의 속성이니까. 한 가지 예를 들어 보자. 인터넷이 실시간 가격 비교를 가능하게 하므로, 고객들은 언제나 가장 저렴한 가격으로 구매할 수 있다. 따라서 고정비용을 방대한 수익에 분산할 수 있는 대기업들이 작은 회사들에 비해 우위를 차지한다. 오늘날 어느 부문에서건 선도적인 기업은 대략 50%의 시장점유율을 만끽한다. 사실 전자 상거래나 소셜 네트워킹을 할 때, 사람들은 가령 아마존이나 페이스북 다음의 제2인자가 누구냐고 물으면 얼른 대답하지 못할 때가 많다. 검색을 해 보면 구글의 가장 가까운 경쟁자가 빙(Bing)이라는 것을 누구나 알 수 있다. 기술 분야의 또 다른 거인 마이크로소프트가 아끼는 사업이니까. 그렇지만 구글의 글로벌 시장점유율은 90%에 가깝고, 빙의 점유율은 5% 정도다.[35] 도발적인 테크 기업가요 투자자인 피터 틸(Peter Thiel)은 놀랍도록 솔직하게 인정한다. "경쟁이란 루저들이나 하는 짓이죠."[36] 그는 모든 기업이 독점 확보를 목적으로 삼아야 한다고 말한다. 테크의 세계에서 승자들은 그 어떤 역사적 표준도 뛰어넘는 성공을 거두었다.

정보 기술의 모습을 바꾸는 새로운 힘은 빅 데이터인데, 이것은 '규모의 이점'을 몇 배로 강화한다. 대기업들은 대부분이 기술에 방대한 투자를 실행할 수 있고, 데이터를 활용해 영업을 더 효율적이게 하는 맞춤 프로그램을 종종 만들어 낸다. 월마트는 기술을 이용해서 촘촘한 공급망을 유지함으로써 어떤 상품이 빠르게 판매되는지 혹은 어디에 재고를 보충해야 하는지를 실시간으로 알아내는 것으로 유명하다. 이제 컴퓨터는 거의 무한한 양의 데이터를 처리할 수 있고, 이는 선두 주자들이 우위를 강화하게 해 준다. JP모건 체이스는 2018년 한 해 동안 매일 4900만 건에 이르는 신용카드 및 직불카드 거래를 처리하여 금액으로는 1조 달러를 초과했다.[37] 이 데이터를 적절히 분석하게 되면 그야말로 금광이 따로 없다. 차이가 있다면, 공급량이 제한된 금과는 달리 데이터 광산은 끝없이 커져만 간다는 사실.

신종 코로나바이러스는 큰 녀석들을 더욱더 크게 만들 것이다. 팬데믹과 봉쇄의 사이에서 대규모 디지털 기업들은 없어선 안 될 필수가 되었고, 비즈니스 대호황을 체험했다. 사람들이 디지털 라이프에 점점 편안해질수록 그들은 계속 번창할 것이다. 하지만 규모의 이점은 인터넷 기업에 국한되지 않는다. 대기업들은 활용할 수 있는 신용 한도도 높은 경향이 있어서, 폭풍우가 와도 헤쳐 나갈 수 있다. 그들은 지역 내 브랜드와 글로벌 브랜드까지 갖추고 수요와 공급의 네트워크도 훨씬 더 방대하다. 어떤 지역의 경제가 빨리 회복하고 다른 지역은 침체해 있다 해도, 대기업들은 작은 회사들이 흉내 낼 수 없는 방법으로 성장 중인 지역에만 집중해서 득을 볼 수 있다. 그뿐인가, 초대형 기업들은 로비스트 부대까지 거느리고 있어서, 정부가 보조금이나 지원책을 내놓을 때 가장 많은 현금을 타낼 수 있게 손을 쓴다. 미국 연방준비제도의 지원, 또는 주요 팬데믹 구호 법안인 2020년 케어스(CARES) 법에 의한 지원에서 생기는 이득은 좀 더 크고 좀

더 발이 넓은 기업들에 돌아갔다.[38]

역사적으로 불리한 입장에 섰던 자들은 지금 훨씬 더 취약하다. 맥킨지의 한 보고서는 소수 인종이 운영하는 작은 기업들이 특히 위험에 직면해 있을 가능성이 있다는 사실을 밝혔다. 흑인이나 히스패닉 소유의 소규모 업체들은 코로나 이전에도 '위험' 또는 '취약'으로 분류될 확률이 두 배나 되었는데,[39] 바로 이런 업체들이 음식업이나 소매업처럼 팬데믹으로 극심한 피해를 본 부문에 너무 많이 모여 있었다는 얘기다. (2020년 2월만 해도 미국 노동력의 37%였던 소수 인종이 3월 중순 새로이 실직한 사람들의 58%를 차지했다는 점도 이 보고서에 지적되어 있는데, 이 또한 놀랄 일도 아니다.) 물론 이것은 팬데믹이 이미 있는 계층 분단선을 더 또렷하게 만드는 또 다른 방식이며, 그로 인해 이 분열을 극복하기는 한층 더 어려워진다.

혼돈과 변화의 시대가 오면 사람들은 대체로 이미 확립된 브랜드의 안전함 쪽으로 끌리는 법이다. 지금껏 여러 해 동안 주식시장은 주가가 꾸준히 상승하는 대기업들을 선호해 왔다. 바이러스 위기가 끝난 후 경제에 일종의 '바닥'을 부여하기 위해서 많은 종류의 자산을 보증하려는 연방준비제도의 움직임은 이미 자리가 잡힌 기업들(심지어 턱없는 위험을 무릅쓴 업체들까지)에 혜택을 주는 데 이바지했다. 실제로 불리한 점이라고는 전혀 없다는 점을 보증하면서, 연준은 투자자들에게 정크 본드를 포함한 여러 가지 위험천만한 투자의 긍정적인 측면을 제시하고 있는 것이다.[40] 이것은 근본적으로 자본주의의 리메이크, 그러니까 실패해도 벌주지 않고 무너질 위험도 없으며 자산 평가의 실질적 메커니즘도 전혀 없는 리메이크다.* 그리고 주식을 소유하고 거래하는 사람들은 부유층일 확률이 극히 높기 때문에, 이런 정책은 부의 불평등을 극대화하는 도구가 될 뿐이다. 이것은 일부 경제학자들이 "마태 효과(Matthew Effect)"라고 불러 왔던 현상의 교과서적 본보기이다. 그 이름은 아래와 같은 마태복음의 한 구절에서 유래하였다. "무릇 있는 자는 받아 풍족하게 되고, 없는 자는 그 있는 것마저 빼앗기리라." 성경 말씀대로, 연준의 정책은 부유한 자에겐 사회주의요, 가난한 자에겐 자본주의라 하겠다. 그리고 미국 역사에서 이보다 더 고약한 순간에 그런 일이 벌어질 수가 있었겠는가!

두 개의 미국

고도의 불평등이 나쁜 경제와 나쁜 정치로 나아가는 길임을 이미 많은 학자들이 보여 주었다. 그것은 저조한 경제성장(소비할 사람이 적어짐)[42]과 상호 간의 불신 및 정치기구에 대한 고도의 불신[43]을 의미한다. 이미 우리가 보았듯이 미국의 불평등은 대공황 이래 최고점에 있다는 것이 역사적 추정이다. 그리고 최근 수십 년간 정부의 연구도 이 점을 뒷받침한다. 미국 인구조사국은 1967년부터 꾸준히 불평등 관련 데이터를 수집해 왔다. 미국의 지니계수는 그때 이

---

* 프랭크 보먼 동방항공 CEO가 재치 있게 말했듯이 "파산 없는 자본주의는 지옥 없는 기독교나 마찬가지다.".[41] (동방항공은 1989년 파산 신청을 했다.)

후 22%나 올랐다.[44] 최상위 10%(혹은 심지어 최상위 1%)에 초점을 맞춘다면, 격차는 한층 더 날카롭게 벌어졌다. 이 상위 집단들이 국민 소득에서 차지하는 비율은 세계 어디서든 증가했으나, 선진국 중에서 미국보다 더 급증한 곳은 어디에도 없다.[45] 최상위 1% 소득자들은 1970년만 해도 국민총소득의 10% 미만을 차지했지만,[46] 2019년에는 그 비율이 20%를 넘었다. 이에 비해서 하위 50% 소득자들이 차지한 비율은 1970년의 22%에서 현재의 15%로 낮아져 정반대의 길을 걸었다.[47] 마지막으로 소득이 아니라 축적한 자산으로 불평등을 계산한다면, 그 결과는 정말이지 상상하기조차 어렵다. 미국의 최상위 10%가 주택, 자동차, 주식, 채권 등 국내 전 자산의 거의 70%를 소유하고 있는가 하면, 하위 50%는 총자산의 겨우 1.5%만을 가지고 있으니 말이다.[48] 시계를 돌려 1980년대로 돌아가 보면, 레이건의 의기양양한 비전은 미국이 빈곤과 불공정을 시정하는 정도를 뛰어넘어 성장할 수 있다고 약속하는 것 같았다. 그렇지만 2020년에 이르러 성장은(적어도 미국 같은 선진국의 성장은) 지난 이십 년간 그러했듯이 지지부진을 면치 못할 것으로 보인다. 미국의 불평등은 세금이나 정부 보조금을 고려하더라도 그 어느 때보다 나빠져 있어, 서구권에서는 최악이다.[49] 지니계수만을 따지면 미국은 덴마크 같은 유럽 국가가 아니라 오히려 브라질에 더 가깝다.[50]

신종 코로나바이러스는 이러한 간격을 한층 더 벌리고 있다. 그것은 미국을 둘로 쩍 갈라놓을 것이다.[51] 바이러스는 여러모로 미국이 안고 있는 불평등의 생생한 그림을 그려 주었다. 소리 없이 눈에도 안 떼게, 질병은 개인의 부와 인종 따위는 (이론상) 개의치 않고 우리

사회를 꿰뚫고 지나간다. 그러나 그 결과를 보라. 빈곤한 지역일수록 부유한 동네보다 바이러스 감염률도 높고 위생도 열악하다. 뉴욕시의 경우 브롱크스, 퀸즈, 브루클린의 일부 빈곤한 동네는 어퍼 이스트나 어퍼 웨스트의 부자촌보다도 사망률이 4~6배에 달하는 것을 보았다.[52] 부자 동네의 인구밀도가 훨씬 높았는데도 말이다. 이것은 미국식 불평등을 들여다볼 수 있는 하나의 창이며, 거기에서 가난한 사람들은 심장 질환이나 당뇨병 같은 기저 질환이 더 많고, 질이 더 낮은 의료 서비스를 받으며, 신종 코로나바이러스에 감염될 경우 치료비는 곧 파산을 의미할 수 있으므로 검사조차 받기가 두렵다. 아직 감염이 안 되었다 해도 그들은 (집에서 편안하게 원격으로 하는 것도 아니면서) 계속 일해야 하므로 감염의 위험도 그만큼 더 크다.

흑인들은 백인들보다 코로나바이러스에 감염될 가능성이 두 배나 크다.[53] 미국의 가장 나쁜 불공정을 상기시키는 일이다. 게다가 미국 전체로 보면 감염되는 경우 흑인의 사망률은 백인보다 2.3배 높으며 일부 주에서는 그 비율이 4배까지 오른다고 한다.[54] (이 점에서는 미국만 그런 것은 아니다. 영국에서도 유색인종의 사망 비율은 이와 비슷한 불균형을 보인다.[55]) 가장 놀라운 것은 이런 불평등의 정서적·심리적 충격일지도 모른다. 미국 내 흑인의 3분의 1 정도가 개인적으로 아는 누군가가 신종 코로나바이러스로 죽었다고 말하는 데 비해,[56] 백인은 그 비율이 9%밖에 안 된다. 비탄과 절망, 그리고 유독 흑인들만 혹독하게 때리는 팬데믹의 충격에 대한 각성이 조지 프로이드 피살 사건 이후 터져 나온 폭동에 불을 질렀을지도 모른다.

인종차별이 불평등에 기여하는 바는 몇 세기나 거슬러 올라가지만, 최근의 구조 변화는 거기에 기름을 붓고 있다. 우선 그 한 가지로, 선진국들의 경제가 점차 디지털화하고 서비스 지향으로 변하면서, 대학 졸업생들이 누릴 수 있는 재정적 혜택은 갈수록 많아졌다. 가난하지만 똑똑한 아이들이 교육의 사다리를 제대로 오를 수 있게 하는 방법을 미국은 아직 찾지 못한 것이다. 1999년부터 2013년까지의 대학 입학생들을 들여다본 어떤 연구에서는 경악할 만한 결과가 나왔다. 소득 하위 20%에 속하는 가난한 가정의 아이들에 비해서, 최상위 1% 가정의 자녀들이 아이비리그나 다른 엘리트 학교에 들어갈 확률이 무려 77배나 높다는 내용이었다.[57] 그러는 가운데 토마 피케티(Thomas Piketty)와 다른 학자들이 지적한 것처럼 투자 수익은 임금보다 훨씬 빠른 속도로 늘어나고 있다. 이미 검토해 봤듯이 (처음엔 블루칼라, 지금은 점점 더 많은 화이트칼라의) 일상 업무는 저소득 국가의 국민이나 컴퓨터가 해낼 수 있다. 산업화 이후 시대의 세계에는 한때 노동자가 누렸던 프리미엄이 더는 존재할 수 없다. 자본은 지구 어디로든 자유롭게 움직이면서 효율성이 높은 기업에 보상을 준다. 기술은 인간보다 갈수록 더 빠르게, 더 저렴하게, 더 훌륭하게 임무를 수행하며, 인공지능은 그런 변화에 더 속도를 붙여 줄 것이다.

그러나 이런 구조적 변화들만이 불평등의 증가를 부추기는 요인인 것은 아니다. 정부 정책도 부자들을 지원해 왔다. 여러 서구 국가들의 과세 체계는 수많은 방법으로 노동자보다는 자본가들에게 호의를 보인다. 미국 내 다수 주의 '일할 권리' 법안처럼 정책으로 조합 활동을 방해하는 장애물이 있어서, 노동조합은 갈수록 주목을 받기가 어려워지고 있음을 깨닫는다. 대학생들의 학비 대출과 주택 보유는 보조금을 받지만, 고교 졸업생과 임차인들은 허덕이고 있다. 선거에는 돈이 들기 때문에, 부자들은 정치적 영향력을 돈으로 사서 법률과 규칙과 세금을 만들 수 있다. 선진국 가운데 최고 수준의 불평등을 보고서도 의회가 2001년, 2003년, 2017년에 몇조 달러에 달하는 세액공제안을 통과시키고 그 혜택이 상위 10% 부자들에게 주로 돌아가게 만든 나라가 미국이니, 다른 어디에서 이보다 더 노골적인 진실을 보겠는가. 월스트리트를 향해 아우성을 친 경제적 포퓰리스트라는 점도 당선에 한몫을 했던 도널드 트럼프 대통령은 여전히 이 퇴행적인 정책들을 펼쳤다. 정치학자인 제이콥 해커(Jacob Hacker)와 폴 피어슨(Paul Pierson)은 이 같은 두 얼굴의 이데올로기를 "금권정치적 포퓰리즘(plutocratic populism)"이라 부른다.[58]

좀 더 나은 길이 틀림없이 있을 것이다. 구조적인 압박이 불평등을 자꾸 악화시키고 있는 상황에서 우리는 그에 대응할 때 좀 더 창의적이고 야심만만해야 할 것이다. 우리는 가령 제2차 세계대전 직후에 수백만 참전 용사들을 교육했던 '제대 군인 원호법(GI Bill)' 같은 규모로 근로자들을 훈련·재훈련시키는 정책들이 필요하다. 그 밖에도 내가 앞서 잠시 언급했던 근로소득 세액공제처럼 폭넓은 조치들이 크게 확대되어야 한다. 이런 것들은 돈이 많이 드는 아이디어지만, 멍하니 아무것도 하지 않는 데 따르는 대가는 그보다 훨씬 더 클 것이다. 역사에서 얻을 수 있는 교훈은 분명하다. 악화일로의 불평등을 개혁으로 다스리지 않는다면, 뒤따르는 것은 혁명일지도 모른다.

돈과 도덕

민주 사회를 살아가는 우리는 삶의 중요한 측면들이 누구나 동등하게 경험하는 공유된 측면이기를 바란다. 만사가 돈으로 환산되는 세계에서 그런 것들은 훨씬 더 희귀해졌다. 대부분의 나라가 시장을 포용했으며, 이는 의심의 여지 없이 경제적 효율성을 가져왔다. 그러나 마이클 샌델 하버드 대학 철학 교수가 2012년 저서 『돈으로 살 수 없는 것들』에서 설명했다시피, 우리는 시장경제를 받아들인 데에서 모든 것을 가격이란 프리즘으로 바라보는 시장 사회를 창조하는 데로 이미 옮겨 왔다. 한때 일용품으로 변할 수 있는 수준은 넘어서 있다고 간주했던 재화와 용역도 이젠 모두 적당한 값만 치르면 살 수 있다. 의사 선생님의 전화번호가 필요한가? 매년 1500달러만 내면 그런 정보를 주는 의사들도 있다. 고급 카페테리아가 가까이에 있는 기숙사를 아이에게 구해 주고 싶은가? 몇천 달러만 내면 일도 아니다. 죄수가 하루에 구십 달러만 내면 감방을 업그레이드할 수 있는 감옥도 있다. 의회 청문회에 자리 하나 얻기 위해 누군가 대신 줄을 서 주었으면 하는 로비스트라고? 그거야 써 구려다, 시간당 이십 달러. 심지어 한 국가의 가장 성스러운 자산인 시민권까지 판매 중인 곳도 더러 있다. 일부 카리브해 연안 국가의 여권은 10만 달러에 팔리는가 하면,[59] 미국의 그린카드를 원하면 90만~180만 달러를 써야 하고,[60] 영국의 1급 투자 이민 비자는 대략 250만 달러가 든다.[61] 유럽연합 회원국으로 역내 여행에 거의 규제를 받지 않는 키프로스, 몰타, 불가리아 등도 시민권을 판매한다.[62]

무엇이든 살 수 있다면, 삶의 모든 측면이 불평등해진다. 간단한 예를 들어 보자. 예전엔 경기장에서 스포츠 경기를 라이브로 관람하는 것이 커다란 공동 행사 중 하나였다. 이젠 더는 공동 행사가 아닐 것이다. 역사적으로 운동 경기장은 똑같은 좌석으로 만들어졌고 차이가 있다면 좌석의 위치뿐이었다. 하지만 지금은 일반 대중을 위한 싸구려 좌석, 그보다 조금 나은 중산층용 좌석, 에어컨이 설치되고 바에다 고급 요리까지 갖춘 상위 1% 전용 좌석 등으로 구분되어, 정교한 위계질서가 새겨지고 계층이 또렷이 나뉜 사회를 반영한다. 우리 모두를 뭉쳐 주었던 것이 지금은 우리가 얼마나 많이 갈라서고 있는지를 상기하게 해 줄 뿐이다. 돈으로 좋은 집이나 자동차나 요트를 살 수 있다면, 그건 다른 이야기다. 하지만 돈으로 시민권, 공적인 공간에 접근할 권한, 대학에서의 특별 대우, 정치인들로부터의 혜택까지 살 수 있다면, 그것은 부패시키고 부식시키는 힘이 된다.

신종 코로나바이러스 팬데믹의 후유증으로 불평등이 어떻게 사회에 영향을 미치는가를 보여 주는 가장 생생한 예를 보려면, 이 전염병을 가장 잘 처리했던 곳들을 연구해 보면 된다. 그런 데서는 사람들 사이에, 또 사람과 대규모 조직 사이에 대단히 높은 수준의 신뢰가 형성돼 있었다. '사람들을 대체로 믿을 수 있는가?' 여부를 묻는 여론 조사를 실시해 보면,[63] 북유럽과 동아시아같이 긍정 대답이 많은 사회들은 바이러스 위기를 잘 넘겼다. 물론 고도의 신뢰에는 그럴 만한 이유가 있지만, 불평등이 심하지 않다는 점이 엄청난 도움을 준다.[64] 덴마크처럼 불평등이 별로 없는 나라들은 신뢰를 핵심 요소로 하는 '사회적 자본'이 풍부하다는 사실이 분명히 드러난다.[65] 미국이 과거 오십 년에 걸쳐 갈수록 불평등 사회가 되어 감에 따라, 미국 사회의 신뢰도 수준도 급격히 떨어졌다. 흑인들은 자신들이 불평등한 별개의 세상, 법률도 표준도 태도도 백인의 세계와는 전혀 다른 세상을 살아가는 것처럼 느낀다. 정당한 느낌이다. 그와 마찬가지로, 가난한 미국인들도 국가 시스템이 자신들에게 불리하게 짜여 있다고 느낀다. 만약 사람들이 동료 시민들과 목적의식을 공유한다고 느끼면, 그들에 대한 신뢰도 굳건해질 것이다. 그러나 우리가 물질적이거나 보이지 않는 장벽에 의해 분리되어 그들과 갈수록 동떨어진 삶을 영위한다면, 우리는 스스로 공유하는 바가 거의 없다고 생각할 것이다. 그렇게 되면 공공선이란 없다.

전염병이 만들어 낸 가장 현저한 불평등은 건강한 사람과 아픈 사람 사이에 드러난다. 수전 손택(Susan Sontag)이 "우물 왕국"과 "환자 왕국" 사이의 경계선이라 불렀던 그것이다.[66] 그 간격이 어찌나 큰지, 그 간격을 건널 땐 우리의 세계관이 영영 바뀔 수 있을 정도다. 마치 프랭클린 루스벨트가 소아마비에 걸렸을 때처럼. 그러나 질병이 불평등을 없애는 일도 없진 않지만, 대개의 경우 그것을 더 악화시킨다. 우리가 (가능성이 매우 큰 일이지만) 또 다른 펜데믹과 맞닥뜨린다면, 우리는 부자든 가난한 사람이든 모두를 안전하고 건강하게 보살펴야 한다는 것을 인식해야 한다. 그것이야말로 우리가 추구하는 평등의 본질적인 형태여야 한다. 신종 코로나바이러스는 아주 오랜 한 조각의 지혜, 숱한 성서와 철학 서적에 담겨 있고 미국과 프랑스 혁명에서 담대하게 선언되었던 지혜를 좇아 살지 않을 수 없게 만들고 있는지 모르겠다. 불평등은 피할 수 없을지도 모른다. 그러나 가장 근원적이고 도덕적인 의미에서 모든 인간은 평등하다.

세계화는 끝나지 않았다

릴리아나 델 카르멘 루이스는 2020년 3월 31일 이른 아침, 신종 코로나바이러스에 감염돼 세상을 떴다.[1] 쉰두 살의 그녀는 아르헨티나 북서부에 살았던 소아과 의사로, 기저 질환이 있어서 훨씬 더 취약해졌을 수도 있다. 그는 해외여행을 한 적도 없었고, 바이러스에 감염되었다고 확인되기 전까지는 뎅기열을 앓고 있는 것으로 생각되었다. 제빵사와 가사 도우미 사이에 딸로 태어난 그녀는 암을 이겨 낸적이 있었고 코르도바에서 의학 학위를 딴 다음 고향인 라 리오하로 돌아와 일했다. 이 지방에서 최초로 신종 코로나바이러스에 감염되었던 루이스는 그로 인해 사망한 첫 번째 희생자가 되기도 했다.

바이러스가 확산하는 동안 전 세계적으로 수십만 명이 비극적인 죽음을 맞았지만, 내가 굳이 앞의 예를 든 이유는 아주 단순하다.

루이스가 죽은 데서 그리 멀지 않은 라 리오하 지방은 그보다 불과 몇 달 전 신종 코로나바이러스가 처음으로 나타난 중국 우한의 대척점[2]이기 때문이다. 아르헨티나에서도 사방이 육지로 둘러싸인 외진 한구석이 무려 1만 9000킬로미터나 떨어진 야생동물 시장에서 일어난 일에 영향을 받은 것이다. 그렇다, 우린 모두 연결되어 있고, 아무도 방향타를 잡고 있지 않다.

팬데믹에는 역설적인 양상이 있다. 거기에는 특정 지역에서 비롯한 이름이 붙지만, 조금도 국경에 의해 제약받지 않는다는 점이다. 실크로드를 오갔던 대상이나 지중해 세계의 무역선 이래로, 특히 증기선과 열차의 시대가 열리고 과거 150년 동안, 그것은 변함없는 진실이었다. 1889~1890년의 '러시아 독감', 1918~1919년의 '스페인 독감', 1957~1958년의 '아시아 독감', 1968~1969년의 '홍콩 독감', 2012년의 '중동 호흡기 증후군(MERS)', 그리고 이제 2019~2020년의 '우한 바이러스'까지. 외국이 표기된 라벨에 대한 집착을 보여 줌으로써, 이 이름들은 (바이러스의 진원지가 잘못 알려진 경우에조차) 오히려 그 병의 만연이라는 비밀을 누설했다. 병원균이 해외에서 온 것으로 보려는 욕구는 아주 강렬하지만, 그 병익 이름이 된 그 지역에서는 그 병을 거의 알지도 못했다. 스페인에서 '스페인 독감'은 그저 독감이었을 뿐이다.

지금 우리가 세계화라고 부르는 '평평한 세상 만들기'와 질병 사이의 연결 고리를 우리가 걱정해 왔던 것도 지난 100년 이상 동안의 사실이다. 플로렌스 밀러(Florence F. Miller)라는 저널리스트는 유럽 대륙을 넘어 영국까지 손길을 뻗치고 있던 독감을 따라가며

1890년 런던의 어느 일간지에 이런 기사를 기고했다. "진취력 만점인 이 병원균은 신속하게 여행했다.[3] …… 우리는 우리가 누리는 이점들에 대해 대가를 지불해야 한다. 사람들과 편지를 방방곡곡에 그처럼 빨리 전해 주는 열차는 동시에 파괴적인 병원균을 신속하게 전하는 역할까지 수행하고 있다." 그 팬데믹이 유럽을 초토화하고 있을 때, 열다섯 살의 윈스턴 처칠은 울컥한 마음으로 지은 시 한 편을 다니고 있던 고등학교 학보에 신게 된다. 아시아에서 거침없이 서진해 온 병을 묘사한 시다. "그것은 우랄산맥 정상에도 올랐고 / 가로막은 빗장과 장애물도 죄다 / 그것의 진로를 바꾸지는 못했다 / 서서히 그러나 확실히 다가온 그것 / 끔찍한 명성을 앞세우고 / 날이면 날마다 불어 난다."[4]

오늘날 질병과 세계화에 대한 걱정은 빠른 속도로 응결되어, 이 팬데믹이 서로서로 단단히 엮여 있는 세계를 풀어 헤칠 거라는 생각으로 변했다. 그러니까 어떤 칼럼니스트의 암울한 예측처럼 "세계화의 관에다 마지막 못질을 할 것"이라고 말이다.[5] 하지만 정말 그렇게 되고 있는 걸까? 사람들은 이미 수십 년 동안 세계화에 반대하고 그 몰락을 경고해 왔다. 세계화를 매도하는 책도 한두 권이 아니다. 끔찍하다고 하는 이 물결을 돌려놓겠다는 생각에 기반을 두고 사람들에게 호소하는 정치 운동도 많았다. 그러나 세계화의 물결을 돌려놓은 사람이, 어디, 있었는가? 그렇게 할 수 있는 사람이 있을까? 팬데믹의 초기 몇 주일 동안 작가 재커리 카라벨(Zachary Karabell)은 이런 결론에 이르렀다. "일단 데이터를 좀 더 꼼꼼히 검토해 보면 세계화에 관해 우리가 알고 있는 것을 새롭게 확인해 주는 것이 나타날 것이다. 즉 세계화는 증오하기 쉽고, 타깃으로 삼기 편하며, 멈출 방도가 없다는 사실 말이다."[6]

작금의 반세계화 논리의 요지는 우리가 지나치게 서로 얽혀서 우리의 삶과 경제가 극도로 뒤엉킨 나머지 우리 자신의 운명에 대한 통제마저 불가능해졌다는 것이다. 이런 우려의 한 가지 특별한 요소는 신종 코로나바이러스 같은 비상사태에 글로벌 공급망은 우리를 필수 의료품 부족에 취약하게 만든다는 점이다. 새로 등장한 사회적 통념은 반드시 국내에서 제조해야 할 물품도 있다는 것이다. 갈피를 못 잡게 하는 지구촌 경제 때문에 통제력을 상실하면 어쩌나 하는 새삼스러운 걱정을 처음 보는 것도 아니다.[7] 1960년대 후반 해럴드 윌슨 영국 총리는 국제시장의 압박을 받고서 "취리히의 작은 악마들"에 저항하기로 맹세한다.[8] 1990년대를 통틀어 우리는 멕시코에서 동아시아와 러시아에 이르기까지 펼쳐진 경제 위기를 목격했다. 그럴 때마다 사람들은 뉴욕과 런던 같은 도시의 금융 전문가들이 그들에게 불리하게 베팅하기 때문에 자기 나라가 거덜이 나는 거라고 주장했다. 시장이 당신에게 현금을 쏟아부어 줄 땐 그게 당신의 정당한 보상이라 하면서, 시장이 축복을 거둬들이면 조작된 게임이라고 아우성치는 법이다.[9]

교역은 부리나케 늘어나고 인터넷은 호황을 거듭하던 1999년, 또 다른 종류의 역습이 시작되었다. 이번엔 사람들에게 인기 높은 반발이었다. 그해에 호세 보베(José Bové)라는 이름의 농부가 프랑스의 작은 마을 미요에 건설되고 있던 맥도날드 지점을 파괴했던 한 무리의 운동가들을 규합했다. 보베의 눈에는 맥도날드의 황금 아치가 세계를 휩쓸고 있는 동일 유전자의 미국 스타일 자본주의를 상징하는 것이었다. 같은 해 12월, 수만 명의 분노한 시위대가 시애틀에서 개최된 세계무역기구(WTO) 회의장을 덮쳤다. 2001년 9월 11일에 벌어진 공격도 어떤 의미에서는 역시 개방된 세계에 대한 반발이었다. 그렇지만 이런 위기들도 국제 교역의 행진을 거의 늦추지 못했다. 세계 각국에서 9.11 사태에 대한 반응으로 여행과 이민에 대한 일련의 규제와 장벽을 도입하긴 했다. 그러나 잠깐 주춤했을 뿐, 갈수록 더 많은 사람들이 여행을 재개했다. 2001년부터 2018년까지 항공 여행은 연간 승객 수 17억 명에서 42억 명으로 곱절 이상 늘었다.[10]

2008년의 금융 위기는 좀 더 아픔이 오래가는 타격을 입혔다. 미국과 유럽에 가해진 충격은 지구 전체로 번졌고, 자본과 재화와 서비스의 흐름은 9% 이상 현저하게 줄어들었다.[11] 이후 경제가 회복하면서 이 흐름은 서서히 살아났다.[12] 하지만 교역, 자본의 흐름, 해외 직접투자 등은 2008년 수준을 영영 회복하지 못하고 말았다.[13][14][15] 사람들은 이 위기를 지나치게 복잡하고 서로 얽힌 글로벌 경제, 노동자(일상의 근로자)를 희생하며 자본가(은행가와 투자자)에게 혜택을 주는 경제의 탓으로 돌리기 시작했다.[16] 그러더니 사상 최저의 금리와 그 밖의 활발한 통화정책이 불을 지핀 회복기가 왔다. 그런 정책이 주식 및 기타 금융자산의 가치를 끌어올렸고, 나아가 자본과 노동의 간격을 더욱 벌려 놓았다. '글로벌리즘'을 질타하면서 포퓰리즘에 기댄 정치인들이 영국과 미국을 포함한 주요국들에서 당선되었다. 사람들은 '탈세계화'를 말하기 시작했다.[17] 그러고는 팬데믹이 찾아온 것이다.

독립하려는 충동

신종 코로나바이러스와 이어진 전국적 봉쇄는 그 어느 때보다 경제지표들을 급속히 추락시켰다. 가령 2020년 4월 전 세계 항공운송은 전년도 같은 달에 비해 94% 감소했고,[18] 유럽연합의 신차 등록 대수는 76% 줄었으며,[19] 미국에서는 2000만 개의 일자리가 사라졌다. 5월까지 미국의 실업률은 14.7%로 정점을 찍었는데, 문자 그대로 차트에 표시할 수가 없을 정도였다.[20] 이런 경제적 충격과 함께 국경 통제와 여행 금지가 발표되었다. 심지어 서로에 대한 열린 정책으로 유명했던 나라들 사이에까지. 유럽인들이 통상 어떤 비자나 제약 없이 여행할 수 있었던 셍겐 구역(Schengen zone)도 거의 모든 해외 방문객을 막았으며, 한동안 역내의 이동조차 금지하였다.

그뿐이 아니다. 사람들은 정말 중요한 의료 물자의 공급을 해외 업체에 의존해도 괜찮을지 걱정하기 시작했다. 예컨대 미국인이 복용하는 알약 세 알 중 한 알은 인도에서 생산하는 일반 의약품이고, 그나마 제약 원료의 3분의 2는 중국산이다.[21] 팬데믹이 최고조이던 2020년 3월 중순 세계 교역의 동맥은 좁아졌고 여기저기 막혔다. 항공편은 거의 없어졌고 태평양을 건너는 재화의 단위 수송 비용은 세 배로 뛰었다.[22] 유럽연합에서 일본, 인도에 이르기까지 안정을 추구하는 정부는 더 큰 비율의 자급자족을 추구하겠다는 결의를 보이거나, 최소한 글로벌 공급망 체제를 좀 더 탄력적이게 만들겠다고 했다.[23] 예전에는 열렬한 세계화 지지자였던 이들이 갑자기 '리쇼어링(reshoring: 해외 생산 기지 국내 복귀)'을 말하기 시작했다. 에마뉘엘 마크롱 프랑스 대통령은 전국에 방송된 연설에서 다른 대륙에 대한 의존을 개탄하면서, 팬데믹 이후 자신의 새로운 목표는 기술과 산업 측면의 "프랑스 독립"을 성취하는 것이라고 발표했다.[24] 그로부터 몇 주 후, 평생을 국제주의자로 살아온 조 바이든이 4000억 달러짜리 "바이 아메리칸(Buy American)" 계획을 발표했다.[25] 기라성 같은 세력들이 손잡고 최근 사십 년간 세계의 모습을 바꾸어 놓았던 재화와 용역, 돈, 사람의 자유로운 흐름을 뒤집어 보겠다고 나선 모양새다.

생각대로 움직여 줄까? 팬데믹 이전의 상황이 어떠했는지를 보여 주는 몇몇 측정치를 들여다보기로 하자.(좀 더 최근 수치는 아직 얻을 수 없다.) 세계화의 공통된 척도 한 가지는 글로벌 경제의 퍼센티지로 나타낸 수출이다. 이 수치는 2008년 이후 현저히 떨어졌고, 이후 약간 회복되긴 했지만 2018년에도 30.1%에 머물러 있어, 2008년의 고점이었던 30.8%에 살짝 못 미친다.[26] 하지만 지금부터 20년 전인 2000년 이 수치는 어디에 있었을까? 글로벌 경제의 26%였다. 30년 전인 1990년은? 19%에 불과했다. 그러면 이제 해외 직접투자를 조사해 보자. 2016년 이 투자의 흐름은 2조 7000억 달러에 이르렀다.[27] 1990년에는 2400억 달러에 지나지 않았고, 1조 6000억 달러였던 2000년과 비교해도 크게 늘어난 금액이다. 항공 여행 및 이와 관련된 관광은 1998년에 글로벌 GDP 가운데 1조 4000억 달러를 차지했는데, 이 수치는 2016년까지 거의 두 배로 커졌다.[28] 달리 표현하자면 1990년대 이후로 세계화는 어떤 면에서 측정하든 일취월장 약진해 왔고, 최근 몇 년 사이에 한두 걸음 뒤로 물러난 양상이다. 그것은 탈세계화가 아니다. 그저 잠시 멈춤일 뿐이다.

[도표] 70년간의 세계화

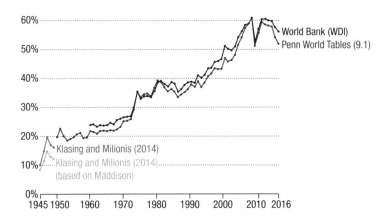

'교역개방지수'는 세계 경제의 총계에서 차지하는 비율로 모든 수출입을 들여다보는 것으로, 세로축에 GDP의 몇 퍼센트인가로 표시된다.

전반적으로 세계 경제는 서로 단단히 얽혀 있다. 가장 너른 의미의 척도인 '교역개방지수'는 세계 경제의 총계에서 차지하는 비율로 모든 수출입을 들여다보는 것인데, 이 지수는 2007년의 61%에서 2016년에는 54%로 낮아졌다. 하지만 위의 도표를 역사적으로 보면 교역개방지수가 10% 정도였던 1945년 이후로 거의 흔들림 없이 증가하는 세계화의 상향 경로를 볼 수 있을 것이다.[29] 2008년 이후의 후퇴는 사실이지만 크지 않고, 장기 추세선 위에 나타난 깜빡 신호에 불과하다.

팬데믹과 봉쇄의 단기 효과는 물론 국내외 경제활동을 모두 줄이는 것이었다. 이러한 반전은 아마도 한동안 현실적이지만 그리 크지 않은 탈세계화 단계로 번질 것이다. 하지만 경제지표란 것은 급속히 나빠진 만큼 또 재빨리 개선될 수도 있다. 특히 일단 치료제나 백신이 확보되면 더욱 그렇다. 좀 더 장기적인 영향은 아직 분명하지 않지만, 세계화를 반대하는 감상적인 수사법은 아직 그만큼 극단적인 정책으로 발전하진 않았다. 바이러스에 대한 반응으로 새로운 관세를 법제화한 나라는 거의 없고, 그럴 계획인 나라도 없다. 장벽을 세우는 것도 별 의미가 없는 것이, 거의 모든 나라가 성장을 촉진할 가장 강력한 방안을 찾을 것이며, 교역에 장애물을 설치하는 것은 회복을 저해하는 가장 확실한 길이기 때문이다.

트럼프 행정부는 자유무역의 촉진이라는 미국의 오랜 전통을 단호히 반대해 왔다. 이 때문에 미국 납세자들은 가구당 대략 1300달러라는 엄청난 대가를 치러야 했고[30] 돌아오는 혜택은 거의 없었다. 그러나 세계 여타 지역은 한창 전진하고 있다. 최근 이 년 사이 (미국을 뺀) 수정 환태평양 경제 동반자 협정, 유럽·캐나다 협정, 유럽·일본 협정, 아프리카 대륙 자유무역지대 등이 이루어졌다. 그렇다, 2008년 이래로 여러 나라가 수백 가지 자잘한 보호주의 조치나 관세를 도입했다. 하지만 그것들의 순효과는 고만고만했다. 1960년대 산업화한 세계의 평균 관세율은 한바탕 자유화의 물결이 1967년에 절정을 이루기 전까지 15%에 머물렀다.[31] 그러나 2017년 세계 평균 관세율은 (전통적으로 교역에 회의적인 개발도상국들을 포함하더라도) 3% 미만이었다.[32] 4%대까지 오를 수는 있겠지만, 아무튼 성큼성큼 전진했고 한두 걸음 물러선 형국이었다.

미국, 인도, 프랑스 등을 포함한 몇몇 나라들은 신종 코로나바이러스와 싸우면서 필수 의료품을 해외 공급자들에 의존하는 게 얼마나 위험한지를 얘기했다.[33] 그러나 적어도 서구에서 공급 부족 사태를 겪은 물품의 상당수는 복잡한 기계나 약품이 아니라, 마스크라든지 면봉처럼 당연히 저소득 국가에서 생산되기 마련인 단순한 제품이었다. 이처럼 기초적인 소비재의 대량생산을 선진국으로 되돌려 놓는 것은 어마어마하게 돈이 드는 일일 것이다. 게다가 다음번 비상사태는 어쩌면 기후 재앙일지도 모르고, 그렇게 되면 완전히 다른 비상 공급품이 필요할 게다. 설령 다음번에 전염병이 닥친다 하더라도 호흡기 바이러스가 아닌 다른 질환일 수도 있어서, 그 나름의 필수 장비가 필요할지도 모른다. 정부는 상상할 수 있는 시나리오를 일일이 예상해서, 다음번 충격이 올 때 부족할 수 있는 모든 것을 확보하겠답시고 수십 개의 산업에 보조금을 주어야 한단 말인가? 그렇게 되면 자본주의의 얼굴은 정말로 달라질 것이다.

만약 정부가 단순히 다양한 의료품을 대량 구매해서 보관하고 줄어드는 것들을 정기적으로 보충한다면, 공급 문제는 훨씬 더 쉽게 해결될 수 있을 것이다. 부족 사태는 위기가 닥쳤을 때 단기로 끝나는 것이 보통이고, 이후 민간 부문이 공급을 늘려 수요를 충족시킨다. 신종 코로나바이러스 팬데믹 동안에도 상황은 정확하게 이런 식으로 전개되었다. 몇 달 동안은 전 세계적으로 마스크가 절대 부족이어서,[34] 많은 정부가 모든 방호 장비의 수출을 금지하도록 만들었다. 인도도 예외가 아니었으며, 이후 몇 달에 걸쳐 인도 제조업체들은 N95 마스크 생산량을 팬데믹 이전 수준의 57배로 늘렸다.[35] 그리고 2020년 7월에 이르러서는 오히려 공급과잉 사태를 맞은 곳이 많았다. 중국의 경우 마스크의 도매가격은 90%나 하락했다.[36]

'리쇼어링'이 아니라 원유의 전략비축과 비슷한, 일종의 의료 물자 전략비축을 수립하는 것을 목표로 삼아야 한다. 물론 미국도 그런 비축량을 보유하고 있긴 하지만, 한계도 있고 걸핏하면 이를 소홀히 한다. 특히 2009년의 신종 플루 창궐 이후로는 한 번도 넉넉하게 채운 적이 없었다.[37] 신종 코로나바이러스에 잘 대처했던 아시아 국가들의 상당수는 필수적인 물품을 새로이 대량으로 비축했으며, 이는 사스와 메르스 사태로부터 그들이 배운 교훈이었다. 국가가 앞으로 닥칠 수 있는 재난을 꼼꼼하게 검토하고 어떤 제품이나 장비가 반드시 있어야 할지를 연구해서 비축해 두는 것은 어려운 일이 아닐 것이다. 또 기업들은 그런 비상사태에서도 항상 탄력성을 유지하고, 이런저런 생산요소와 자재들의 비축량을 유지해야 할 것이다. 이 모든 것이 온갖 산업을 영속적으로 가동하는 것보다는 비용이 훨씬 덜 들터이다. 우리가 가뭄에 콩 나듯이 필요로 하는 제품이 단 몇 달 동안만 공급 부족 상태일 수 있기 때문이다.

표현이야 어떠하든, 많은 나라들은 외국에 의존하는 것을 두루 불안해하는 것이 아니라 특히 중국에 의존해야 하는 것을 두려워한다. 팬데믹 이전부터 존재했던 이 우려는 공급이 한 나라에 지나치게 집중되어 있다는 사실에 대한 타당한 걱정이다. 일부 소비재의 경우, 중국이 전 세계 생산의 70~80%를 차지하고 있으니 말이다.[38] 사실 트럼프 행정부는 신종 코로나바이러스 사태를 이용해서 오랫동안 선호해 왔던 방향, 즉 중국과의 디커플링 쪽으로 나아가고 있다. 유럽의 일부 국가들도 그렇게 하고 있다. 공급망을 다변화하려는 욕구는 물론이고 중국이 지정학적 목표를 이루기 위해 시장 권력을 이용하리라는 우려도 그런 노력을 하게 만드는 동기가 된다. 그러나 중국으로부터의 공급 일변도에서 벗어나 다변화하려면, 강대국 정치를 걱정할 필요가 없으면서도 생산 비용을 낮게 유지할 수 있는 장소로 공장을 옮기는 것이 가장 쉬운 방법이다. 베트남, 방글라데시, 루마니아 등이 그런 곳이다. 중국이 중간 소득 국가가 되고 노동 비용이 상승하면서, 이러한 이전은 이미 일어나고 있다. 미국 기업들이 중국 내 생산 시설을 본국에 가까운 곳으로 옮기면서도 계속 저렴한 노동력을 활용함에 따라, 바이러스와 관련된 이런 우려에서 장기적으로 가장 혜택을 보는 나라는, 사실은 멕시코다. 이러한 움직임의 (더러는 정당화할 수 있는) 좋은 점이 무엇이든, 그것이 세계화의 종말을 예고하지는 않는다. 그런 움직임은 교역과 국가 간 투자의 세계 안에서 그저 구조 조정을 대변하는 것일 따름이다.

물론 본국으로 돌아오는 공장도 있을 것이다. 일본에서 유럽까지 여러 정부는 기업들의 자국 내 생산을 위한 인센티브를 다양하게 만들어 내고 있다.[39] 트럼프 행정부는 대기업들이 미국 안에서 더 많이 생산하도록 권장하기 위해 부분적으로는 세금 감면을 이용했다.[40] 그러나 설사 그런 인센티브를 준다 하더라도, 국내 생산을 재구축하는 과정은 아주 느릴 터이다. 그런 노력은 비교 우위라는, 세상에서 가장 강력한 힘에 맞서는 행위이기 때문이다. 각국이 특정 부문에서 전문성을 갖추는 편이 훨씬 쉽다는 단순한 경제적 사실 때문에 세계화는 지금껏 번성해 왔다. 선진국들은 기초 소비재 생산에 썩 어울리지 않으며, 그 나라들 대부분에서 1950~1960년대 이후로 제조업의 고용 비율이 급격히 감소했던 이유도 바로 거기에 있다.[41] 리바이스

셀비지 청바지 가격이 130달러 정도인데, 똑같은 바지의 '메이드 인 유에스에이' 버전은 대략 350달러 정도이니 알 만하지 않은가.[42]

미국 블루칼라 노동자들을 향한 트럼프 대통령의 약속, 그리고 1930년 악명 높았던 스무트·홀리 관세법(Smoot-Hawley Tariff) 이래로 가장 무거운 관세의 부과[43]에도 불구하고, 미국 전체 고용에서 제조업이 차지하는 비율은 꼼짝도 하지 않은 채 여전히 1980년대의 절반 수준에 머물렀다.[44] 이런 정체는 앞으로도 계속될 것 같다. 바이러스가 퍼지는 동안 브룩스 브라더즈는 미국에 있는 공장 세 개를 폐쇄한다고 발표했다. 이 회사 CEO는 그 공장들이 재정적으로 생존 가능했던 적이 한 번도 없었다고 설명했다.[45] '메이드 인 아메리카'의 기치 아래 마케팅을 펼친 브랜드이건만, 경제 침체를 고려하면 더는 손해를 감수하면서 공장을 돌릴 수 없었다.(실제로 이 회사는 곧 파산 신청을 했고, 이 책이 집필되는 동안 새 주인을 찾고 있었다.)

애플 역시 비슷한 딜레마에 빠진 적이 있다. 2012년 팀 쿡 CEO는 황금 시간대 TV에 나와 새로 개발한 애플 컴퓨터를 미국 내에서 제조할 것이라고 자랑스럽게 발표했다. "미국 내 조립"이라는 문구를 달고 나올, 참으로 몇 년 만에 만나는 애플 제품이 될 터였다. 그러나 텍사스주 오스틴에서 맥 컴퓨터를 만든다는 계획은 상상했던 것보다 훨씬 어려운 과업인 것으로 드러났고, 판매는 몇 달이나 지연되었다. 주된 장애물은 결국 아주 조그만 맞춤형 나사였다.[46] 이 부품의 미국 제조사는 넉넉한 양을 생산할 수 없었고, 결국 애플은 중국에 발주할 수밖에 없었다. 중국이 컴퓨터 같은 기술 제품의 제조에 특화되어 있고 미국은 전혀 그렇지 못하다는 것이 더 근원적인 문제다. 팀 쿡은

2017년 이렇게 말했다. "미국에서 가령 금형 엔지니어들의 회의를 연다고 치자. 그럼 회의실 하나라도 가득 채울 수 있을지 모르겠다. 하지만 중국에서 그런 회의를 열면 아마 축구장 몇 개를 가득 채울 정도로 엔지니어들이 몰려들 것이다."[47] 미·중 무역 전쟁과 팬데믹의 와중에 애플은 지금 중국 내 생산 설비 일부를 베트남이나 인도로 이전할 길을 모색하고 있다.[48]

이러한 논의는 오롯이 실제 재화에 초점이 맞춰져 있다. 말할 것도 없이 재화는 여러 선진 경제의 중요한 일부이지만, 쇠퇴하는 분야이다. 근대 경제에서는 대개 실제로 제품을 만드는 분야보다 서비스 분야에 더 많은 일자리가 존재한다. 미국 GDP의 70%는 서비스 부문에서 창출된다.[49] 미국의 일자리 다섯 개 가운데 네 개는 서비스 업종에 있다.[50] 독일의 탁월한 제품 생산 능력을 찬양하는 소리가 들리지만, 사실은 독일조차도 상황은 비슷해서 경제적 산출과 일자리의 70%가량이 서비스 부문에서 만들어진다.[51][52] 프랑스의 제조업은 GDP의 10%도 차지하기 어렵다.[53] 그런 의미에서 오늘날의 선진 경제는 곧 서비스 경제다.(우리는 지금도 가장 발전한 경제를 '산업화한 국가'라고 일컫는데, 사실은 그들 모두가 포스트-산업화 국가이니, 묘한 아이러니가 아닌가.) 서비스는 수출하기가 아주 어렵다. 접객업처럼 태생이 로컬인 경우도 많고, 법률이나 회계처럼 내국 기업 우대라는 방식으로 통제를 받는 경우도 있기 때문이다. 여러 나라에서 가장 빠르게 성장하는 서비스는 헬스케어로, 이것은 로컬 성격도 있고 규제도 아주 심하다. 그런데도 은행업이나 컨설팅처럼 세계화하면서 성장하기를 도모하는 서비스업도 더러 있다.

하지만 뭐니 뭐니 해도 최근 몇 년 새 세계경제에서 가장 두드러진 전환은 속성 자체가 글로벌한 디지털 경제의 부상이라 하겠다. 동영상 스트리밍, 이메일, 파일 공유 등이 모두 무섭게 성장하고 있다. 소프트웨어가 하드웨어를 계속해서 '먹어 치우고' 있는 와중에, 디지털 상품과 실물 상품을 구분하기가 점점 어려워질 법도 하다. 찍기는 뉴욕에서 찍고 분석은 인도 뭄바이에 있는 사람들이 싱가포르에 있는 일련의 컴퓨터를 통해 하고 있다면, 그런 엑스레이를 뭐라고 규정하겠는가? 내가 파리에 있는데 우버(Uber) 기사가 프리우스(Prius)를 타고 와서 나를 픽업한다면, 나는 어디에 돈을 내는 셈인가? 일제 차인가, 프랑스 노동자인가, 아니면 나를 목적지까지 안내하는 캘리포니아의 스마트 네트워크인가? 세계 전역의 기업들이 아마존, 페이스북, 알리바바 같은 플랫폼에서 제품을 판매하고 있으며, 생산과 마케팅과 배송의 질을 높이기 위해 여러 가지 디지털 툴을 이용하고 있다. 그 결과, 디지털 경제는 붐을 맞고 있다. 시스코(Cisco)가 계산한 바에 따르면, 2005년부터 2016년까지 국가 간 대역폭(bandwidth)의 사용은 90배나 늘었고, 2023년까지는 다시 13배만큼 커질 것으로 예상된다.[54] 비록 시작은 미미했지만, 디지털 상품들은 이제 적지 않은 산업들을 주도하고 있다. 온라인 서비스는 대부분 눈에 띄지도 않으면서 계속해서 국경을 넘나들고 있다.* 경제학자인

---

* 국경 없는 디지털 세계에 커다란 예외가 하나 있다. 바로 외부 기업들에는 인터넷을 막아 버린 중국이다. 그러나 중국의 이런 예를 따르는 나라는 없다. 하긴 그럴 엄두를 낼 만큼 규모가 큰 나라도 거의 없다. 아무튼 일부 영역들에서 우리는 중국과 그 나머지라는 두 개의 디지털 세계를 가지고 있는 셈이다.

수전 룬드(Susan Lund)와 로라 타이슨(Laura Tyson)이 세계화는 조금도 후퇴하고 있지 않다는 주장을 펼치는 이유다. 그냥 형태만 달라질 뿐이라는 것이다.

세계화가 디지털로 돌아서는 중에도, 그 전통적인 형태는 신흥 시장, 특히 아시아로 진격하고 있다. 룬드와 타이슨이 쓴 것처럼 "국제 상품 교역 전체의 절반 이상에 적어도 하나의 개발도상국이 포함되어 있다. 그리고 이른바 '남남 무역(South-South Trade)'이라는 개발도상국들 사이의 상품 교역이 국제 교역 전체에서 차지하는 비율은 2000년의 7%에서 2016년에는 18%로 커졌다."[55] 이런 신흥 시장은 교역에 폐쇄적이기보다는 문을 활짝 열어 준다. 아시아는 1990년과 2016년 사이에 국제 교역에서 차지하는 비율을 24%에서 34%로 키웠고, 같은 기간 중 아시아의 전체 GDP 가운데 대외 교역의 비중은 35% 이하에서 55% 이상으로 늘어났다.[56] 중국은 중상주의적(아니, 어쩌면 심지어는 제국주의적) 동기를 품고 일대일로(一帶一路)라는 사회간접자본 투자 프로그램을 아시아, 아프리카, 라틴아메리카를 비롯해 심지어 유럽에까지 제안하고 있다. 동기야 어떻든 그것은 역시나 교역과 투자의 엄청난 확대를 의미한다. 2014년부터 2017년까지만 보더라도, 중국은 일대일로 국가들의 인프라 프로젝트를 위해 1,200억 달러를 빌려 주었다.[57]

미국은 1945년부터 좀 더 개방적이고 좀 더 자유로운 교역 쪽으로 세계를 꾸준히 이끌어 왔다. 트럼프는 이런 전통으로부터 갑작스럽게 이탈하려 했다. 그러나 미국의 리더십 없이도 동아시아부터 아프리카까지 세계 각국은 서로 교역하고 연결할 수 있는 더 많은 방법을 모색하고 있다. 한 국가의 삶의 질을 높이려면 다른 인간 사회와 사고파는 방법을 찾아야만 한다. 트럼프 대통령이 2017년에 참여를 포기했던 환태평양 경제 동반자 협정(Trans-Pacific Partnership, TPP)을 생각해 보라. 여기에 참여한 다른 모든 나라는 묵묵히 전진했고, 4억 9500만 인구와 세계경제의 15%를 아우르는 후속 협정이 발효 중이다.[58] 미국은 지금 당장은 세계로부터 고립되어도 상관없을 만큼 커다란 국내시장을 가지고 있지만, 비용 상승과 효율 감소라는 대가를 치르게 될 터이다. 그 반면에 다른 나라들은 교역만이 유일한 길이고 대안은 없다.

그 뒤로는 쭉 세계화?

인간은 꼼짝 않고 가만히 있는 걸 싫어한다. 지난 수만 년 동안 움직이는 것이 세상의 이치였다. 세계화라는 것을 사람과 재화와 자본이 갈수록 많이 움직이는 것으로 생각한다면, 그것은 6만~9만 년 전에 인간이 (십중팔구는 잦아진 가뭄이나 기근 때문에, 그리고 아마도 질병을 피해 새로운 환경을 찾지 않을 수 없어서) 아프리카를 떠나 돌아다니기 시작[59]한 이래로 줄곧 해 왔던 일이다. 그 사이 수천 년 동안 세계화의 오랜 과정은 전쟁과 역병에도 불구하고 빠르게 지속되었다.[60] 페르시아, 로마, 잉카, 말리, 몽골, 오토만 등의 제국이 번성했을 때 그들은 모두 교역로를 확대했고, 새로운 변경을 발견했으며, 여러 민족이 뒤섞이게 만들었다.

근대적인 세계화가 탄생한 시점은 좀 더 정확하게 지적할 수 있다. 애덤 스미스(Adam Smith)라는 권위자는 1492년과 1498년이라는 두 해를 그 탄생 시점으로 제안했다. 앞엣것은 콜럼버스가 아메리카 대륙을 발견한 해요, 뒤엣것은 바스쿠다가마(Vasco da Gama)가 아프리카를 휘돌아 아시아에 이르는 새로운 항로를 찾아냈던 해다. 그걸 두고 스미스는 "인류사에 아로새겨진 가장 위대하고 가장 중요한 이 두 개의 사건"[61]이라 불렀다. 왜일까? 그 두 사건으로 인해 지구촌 경제가 어마어마하게 확대되면서, 수백만 명의 소비자와 생산자가 가외로 생겼기 때문이다. 그의 설명은 이러했다. "유럽의 상업 도시들은 세계의 아주 작은 한 귀퉁이(대서양 파도에 침식당하는 유럽의 일부, 그리고 발트해와 지중해 주위에 자리 잡은 나라들)를 위한 제조업자 혹은 운수업자에 머무르지 않고, 이제 번성하는 수많은 아메리카 농부들을 위한 제조업자이자 운수업자가 되었고, 어떤 의미에서는 아시아와 아프리카와 아메리카의 거의 모든 나라를 위한 제조업자가 되었다."[62] 스미스가 이 글을 쓴 것은 농업이 여전히 거의 모든 나라의 경제를 주도하던 때였으나, 그는 부풀어 오른 세계시장이 어떻게 농업을 제치고 교역과 제조를 꾸준히 성장시킬지를 내다본 것이다. 크고 작은 도시들이 농촌을 대신하여 최대의 경제적 가치를 창출하리라고 그는 점쳤다.

산업혁명 이후 교역은 전례 없는 도약을 이룩했다. 오대양을 가로질러 이동하는 설탕, 와인, 담배, 대구 등의 물량은 갈수록 늘어났다.(이 세계화에는 설탕과 담배 산업에 수백 년간 공짜 노동을 제공한 노예들을 사고파는 잔혹하고 끔찍한 무역 또한 포함되어 있었다.) 그러나 이 활발한 재화 교역은 19세기 초까지만 해도 생활수준 전반을 근본적으로 개선하지 못했다. 케빈 오루어크(Kevin O'Rourke)나 제프리 윌리엄슨(Jeffrey Williamson) 같은 역사가들은 세계화의 '빅뱅'이 1820년대에 시작해서 19세기 내내 진행되었다고 주장한다.[63] 그리고 수송비의 급격한 하락이 그것을 촉발했다고 한다. 예컨대 미얀마 양곤(당시 이름은 랑군)에서 유럽으로 쌀을 보내는 해상 운임이 1882년과 1914년 사이에 4분의 1 수준으로 떨어졌다는 것이다. 상하이와 나가사키 사이의 석탄 운임도 마찬가지로 줄었다.[64] 불과 삼십 년 만에 전 세계 해상 화물의 총톤수는 거의 세 배로 늘었다.[65] 이렇게 되자 여러 가지 제품의 가격도 세계적으로 비슷해졌다. 그리고 이런 세계화와 함께, 이 새롭고 훨씬 방대한 시장에 참가한 국가들의 소득도 두루 늘어나기 시작했다.[66]

우리가 사는 시대에서도 똑같이 극적인 전환을 볼 수 있다. 특히 초고속 인터넷 연결이 늘어나면서 발생한 통신비의 급락이 대표적인 예다. 내가 대학에 다닐 땐 인도에 계신 어머니께 삼 분짜리 국제전화 한번 하는 게 어찌나 비싼지, 미리 예산을 짜 놓고 통화 시간도 시계로 재야 했다. 그럼 오늘날은? 우리 집 딸은 돈 한 푼 들이지 않고 페이스타임이란 앱으로 싱가포르에 있는 친구와 다섯 시간 동안 재잘거린다. 이 변화를 통신비의 감소라고 표현할 수도 있지만, 기실 그것은 수많은 디지털 재화와 용역의 수송비가 제로로 떨어진 것이다. 그것이 세계화의 두 번째 빅뱅을 작동시켰고, 우리는 지금 그 안에서 살아가고 있다.

오늘날 세계화의 깊은 흐름은 그것을 과거의 버전과 상당히 다르게 만들고 있다. 투자는 세계 전역을 아우르며 흐른다. 한 무리의 국가들이 제조한 상품들이 다른 무리의 국가들에서 홍보되고 판매되고 서비스된다. 하나의 제품이 두 나라 사이를 여섯 번이나 오가며 움직이는 경우도 적지 않다. 정보는 눈 깜짝할 사이에 전 세계를 휘감는다. 이 모든 것의 표면 아래에는 해마다 500만 명의 유학생들,[67] 2억 7000만 명의 이민자들,[68] 15억 명의 여행자들[69]로 이루어진, 사람의 끊임없는 움직임이 있다. 이 모든 흐름을 역전시킬 수 있을까? 혹시 그 증가 추세가 약해지거나 살짝 반전될지는 몰라도, 세계화를 밀어 붙이는 구조적인 힘이 너무나 많아서 총체적인 반전에는 어마어마한 변화가 필요할 터이고 그 영향도 거대할 것이다. 하지만 근대사에서 한 번은 그런 반전이 있었다는 사실, 따라서 다시 그럴 수도 있다는 사실만큼은 기억해 두는 것이 좋으리라.

최후의 거대한 지구촌 통합 시대는 20세기 초반. 세계는 대체로 평화로웠다. 전신, 전화, 라디오, 열차, 증기선, 자동차, 전구 등 그 시대를 끌고 나아갔던 기술혁명은 경이로웠다. 교역은 일찍이 볼 수 없었던 수준에 이르렀다. 존 메이너드 케인스는 생각만 해도 가슴이 뜨거워지는 그 시대를 설명하면서, 사람들이 예전에는 상상도 못 했던 편리함에 점점 익숙해지는 모습을 이렇게 이야기했다. "런던에 사는 사람이 침대에서 차를 홀짝거리며 지구의 별의별 장소에서 만들어지는 다양한 제품을 전화로 원하는 만큼 많이 주문하면, 오래지 않아 그 제품이 바로 문 앞까지 배달될 것이라고 기대한다 해도 무리가 아니었다."[70] 사람들은 여권도 없이 여행했고, 일찍이 해 본 적이 없었던 방식으로 국경을 넘어 소통했다. 수천만 명의 이민자들이 미국,

캐나다, 호주 같은 신대륙에 정착했다. 1870년부터 1914년까지, 외국에 거주하는 근로자의 숫자는 다섯 배로 늘었다.[71] 1914년 즈음엔 미국 인구의 15%가량이 이민자였는데, 이것은 그로부터 100년 후인 요즈음에 이르러서야 비로소 다시 한 번 다가갈 수 있는 수치다.

케인스와 마찬가지로 영국 출신인 브라이스(James Bryce) 경은 당대를 가장 날카롭게 통찰한 사람으로, 1902년에 "모든 인간은 경제적인 목적으로 빠르게 한 민족이 되어 가고 있다."[72]라고 선언했다. 몇 년 후 노먼 에인절(Norman Angell)은 베스트셀러 『위대한 환상(The Great Illusion)』에서[73] 유럽 주요국들이 어찌나 서로에게 의존하게 되어 버렸는지, 전쟁이라도 일으킨다면 그건 분명히 자멸의 길이 될 것이라고 주장했다. 전 세계의 상거래를 방해하고 우리의 적(이자 교역 파트너)을 궁핍으로 몰아넣는 짓은, 승리로 얻을 수 있는 그 어떤 경제적 이득보다 훨씬 더 큰 희생을 초래할 터였다. 그래서 그는 이렇게 적었다. "호전적인 나라들은 지구를 물려받지 못한다. 그들은 썩어 가는 인간 부류를 대변하기 때문이다."

전쟁은 비싸고 비생산적인 것으로 판명되리라는 에인절의 말은 옳다. 그런데도 유럽은 전쟁이라는 실험을 강행하기로 결심했다. 그렇게 피로 물든 4년이 지나고 보니, 2000만 명이 목숨을 잃었고 서로 얽힌 유럽의 경제는 폐허로 변했다. 러시아, 오스트리아헝가리, 오토만, 독일 등 네 개의 방대한 다국적 제국은 무너져 있었다. 전쟁은 경제적 정치적 회오리바람을 불러일으켜, 러시아에는 공산주의를, 독일과 이탈리아에는 파시즘을 가져다주었다. 그런 다음 대공황이 닥치는가 싶더니, 또 한 차례의 세계대전, 더욱더 피비린내 나는 세계대전이 일어났다. 여러 가지 기준으로 측정해 보건대, 세계 교역과 여행이 제1차 세계대전 이전의 정점을 회복하는 데 육십여 년이 걸렸다.[74] 최후의 위대한 세계화 시대를 무력화한 것은 경제적 혹은 기술적 반동이 아니라 정치였다. 더할 나위 없이 낡아 빠진 현실정치 (realpolitik) 말이다.

속담에 이르듯이, 역사는 반복되지는 않지만 운(韻)을 맞추어 흘러간다. 그리고 우리는 세계화와 기술 변화의 새 시대를 살아가면서 국제 관계에서 가장 해묵은 이야기, 즉 신흥 강대국의 부상과 그로 인한 기존 패권국의 불안이라는 이야기[75]가 반복되는 것을 목격한다. 중국이 떠오르고 세계 최대 경제국인 미국과 중국 사이에 패권 경쟁이 격화되면서 냉혹한 현실정치가 돌아올지도 모른다. 자신 있게 말할 수 있거니와, 두 나라의 상호 의존도를 고려할 때, 이런 갈등이 계속된다면 고통스럽고 대가도 클 뿐 아니라 궁극적으로 (두 나라 보통 시민들에게는) 어마어마하게 비생산적인 일이 될 것이다. 하지만 그렇다고 해서 그런 일이 안 생긴다는 보장은 없다. 노먼 에인절은 그 점을 알아차렸다.

간단히 말해서, 세계화는 죽지 않았다. 그러나 자칫하면 그것을 죽일 수도 있다.

온 세상이 양극화하고 있다

"끝나지 않을 것만 같은 3월, 미국사람들은 매일 아침 눈을 뜨면 실패한 나라의 시민이 된 자신을 발견하곤 했다."[1] 신종 코로나바이러스가 창궐한 지 몇 주일이 지났을 즈음, 작가 조지 패커(George Packer)는 그렇게 털어놓았다. 그 팬데믹과 미국의 어이없는 대응이 불러온 충격은 꿈이 아니라 생생했지만, 그것은 나라 꼴에 대한 걱정이 점차 커지고 있는 와중에 닥친 것이다. 미국의 명성에 흠집을 냈던 2008년의 금융 위기 이래로, 미국이 심각한 문제에 봉착했음을 두려워하는 사람들이 많았다. 일부 경제학자들은 지지부진한 생산성과 성장, 그러니까 "구조적 장기 침체(secular stagnation)"라는 것에 관하여 글을 썼다.[2] 갈수록 심해지는 불평등을 강조하는 학자도 있었고,[3] 알코올중독과 마약 복용과 자살에 의한 사망, 즉 "절망으로 인한 죽음"이 깜짝 놀랄 정도로 늘어나고 있음에 주목하는 이들도 있었다.[4] 리얼리티 TV 프로의 한 스타가 2016년 대통령에 당선된 것은 정치 붕괴의 신호탄이었다. (심지어 트럼프를 구세주로 봤던 이들조차 시스템이 망가졌다고 믿었다. 다만 그가 해결책이 되지 않을까 생각했을 뿐이다.) 그런 다음 팬데믹이 찾아왔고, 이것이 비효율적인 정부에서 누더기 의료 서비스와 지독한 양극화에 이르기까지 미국이 안고 있는 문제들을 여지없이 까발렸다. "200년이 넘는 기간 동안 미국은 다른 나라들에서 아주 폭넓은 정서를 불러일으켰다. 애정과 증오, 공포와 희망, 부러움과 경멸, 경외심과 분노 등등." 아일랜드의 평론가 핀턴 오툴(Fintan O'Toole)이 2020년 4월에 쓴 글이다. "그러나 지금까지 미국을 향해서는 단 한 번도 표출되지 않았던 감정이 있으니, 그건 측은지심이다."[5]

신종 코로나바이러스는 미국의 몰락에 관한 담화를 그저 부채질한 것만은 아니다. 중국의 부상을 우려한다는 맥락에서 그렇게 했다는 점이 중요하다. 미국의 썩어 가는 사회 기반 시설이 중국의 번쩍번쩍 빛나는 도시들과 종종 비교되었던 것처럼, 팬데믹에 대한 워싱턴의 무능력한 대응은 베이징의 효과적인 통제와 대비되곤 했다. 중국은 신종 코로나바이러스의 진원지였는데도, 용케 그 감염 속도를 억눌렀을 뿐 아니라 물리치기까지 했다. 그야말로 놀라운 속도와 규모로 말이다. 중국 정부는 8억 인구에 대한 부분적 봉쇄나 전면 봉쇄를 실행하는가 하면,[6] 3주일도 안 되는 기간에 우한의 1000만 시민들에 대한 진단 검사를 완료하기도 했다. 트럼프 행정부는 모든 게 중국 탓이라고 책임을 미룸으로써 자신들의 여러 가지 문제에 집중되는 관심을 딴 데로 돌리려 했다. 사실 중국은 초기에는 대응을 잘못하기도 했고, 바이러스에 관해 세계를 그릇 인도하기도 했었다. 중국의 기만에 괴로워했던 세계의 많은 국가는 그럼에도 그들의 능숙한 처리에 감명을 받았다. 워싱턴의 레토릭을 두고 중국 내의 평자들은 몰락하고 있는 강대국, 경쟁자의 부상을 억지하려고 안간힘을 쓰는 강대국의 징후로 간주했다.

이미 경험해 봤던 일이다. 새뮤얼 헌팅턴(Samuel Huntington) 하버드 대학 교수는 1988년 《포린 어페어스(*Foreign Affairs*)》에 글을 기고하면서, 미국의 쇠퇴를 이야기하는 사람들이 얼마나 많았던지 그들을 가리키는 "쇠퇴론자(declinist)"라는 신조어를 자신이 만들었다고 밝혔다.[7] 그의 주장인즉, 미국은 당시 '쇠퇴론'의 다섯 번째 물결을 목격하고 있다는 것이었다. 맨 처음 쇠퇴론의 물결은 소련의 스푸트니크 인공위성 발사, 두 번째는 1960년대 말 베트남 전쟁의 진흙탕, 세 번째는 1973년의 오일쇼크, 네 번째는 1970년대 워터게이트사건의 후유증과 장기 침체, 그리고 마지막 다섯 번째가 헌팅턴이 저술하고 있던 1980년대 말 일본의 부상이었다. 그 이후로 미국은 너무나 압도적이어서 웬만해서는 그 자신감을 흔들 도리가 없었다. 그러나 이라크 전쟁, 2008년의 금융 위기, 그리고 이제 신종 코로나바이러스가 너무나도 또렷한 여섯 번째 쇠퇴론의 물결을 가져온 것이다.

헌팅턴은 미국 쇠퇴의 예언이 아무리 유려하고 강렬하다 해도 그 예언은 현실로 나타나지 않았다는 점을 지적했다. 추세에 역행하는 그의 관점은 수년에 걸쳐 그 자체의 통념을 만들어 냈고, "미국의 몰락이라는 신화"에 강력히 반대하는 학자와 언론인들로 이루어진 영세 산업 같은 걸 낳기도 했다. 미국 쇠퇴론의 이 여섯 번째 물결도 또 하나의 잘못 짚은 비관론으로 판명될까? 아니면, 우리는 지금 끝내 몰락으로 끝장날 것 같은 방식으로 여러 가지 약점이 하나씩 누적되고 있는 모습을 지켜보고 있는 것일까? 역사학자 코렐리 바넷 (Correlli Barnett)은『대영제국의 몰락(*The Collapse of British Power*)』에서 한때 초강대국으로 군림했던 영국도 이와 비슷한 패턴을 경험했다고 주장한다.[8] 즉 영국도 몇 차례의 좌절을 견뎌 냈으나, 시간이 흐르면서 문제점들은 곪아 터지고, 실수는 거듭되고, 국제 경쟁은 격심해졌다. 수십 년의 침식을 겪은 후 1940년대 말에 이르러서는 제2차 세계대전을 승리로 이끌었음에도 불구하고 영국은 사실상 파산 지경에 빠지고 말았다. 대영제국은 산산조각 나고 국제 무대에서 확 줄어든 역할에 적응하면서 이어지는 50년을 보내야 했다. 미국 앞에 놓여 있는 미래도 그런 것일까?

걱정하지 않을 수 없는 이유가 있다. 바이러스에 대한 미국의 형편없는 대응은 국내 시스템이 안고 있는 약점들을 환히 드러내 보였고, 세계를 이끄는 리더의 이미지를 훼손했으며, 자본주의와 민주주의의 미국식 모델에 대한 환멸을 키웠다. 최근 20년 가까이 인터넷은 세계 전역의 사람들에게 미국 모델을 더 많이 노출했고, 사람들은 그것의 잔혹한 측면을 보고는 놀라서 움츠러들었다. 미국은 다른 선진국들보다 총기에 의한 폭력이 훨씬 더 심각하고, 경찰의 총격 사건이나 수감자도 훨씬 더 많아서 때로는 열 배를 넘기도 한다.[9] 불평등도 현저하게 더 심각하다. 의료보험이라는 기초적인 안전을 못 누리는 사람도 너무 많다. 인종차별도 치유되지 않은 채, 집요하게 계속

된다. 내가 인도에서 자랄 땐 사람들이 미국의 외교정책을 비난하면서도, 미국식 모델을 세상에서 가장 진보한 성공적인 것으로 여겼다. 그런데 지금은 그 모델을 훨씬 더 회의적인 시각으로(맞다, 가끔은 심지어 측은하다는 마음으로) 바라본다.

그러나 현실은 어떤가? 미국은 온갖 결함에도 불구하고 '경제적 영향력'이라는 가장 기본적인 글로벌 파워 면에서는 여전히 훌륭한 성과를 과시하고 있다. 여전히 세계 최대의 경제 대국으로서, 글로벌 총생산량에서 2~3위 대국인 중국과 일본의 생산량을 합친 것보다도 더 많은 4분의 1가량을 떠맡고 있다. 미국이 금융 위기로부터 다른 경쟁국들보다 더 빠르고 강력하게 반등하는 가운데, 전 세계 GDP 중에서 미국이 차지하는 비율은 최근 10년 동안 오히려 늘어났다.[10] 금융 위기의 한가운데 있었던 미국의 은행들도 세계적으로 더 강력한 모습으로 되살아났다. 세계경제포럼이 산정하는 글로벌 경쟁력 지수(Global Competitiveness Index)로 봐도 미국은 경쟁 상대라기에는 너무 작은 싱가포르 다음으로 2위에 랭크되어 있다. 또 회계 법인 딜로이트(Deloitte)가 최근에 발표한 글로벌 제조 경쟁력 순위에서도 미국은 중국과 거의 같은 점수로 공동 1위에 올라 있다.[11] 그리고 미국은 세계에서 가장 크고 가장 기술적으로 앞서 있는 기업들 대부분의 보금자리이기도 하다. 세계의 국가들이 보유한 외화도 여전히 미국 달러이며, 최근에도 그 영향력은 단연 확대되어서 이젠 전 세계 모든 통화 거래의 90%를 차지할 정도다.[12] 경제학자 겸 투자자인 루치르 샤르마(Ruchir Sharma)는 만약 중국과 미국이 "공식 발표된 2019년도 GDP 성장률 6% 및 4%를 계속 유지한다면, 중국은

2050년까지 미국을 따라잡을 수 없을 것"이라고 내다봤다.[13] 게다가 워싱턴은 물론 단연코 세계 최강의 군사력을 갖고 있으며, 그 다음 10개국의 방위비를 모두 합친 것보다 더 많은 방위비를 지출하고 있다.[14] 그리고 그 10개국의 절반은 군사조약 파트너로서 미국의 동맹이다.

미국은 환상적인 장점과 약점을 모두 지닌, 지저분하고 너덜너덜하며 불평등한 나라다. 좀 더 훌륭하게 통치할 수도 있고 좀 더 공정할 수도 있겠지만, 그래도 여전히 (적어도 전통적인 국력의 척도로 잰다면) 믿기 어려울 정도로 강력하다. 최근 몇 년 새 눈에 띄게 변한 것은 미국의 "소프트 파워"[15], 그러니까 흔히 호소력, 모범, 어젠다 설정 능력 등으로 정의되는 소프트 파워다. 이 개념을 창안했으며 미국의 쇠퇴에 대해선 대체로 회의적이었던 학자 조지프 나이(Joseph Nye)는 최근 들어 미국의 소프트 파워가 침식되고 있다는 명백한 징후들이 있음을 경고했다.[16] 그는 미국을 바라보는 세계인의 태도가 싸늘해졌다고 지적한다. 2018년 여론조사 업체 퓨(Pew)가 25개국에 걸쳐 실시한 조사에서 미국을 호의적으로 보는 사람은 조사 대상자 전체의 50%에 불과했던 데 비해 비판적 시선을 가진 사람은 43%였다. 미국이 다른 나라의 이익을 고려한다고 생각한 사람은 28%뿐이었다. 또 지구 전체의 문제가 생길 때 도움을 주려고 미국이 과거보다 더 많이 노력한다고 믿는 사람은 겨우 14%였다. 이런 결과는 미국 대통령에 대한 지지율이 오바마 당시의 64%에서 트럼프의 29%로 폭락한 것을 일부 반영한다.[17][18] 그러나 개인의 성격은 차치하고라도, 이러한 폭락은 미국의 내부라기보다 외부에서 벌어지고 있는 일들과 더 관련이 있는 것으로 보인다. 진짜 변화가 (그것도 빠르게) 일어나고 있는 곳은 "다른 나라들이 부상하고 있는" 국외라는 이야기다.[19]

미국의 힘이 빠지고 있는 이유를 이해하려면 권력의 핵심 개념, 즉 내가 원하는 바를 다른 사람들이 하도록 만드는 능력이라는 아이디어에 초점을 맞추어 보라. 미국의 영향력과 가령 터키의 그것이 30년 전에는 어땠으며 지금은 어떠한지를 비교해 보라. 1980년대에는 워싱턴이 원하는 건 무엇이든 부탁해서 터키가 하도록 만들 수 있었다. 터키의 경제가 사지 절단된 환자와 같아서 미국의 도움으로 곤경을 벗어나곤 했기 때문이다. 또 군대가 정치적으로 지배적인 데다 냉전 시대 내내 미국의 성실한 동맹이었기 때문이다. 그러나 지금은 어떨까? 터키는 워싱턴의 견해에 콧방귀를 뀌며 행동하고, 독자적인 사상과 어젠다를 밀어붙이고, 시리아의 쿠르드족에 대한 미국의 지원을 확고하게 반대하고, 민감한 군사 장비를 러시아로부터 수입한다. 이처럼 갈수록 워싱턴을 무시하는 경향은 트럼프 시대 훨씬 이전으로 거슬러 올라간다. 조지 부시가 대통령이던 2003년, 터키와의 전통적 관계에 익숙해 있던 미국 정부는 이라크 침공을 위한 두 개의 전초기지 가운데 하나로 터키를 이용하려 했지만 터키 정부가 이를 거절하자 깜짝 놀랐다.

내가 터키를 예로 든 것은, 그것이 미국의 힘에 대한 갈수록 심해지는 제약의 핵심 이유를 잘 보여 주기 때문이다. 그 이유는 미국의 쇠퇴라기보다는 다른 나라들의 부상이다. 1980년대의 터키는 경제적 정치적 군사적 생존을 위해서 미국에 의존해야 했으므로 고분고분한 동맹이었다. 그러나 냉전은 오래전에 끝났고 터키의 안보 우려는 속성상 좀 더 국지적인 것이라, 소련 공산주의 같은 글로벌 위협보다는 주변 국가들과 더 관계가 깊다. 그러는 가운데 터키의 경제적 산출량은 다섯 배로 뛰었고[20] 일인당 국민소득도 세 배로 늘었다.[21] 정치 시스템도 상대적으로 말하자면 훨씬 더 안정을 찾았고 발달했다. 국민투표로 거듭 당선돼 지금 터키를 이끌고 있는 레제프 타이이프 에르도안 대통령은 갈수록 자신만만하게 통치하고 있다. 한편 군대는 정치에 대한 영향력을 많이 잃은 상태다. 에르도안 대통령은 2016년에 쿠데타 시도를 좌절시키고, 이전의 선출 대통령에게 닥쳤던 운명을 피해 갔다. 터키가 특별한 것은 아니다. 터키 대신에 인도네시아, 브라질, 케냐 등을 예로 들어도 동일한 패턴의 경제·정치적 성장과 그로 인한 독립성과 자신감을 볼 수 있을 것이다. 그런 패턴의 가장 적나라한 예는 (말할 것도 없이) 중국이다.

세계는 하나, 강대국은 둘

중국의 부상을 어떻게 논외하든, 그 근저에 깔린 '경제성장'이라는 핵심 추세로부터 시작해야 한다. 냉전 이후 시대가 시작될 즈음, 중국은 전 세계 GDP의 2%조차도 차지하지 못했다. 지금 그 수치는 16%로 솟구쳐 있다.[22] 최근 10년 동안 중국은 지구촌 성장의 가장 커다란 원천이었다. 그리고 70년 동안이나 재화의 세계 최고 교역국이란 지위를 지켜 왔던 미국을 밀어내고, 지금은 중국이 최대 교역국의 자리에 올랐다.[23] 중국은 세계 제1의 제조국인 동시에 세계 2위의 수입국이며, 세계에서 외화보유고가 가장 높은 나라다. 조선, 태양광 패널 생산, 풍력 터빈 생산 등에서도 중국은 1위를 차지하고 있다. 중국은 자동차, 컴퓨터, 스마트폰에 관한 한 세계 최대의 시장이다. 게다가 전 세계에 존재하는 슈퍼컴퓨터 500대 가운데 226대의 보유국이 바로 중국이며, 이는 미국의 두 배에 해당한다.

다시 말하자면 마침내 중국이 등장한 것이다. 이 나라의 부상은 너무나도 극적이어서, 이제 우리는 양극으로 나뉜 국제 체제의 윤곽을 볼 수 있다. 미국이 여전히 압도적인 넘버원으로 남아 있지만, 양극이라 하면 어느 경우든 정상에 오른 두 나라가 나머지 국가들을 아주 멀찌감치 따돌린 채 앞서 있다는 두드러진 특성을 보인다. 미국과 중국의 경우도 물론 그러하다. (외교정책 이론가인 한스 모겐소(Hans Morgenthau)가 2차 세계대전 이후의 질서를 양극이라고 묘사했을 때 펼친 논리가 바로 영국의 몰락과 더불어 미국과 소련이 다른 모든 국가 위에 군림하고 있다는 것이었다.) 전 세계 GDP에서 차지하는 비율로 따졌을 때, 중국은 2020년에 2위 자리를 차지했지만, 그 바로 아래 4개국의 비율을 다 합친 것과 거의 같은 규모였다. 방위비 또한 미국에 이어 두 번째로 많은데, 이 경우에도 중국의 방위비는 바로 아래 4개국의 방위비를 다 합친 것보다 더 많다.

중국이 경제력에서 그처럼 떠오르면서, 반대로 미끄러진 것은 미국이 아니라 유럽이었다. 세계 GDP 전체에서 미국이 차지하는 비율은 1980년 이래로 대충 일정한 수준을 유지해 오고 있다.[24] 지금 유럽연합을 구성하는 나라들은 1990년 이후로 세계경제에서 자기네가 차지하는 비율이 30%에서 20% 아래로 떨어지는 것을 보아야 했다.[25]

게다가 지정학적으로는 유럽이 단일 세력으로서는 여전히 가장 비효과적이다. 유럽에서 가장 부유한 독일의 경제 규모는 중국 경제의 4분의 1 정도다. 다른 유럽 국가들은 아예 비교 대상이 못 된다. 중국에 대한 균형추로 종종 거론되는 인도 경제는 더 작아서 5분의 1 수준밖에 안 된다. 러시아는 유엔 안전보장이사회에서의 거부권이라든지 방대한 핵무기 같은, 한때 강대국으로 누렸던 공식적인 특성을 지금도 약간은 지니고 있다. 그렇지만 러시아의 경제 규모는 이제 중국의 8분의 1에 지나지 않고, 군 예산은 4분의 1 수준이다.

양극체제는 어떤 것이든 하나하나가 전부 다르다.[26] 소련은 군사력에서는 미국과 동등했지만, 다른 모든 측면에선 뒤떨어져도 한참 뒤떨어졌다. 중국은 어찌 보면 그 거울 반전이다. 즉 중국의 군대는 미국보다 훨씬 약하지만, 경제·기술 무대에서는 미국과 난형난제다. 리스트를 죽 훑어 내려가면 세계에서 서너 번째로 큰 일본과 독일의 경제는 역사적인 이유로 인해 국제 문제에서는 다소 수동적인 역할을 해야 할 운명이다. 이 모든 것이 뜻하는 바는 결국 미·중이라는 강대국과 다른 모든 나라 사이의 간격이 갈수록 벌어지고 있다는 것이다.

그렇다면 새로이 등장할 국제 체제에서 이 양극의 갈등은 우리의 운명이란 말인가?[27] 투키디데스 이후로 학자들은 새로이 떠오르는 강대국이 기존의 강대국과 부딪칠 때면 소위 '권력 이행(power transition)'을 오랫동안 두려워했다.[28] 미국과 중국도 처음에는 딱히 경쟁자처럼 보이지 않았다. 2006년에 이르면 두 나라 경제의 상호의존도가 너무 커서, 니얼 퍼거슨(Niall Ferguson)과 모리츠 슐라릭

(Moritz Schularick) 두 학자가 "차이메리카(Chimerica)"라는 합성어를 만들어 내면서 "중국과 미국은 사실상 융합하여 단일 경제가 되었다."라고 주장할 정도였다.[29] 그러나 세계 금융 위기 이후로 중국에서 시진핑이 집권하고 미국에선 트럼프가 당선되면서, 단단했던 매듭은 풀리기 시작했다. 교역, 기술, 지정학을 둘러싸고 양국 사이엔 2020년까지 숱한 긴장의 순간들이 있었다. 이후 신종 코로나바이러스 팬데믹 때문에 그런 긴장은 공개리에 터져 나올 수 있었고, 워싱턴은 베이징에 맞서는 레토릭과 행동을 모두 늘렸다. 우리의 미래 세대는 이런 것들을 돌이켜보면서 신종 코로나바이러스가 초래한 가장 심대한 결과는 제2의 냉전의 시작이었다고 말할까?

미·중 관계의 전환은 양쪽 수도에서 일어났다. 2012년 집권한 시진핑[30] 휘하의 베이징은 국제 무대에서 훨씬 더 자신감을 표출했다. 인도의 영토를 점령하는 것부터 남중국해에서 해양권을 주장하는 것까지 다 그랬다. 중국은 홍콩에 대해서도 더 막강한 통제를 가했고 자신들의 대외 원조나 융자를 받는 국가들로부터 더 존중받으려고 애썼다. 그러면서 많은 나라와 기업들과 국제기구들에는 대만이나 다른 이슈에 대한 중국의 입장을 수락하라고 윽박질렀다. 중국 외교부는 새로운 "전랑 외교(Wolf Warrior Diplomacy)"를 장착하고 더욱 호전적으로 변했으니, 이는 중국군이 세계 각지에서 위력을 과시하는 내용의 액션 영화 시리즈에서 이름을 따온 외교적 접근법이다.[31]

한편 트럼프 행정부로서는 강경한 태도로 베이징에 맞서겠다고 작심하고 출범한 상태. 특히 경제와 기술 측면에서는 중국과의 동반 관계 해제(디커플링)를 추구했는데, 일단 팬데믹이 시작되자 그런 노력은 과열 상태로 접어들었다. 중국 역시 기회를 포착했다. 국내 바이러스 창궐을 대충 진정시키고 초기 대응의 미숙이라는 이슈도 대충 피한 다음, 중국은 소위 "마스크 외교"를 통한 호의를 얻어 내기 위해 의료 물품과 전문가를 파견하는 등, 해외에서 우위를 점하는 쪽으로 관심을 돌렸다. 팬데믹을 둘러싼 홍보에 대해서도 두 나라의 접근 방식은 더할 나위 없이 극명한 대조를 보여 주었다. 중국은 신종 코로나바이러스에 대한 지구촌의 대응에 20억 달러를 기부하기로 약속한 반면, 미국은 세계보건기구(WHO)를 위한 지원금을 중단한 다음 아예 탈퇴해 버렸다. 사실상 세계보건기구에 대한 미국의 기부는 지금까지 중국의 그것보다 훨씬 많았으며, 신종 코로나바이러스 관련 대외 지원금도 24억 달러에 이르렀다.[32] 미국은 변함없이 국제 질서의 든든한 기둥이지만, 강한 분노를 유발하는 트럼프 대통령의 엄포가 그런 현실에 먹구름을 드리운 것이다. 공공 외교의 이번 라운드에서는 중국이 이겼고,[33] 그것은 중국이 앞으로도 더 자신만만하게 그런 노력을 기울일 수 있게 만들어 주었다.

그러나 트럼프 대통령의 중국 때리기는 드물게도 양대 정당 모두의 합의를 반영한 것이었는데, 그런 합의는 여러 해 동안 커져 온 것이었다. 갈수록 거칠어지는 워싱턴의 대중국 강경 노선은 수십 년간의 "포용(engagement)" 정책이 실패했다는 믿음, 즉 협조하려는 숱한 노력에도 불구하고 중국은 더 자유로운 민주국가로 변하지 않았다는 믿음에 그 뿌리를 두고 있다. 그런 포용 정책이 실패한 연유를 들어 보면, 더러는 짝사랑하던 사람의 절망적인 한숨처럼 들린다. 그러나 사실 이 거대한 실망은 한 가지 거대한 오해에 기반을 두고 있다. 중국에 대한 미국의 정책은 단 한 번도 순수한 포용의 정책인 적이 없었다. 그것은 언제나 포용과 억제의 혼합이었다. 이런 전략은 가끔 위험 관리를 뜻하는 '헤징(hedging)'으로 묘사되기도 했다.

미국 관리들은 1970년대 이후로 중국이 지구촌의 경제·정치체제 밖으로 밀려나 씩씩거리는 훼방꾼이 되도록 놔두는 것보다는 차라리 그 안으로 들어오게 만드는 편이 더 낫다는 결론에 이르렀다. 워싱턴은 중국을 통합하려는 노력과, (대만에 대한 무기 판매를 포함하여) 다른 아시아 국가들에 대한 지속적인 지원을 병행했다. 클린턴 행정부 시절, 미국은 동아시아 주둔 미군 주요 병력을 유지하겠노라고 약속했다. 이른바 '나이 구상(Nye Initiative)'이라는 계획이었다. 부시 대통령 집권 시, 워싱턴은 수십 년간 계속되던 정책들을 엎고 베이징에 대한 또 하나의 억지력이 될 인도를 핵보유국으로 포용했다. 오바마 행정부는 저 유명한 아시아 회귀(pivot to Asia)를 표방하며 일본 및 호주와 군사적 유대를 강화하고 베트남과도 관계를 더 돈독히 다졌다. 그리고 나아가 아시아 내 중국의 세력에 균형을 맞추는 방법으로 환태평양 경제 동반자 협정을 제안하기도 했다. 물론 트럼프 대통령이 집무 시작 첫날 탈퇴해 버렸지만.³⁴

헤징 전략은 잘 먹혔다. 중국은 닉슨이 양국 관계를 회복하기 전에는 세계 최악의 불량 국가였다. 마오쩌둥은 자신이 서구 자본주의를 무너뜨릴 혁명운동의 선봉에 서 있다는 생각에 집착하고 있었다. 그 대의명분을 위해서라면 그 어떤 수단도 극단적이지 않았다. 심지어 핵에 의한 종말조차도. 마오는 1957년 모스크바에서 행한 연설 도중 이렇게 설명했다. "설사 최악의 경우가 닥치더라도 인류의 절반가량이 죽을 것이고, 나머지 절반은 제국주의가 쑥대밭이 돼 버리고 온 누리가 사회주의로 변한 채 살아남을 것이다." 마오 치하의 중국은 라틴아메리카에서 동남아시아에 이르기까지 세계 전역의 반서구 봉기와 이념 운동을 위한 자금을 대면서 이를 부추겼다.

그에 비하면 오늘날의 중국은 지정학적·군사적 전선에서 눈에 띄게 절제할 줄 아는 나라다. 잠시 베트남을 침공했던 1979년 이후로 지금까지 전쟁을 일으킨 적도 없다. 1980년대 이래로 세계 어디서든 대리 전쟁이나 무장 반군을 지원하거나 돈줄을 대지도 않았다. 강대국들 사이에서 그런 불가침의 기록은 흔치 않은 일이다. 유엔 안전보장이사회의 다른 모든 회원국들은 지난 몇십 년 사이에 여러 번 많은 곳에서 무력을 사용했었다. 물론 그 리스트에서도 미국이 앞장서 있다.

중국이 자유민주주의 국가로 변하지 않은 것은 (중국의 외교정책과는 직접적인 연관이 없지만) 워싱턴의 많은 관리들에게 몹시 실망스러운 일이었다. 이해가 가는 일이다. 그렇지만 놀라운 일은 아니었으리라. 고위층에서는 그 어떤 미국 관리도 중국의 정치체제를 바꾸는 것이 목표라고 내세운 적이 전혀 없었다. 그들은 오히려 중국이 근대화를 이룩하면서 권위주의가 약해지기를, 인터넷이 다양한 방식으로 자유의 공간을 늘려 주기를, 경제에서 국가의 역할이 줄어들기를 기대했다고 할 수 있다. 중국의 많은 지식인과 관리들도 그것을 희망했다. 중국이 경제개혁에 점점 박차를 가하고 심지어 지자체 선거까지 실험하면서, 한동안은 그것이 가능할 것처럼 보이기도 했다. 하지만 최근 들어 국가 통제와 억압의 확대라는 정권의 방침이 분명하게 드러났다. 그렇지만 그것을 미국 정책이 실패했다는 증거로 받아들이는 것은 옳지 않다. 단단히 거머쥔 중국의 철권은 워싱턴에서 일어난 일의 결과가 아니라, 베이징에서 벌어진 어떤 일의 결과다. 즉 새로운 지도자 시진핑이 떠올랐기 때문이다.

중국의 세 번째 혁명

시진핑이 주도한 변화는 너무나 급진적이어서 엘리자베스 이코노미(Elizabeth Economy)라는 학자는 그의 접근 방식이 중국의 "제3의 혁명"을 대변한다고 주장한다. 맨 처음 마오의 공산주의 혁명, 시장경제와 미국을 향한 덩샤오핑의 1980년대 움직임에 이은 세 번째 혁명이라는 뜻이다. 시진핑은 네 개의 전선에서 움직였다. (1) 자신을 위한 더 강력한 힘, (2) 경제·사회 분야에서 공산당의 더 큰 역할, (3) 정보와 자본에 대한 더 강력한 제재, (4) 한층 더 자신만만한 외교정책. 1970년대부터 포용 정책의 흥망을 지켜보면서 산전수전 다 겪은 중국통인 오빌 셸(Orville Schell)은 이런 최근의 경향을 냉랭한 용어로 표현한다. 다자주의의 수용이니, 국가 재건이니 하는 시진핑의 온갖 수사[35]에도 불구하고, "그의 엄청난 야망에는…… 영구적으로 은밀히 중국에 반대하는…… '외국의 적대 세력'이란 생각에 병적으로 집착하는 데서 비롯된 어두운 면"이 존재해 왔다. 이것이 셸의 지적이다.[36] 어쩌면 시진핑이 두는 수(手)는, 처음의 두 혁명이 그랬듯이, 수십 년간 지속될 전환의 시작을 알리는 신호일지 모른다. 아니면, 조만간 뒤집힐 여러 가지 조치 중 하나로 판명될지도 모른다. 어쨌거나 지금으로선 미국이나 세계 각국은 시진핑의 표현처럼 "신시대(New Era)"[37]를 맞아 새로운 중국을 마주하고 있다.

점점 심해지는 억압은 중국 국민에게는 하나의 비극이다. 그들은 지금 경제개혁을 늦춘 지도자, 공산당의 통제와 억압의 나사를 바짝 조인 지도자, 이웃 나라들을 분노하게 만든 지도자의 손에 통치당하고 있다. 정부가 수백만 명의 위구르인을 '재교육'시키기 위해 감금하고 또 다른 수백만 명을 사사건건 감시하고 있는 신장 지구의 회교도 주민들에게, 이런 변화는 더욱 뼈아픈 비극이 아닐 수 없다. (무역협상이 느릿느릿 진행되는 동안, 트럼프 대통령은 이 인권유린에 대해서는 눈에 띄게 입을 꾹 다물어 왔다.[38] 재선에만 정신이 팔린 트럼프는 시진핑에게 자신의 승리를 위해 미국 중서부에서 생산되는 콩을 좀 더 많이 수입해 달라고 애걸복걸하면서, 회교도 억압은 옳은 일이라고 거들었다는 이야기도 전해진다.) 베이징은 2020년 7월 홍콩 자치구에 대해 살벌한 '국가보안법'을 제정하는 등, 홍콩을 장악한 고삐도 한껏 죄었다.

시진핑 치하에서 중국의 외교정책도 더욱 야심만만해졌다.[39] 유엔 산하 기구 내 리더십 역할(이제 미국보다 네 배 많다.)을 추구하는가 하면,[40] 방대한 일대일로 프로젝트를 추진하고, 남중국해에 다수의 섬을 건설하기도 했다. 갈수록 짙어지는 중국의 호전성은 "도광양회(韜光養晦, 힘을 감추고 때를 기다린다.)"라는 덩샤오핑의 격언에 담긴 이전의 수동적 태도를 버리겠다는 신호다. 특히 군비 강화는 중국이 모종의 장기 계획을 시행하고 있음을 암시해 준다.

그렇다면 자, 중국이 세계적으로 누리고 있는 경제적 비중을 고려할 때, 그들에겐 어느 정도의 영향력을 허락해도 괜찮은 걸까? 워싱턴이 이 중요한 질문을 던지지 않는다면, 중국의 세력 행사가 선을 넘었다는 주장을 진지하게 제기할 수 없다. 덩샤오핑이 1990년 동료 지도층 인사들에게 때를 기다리라고 충고했을 때, 중국은 보잘것 없는 경제 규모의 빈국이었다. 그랬던 경제가 800% 팽창해서 지금은 거인이 되었다. 중국은 때를 기다렸고 힘을 키웠으며, 지금은 좀 더 커다란 역내 역할과 세계 무대에서의 역할을 원하고 있다. 그것은 부와 세력을 키워 나가는 강대국이라면 누구나 바라는 바 아니겠는가? 얼마나 더 커야 적당할 것이며, 어느 정도가 위험한 팽창주의에 해당하는가? 이것이 워싱턴과 온 세계가 한 번도 심각하게 검토해 보지 않았던 근원적인 전략적 질문이다.

　　한때 세력을 키우고 있던 다른 국가를 한번 곰곰 생각해 보자. 이 나라는 비록 오늘날의 중국 같은 규모는 전혀 아니지만 19세기에 한창 떠오르는 중이었다. 1823년의 미국은 지금 같으면 개발도상국이라고 부를 만했다.[41] 농부들의 나라, 열악한 인프라에다, 세계 5대 경제 강국에도 들지 못하는 나라.[42] 그런데도 먼로주의(Monro Doctrine)를 들고나와 유럽의 열강을 향해 서반구 전체가 출입 금지라고 선언했다. 그러자 영국은 마지못해 이를 묵인했고, 미국의 지역적 헤게모니를 받아들이거나 가끔은 앞장서 도왔다. 미국의 경우가 썩 좋은 예는 아니겠지만, 경제적 세력을 얻는 나라는 국제적으로도 좀 더 큰 영향력을 추구한다는 사실을 상기하는 데에는 도움이 될 터이다. 만약 워싱턴이 중국의 그런 노력을 일일이 위험하다고 규정한다면, 국제적인 활동의 자연스러운 역학 관계에 맞서게 될 것이고 상황은 불길한 예상대로 전개될 것이다.

중국과 같은 경쟁자를 다루는 것은 미국에는 새롭고 독특한 도전이다. 1945년 이후로 부와 명성을 거머쥔 주요 국가들은 독일, 일본, 한국 등으로 모두 워싱턴의 (피보호국 정도는 아니더라도) 가까운 동맹국뿐이다. 보통 때라면 균열을 조장하기 쉬운 국제정치의 속성도 미국에만큼은 이처럼 특별히 온화했다. 그러나 중화인민공화국은 이전에 부상했던 여느 강대국보다 훨씬 더 클 뿐 아니라, 지금껏 미국 동맹 구조와 영향권 바깥에서만 죽 지내 왔다.

미국의 외교정책을 담당하는 엘리트들은 이론의 여지가 없이 미국이 이끌어 나가는 세계에 점점 더 익숙해졌다. 국무장관 시절의 매들린 올브라이트는 왜 미국이 군사력을 사용할(이 경우는 1998년 이라크를 폭격할) 도덕적 권위를 가지는지 설명한 적이 있다. "우리는 미국이다. 우리는 필수 불가결의 나라다. 우리는 당당하게 서서 다른 어떤 나라보다도 먼 미래를 뚫어 본다." 그녀의 표현이다. 오늘날 어떤 나라가 그런 명제에 흔쾌히 동의할까? 2019년 마이크 폼페이오 국무장관은 미국과 그 동맹국들이 중국을 "그 나라에 합당한 자리에" 묶어 두어야 한다고 주장했다. 그 어떤 중국인이라도 격분하지 않을 수 없을 오만이요 생색이었다. 폼페이오의 말을 빌리자면, 중국의 죄는 국방을 위해 필요한 것 이상으로 군비를 지출한다는 점이다. 물론 미국에 대해서도 똑같은 말을 할 수 있고 프랑스, 러시아, 영국과 다른 대국들에 대해서도 마찬가지일 것이다. 사실 강대국의 유용한 정의 가운데 하나는 '자국의 안보에만 그치지 않고 그 이상에 대해서도 우려하는 나라'일 것이다. 워싱턴의 정치 기후는 언제나 "소프트"보다는 "터프" 쪽으로 정책 입안자들을 밀어붙인다. 하지만 그것은 국제적인 문제를 어떤 틀에 집어넣는 위험한 짓이다. 정말 중요한 질문은 이것이다. 정책을 결정하는 이들이 어리석지 않고 스마트하게 처신할 수 있는가?

중국에 대한 미국 내 새로운 강경파의 합의는 그 대상이 어떻게 반응할 것인가에 대한 논의가 빠져 있어서 기이하게도 유아론적(唯我論的)이다. 베이징에도 그 나름의 매파가 있어서, 미국이 중국을 억누르고자 하며 심지어 베이징의 정권 교체를 추구하기도 한다고 이미 수년간 경고해 왔다. 트럼프 행정부의 태도는 점점 더 그런 사람들의 목소리가 옳음을 보여 주었고, 그로써 미국의 정책이 방지하려고 애쓰는 바로 그 적극적이고 교란하는 행태를 밀고 나갈 핑곗거리를 주었다. 한쪽의 강경파가 다른 쪽의 강경파를 오히려 도와주는 이런 역학은 긴장을 고조시키고 갈등의 위험을 키운다. 트럼프의 거친 전술들은 미국의 무역 적자 종결이라든지 북한과 이란 문제에 대한 베이징의 지원 등, 그것들이 목표로 삼은 바를 하나도 성취하지 못했다. 이 점을 주의해서 봐야 한다. 오히려 그 전술들은 해외에서 더 공격적이고 국내에선 더 억압적인 중국을 낳을 뿐이었다.

미국의 강경함은 중국이 언젠가는 전 세계를 좌지우지할지도 모른다는 두려움에 뿌리를 내리고 있다. 이것은 위험하기 짝이 없는 두려움이다. 왜 그런가? 역사적으로 보면 지배 세력이 어떤 도전자에게 밀리고 있다고 믿을 땐 포착된 '취약성의 창문(window of vulnerability)'*

---

* 시스템의 취약점이 분명해진 시점부터 공격자의 접근이 차단되고 보안이 바로잡히고 공격이 비활성화되는 시점까지를 가리키는 말—옮긴이

을 이용할 요량으로 종종 선제적으로 행동하기 때문이다. 하지만 그러고 나면 도전자가 떠오르는 것을 영영 막을 수 없게 된다. 유럽의 정치가들이 몽유병 환자처럼 1914년의 전쟁 속으로 걸어 들어가게 만든 것도 바로 이런 종류의 논리였다.[43] 그와 비슷하게, 중국이 거침없이 부상할 것이라는 기이한 숙명론에 워싱턴 정가가 들썩이고 있다. 그러나 이런 악몽의 시나리오에는 의심할 만한 이유가 있다. 소련이나 일본에 대해서도 그들이 떠오를까 봐 편집증적으로 심히 두려워했지만, 그들 역시 세계를 휘어잡지 못했다. 그리고 중국 또한 (그 모든 성취와 강점에도 불구하고) 인구 감소와 부채 누적 등, 일련의 국내 문제들로 속앓이를 하고 있다. 게다가 공산당의 정치적 미래도 불확실하다. 본토에서의 정치적 억압이 십 년 동안 심해지긴 했지만, 중산층의 대두가 좀 더 폭넓은 정치적 개방에 대한 욕구를 가져온 것도 사실이다. 이 점은 베이징이 가장 눈을 부라리고 지켜보는 두 개의 중국 사회, 즉 홍콩과 대만에서 명백히 드러난 바이다.

무엇보다도 중요한 것은 중국의 부상이 일본에서 인도와 호주에 이르기까지 모든 주변국 사이에 엄청난 우려를 자아냈다는 사실이다. 시진핑의 외교정책이 이 나라들의 공포를 고조시키고, 그중 몇 나라가 외교정책을 근본적으로 재고하도록 만들었던 것이다. 2020년 6월의 국경 분쟁으로 수십 명이 사망[44]한 이후로 인도는 중국과 균형을 맞추기 위한 장기 전략을 수립하고 있는 것으로 보인다. 호주는 중국 시장에 크게 의존하는 처지에도 불구하고 이제 중국을 (특히 허다한 베이징발 사이버 공격으로 인해) 적수로 간주하며, 신종 코로나바이러스 창궐 초기에 중국이 어떻게 대응을 잘못했는지에 대한 조사를 세계적으로 촉구하는 데 앞장서고 있다. 일본은 환태평양 경제 동반자 협정을 되살렸고, 다른 나라들을 참여시켰으며, 협정이 제대로 효력을 발휘하도록 최선을 다했다. 심지어 거대한 이웃 나라에 신경을 잔뜩 쓰고 있는 베트남조차 과거의 철천지원수였던 미국과 (동맹까지는 아니더라도) 군사적 파트너십 같은, 한때는 상상조차 할 수 없었던 관계를 이미 시작했다.[45] 홍콩이 겪고 있는 불운에 소스라치게 놀란 대만 국민은 반중 성향의 총통을 연임시켰고, 본토에 대해 한층 더 적대적으로 변함으로써 베이징의 군사적 옵션을 더욱 어렵고 값비싸게 만들고 있다.(수백만 주민이 외국의 점령이라고 간주하는 상황에서 부글부글 끓고 있는 적대적인 땅을 침공하는 것은 순식간에 악몽이 될 수 있다. 워싱턴의 정책 입안자들은 이 점을 베이징 관료들에게 설명할 수 있을 것 아닌가.) 지정학으로 볼 때 중국의 근원적인 약점들은 중국이 커지는 것을 반대하는 주변국들에는 언제나 다행한 노릇이었다. 그런데도 시진핑의 정책은 이런 결점을 보완하기는커녕 오히려 악화시키고 있을 뿐이다. 중국은 지금 이 순간에도 떠오르고 있다. 그러나 시간이 흐를수록 한층 더 반감을 품는 이웃 나라들에 둘러싸인 거대한 대륙의 한가운데서.

전쟁 없는 양극 대치

미국과 중국 사이의 긴장은 불가피하다. 그렇다고 분쟁까지 불가피한 것은 아니다. 우리는 대충 근대 유럽의 역사에서 가져온 것과 같은 그림을 마음속에 그려 두고 있다. 현실정치라는 거대한 게임에서 어떻게든 힘을 불릴 꾀를 내고 그러다 종종 전쟁에 휩쓸리는 강대국들의 그림을 말이다. 이런 국제 체제는 다수의 강대국이란 특성 때문에 흔히 "다극적(multipolar)"이라 불리며, 애당초 불안한 시스템이다. 다들 고만고만한 힘을 지닌 여러 나라가 경쟁하고, 모두 의심과 오산과 공격성의 눈초리로 다른 나라를 보는 상황이라, 걸핏하면 전쟁이 터지기 일쑤다. 그렇기에 유럽은 수백 년 동안 끊임없는 갈등의 현장이 되었던 것이다. 그러나 다극 체제는 (대충 16세기에서 20세기 중반까지를 아우르는) 세계사의 짧은 일부를 가리킬 뿐이다. 그보다는 (서구의 로마제국에서 동양을 압도한 일련의 중국 제국에 이르기까지) 하나의 강대국이 지배하는 단극 체제였던 기간이 훨씬 더 길다.

소련과 미국의 경쟁을 특성으로 하는 양극 질서는 기껏해야 50년가량 계속되었다. 그것은 150년의 열강 역사에서 가장 오래 계속된 평화의 시대를 열었고, 놀랍게도 총성 한번 울리지 않은 채 한쪽이 넘어져 완전 붕괴하면서 종식되었다. 혹시 국제 체제가 양극 질서로 돌아간다 해도 무서워 떨 필요는 없다. 전쟁 없이 양극성을 유지할 수 있을 테니까.[46]

'차가운' 전쟁 없이도 양극 체제를 가질 수 있다. 왜냐하면 원래의 냉전을 촉발한 것은 오늘날 우리로서는 상상하기 힘든 국제적 긴장이었기 때문이다. 소련은 1941년 서방의 나치로부터 침공받아 전 인구의 10%가 넘는 2500만 국민이 목숨을 잃었다.[47] 모스크바는 이처럼 가장 큰 희생을 치르고 제2차 세계대전에서 승리한 다음, 서부 국경선에 놓여 있는 동구 및 중앙 유럽 인접국들을 통제하여, 다시

는 외세의 침략을 당하지 않도록 완충 국가들을 둥그렇게 배치해 놓
으려고 애썼다. 그런 다음 터키와 그리스가 있는 남쪽으로 눈길을 돌
려, 영토와 영향력을 획득하려고 과감하게 더 멀리 진출했다. 소련
정권은 서구와의 분쟁에 찬사를 바치는 공산주의 혁명의 이데올로
기를 중심으로 조직되어 있었다. 한편 미국은 소련 공산주의를 자신
들의 존재에 대한 지독한 위협으로 간주했고, 그 동맹국 모두를 위험
요인으로 보았다.(심지어 중립국들조차 깊은 의심의 눈으로 보았다.) 이
두 강대국이 어떻게 행동했는지 생각해 보라. 모스크바는 세계 전역
에서 자기네 세력을 확대하고 미국의 세력에 맞서기 위해, 쿠바에 핵
미사일을 배치함으로써 전쟁의 대재앙을 초래할 위험을 무릅썼다.
반대로 미국은 미국대로 지구 반대편에 있는 가난하고 힘없는 나라
의 공산화를 방지하겠답시고 총 300만 명의 군대를 베트남의 정글
속으로 밀어 넣었다.

미국과 중국의 긴장 관계는 그 어떤 면을 보더라도 훨씬 덜 팽
팽하다. 중국의 이른바 "시장 레닌주의"[48]는 서구를 대체할 실행 가
능한 대안 사회를 진정으로 대변하는 것도 아니다. 중국 모델은 자유
주의적·중상주의적 경제와 억압적 정치의 보기 드문 합성으로서, 중
국 특유의 역사에서 비롯한 것이다. 그것은 질서 정연한 이데올로기
라기보다 아슬아슬한 묘기이며, 세계 어디에든 이를 따라 하는 나라
도 없다. 온갖 방식으로 인권을 무시하곤 있지만, 그래도 중국은 소
련이 그랬던 것보다는 훨씬 더 국제 질서 안에 들어와 있다. 모스크
바는 그 질서의 거의 모든 측면을 반대하고 나서지 않은가. 냉전 기
간 중 미·소의 상품 교역은 (전혀 없을 때도 있었지만) 연 20억 달러를

넘은 적이 거의 없다.[49] 이에 비해 미·중의 교역은 '매일' 20억 달러를 넘나든다.[50] 우리 시대의 초강대국들은 경제적으로 꽁꽁 얽혀 있어서 협력의 동기가 강렬할 수밖에 없다. 그렇기 때문에 트럼프 행정부의 대중국 정책조차 냉탕과 온탕을 오갔으며, 중국과의 디커플링(탈동조)을 촉구하면서도 동시에 미국 제품을 더 수입하고 미국 기업들에 문호를 더 개방해 달라고 중국에 요청하는 등, 한층 더 상호 의존을 추구하기도 했다.

현재 상황에 좀 더 가까운 비유는 원래의 냉전이 아니라 19세기 말에 시작되어 굳게 형성된, 영국과 막 떠오르는 독일 사이의 경쟁 관계라 하겠다. 우드로 윌슨 미국 대통령은 제1차 세계대전의 기원을 설명하면서, 영국과 독일 사이의 역학 관계를 간단히 이렇게 요약했다. "영국이 땅을 소유하고 있는데, 독일이 그걸 가지고 싶어 하는 거다."[51] 몇몇 학자들은 실제로 영·독 충돌과 오늘날 미·중 긴장의 유사점을 파헤치기도 했다. 어느 역사적인 분석이 훑어 내려간 유사점은 아래와 같다.

영·독과 미·중의 경쟁은 모두 경제의 세계화 및 폭발적인 기술혁신이 대두하는 가운데 벌어진다. 두 경우 모두 부상하는 전제정치가 등장하며, 자유시장 경제체제와 함께 확립된 민주주의에 대해 국가의 보호를 받는 경제체제가 도전장을 던지는 형국이다. 그리고 두 경우 모두 떼려야 뗄 수 없는 상호의존관계에 묶인 두 나라가 관세 위협, 표준 설정, 기술 탈취, 금융력, 사회간접자본 투자 같은 무기를 휘두르며 서로 우위를 차지하려 든다는 특성을 보인다.[52]

이러한 경쟁 관계의 부실한 관리는 유럽을 초토화한 전쟁의 구렁텅이로 온 세계를 끌고 들어갔으며, 제2차 세계대전의 무대까지 마련해 주었다.

그렇지만 이 모든 게 서로 아주 다른 두 시대의 유추라는 사실만은 기억해 둘 만한 가치가 있다. 현재의 세계를 규정하는 것은 단 하나의 글로벌 시스템이다. 예전에는 그런 적이 없었다. 과거의 체제를 보여 주는 예로 서기 200년경의 세계를 보기로 하자. 유럽과 지중해의 로마제국, 중국의 한나라 등, 지구 위에서 가장 인구가 많았던 지역들은 제국이 통치하고 있었다. 이들은 막강한 세력을 지닌 나라들로 자신들의 단극 국제 체제를 관장했지만, 서로서로 연결되는 바가 거의 전혀 없었다. 오늘날 이 지역들은 떼려야 도저히 뗄 수 없이 서로 얽혀서, 사람과 재화와 사상들이 끊임없이 교류되고 있다. 그뿐인가, 지금은 '자유주의적 국제 질서'로 알려진 틀 안에서 전 지구적 상호 교류가 일어난다. 제2차 세계대전이 끝난 후 미국이 확립한 이 틀의 두드러진 특성은 교역과 경제의 개방성, 유엔 같은 국제기구, 국제적인 행위를 규제하고 협력으로써 공동의 문제를 해결하는 규칙과 규범 같은 것이다. 존 아이켄베리(John Ikenberry)가 지적했듯이, 수많은 변화와 도전에도 불구하고 이 질서는 모두에게 득이 되고 그의 말마따나 "참여하기 쉽고 뒤집어엎기는 어려워서" 잘 견디어 왔다.[53] 게다가 근대사에서 강대국들 사이에 가장 오랫동안 평화가 유지되고, 그 어떤 시대보다 더 많은 사람이 빈곤을 벗어나도록 하는 데도 도움이 되었다. 미국과 중국의 양극체제가 아무리 긴장이 넘치더라도, 그것은 이 끈질기고 강력한 '다자간 세계' 속에 담겨 있을 것이다. 그리고 그 세계를 우리는 이제 자세히 들여다볼 것이다.

　　미래의 국제정치가 어떤 모습일지를 보면, 분명해진다. 양극체제는 불가피하다. 그리고 냉전은 선택의 문제다.

때론 최고의 현실주의자가
이상주의자다

10

신종 코로나바이러스는 전 세계의 현상이지만, 역설적으로 모든 나라가 각자의 내면을 들여다보는 기회가 되었다. 아픔과 괴로움, 경제의 온갖 어려움, 그리고 끝이 안 보이는 혼란에 세계 각지의 지도자들은 국제 협력이란 생각을 버리는 대신 몸을 숨기고, 국경을 폐쇄하고, 그 나름대로 회복 계획을 짜게 되었다. 2020년 4월에 이르기까지 트럼프 대통령의 팬데믹 대응 전략은 이 병을 퍼뜨렸다고 중국을 비난하고 그 공범이 세계보건기구라고 욕하는 등, 한낱 국수주의를 향한 호소에 지나지 않게 되었다. 반면 중국은 재빨리 '백신 국가주의'를 채택하면서 온 세계가 협력해야 한다는 입에 발린 소리만 했다. 강경파 성향의 공산당 대변지인《환구시보(环球时报)》는 논설에서 이렇게 말했다. "백신 개발에서 중국이 유럽이나 미국에 의존하는 일은 결코 없을 것이다. 이 중차대한 영역에서 중국은 반드시 홀로서야 한다."[1] 인도의 지도층 역시 당시의 핵심 이슈에 관해서는 중국과 똑같은 결론에 이르렀다. 인도 정부는 주요 의료 물자의 수출을 금지하고[2] 제약 원료의 중국 의존도를 줄이기 위해 십억 달러를 투자했다.[3] 약품을 직접 개발[4]하고 필수 물자를 직접 제조[5]하기 위한 만반의 준비를 하려는 것이었다. 유럽을 포함해서 어디든 자국의 이익과 자급자족이야말로 새로운 좌우명이 된 것 같았다.

역사적 관점에서는 이러한 위기가 지도자들을 그처럼 편협하고 국수주의적으로 변화시키는 것을 지켜본다는 것이 참 기이하다. 팬데믹의 아픔은 생생하고 뼈에 사무치지만, 그래도 1914~1945년의 기간에는 비할 바가 못 된다. 그 기간은 유럽을 갈기갈기 찢어발긴 엄청난 전쟁, Covid-19보다 몇 배나 치명적인 팬데믹, 전 세계의 대공황, 전체주의의 대두, 유럽을 다시 박살 내고 핵무기로 일본 도시들을 쑥대밭으로 만든 또 하나의 세계대전의 시기였고, 그 와중에 총 1억 5000만 명의 희생자가 발생했다.[6] 그런데도 그 지옥 같은 위기들을 지내 온 지도자들은 더욱 긴밀한 국제 협력을 위해 매진했다. 고삐 풀린 국수주의와 속 좁은 이기심의 대가가 무엇인지 두 눈으로 목격하고 살아남았던 군인들과 정치인들은, 다시는 염세적인 경쟁에 빠지지 않는 세계를 창조할 의무가 있다고 확신했다.

우리는 지금까지 그들의 노고가 가져다준 열매를 즐겨 왔다. 비교적 평화로운 칠십오 년을 말이다. 그러나 그 결과 우리는 냉소적인 인간이 되었고, 우리를 여기까지 데려다주었던 이상주의를 경멸하게 되었다. 이제 '글로벌리즘(globalism)' 때리기는 유행이 되었고, 그

대안이 어떤 희생을 요구하는지는 거의 생각도 하지 않는다. 영국인들은 진짜배기 국수주의나 지정학적 경쟁 따위를 더는 걱정할 필요가 없다는 이유로 브렉시트라는 쩨쩨한 국수주의를 뽐내듯이 포용한다. 솜(Somme) 전투 당시 고작 7.7평방킬로미터의 진흙탕을 차지하기 위해 1916년 7월 1일 단 하루 만에 거의 2만 명의 영국 병사들이 희생된 역사[7]를 잊었는가. 연합국을 이끌고 전쟁과 대공황을 견뎌 냈던 정치인들은 그처럼 어리석지 않았기에, 이상주의에 기회를 주겠다고 결심했다.

프랭클린 루스벨트는 우드로 윌슨 행정부에서 해군성 차관을 지냈고, "민주주의를 위해 안전해진" 세계라는 윌슨의 비전을 대단히 존경했다. 그러나 제1차 세계대전 이후 몇 년간 이상주의가 붕괴하고, 자신의 집권 중에 한층 더 방대한 전쟁으로 번지는 꼴을 지켜봤다. 그러나 윌슨의 경험에서 그가 배운 교훈은 다시 국제 협력을 시도하라는 것이었고, 이번엔 미국이 새로운 체제의 중심에 섰고, 이번엔 전적으로 평화에 공헌하기를 맹세할 실용적인 동기를 강대국들에 부여했다. 미국이 제2차 세계대전에 참여한 지 몇 달 후, 아직은 승리도 불확실하고 요원해 보였을 때, 루스벨트는 앞으로 세계대전을 불가능하게 만들 국제기구와 공동 안보 체제를 이미 구상하기 시작했다. 그를 오래 보좌했던 코델 헐(Cordell Hull) 국무장관은 1930년대의 무역 분쟁이 어떻게 격렬한 전쟁으로 비화했는지를 목격했던 터라, 자유무역 기조의 새 정권을 전심전력으로 옹호했다. 그의 후임들은 전쟁이 끝난 뒤, 나중에 세계무역기구(WTO)로 발전하게 될 관세 및 무역에 관한 일반 협정(General Agreement on Tariffs and Trade)을 통해서 처음으로 이 비전을 현실에 옮겼다.

　　루스벨트는 진정한 이상주의자로 알려졌지만, 그의 후임자인 해리 트루먼 대통령은 그런 평판을 누리지 못했다. 트루먼은 히로시마와 나가사키에 원자탄을 떨어뜨리고, 북대서양조약기구(NATO)를 창설했으며, 소련을 억지하기 위해 노력했고, 한국에서 전쟁을 치렀던 냉철한 현실주의자로 인정받는다. 그러나 트루먼 역시 열렬한 이상주의자였고, 윌슨의 국제주의라는 샘물을 마음껏 들이마셨다. 미주리주 인디펜던스의 고등학교를 졸업하기 직전에 그는 알프레드 테니슨 경의 고상한 시 「록슬리 홀(Locksley Hall)」[8]에 상당히 매료되었다. 그는 아래의 시구를 종이에다 베껴 썼다.[9]

　　　　인간의 눈에 보이는 한 가장 먼 미래에 발을 적셨으매
　　　　나는 세계의 비전을 보았네, 다가올 모든 경이로움과 함께.
　　　　교역으로, 신비한 닻을 올린 상선들로 가득한 하늘을 보았네,
　　　　값비싼 짐꾸러미를 던져 내리는 자줏빛 땅거미의 도선사들,
　　　　하늘을 채운 고함이 들리고, 가운데 푸르름 속에 흔들리는
　　　　제국의 해군들로부터 비처럼 쏟아지는 섬뜩한 이슬,
　　　　폭풍우를 뚫고 뛰어드는 부대의 깃발과 더불어
　　　　따뜻이 밀려드는 남풍의 넓니넓은 속삭임을 따리 멀리
　　　　전투의 북이 더는 울리지 않고 전투 깃발은 접힐 때까지.
　　　　인간의 의회, 세계의 연합
　　　　거기서 인간 상식은 조바심의 영역을 경외할 것이요,
　　　　친절한 땅은 보편의 법칙에 안겨 잠이 들리라.

수십 년 후 관리들이나 의원들이 대통령에게 어째서 유엔을 그리도 열렬히 지지하느냐고 물을 때마다, 트루먼은 지갑을 꺼내서 테니슨의 시구를 읽어 주곤 했다.[10]

트루먼의 뒤를 이은 아이젠하워 대통령은 유럽 주둔 연합군 사령관으로 유럽 전역에서 독일과 이탈리아 군을 상대로 싸운 전력이 있었다. 그는 인간의 속성이 어둡고 사악할 수 있다는 것을 직접 보았다. 베어마흐트(Wehrmacht, 독일 국방군)는 쓰라린 종말을 맞을 때까지 맹렬하게 싸우지 않았던가. 자신의 전시 경험에서 그가 내린 결론은 평화와 협력을 위해서라면 (성경 말씀처럼) "십 리를 동행해야" 한다는 것이다. 상륙작전 20주년이 되던 날, 월터 크롱카이트는 노르망디 콜빌쉬르메르(Colleville-sur-Mer)의 바닷가 9000명의 미군 유해가 묻힌 묘지에서 아이젠하워를 인터뷰했다. 아이젠하워는 묘비를 바라보면서 이렇게 설명했다. "이분들이 우리에게 기회를 주었고, 우리가 예전보다 더 잘할 수 있도록 시간을 벌어 주었지요. …… 그래서 난 이 바닷가로 돌아올 때마다, 혹은 20년 전의 오늘을 회상할 때마다, 우리 모두 평화로 나아가기 위해, 이 세상이 정말로 영원한 평화를 누리도록 어떻게든 길을 찾아야 한다고 다시 말합니다."[11]

아이젠하워는 대통령으로서 오늘날에는 도저히 생각조차 할 수 없는 제안을 했다. 냉전과 한국전쟁이 한창이던 1953년, 모든 국가가 무기의 수와 성격에 엄격한 한도를 설정하고 유엔이 군비축소 과정을 관리하자고 제안하는 연설을 한 것이다. 그는 또 핵무기의 폐기를 촉구했고, 모든 핵에너지를 국제기구의 통제 아래 두며 오로지 평화적인 목적에만 사용하도록 하자고 제안했다. 아이젠하워는 오늘날의 좌익 평화주의자들도 감히 쓰지 못할 언어를 사용했다. "한 문의 포를 만들 때마다, 한 척의 전함이 건조될 때마다, 한 기의 로켓이 발사될 때마다, 그것은 궁극적인 의미에서 굶주리는데도 먹을 게 없는 사람들, 춥지만 입을 게 없는 사람들로부터 도둑질하는 거나 다름없습니다. 어떤 의미에서도 이런 것을 살아가는 방식이라 할 수는 없습니다. 전혀. 이것은 위협적인 전쟁의 먹구름 아래, 쇠로 만든 십자가에 대롱대롱 매달려 있는 인류의 모습입니다."[12]

이상주의를 설교한 것은 미국인들만이 아니었다. 윈스턴 처칠은 가장 골수 국수주의자, 아니, 심지어 인종차별주의자라고 해도 좋을 사람이었고 당대의 호전적인 연합국 정치인이었다. 그런데도 제2차 세계대전이 끝나고 불과 일 년 후에 그는 어느 유명한 연설에서 이렇게 말했다. "우리는 말하자면 유럽합중국(United States of Europe) 같은 것을 건설해야 합니다.[13] 우린 유럽 전체의 연합보다 못한 것은 그 어떤 것도 목표로 삼을 수 없고, 확신을 가지고 그런 연합이 성취되는 그 날을 고대해야 합니다." 이 연합은 국제연맹의 설립 동기가 되었던 원칙, 폭넓은 협력이 전쟁을 없앨 수 있다고 상상했던 1920년대 및 1930년대 이상주의자들의 동기가 되었던 원칙을 기반으로 하게 될 것이라고 그는 말했다. 처칠의 연설 이후 몇 년이 지나고 장 모네(Jean Monnet)와 로베르 슈망(Robert Schuman) 같은 프랑스 정치인들은 콘라트 아데나워(Konrad Adenauer) 같은 독일 지도자들과 손잡고 결국 유럽연합으로 결실을 보게 될 기구를 창설했다. 전례 없는 국가 주권의 공유요, 인류사에서 가장 놀라운 평화 협력의 본보기였다.

지금은 이러한 종류의 고매한 포부를 냉소적으로 보기 일쑤다.

오늘날엔 제 나라의 좁디좁은 이해관계를 자랑스럽게 옹호하는 지도자들이 너무나 많다. 가령 도널드 트럼프는 2017년 유엔총회에서 이렇게 선언했다. "나는 언제나 미국을 최우선으로 생각할 겁니다. 여러분도 나라를 이끄는 지도자로서 꼭 마찬가지로 항상 여러분의 나라를 먼저 앞세울 것이며, 또 그래야 합니다."[14] 그러나 지금 우리가 살고 있는 세상은 좀 더 너른 안목을 지닌 정치인들, 공동의 안보와 공동의 노력이 바로 각국의 계몽된 이익에 부합한다는 견해를 지닌 정치인들이 일으켜 세웠다. 유엔을 건립하고 (미국의 일방적인 파워를 견제하는) 거미줄 같은 국제기구들의 망을 만들 당시, 미국은 세계 최강의 나라였다.[15] 미국은 유럽과 동아시아가 제2차 세계대전의 잿더미로부터 회복할 수 있게 도와주었다. 사실상 언젠가는 자신의 경쟁자가 될 국가들에 돈을 대 준 것이다. 미국은 세상에서 가장 작은 나라나 마찬가지로 단 한 표만 던질 수 있는 갖가지 협의회나 조직들의 건립에도 동의했다. 그러나 이 모든 과정에서 미국은 칠십 년이 넘도록 강대국들 사이에 평화를 유지한 글로벌 시스템, 민주주의의 성장과 인권의 존중을 촉진한 글로벌 시스템, 인류 역사상 가장 크게 빈곤을 줄일 수 있게 해 준 글로벌 시스템을 구축했다. 유럽은 수백 년의 국수주의와 전쟁을 극복할 수 있는 길을 찾았고, 유럽연합과 나토에서 권력을 공유함으로써 평화와 번영과 안보의 대륙을 만드는 방법을 찾았다. 동남아시아 국가들은 수십 년의 식민주의와 전쟁을 끝내고 아세안(동남아시아 국가연합)으로 뭉쳤으며 두 세대 동안 평화로운 관계를 유지해 왔다. 크고 작은 이 모든 성공은 이상주의와 글로벌리즘의 놀라운 실적을 보여 준다.

글로벌리즘의 종말이라고?

그렇지만 이제 신종 코로나바이러스와 맞닥뜨리면서, 이기심 쪽으로 물러선 나라들이 많다. 그런 무리의 앞장을 선 게 트럼프의 미국이었다. 이 미국 대통령은 이 팬데믹에 대한 세계의 경고를 대충 흘려들었고, 마침내 행동을 취할 때도 일방적이었으며, 가장 가까운 유럽 동맹들에 대한 여행 금지를 발표하면서 사전에 그들에게 알려 줄 생각조차 하지 않았다.[16] 능히 예측할 수 있는 일이었지만, 트럼프처럼 인기에 영합하는 국수주의자인 브라질의 보우소나루 대통령과 인도의 모디 대통령 역시 어떤 식의 글로벌 노력이나 다자간 해법도 신뢰하지 않는 태도로 팬데믹 대처에 접근했다. 모디 대통령은 국민에게 글로벌 공급망의 위험을 상기시키면서, 국산품을 사고 홍보함으로써 "로컬을 위해 목소리를 높이자(vocal for local)."라고 촉구했다.[17] 그런데 유럽처럼 국수주의를 가장 기대하기 어려울 것만 같았던 곳에서도 팬데믹은 국수주의를 초래한 것으로 보인다.[18]

국수주의자들은 다자간의 협력이 팬데믹을 멈추지 않는다는 점을 즐겨 지적한다. 많은 이들이 만방의 질병 확산을 막아 주리라고 믿는 세계보건기구가 형편없는 성과를 냈다고 주장하는 것이다. 중국 이익의 나라에서 신종 코로나바이러스 감염 사례가 처음으로 발표된 2020년 1월 14일까지만 해도 세계보건기구는 인간 대 인간 전염을 뒷받침할 증거가 전혀 없다는 베이징의 주장을 참으로 쉽게도 받아들이고 있었다.[19] 그리고 그 탓에 세계의 많은 지역이 위기의 심각성을 이미 깨닫고 황급히 봉쇄에 들어가고 있던 3월 11일까지 이번 바이러스의 팬데믹 선언을 미루게 되었다.[20] 이런 실수는 사람들이 국가에 더 강력한 통제와 회복 탄력성을 요구하도록 만들었다.

그러나 세계보건기구의 이러한 문제점은 다자주의를 줄일 필요는커녕 오히려 더 강화할 필요를 보여 준다. 이 기구는 예산도 보잘것없는 데다,[21] 회원국들의 자발적인 협력에 기대고 있다. 어떤 조치라도 강제할 권한조차 없으며, 심지어는 힘센 자금 공여국들에 수치심을 안겨 마지못해서라도 행동하게 만드는 경우조차 거의 없다.[22] 이런 규칙들은 미국의 전폭적 지지로 만들어진 것인데, 미국은 국제 기구가 국내 안건에 간섭할 수도 있다는 생각에 항상 알레르기성 반응을 보여 왔다. 그렇지만 이번 팬데믹의 경우, 글로벌 협력은 강력한 여러 가지 이점을 제시했다. 돈과 의료 장비가 이를 필요로 하는 세계 전역의 국가로 신속하게 움직일 가능성은 정말로 중요한 것으로 드러났다. 과학적 아이디어와 최선의 관행들이 자유롭게 알려지는 것은 더욱더 중요했다. 이런 개방성과 국제 시스템의 속도 덕분에 수천 명이 목숨을 건졌다. 심지어 세계 최고의 부국에 속하는 미국도 일부 장비의 일시 부족을 메꾸기 위해 중국으로부터의 공급을 기꺼이 수락했다.[23] 세계보건기구는 숱한 실패에도 불구하고 4월 말까지는 150만 개의 검진 키트를 확보했고, 133개국에 방호 장구를 보낼 수 있었다.[24] 빈곤에 허덕이는 나라들에는 정말 뜻밖의 행운이었다.

덧붙여 말하자면, 사실 뭔가 틀어지는 일이 있다면 대개는 국가와 국가 사이가 아니라 어느 국가 안에서 벌어지는 일이었다. 대만과 한국처럼 팬데믹에 가장 잘 대처한 나라들도 딴 나라들과 똑같은 문제를 만났고, 일인당 중국 여행객들의 숫자는 서구 국가들보다도 훨씬 더 많았다.[25] 영국과 미국처럼 감염자 숫자를 빨리 줄이지 못한 나라들은 국제 시스템의 문제 때문이 아니라, 대개는 국내 문제라든지 형편없는 지도력 때문에 실패했다. 그런데도 어찌 되었건 매를 맞은 것은 글로벌 다국간주의였다. 이런 근시안적 상호 비난은 미국과 영국의 실패가 민족국가 자체의 기능 상실이라고 주장하는 것과 똑같이 아둔한 짓이다. 사람들이 자신의 이익을 위해 국제기구를 이용해 놓고는 나중에 문제가 생기기만 하면 그들 탓을 하는 바람에 기능을 잃는 역학이 시작되었다. 유럽연합의 자금을 이용해서 수천 킬로미터의 고속도로를 건설해도, 공치사는 지역 지도자들에게 돌아가고 EU 본부에 감사하는 사람은 하나도 없다. 그러고는 예산 절감이 필요해질 때면 EU의 어떤 규정을 향해 손가락질하면서 "브뤼셀에 둥지를 튼 저 사악한 유로 귀족들 때문에 어쩔 수 없었어요."라고 한다.

전 지구적인 수준에서 2차 대전 후의 이상주의는 자유로운 국제 질서라는 가장 귀중한 창조물의 형태로 지금도 살아 있다. 미국이 주도한 이 협력의 틀이 이룩한 과거의 성과를 인정하면서도 지금은 그 명운이 다했다고 주장하는 사람들이 많다. 결국, 신종 코로나바이러스가 이런 질서를 붕괴시킨 직접적 원인으로 드러날지 모른다. 그러나 그들의 말에 의하면 그 질서는 다루기 힘든 세계에서 이미 서서히 바스러지고 있었으며, 끝내 완전히 무너질 운명이었다.

시스템에 대한 충격

신성로마제국은 "어느 모로 봐도 전혀 신성하지 않으며, 로마도 아니고, 제국도 아니다."[26] 볼테르의 유명한 지적이다. 자유주의 국제 질서에 대해서도 똑같은 말을 할 수 있을 것이다. 그것은 이제야 향수에 젖어 묘사하듯이 자유롭지도, 국제적이지도, 질서 정연하지도 않으니 말이다. 그것은 처음부터 이상주의가 자기 잇속만 차리는 민족주의와 뒤섞인 지저분한 현실이었다. 그 시작은 휘호 흐로티위스(Hugo Grotius)[27]와 이마누엘 칸트(Immanuel Kant)[28] 같은 사상가들까지 거슬러 올라갈 수 있겠지만, 세계의 주요 정치인들이 그것을 또렷하게 밝힌 것은 19세기 말로서, 또 하나의 자유주의 초강대국인 대영제국이 협력과 세계화의 거대한 분출을 가능케 했던 시기였다. 네 번이나 총리를 역임한 19세기 말 자유주의의 거인 윌리엄 글래드스턴(William Gladstone)은 1879년에 외교정책에 관하여 일련의 강연을 했다. 이때 그는 강대국들 사이에 평화를 확실히 유지할 새로운 외교를 옹호했다. 절제와 "만국의 동등한 권리" 및 "자유를 향한 사랑"에 기반을 둔 신선한 접근법이었다.[29] 그저 말로만 그런 게 아니었다. 파운드화가 전 세계의 기축통화로 사용되는 가운데, 영국은 지구위 해상 교통로를 보호하는 데 중요한 역할을 했다. 영국의 해군 패권은 약간의 국제적인 안정을 지켜 냈다.

물론 이 시기에도 경제 면의 치열한 경쟁, 떠오르는 강대국들, 국내의 혁명과 해외의 공격적인 제국주의 등을 볼 수 있었다. 글래드스턴의 "자유를 향한 사랑"은 선택적으로만 적용되었다. 영국 스스로 열렬하게 제국주의적이어서 인도에서 아일랜드에 이르기까지 폭동을 무력 진압했으니 말이다. 때로는 극도로 중상주의적이기도 했다.[30] 그러나 인류의 역사 가운데 이전의 어떤 시대와 비교하더라도, 이것은 전례 없는 평화와 교역의 확산과 근대의 첫 번째 군축 협정[31] 같은 국제 협력의 씨앗 등으로 특징지을 수 있는 기간이었다. 간단히 말해서, 자유로운 국제 질서가 싹을 틔운 때였다. 제1차 세계대전으로 그것은 추락의 종말을 맞았고, 그 파열은 양차 대전 사이의 말썽 많은 여러 해를 넘어 제2차 세계대전 내내 계속되었다.

미국이 영국으로부터 글로벌 리더십의 바통을 넘겨받은 1945년 이후, 워싱턴은 좀 더 공식적인 국제사회 규범과 기구들을 구축하기 시작했다. 그러나 그렇게 탄생한 시스템은 소련의 요란한 반대에 부딪혔고, 이어 (가장 뼈아픈 예로 1956년의 수에즈운하와 10년 뒤의 베트남 문제를 두고) 동맹 간의 협력 관계에 여러 차례 금이 갔다. 심지어 닉슨 치하의 미국이 부분적으로 변절하는 일까지 겪었다. 미국이 보유한 금을 이용해서 국제 통화 체제를 지탱해 오던 워싱턴의 관행을 그가 1971년에 중단해 버린 것이다. 그러니까 1945년 이후의 좀 더 현실적인 그림을 그리면, 처음부터 예외와 불화와 취약성으로 얼룩진 허약한 질서가 보일 것이다. 그 안에서 강대국들은 규칙에 저항하기 일쑤였고, 그중에서도 미국은 최악이었다. 미국이 한편으로 자유로운 국제 질서를 구축하고 있던 1947년과 1989년 사이, 미국은 세계 전역에서 일흔두 번이나 정권 교체를 시도했으면서도 유엔의 승인을 얻은 적은 거의 한 번도 없었다.[32]

그러나 노력을 상쇄하는 여러 추세와 후퇴 속에서도 질서는 더욱 공고해졌다. 갈수록 더 많은 국가가 참여했고, 1991년 소련이 붕괴한 후엔 (어떤 의미에선) 지구상 거의 모든 국가가 열린 세계 경제의 일부가 되어, 적어도 이론적으로는 국제적 행동을 둘러싼 규범들을 포용했다. 지금 이 순간에도 자유주의적 국제 질서는 쿠바에서 사우디아라비아와 베트남에 이르는 다양한 정권을 수용하고 있으며, 좀 더 폭넓은 평화와 안정과 한층 더 양식 있는 국가 간 행동을 북돋우는, 규범에 바탕을 둔 틀을 제공한다. 이제 워싱턴뿐 아니라 다른 정부의 많은 인사들까지 이 질서가 새로운 위협, 어쩌면 치명적일 위협에 직면해 있다고 주장한다. 베이징이 국가가 통제하는 중상주의 체제를 강화하기 위해 개방된 국제경제를 악용했기 때문에, 떠오르는 중국이 기존 체제를 파괴했다는 것이 그들의 공격이다. 그들은 중국이 인권을 위한 유엔의 공약을 무력화하려 했다는 점을 지적한다. 그리고 중국이 자기 나름의 또 다른 국제 체제 확립, 서구의 후원을 받는 기존의 틀과는 공존할 수 없는 틀의 확립을 추구하고 있다고 단언한다. 그렇다면 이 같은 중국의 부상은 국제 질서에 무엇을 뜻하는가?

개방된 세계경제를 중국이 악용한다는 주장을 한번 곰곰 생각해 보자. 중국의 경제적 성공이 세 가지 근본 요인 덕분이라는 것은 거의 모든 경제학자들이 동의하는 바이다. 즉 (1) 공산주의 경제에서 한층 더 시장 기반의 접근법으로 전환한 것, (2) 대규모 투자를 가능하게 만든 높은 저축률, 그리고 (3) 생산의 증가가 그것이다. 시장경제를 포용한 것에는 외국인 투자에 문호를 대폭(다른 신흥국 시장보다도 훨씬 더) 개방한 점이 포함된다. 중국은 1998년 이후 지금까지한 해도 빼먹지 않고 가장 많은 외국인 직접투자를 유치한 25개국에

이름을 올린 유일한 개발도상국이다.[33]

지금 중국은 몇 가지 새로운 과제를 던져 주고 있다. 특히 국가 권력을 이용하여 중요한 부문에서 경제적 지배권을 국가로 넘겨주는 것을 즐기는 시진핑의 성향을 고려하면 더욱 그러하다. 그러나 국제 교역 체제에서 중국이 누리는 최대의 우위는 기꺼이 규칙을 위반하는 성향에서 비롯한 게 아니라, 이 나라의 엄청난 규모에 기인한 것이다. 모든 나라, 모든 기업이 중국에 접근하기를 원하고, 그 기회를 얻기 위해선 양보도 마다하지 않는다. 그렇다고 이것이 유별난 일이냐 하면, 그렇진 않다. 동등한 영향력을 가진 나라들도 그와 유사한 태도 혹은 그보다 더 심한 태도를 보이고도 멀쩡히 넘어가는 경우가 허다하다. 무엇보다 미국이 좋은 예다. 금융 서비스의 거인 크레딧 스위스가 2015년에 발표한 보고서[34]는 주요국들이 1990년부터 2013년까지 수입품을 겨냥해 세웠던 비관세장벽을 헤아려 주고 있다. 총 450개의 비관세장벽을 만든 미국은 아무도 넘볼 수 없는 수준에 있었다. 두 번째로 많은 나라가 350개의 인도, 그다음이 약 250건의 러시아였다. 중국은 다섯 번째로, 150개가 채 안 되었다. 중국과 유럽을 상대로 한 트럼프 대통령의 무역 전쟁은 미국 고유의 중상주의를 과시하는 가장 최근의, 가장 지독한 예다.

국유 기업에 대한 정부 지원은 몇 년 전보다 커졌지만, 그래도 베이징은 한때 자기네 중상주의 전략의 핵심 부분, 그러니까 자국 통화 평가절하를 이용해 수출을 진작시키는 전략은 포기했다. 경제학자인 니컬러스 라디(Nicholas Lardy)가 계산해 본 바에 의하면, "세계 금융 위기 이후 중국의 성장 감속의 절반가량은" 화폐 중상주의의 중단과 그에 의한 무역 흑자 축소 때문이었다.[35] 물론 이러한 개혁은 흔히 서구의 압력이 있을 때, 그리고 그나마 중국의 경쟁력 제고에 도움이 될 때만 이루어진다. 그렇지만 중국이 갈수록 더 많은 개혁을 실행하라는 압력을 받고 있는 것 또한 사실이다. 많은 중국 경제학자들과 고위 정책 입안자들은 그렇게 하는 것만이 국가 근대화와 경제성장의 유일한 길이라고 꾸준히 주장해 왔다. 그들은 개혁을 회피하면 나라가 "중진국 함정(middle-income trap)"에 빠지고 말 것이라고 경고해 왔다. 국가가 빈곤에서 벗어나고도 추가적인 경제·규제·법률 체제의 개혁을 거부하는 바람에 대략 일인당 국민소득 1만 달러 부근에서 벽에 딱 부딪히고 마는 현상을 중진국 함정이라고 한다. 중국은 2019년에 1만 달러 이정표를 지났지만,[36] 여전히 발목을 붙잡힐 수 있다. 이번 팬데믹이 성장률을 잘라먹기 이전에도 중국은 추가 개혁을 거부하고 있었다. 그와 같은 길을 택했던 다른 나라들은 결국 개혁의 길을 계속 걸어가느냐 침체의 늪에 빠지느냐의 갈림길에 서고 말았다. 신종 코로나바이러스가 더 많은 개방을 자극할 수도 있다. 아니면, 내부를 들여다보는 민족주의적 어젠다에 몰두하게 만들 수도 있다. 설사 중국이 후자를 택한다 하더라도, 다자간 질서를 무너뜨리고 중국 기반의 질서로 대체하기를 추구하는 것과는 한참 멀리 떨어져 있다.

황금기는 사실 단 한 번도 없었지만, 그렇다고 흔히 떠들어 대듯이 그토록 심하게 부패한 적도 없었다. 바로 이것이 자유주의적 국제 질서의 진실이다. 주요국들 사이의 평화와 안정이라는 이 질서의 핵심 특성은 1945년 이래 전쟁과 합병의 두드러진 감소와 더불어 지금도 흔들림 없이 건재하다.[37] (러시아의 우크라이나 침공은 규칙이 옳음을 증명하는 한 가지 예외이다.) 중국의 경제적 중상주의는 손을 봐야 하고, 트럼프 행정부가 이 점을 강조한 것은 칭찬해 줄 만하다. 그러나 트럼프가 일방적으로 이 이슈에 덤벼든 것에 대해서는 강하게 비난받아도 마땅하다. 미국과 그 동맹, 이를테면 유럽연합, 영국, 캐나다, 일본, 한국, 호주 등이 제시하는 일련의 요구를 베이징에 내놓았더라면 훨씬 더 효율적이었을 터이기 때문이다. 그 정도만 동맹국을 모아도 미국을 합하면 전 세계 경제의 58%를 아우르는 셈이다.[38] 서로 연결된 세계는 중국과 맞설 수 있는 레버리지를 미국에 제공한다. 그로부터 디커플링(탈동조)하는 것은 그 레버리지를 줄여 버린다. 그렇다, 미국은 중국처럼 어마어마한 적수를 한 번도 만난 적이 없는 것이 사실이다. 그러나 중국 또한 그 나름의 장애물이 있다. 역사상 그 어떤 떠오르는 세력도 협력과 방어의 다자 채널과 이토록 미묘하게 얽히고설킨 세계로 들어오려고 시도한 적이 없었으니까. 중국이 모든 글로벌 규칙과 규범에서 완전히 "탈출"하기를 어떤 형태로든 시도한다면, 주변국과 그 밖의 나라들이 강력하게 반발할 것이다.[39] 중국을 억지하는 가장 좋은 방법은 중국을 제약하는 시스템을 강화하는 것이리라. 어쩌면 이 점이 가장 중요할지 모른다. 물론 그렇게 하자면, 미국이 국세해양법과 국제형사재판소 같은 기구에 참여하고 그들을 지원할 필요가 있을 터이다. 만약 미국이 그런 규칙과 규범을 어긴다면, 중국이 그렇게 한다고 비난할 근거는 거의 없어지는 것이다.

전쟁에서 승리한 이전의 모든 강대국과는 달리, 미국은 사상 최악의 피비린내 나는 분쟁에서 결정적인 승리를 거둔 다음 패전국들을 용서하고, 재건하고, 복권시켰다. 바로 이 점이 국제사회에 대한 미국의 가장 의미심장한 공헌이었다. 세계의 모든 국가를 위한 새로운 길을 상상한 것이었다. 흔히 미국은 그저 속 좁은 국익만이 아니라 공공선에 고무되어 행동했다. 중국의 부상, 신종 코로나바이러스 등, 그때그때의 힘든 과제만 보고서 미국이 이 풍요로운 유산을 버리고 다른 모든 강대국처럼 행동해야 한다고 결론 내리는 사람들, 그리하여 독일제국의 영어권 버전이 되어야 한다는 결론에 이르는 사람들은 역사에도 눈이 멀었고 미국이 성취한 바에도 눈이 먼 것이다.

그런 태도는 자유주의 국제 질서에 가장 심각한 위협이 된다. 중국의 팽창주의가 아니라 미국의 포기가 최대의 위협이란 얘기다.[40] 이 질서를 설계한 자가 스스로 만들어 낸 것에 대한 흥미를 빠르게 잃어 가고 있다. 월터 러셀 미드(Walter Russell Mead)가 지적한 것처럼, 트럼프는 미국의 동맹국들을 포함해 거의 모든 나라가(아니, 특히 동맹국들이) 항상 미국을 등쳐 먹고 있다고 믿는 것 외에는 대체로 세계의 움직임에 관심이 없으며, 이런 점에서 트럼프의 본능은 잭슨을 닮았다.[41] 그는 무엇보다 "미국 먼저"를 외치는 국수주의자요, 보호주의자이며, 포퓰리스트이다. 그러나 진심으로 말하거니와, 그는 다른 무엇보다 현장을 포기해 버린 고립주의자다.[42] 그는 과거의 어떤 대통령보다 더 많이 미국을 국제기구, 조약, 협정으로부터 탈퇴시켰다. 그는 유럽연합과의 무역 협상을 굼벵이 걸음으로 만들었을 뿐 아니라, 그들과 무역 전쟁을 시작했고 유럽 기지에서 군대를 철수[43]시키기도 했다. 칠십 년간의 대서양 파트너십에 종말이 올 것만 같았다.[44]

그는 이민자들을 막고 플로리다에서 표를 얻는다는 프리즘을 통해서만 라틴아메리카를 다루었다. 심지어 그는 용케도 캐나다를 소외시키기까지 했다. 대단한 업적 아닌가. 또 그는 미국이 중동 정책에서 슬그머니 빠져나올 수 있도록, 그 정책 수립을 이스라엘과 사우디아라비아에 하청 주었다. 북한과 화해를 시도함으로써 노벨 평화상을 타겠다는 자기도취적 욕망 같은 몇몇 충동적인 예외는 있었지만, 그의 외교정책에서 가장 두드러진 점은 정책 부재였다.

팬데믹은 미국의 이기적인 변화를 부채질했다. 자유세계 리더의 역할, 다자 시스템 내에서 공공재를 제공하던 역할을 저버린 것이 그런 변화였다. 아마도 가장 두드러진 예는 백신 전략에서 찾을 수 있을 것이다. 전 세계의 노력과 동조한다든지 동맹국들에 자원의 공유를 격려하기는커녕, 트럼프 행정부는 백신을 먼저 얻기 위한 경쟁에서 다른 나라를 밀쳐내면서 단지 "백신 따내기"에만 급급했다. 독일 언론은 미국 정부가 독일 기업의 백신을 "오로지 미국용으로" 확보하기 위해 거액의 돈을 제시했다고 보도했다.[45] 그러는 가운데 프랑스, 브라질, 캐나다 같은 파트너들은 미국이 필수 의료 장비를 구매하기 위한 흥정에서 새치기를 하거나 높은 가격으로 자신들을 밀어내고 심지어는 선적을 방해하기까지 했다고 비난했다.[46]

미국은 대서양과 태평양이란 해자로 불안과 전쟁으로부터 보호되고 있어, 오랜 세월 동안 국내 사정이 편안했다. 이런 입지 덕분에 1945년 이후의 미국 지도자들은 공공선을 위하여 국력과 자원의 일부를 사용할 정도로 너른 시야를 가질 수 있었다. 21세기 들어 여러 가지 질병과 싸운 워싱턴의 지도층을 잘 생각해 보라. 부시 행정부는 아프리카에서 에이즈와의 전쟁에 앞장서, 전염 확산을 억제하는 데 850억 달러를 투입해 1800만 명의 목숨을 구했다.[47] 오바마 행정부는 에볼라와의 전쟁을 이끌면서 자금과 전문 지식을 동원해 바이러스 억제에 성공했다. 다양한 기부를 한 나라[48]가 미국만은 아니었지만, 그렇게 핵심적이고 체계를 잡는 역할을 한 나라는 어디에도 없었다.

슬픈 일이지만 2020년 중반에 이르기까지 (유럽과 동아시아에서 확산세가 꺾인 후에도) 미국 전역에서 팬데믹이 기승을 부리는 가운데,[49] 미국은 여전히 자신 외엔 그 어떤 것, 그 어떤 사람에게도 관심을 주지 않았다. 베이징 때리기를 제외하고는 말이다. 트럼프 행정부가 Covid-19에 대한 중국의 대처를 비난하는 것을 틀렸다 할 수는 없다. 그러나 메신저가 그 모양이니, 메시지에 무슨 설득력이 있겠는가. 평생을 친미 인사로 살아온 케빈 러드(Kevin Rudd) 호주 전 총리는 미국이 이 지경으로 몰락한 데 대한 자신의 놀라움과 실망을《포린 어페어스》에 기고한 적이 있다. "옛날옛날 베를린 공수작전을 편 미국이라는 나라가 있었다. 그런데 지금은 바이러스로 꼼짝달싹 못하는 전함 시어도어 루스벨트호의 이미지, 독일에서 개발 중인 백신을 독차지하려고 안간힘을 쓰는 행정부 이야기, 개인 방호 장비의 캐나다 수출을 막으려는 연방정부의 개입 같은 것뿐이다. 세상이 훌렁 뒤집힌 모양이다."[50]

다시 쌓아 올려야 할 때

지금 이 시점에서 미국이 압도하는 국제 질서를 회복하기는 불가능하다. 너무 많은 신진 세력이 부상하고 있고, 길들일 수 없는 힘들이 너무 많이 터져 나오고 있다. 미국 대통령이 다자주의를 열정적으로 신봉한다고 하더라도 말이다. 중국은 이미 경쟁자가 되어 있고, 많은 영역에서는 동료이기도 하지만 미국 패권의 리부팅을 수락할 것 같진 않다. 그리고 다른 세력들의 부상도 계속 진행되고 있다. 이제 세계는 여러 집단과 기구로 차고 넘치며, 대다수가 지역적이란 속성을 띠고 있다. 중국은 이미 아시아 인프라 투자은행(AIIB, Asian Infrastructure Investment Bank)을 설립하고 신개발은행(New Development Bank)의 자금 확보를 도와주었다. 그리고 라틴아메리카와 동유럽에 중국를 중심으로 움직이는 일련의 다자 그룹을 만들었다.[51] 그뿐인가, 그보다 훨씬 대규모인 일대일로 프로젝트는 중국을 핵으로 하여 유라시아와 아프리카를 가로지르는 거미줄 같은 공급망, 인프라스트럭처, 운송망을 펼치고 있다. 러시아는 러시아대로 방위소악에 참여힌 옛 소비에트 공화국들[52]을 모아 (비록 사산의 조짐을 보이지만) '유라시아 경제 연합(Eurasian Economic Union)'을 설립하는 등, 독자적인 영향권을 만들려고 애써 왔다.(크림반노에 내한 푸틴의 공격 때문에 이웃 나라들이 모스크바와 엮이는 것을 경계하게 된 점은 이해할 만하다.[53]) 아세안이라든가 아프리카연합같이 좀 오래된 지역 블록들도 최근 몇 년 새 더욱 활발해졌다.

붕괴할지도 모른다는 별의별 예측에도 불구하고 유럽은 더 튼튼하고 단합된 모습으로 이 위기를 빠져나올 것이며, 세계 무대에서 그 나름의 독자적인 역할을 하려고 단단히 결심할 것이다.[54] 프랑스 '독립'을 촉구하는 연설로 국수주의를 용인하는 듯한 말을 했던 에마뉘엘 마크롱 프랑스 대통령조차 "중국과 미국, 그리고 세계의 무질서에 맞설" 정도로 강력한 유럽 연방이라는 다자주의에 좀 더 확실히 포함되기를 희망한다는 신호를 보냈다.[55] 이런 수사는 독립을 이야기하는 것 같지만, 현실은 상호 의존에 가깝다. 이들 블록 중 그 어느 것도 단 하나의 초강대국만큼 강하지 않다. 그러나 이들을 다 모으면, 세계 무대에 좀 더 널리 분포된 다양한 배우들의 별자리가 보인다. 극이 여러 개인 다극의 세상이 아니라, 많은 나라가 움직이는 다자의 세계다. 현명한 지도자는 단 한 나라로는 국제적으로 이룩할 수 있는 게 거의 없음을 알기 때문이다. 그 나라가 미국이나 중국이라 할지라도 말이다. 이 새로운 시대에 미국은 핵심적인 역할을 해낼 수 있다. 주도 세력으로서 여전히 어젠다를 설정하고, 연합체를 결성하며, 집단행동을 이끌 수 있다. 그러나 그것은 단일 패권국의 역할과는 다를 터이고, 워싱턴에 남은 제국주의 계급은 순수한 협의나 외교의 필요성을 거부할지도 모른다.

이 새로운 다자주의에는 여러 가지 이점이 있을 수 있다. 그것은 크고 작은 다른 나라들의 좀 더 많은 참여에 기반을 둔다. 그것은 브라질에서 남아프리카까지, 인도와 인도네시아까지를 아우르는 국제 체제의 참으로 글로벌한 성격을 인정한다. 그것이 먹힌다면, 더 많은 국가에 더 큰 목소리를 허락하는 국제 체제는 더욱 생동감 있는 민주 체제를 가져올 것이다. 하지만 한 가지는 분명히 해 두자. 모든 것이 한 가지 내기에 걸려 있다. 미국 패권이 끝나더라도 미국이 이끄는 국제 질서는 살아남을 수 있다는 내기 말이다.[56] 그 패권이 다시 살아난다는 대안 시나리오는 절대 일어나지 않을 것이다. 그러나 이성적인 희망을 품는 이유가 있다. 다자주의를 추진하는 힘은 순전히 이상주의적인 것은 아니다. 미국, 유럽, 일본, 한국, 그리고 특히 중국은 규칙 기반의 열린 체제의 한 부분이 됨으로써 헤아릴 수 없이 많은 이득을 얻었다. 그들 모두, 심지어 중국까지도 집을 다 태워 버리기보다는 계속 지탱할 충분한 동기가 있다. 러시아는 좀 더 흥을 깨는 편으로, 가끔씩 혼란의 씨를 뿌리려고 한다. 하지만 이 나라는 해가 거듭될수록 힘이 약해지고 있어 앞으로도 고립된 모습일 것이다. 인도와 다른 신흥국의 대부분은 거미줄처럼 촘촘하게 엮인 국제기구와 규칙들이 중국을 규제하는 시스템을 환영할 것이다. 설사 자기 자신들도 규제당하는 한이 있더라도. 그들은 그런 세계에서 좀 더 큰 안정과 번영을 찾을 것이다.

제대로 움직이는 다자 시스템은 무엇보다 공동의 문제점을 해결할 기회를 제공한다. 신종 코로나바이러스 팬데믹은 서로 연결되어 있는 세계의 위험과 기회를 완벽하게 보여 준다 이 위기는 글로벌한 성격이어서 빈부를 가리지 않고 모든 나라에 영향을 미친다. 모든 나라가 모종의 안전장치를 갖추지 않는 한, 누구도 안전할 수 없다. 환경문제 또한 집단행동을 요구한다. 사이버공간은 국경을 모르는 경기장과 다르지 않다. 기후변화는 물론 전 지구적 난제의 가장 극적인 예다. 왜냐하면 그것이 인류의 생존 자체를 위협할 수 있고, 모든 국가의 줄기찬 협력 없이는, 특히 오염의 가장 큰 주범인 미국과 중국의 협력 없이는 해결할 수 없기 때문이다.

　지금 우리가 걷는 길의 위험을 경고하는 기후학자들은 노벨상 수상자 조슈아 레더버그가 1989년 바이러스에 관하여 경고했던 것을 무의식중에 반영하고 있다. 레더버그처럼 기후학자들도 우리에게 촉구하고 있다, 대자연은 지구 위 어느 생명체가 살아남는 데 딱히 관심이 있는 호의적인 힘이라고 가정하지 말 것을. 기후는 인간에게 전혀 관심이 없다. 기후는 그저 걸핏하면 고삐 풀린 망아지처럼 지구와 거기 사는 모든 것을 파괴해 버릴 수 있는 화학반응의 축적일 뿐이다. 다른 천체의 수백만 행성들도 똑같은 파멸을 겪었을지 모른다. 우리네 태양계 동네에서는 어쩌면 금성에 대충 이십억 년 동안 생명체가 살 수 있었을지 모른다는 사실이 나사(NASA)의 최근 컴퓨터 형상화 작업에서 드러났다.[57] 그 후로 "걷잡을 수 없는 온실가스 효과" 때문에 오늘날과 같은 메마르고 척박한 환경이 되었을 거란 얘기다. 우리는 지구를 그와 같은 방향으로 밀어붙이고 있는 여러 가지 힘을 완화할 수 있다. 여기서도 만인의 협력을 위한 건전한 이유를 못 찾는다면, 어디에서 그런 이유를 찾겠는가?

　만약 우리가 어떤 식으로든 협력의 틀을 찾지 못한다면, 제약받지 않는 국수주의의 경쟁이 판을 치는 세계를 만날 것이다. 참으로 끔찍한 위험성인데도, 엄청나게 과소평가되고 있다. 제약받지 않는 국수주의적 경쟁의 세계에 담긴 위험은 참혹하다. 그리고 엄청나게 과소평가되어 있다. 세계에서 가장 역동적이고 기술적으로 진보한 두 나라인 미국과 중국이 (우주의 군사화에서 사이버공간의 무기화까지, 인공지능 분야에서의 군비경쟁으로 불이 붙은) 무제한 분쟁으로 빠져

든다면, 그 결과는 재앙이다. 말할 것도 없이 지금까지 우리가 쌓아 올려 왔던 세계, 빈곤을 줄이고 질병과 싸우는 공동의 노력과 더불어 교역, 여행, 소통이 활짝 열려 있는 세계의 종말일 것이다. 냉전 제2탄은 피할 수 있겠지만, (가장 바람직하게는 유럽연합과 인도 같은 주요 세력까지 포함한) 외교와 협력의 꾸준한 과정을 통해서만 가능할 것이다. 미국과 중국은 서로 매우 다른 사회다. 하지만 둘 다 자긍심과 애국심으로 넘친다. 워싱턴이든 베이징이든, 국내 정치에선 강경파처럼 말하고 행동해야 할 동기가 충분하다. 호전성의 위험은 모호하고 아주 먼 미래의 일처럼 보이기 때문이다. 우리는 몽유병 환자처럼 다시금 분쟁을 향해 걸어가고 있다. 꼭 1914년처럼.

이런 어려움에도 불구하고, 작금의 긴장과 후퇴에도 불구하고, 나는 절망하지 않는다. 우리는 과거에 이보다 더 어려운 문제도 어떻게든 해결해 내지 않았던가. 몇십 년 전을 돌아보든, 몇백 년 전을 돌아보든, 우린 엄청난 진보를 이룩했다. 알프레드 테니슨이「록슬리홀」을 썼던 1830년대는 최초의 대형 지구촌 분쟁인 나폴레옹전쟁이 막 끝나고 미약하지만 새로운 유럽 평화의 시대가 열리고 있던 때였다. 봉건주의는 산업화로 대체되고, 교역과 기술의 혁명이 세계 각지를 이어 주고 있었다. 새로운 여왕이 영국 왕위를 계승하면서, 그 시는 초기 빅토리아 이상주의의 상징이었다. 하지만 인생의 황혼 무렵, 테니슨은 자신이 참 어리석게도 순진했음을 깨닫고 또 하나의 시「록슬리 홀 육십 년 후」를 썼다. 테니슨이 내린 결론은? 전쟁, 혁명, 도시의 빈곤, 신념의 상실이 팽배한 가운데 19세기는 막을 내렸다는 것. 그는 분노에 사로잡혀 이렇게 썼다. "이토록 협박이, 광기가, 글로 쓴 거짓이나 말로 한 거짓이 가득했던 시대가 언제였던가?"

이 시가 발표되자마자 사람들은 그 비관주의를 반박했다.《19세기(*The Nineteenth Century*)》란 이름의 정기간행물에는 그 시대가 이룩해 놓은 것들을 옹호하는 좀 특별한 에세이 한 편이 실렸다. 자유주의의 위대한 총아 윌리엄 글래드스턴은 (두 번의 총리 임기 사이에) 이상주의자들이 품었던 엄청난 꿈 가운데 더러는 실현되지 않았지만 그래도 성취된 것들도 고려해야 할 거라고 시인했다. 그러고는 그런 성과의 목록을 죽 훑어 내려갔다. 역사학자 폴 케네디(Paul Kennedy)의 말마따나 "그 리스트는 먹먹하고, 지루하고, 그러면서도 감명 깊다.[58] 학교에 다니는 아이들의 비율이 급증했고…… 여성의 권리는 확대되었으며…… 추악한 형법은 폐기되었고…… 상업은 다섯 배나 늘어났으나…… 그 동안 범죄는 급격히 줄어들었다."

우리 시대의 자유주의 국제 질서에 대해서도 같은 말을 할 수 있을 것이다. 그것은 불완전하고 결점도 많다. 많은 분쟁과 비극과 위선도 겪을 만큼 겪었다. 그러나 전체로 볼 때, 그것은 인간이 채택했던 과거의 그 어떤 시스템보다도 더 많은 사람의 삶을 더 낫게 만들었다. 그렇게 할 수 있었던 것은 악이 사라지고 미덕이 지배하는 무슨 꿈같은 환상의 세계를 기반으로 하지 않았기 때문이다. 자유주의의 기저에 깔린 이상주의는 단순하고도 실용적이다. 사람들이 힘을 합치면 혼자서 행동하는 것보다 더 나은 결과를 얻고 더 튼튼한 해결책을 찾을 것이다. 국가들이 전쟁을 피할 수 있다면, 그들의 국민은 더 장수하고, 더 부유하며, 더 안전한 삶을 영위할 것이다. 그들이 경제 면에서 서로서로 엮이게 된다면, 모두에게 한층 더 득이 될 것이다. 그것이 바로 테니슨의 초기 시의 심장이었던 희망이며, 트루먼 대통령이 지갑에 지니고 다녔던 희망이다. 예지력이 담긴 그의 시구는 "사람들의 상식이 조바심의 영역을 경외하고 / 친절한 땅이 보편의 법칙에 안겨 잠드는" 세계를 상상한다. 협력이 세상을 바꿀 수 있다고 믿는 것은 허황한 꿈이 아니다. 그것은 상식이다.

맺으며   쓰여 있는 것은 단 하나도 없다

영화사에서 가장 위대한 순간이다. 웅장한 역사 영화 「아라비아의 로런스」에서 영국의 젊은 외교관 겸 탐험가 (피터 오툴이 불멸의 연기를 펼친) T. E. 로런스는 몇몇 아랍 부족들을 설득하여 그들이 독립을 쟁취하고자 하는 오토만제국을 기습 공격할 터였다. 로런스는 이들 베두인 전사들을 이끌고 사막을 가로질러 오토만의 항구 아카바 배후에 접근하고 있었다. 그들은 찌는 듯한 더위 속에서 무서운 모래폭풍을 뚫고 사막을 건넜다. 그러다가 언제인가, 가심이란 아랍 병사가 낙타에서 떨어져 사라졌음을 발견한다. 로런스는 즉시 돌아가 낙오된 그를 찾겠다고 결심한다. 그러나 (오마르 샤리프가 연기한) 아랍 추장 셰리프 알리는 그에 반대한다. "가심의 때가 온 겁니다. 운명에 쓰여 있지요." 그러자 로런스는 날카롭게 쏘아붙인다. "쓰여 있는

건 절대 없어요." 그러고는 몸을 돌려 왔던 길을 돌아가 모래와 태풍에도 아랑곳하지 않고 마침내 초주검이 되어 절룩거리며 헤매는 가심을 찾아낸다. 그리고 캠프로 그를 데려와 영웅 대접을 받는다. 추장 알리가 물을 권하자, 로런스는 목을 축이기 전에 그를 보며 조용히 되풀이한다. "쓰여 있는 건 절대 없다고요."

지금까지 이 책은 신종 코로나바이러스 팬데믹의 결과로 우리가 맞이할 세계를 그려 보았다. 그러나 사실은 이제 막 시동을 걸고 있는 여러 가지 힘을 묘사하고 있는 것이다. 그 이야기를 완결하기 위해서는 인간이 작용하는 바를 덧붙여 넣어야 한다. 사람은 자기 자신과 사회와 세계를 어느 방향으로 밀고 나갈 것인지를 선택할 수 있다. 사실, 지금은 재량권도 좀 더 많다. 대부분의 시대에 역사는 대체로 닦아 놓은 길을 따라 전진하고, 변화는 어렵다. 그러나 신종 코로나바이러스는 사회를 거꾸로 뒤집어 놓았다. 사람들은 방향을 잃었다. 이미 상황은 변하는 중이고, 그런 분위기에서 추가적인 변화는 그 어느 때보다 수월해진다.

우리 자신의 삶에서 팬데믹 대응책으로 받아들였던 변화를 생각해 보자. 우리는 오랜 시간에 걸쳐 자신을 격리하는 데 동의했다. 우리는 컴퓨터와 이야기함으로써 업무도 했고, 회의에도 참석했으며, 아주 사적인 대화도 나누었다. 우리는 온라인 교육도 받았고, 원격의료를 이용해 의사들과 치료사들도 만났다. 기업들은 통상 수정하는 데 여러 해가 걸릴 정책 변경을 한 달 안에 해치웠다. 널찍한 차도가 하룻밤 사이에 보행자 도로로 바뀌는가 하면, 인도는 카페로 둔갑했다. "필수 노동자(essential workers)"라는 새로운 표현에서 볼 수 있듯이, 이전에 무시했거나 간과했던 사람들에 대한 태도가 바뀌는 중이다. 그리고 정부는 한때 상상할 수 없었던 방식, 훨씬 더 기꺼운 마음으로 미래에 투자할 수 있는 방식으로 나라 곳간을 열어젖혔다.

이런 변화들은 무언가 새로운 것의 시작일 수도 있고, 잠깐 깜빡였다 사라지는 신호일 수도 있다. 우리 앞에는 여러 가지 미래가 있다. 우리는 나라 안으로 시선을 돌려 국수주의와 이기심을 포용할 수도 있고, 이 글로벌 팬데믹을 세계적 협력과 행동을 촉구하는 자극제로 볼 수도 있다. 우리는 이와 꼭 같은 네거리를 전에도 만난 적이 있다. 세계대전과 엄청난 팬데믹이 휩쓸고 지나간 1920년대, 세계는 두 가지 서로 다른 길 중의 어느 쪽이라도 택할 수 있었다. 분쟁을 겪고 난 어떤 지도자들은 또 다른 전쟁을 미리 막아 줄 평화의 구조물을 만들고자 했다. 그러나 미국 의회는 우드로 윌슨의 계획을 거부했고, 미국은 국제연맹에 등을 돌렸으며 유럽에 집단 안보 체제를 구축하려는 노력에도 등을 돌렸다. 유럽 지도자들은 독일에 가혹한 징벌을 내려 국가 붕괴의 길로 내몰았다. 이런 결정은 극심한 인플레이션, 대량 실업, 파시즘, 그리고 또 한 번의 세계대전이라는 1930년대의 매우 암울한 세계를 초래했다. 그와 다른 선택을 했더라면 온 세계를 전혀 다른 길로 이끌 수도 있었을 텐데 말이다.

그와 비슷하게 1940년대 스탈린의 소련은 도전과 대치의 전략을 택해, 미국이 제안한 마셜플랜을 거부하고 핵에너지의 평화적인 사용을 위해 이를 국제기구의 감독 아래 두자는 일체의 협상을 거절했다. 당시 소련에 가령 니키타 흐루쇼프 같은 다른 지도자들이 집권하고 있었더라면, 냉전이라도 그토록 긴장이 고조되고 머리끝이 쭈

뻣해지는 기간이 되진 않았을 터이다. 혹은 아예 냉전은 없었을지도.

　오늘날의 세계를 바라보면 몇 가지 추세가 빠르게 앞으로 나아가는 것이 분명하다. 나는 이미 그중 몇 가지를 설명해 보았다. 경제 개발은 한층 더 심각한 기후 위기를 만들어 내고 있다. 인구와 관련된 이유나 다른 이유로 성장이 더딘 나라들도 있다. 부자는 더욱더 부유해지고, 큰 놈은 한층 더 커지고 있다. 기술은 어찌나 빨리 발전하는지, 인간은 사상 최초로 자신들이 만들어 낸 것조차 통제할 수 없게 될지도 모른다. 세계화는 계속될 테지만, 그걸 반대하는 목소리도 점점 커지기만 한다. 각국은 점점 더 지역 중심으로 돌아서고 있다. 미국과 중국은 대치 상황이 더 쓰리고 길어지는 방향으로 치닫고 있다. 그러나 우리는 이런 추세를 형성하고 바꿔 주는 선택을 할 수 있다.

　우리는 완만한 성장의 세계로 들어가 자연의 위험을 늘리고 불평등을 심화시키면서 평상시와 다를 바 없이 나아갈 수 있다. 아니면, 사람들이 어리둥절한 변화의 시대에 필요한 기술과 안전을 갖추도록 만들기 위해 대규모 신규 투자를 실행할 수 있는 정부의 엄청난 능력을 이용하여 강력하게 행동하는 쪽을 택할 수도 있다. 신기술에 의해 가장 크게 위협받는 이들을 투입하여 21세기의 인프라스트럭처를 구축할 수도 있다. 탄소 배출의 진정한 대가를 반영하는 가격을 붙이는 것만으로 탄소 배출을 억제할 수도 있다. 역동과 성장도 좋지만 동시에 회복과 안전도 꼭 필요하다는 사실, 그렇지 않으면 다음번 위기가 최후의 위기가 될지도 모른다는 사실을 우리는 인지할 수도 있다. 일부 급진주의자들에겐 나의 제안이 혁명의 어젠다가 아니라 개혁의 어젠다로 들릴지 모르겠다. 맞다. 그러나 무언가 더 나은 것이 생길 수도 있다는 희망 때문에 기존 질서를 뒤집어엎을 필요는 없지 않은가. 우리는 경제적으로나 정치적으로 실질적인 이득을 보았다. 어떤 자를 들이대더라도 세상은 오십 년 전보다 훨씬 더 나아졌다. 우리는 여러 가지 결함을 이해하고, 그걸 손보는 방법도 이해한다. 문제는 해결책에 이르는 것이 아니었다. 문제는 해결책을 실행에 옮길 정치적인 의지를 품는 일이었다. 우리는 많은 영역에서 개혁이 필요하고, 실제로 도입되기만 하면 이런 개혁은 결국 일종의 혁명이 될 것이다. 이들 아이디어의 일부라도 시행된다면, 지금부터 이십 년 후의 세계는 사뭇 다르게 보일 것이다.

　국가들도 변할 수 있다. 1930년 지구상의 정부는 대부분 왜소했고, 국민의 보편적 복지 증진이 자신들이 임무라고 생각지도 않았다. 하지만 1950년까지는 세계 주요국들이 빠짐없이 그런 임무를 받아들였다. 쉬운 일은 아니었다. 여론조사 기관 갤럽이 최초의 공식 여론조사 결과를 발표한 것이 1935년 10월 20일.[1] 거기에는 대공황과 모래 폭풍이 한창인 가운데서도 미국인들의 60%가 "재난 구호와 회복을 위한 정부 지출"이 지나치게 많다고 생각한다는 결과가 들어 있었다. 너무 적다고 생각하는 사람은 고작 9% 정도였고, 31%는 적절하다고 생각했다. 그럼에도 루스벨트 대통령이 뉴딜을 밀고 나가는 것을 막지는 못했고, 대통령은 경제와 사회를 안정시키는 힘으로 정부가 필요하다고 미국 대중에게 가르치는 노력을 계속했다. 루스벨트 같이 위대한 지도자들은 행동하지 않을 핑계를 찾으려고 여론조사를 읽는 게 아니라, 맡은 과제의 성격을 이해하기 위해서 읽는다.

　유럽연합을 생각해 보자. 처음엔 이번 팬데믹 때문에 구성원들이 문을 꼭꼭 닫아걸었다. 그들은 국경을 봉쇄하고 의료 물자를 얻으려고 드잡이를 벌였으며, 서로 악의와 무절제를 비난했다. 이탈리아처럼 막대한 피해를 본 나라에서 대중은 유럽연합에 대해 격렬한 반감을 드러냈다.[2] 그러나 최초의 충격이 가신 후, 유럽인들은 팬데믹 후유증을 어떻게 처리할 것인지를 고민하기 시작했다. 그들은 신종 코로나바이러스가 유럽 대륙에, 특히 힘이 약한 나라들에 전례 없는 스트레스를 가하고 있음을 인지했다. 유럽연합의 고위 관리들뿐 아니라 프랑스와 독일 등 강대국들의 현명한 지도자들 덕분에, 2020년 7월에는 사실상 부유국들이 보증하는 자금을 빈곤국들이 사용할 수 있도록 하는 유로본드 발행을 위한 합의가 이루어졌다.[3] 기술적인 사안으로 들릴지 모르지만, 이것은 서로 깊숙이 얽혀 있는 유럽에서 극적인 진보를 의미한다. 유럽 지도자들은 바이러스가 자신들을 밀어붙이는 방향을 읽었고, 이에 맞서 바이러스를 밀어냈다. 초기에 여러 나라를 떼어 놓았던 팬데믹이지만, 알고 보면 오래 추구해 오던 좀 더 친밀한 연합의 촉매제로 작용했음이 드러날지 모른다.

이처럼 통합과 고립 사이의 긴장은 세계 어디서나 볼 수 있다. 팬데믹은 각국이 눈길을 국내로 돌리도록 만들고 있다. 그러나 머리가 트인 지도자라면, 팬데믹이나 기후변화나 사이버 전쟁 등의 문제에 대한 유일한 해결책은 밖으로(더 많고 더 긴밀한 협력으로) 눈길을 돌리는 것이라는 사실을 인식할 터이나. 자금 부족에 허덕이는 나약한 세계보건기구의 해결책은 그게 말라비틀어지기를 바라면서 그 조직을 박차고 나오는 것이 아니라, 더 많은 자금을 대 주고 자치 역량을 키워 필요하다면 중국(또는 미국)에도 당당히 맞설 수 있게 해 주는 것이다. 지금은 어느 한 나라가 전 세계의 틀을 짤 수 없다. 그러기를 원하는 나라도 없다. 그러므로 남는 것은 혼란과 냉전이냐 아니면 협력이냐, 두 가지 가능성뿐이다.

비난하는 사람들의 공격처럼, 진정한 국제 협력에는 집단 의사결정의 요소가 얼마간 요구된다는 말이 옳다. 어떤 사람들에겐 좀 사악한 말로 들릴지 모르지만, 그건 사실 모든 나라가 언제나 하는 일이다. 그것은 국제전화 사용에서 항공 여행과 교역과 지적재산권, 그리고 탄소 배출에 이르기까지 모든 일을 규제하는 메커니즘이다. "단일 세계정부"란 없다. 앞으로도 없을 것이다. 사람들에게 겁을 주어 비밀 군대가 시키면 헬리콥터를 타고 와 덮치는 모습을 상상하게 하려고 고안된 용어일 뿐이다. 실제로 존재하는 것, 우리가 더 필요로 하는 것은 글로벌 거버넌스(global governance), 그러니까 전 지구적 관리, 다시 말해서 공동의 문제를 해결하기 위해 함께 노력한다는 주권 국가들 사이의 약속이다. 협력은 인간의 가장 근원적인 속성 중의 하나요, 수천 년에 걸쳐 우리 생존의 뿌리였다고 생물학자들이 믿는 속성이다.[4] 이제 앞으로도 오래 살아남으려면, 갈등보다는 협력이 훨씬 더 우리에게 도움 될 것이다.

물론 추세도 중요하다. 기술의 힘, 경제적 현실, 생물학적으로 긴요한 일 등이 모두 인간이 할 수 있는 것의 한도를 결정한다. 칼 마르크스는 이렇게 썼다. "인간은 스스로 역사를 만든다. 그러나 자기들 좋은 대로 역사를 만드는 것은 아니다. 직접 선택한 것이 아닌 이미 존재하는 상황에서, 과거로부터 주어지고 전해 내려오는 상황에서 그렇게 한다."[5] 바로 그런 이유로 현명한 지도자들은 역사를 이해하려고 노력하며, 작동하고 있는 좀 더 큰 힘을 평가하고, 인간이 행동할 수 있는 여유가 얼마나 있는지를 결정한다. 거의 단숨에 독일 통일을 이룩한 오토 폰 비스마르크(Otto von Bismarck)는 자신의 역할을 이렇게 표현했다. "정치인의 임무는 역사를 관통하는 신의 발걸음 소리를 듣고, 그분이 걸어 지나가실 때 그분의 옷자락을 꽉 잡으려 애쓰는 것이다."[6]

커다란 구조적 힘이 한 방향으로 움직이고 있을 때조차도, 국가는 우리의 길을 만드는 결정을 더러 내릴 수 있다. 냉전이 한창이던 1958년 5월 미니애폴리스에는 선택의 순간이 있었다. 소련 보건성 차관이었던 빅토르 즈다노프(Viktor Zhdanov) 박사가 세계보건기구의 운영기관인 세계보건총회 연례 이사회에 참석한 것.[7] 세계보건기구가 설립되고 10년 만에 처음으로 소련 대표가 참석한 것이었다. 즈다노프는 천연두를 완전히 박멸하기 위한 글로벌 캠페인을 시작하자고 촉구했다. 그는 미국에 대한 경의를 표하면서 토머스 제퍼슨이 천연두 백신의 개척자 에드워드 제너에게 보낸 편지 내용을 연설에 포함했다. "미래의 국가들은 저 끔찍한 천연두가 존재했었다는 사실을 역사에서만 알게 될 것입니다." 즈다노프의 제안은 흐루쇼프의 "평화공존"이라는 스탈린 사후 계획을 실행에 옮기려는 초기의 시도였다.

미국은 처음에 저항했다. 특히 소련의 제안이 말라리아를 박멸하겠다는 미국 주도의 노력에 쏟아진 관심을 빼앗아 가리라고 생각했기 때문이다. 하지만 일단 워싱턴이 소련의 프로젝트를 지원하자, 이런 협력은 존슨 행정부 기간 내내 날개를 달았고 세계보건기구의 핵심 포커스가 되었다. 이 두 초강대국은 백신의 대량생산을 수월하게 만들었을 뿐 아니라, 제3세계 전역의 사람들을 접종하는 계획도 촉진하게 되었다. 마침내 1980년 천연두는 공식적으로 박멸되어 사라졌다.[8] 에레즈 마넬라(Erez Manela) 하버드 대학 역사학 교수는 그것이 "냉전 역사에서 가장 성공적인 초강대국의 협력 사례라고 해도 과언이 아니다."라고 한다. 그리고 이것은 신종 코로나바이러스 이후에 닥칠 양극의 세계에서 베이징과 워싱턴이 반드시 배워야 할 교훈이기도 하다.

「아라비아의 로런스」에서 숙명이냐 인간의 노력이냐의 레슨은 점점 더 복잡해진다. 아카바 습격 전날 밤, 한 부족 사람이 다른 부족 사람을 살해한 사건을 두고 아랍 추장들은 격렬한 언쟁을 시작한다. 아웃사이더인 로런스는 살인자를 처형해서 공평하게 정의를 구현하자고 제안하지만, 문제의 살인자가 사막에서 자신이 구해 온 가심이라는 사실을 곧 깨닫게 된다. 그렇지만 그는 가심에게 다가가 침착하게 그의 가슴에 여섯 발의 총알을 발사한다. 아마도 이 장면의 교훈은 어쨌거나 가심은 죽을 운명이었다는 것이리라. 로런스는 사막에서 그를 구해 낼 수 있었고, 그로써 그의 죽음을 유예했다. 하지만 가심은 그의 행위로 인해 다른 미래를 얻을 기회를 던져 버린 것이다.

묘비들이 늘어선 노르망디의 해변에 앉아서 아이젠하워는 월터 크롱카이트에게 비슷한 요지의 이야기를 그 나름의 방식으로 했을 것이다. 제2차 세계대전 중에 전사한 군인들은 우리 모두에게 더 나은 세계, 더 평화로운 세계를 건설할 기회를 선사했다. 그와 마찬가지로 우리가 살아가는 시대의 이 흉측한 팬데믹은 변화와 개혁의 가능성을 마련해 주었다. 새로운 세계로 나아가는 길을 열어 준 것이다. 그 기회를 놓치지 않고 낭비하지 않는 것은 우리의 몫이다. 이미 쓰여 있는 것은 하나도 없다.

감사의 말

신종 코로나바이러스 팬데믹은 우리 삶의 많은 것들에 속도를 붙여 주었고, 이 책의 저술과 제작에도 똑같이 속도를 올려 주었다. 이 모든 것이 종이 한 장에 적힌 리스트에서 시작되었다. 일단 신종 코로나바이러스가 확산하자, 나는 그것이 널리 오랫동안 영향을 미치리란 것을 깨달았다. 나는 그것이 어떤 식으로 세상을 바꿀 수 있는지를 적어 나가기 시작했고, 그 최초의 목록은 바로 이 책에 담긴 열 가지 레슨과 상당히 비슷하다. 그런 다음, 조사하고 읽고 쓰는 과정, 모든 걸 불태우면서도 모든 걸 빨아들이는 과정이 시작되었다. 어떤 의미에서 나는 팬데믹을 다루는 나만의 방법, 그러니까 그것에 관해 생각하고 읽고 쓰는 방법을 찾아낸 것이다.

나는 초안이 완성될 때마다 세 명의 탁월한 젊은 동료에게 이를 비판하고 사실관계를 확인함으로써 나를 도와달라고 부탁했다. 조너선 에스티, 조나 베이더, 존 쿡슨은 즉시 나의 프로젝트에 뛰어들어 오랜 시간을 투입해 밤늦게까지 일해 주었고, 그 결과는 마음을 들뜨게 하고 페이스가 빠른 (말하자면) 디지털 세미나 같은 것이었다. 세 사람은 나의 실수를 교정하고, 뛰어난 제안을 했으며, 논리적인 과실을 콕콕 집어냈다. 그들 중에 앞장서서 작업을 지휘한 조너선은 에릭과 웬디 슈미트가 설립한 혁신적인 자선 벤처 슈미트 퓨처스(Schmidt Futures)의 몇몇 프로젝트에서도 나와 일하고 있다. 조나는 내가 진행하는 CNN 쇼에서 내 오프닝 해설의 제작과 편집을 비롯한 몇 가지 임무를 맡아 주고 있다. 그리고 존은 몇 년 전에 CNN 쇼에서 일하다가 이제 시카고 외교관계위원회를 포함한 다른 데서 일하고 있다.

《포린 어페어스》의 스튜어트 레이드 편집장은 자신의 책 출간을 준비 중인데도 일부러 시간을 내서 내가 준비한 원고를 모두 읽고 신중한 제안으로 책의 품격을 높여 주었다. 재커리 캐러벨은 제1장을 읽고 내가 처음부터 더 나은 방향으로 갈 수 있도록 인도해 주었다. 에릭 슈미트와 재러드 코언은 내가 여러 가지 아이디어의 다른 몇 가지 버전을 시도할 때 참을성 있게 들어 주었다. 더 말할 나위도 없이, 이 동료들과 친구들은 내가 저지른 그 어떤 실수에 대해서도 책임이 없다. 그렇다고 해서 그들이 내가 쓴 내용 모두에 동의한다는 의미는 아니다.

노튼 출판사에서 나와 손발을 맞춘 편집자 드레이크 맥필리는 사실 내가 다른 주제의 다른 책을 먼저 써 주어야 할 상황이었는데도 이 책에 대해 즉시 열의를 보였다.(드레이크, 다음엔 꼭 그 책을 쓸게요. 약속해요.) 그는 지난 십팔 년간 내 책 네 권의 편집을 맡아 주었고, 지금은 이런 프로젝트에서 없어선 안 될 공모자요, 친구이며, 안내자가 되었다. 펭귄 프레스의 스튜어트 프로핏과는 이미 한 차례 일한 것만도 행운인데, 영국과 영연방 내에서 내 책의 출간을 다시 책임지기로 약속해 주어 짜릿한 기분이다. 그의 박학다식과 우아함은 내 원고를 크게 개선했다. 앤드루 와일리와의 작업은 처음이었지만, 어째서 그가 출판업계의 전설인지를 이해하는 데는 오랜 시간이 필요하지 않았다.

노튼의 팀에게도 감사의 말을 전하고 싶다. 드레이크의 조수인 비 홀캠프는 이 프로젝트가 스케줄대로 움직이도록 수고를 아끼지 않았다. 에이버리 허드슨은 신기록을 세울 정도로 신속하게 공동 편집을 완료해 주었다. 베키 호미스키, 줄리아 드러스킨, 조 롭스도 여러 시간을 땀 흘려 책의 제작 속도를 올려 주었다. 레이철 샐츠먼과 메러디스 맥기니스는 뛰어난 기술과 열정으로 마케팅과 홍보를 잘 처리해 주었다.

CNN의 프로그램과 일련의 다큐멘터리를 위해 나에게 독립적으로 일할 기회와 지원을 아낌없이 제공했던 제프 저커도 고마웠다. 최근 몇 년 동안 난 제프가 예사롭지 않은 압박감 속에서도 (정말 뛰어나게) 작업하는 모습을 지켜보았다. 《워싱턴 포스트》의 프레드 하이엇을 위해 글을 쓸 수 있었던 것도 나에겐 영광이다. 그는 모든 종류의 다양성과 탁월함에 대한 높은 기준을 지금도 계속 과시하는 국내 최고의 사설란을 맡고 있는 언론인이다.

CNN에 있는 우리 팀에도 감사의 말씀을 전한다. 「지피에스 (GPS)」쇼를 진행하는 톰 골드스턴, 나의 다양한 프로젝트를 처리해 주는 멜라니 갤빈, 그리고 제시카 거터리지, 다나 션, 캐럴라인 리천버그, 니다 나자르, 매튜 켄드릭, 키아라 바그완지, 크리스 굿, 사이먼 부비에, 카트리나 카우프만, 댄 로건, 제니퍼 다건, 피터 스티븐슨, 리자 맥거크, 다이앤 비즐리, 텔 트락트먼 앨로이, 제니 프리드랜드, 잭 레자, 니컬러스 파올로 아키넬리, 잉그리드 홀름키스트. 한 사람 한 사람에게 진심으로 감사드린다.《워싱턴 포스트》의 일꾼들인 마이크 래러비, 루스 마커스, 크리스천 캐릴, 밀리 미트라, 조시 알바레스, 그리고 소피 야버러에게도 고마움을 전한다.

빡빡한 일정으로 일을 하자면 가족과 친구들에게 피해가 가지 않을 수 없다. 우리 어머니의 끝을 모르는 사랑은 언제나 내 균형을 잡아 주는 '바닥짐'이었다. 어머니가 더는 그 사랑을 표현할 수 없게 된 지금까지도. 지원과 애정을 보내 준 우리 아이들 오마르, 라일라, 소피아, 그리고 나의 전처 폴라에게도 감사한다. 우리 동생 아샤드와는 이 책에 나오는 이슈들을 놓고 자주 이야기를 나누었으며, 탁월한 과학자인 그의 아내 앤 역시 몇 가지 이슈에 관해 내 눈을 뜨게 해 주었다. 다른 동생 만수르와 그의 아내 레이철, 그리고 여동생 타스님과 그의 남편 비크람, 모두 지원을 아끼지 않았다. 마지막으로, 이 책을 제대로 만들어 내기 위해 내가 오랜 시간 노력을 쏟고 시시콜콜한 문제에도 집착하는 동안 그걸 묵묵히 참아 준 줄리아를 빼놓을 수 없다. 고마웠다.

이 책을 댄, 조애너, 그리고 기디언 로즈에게 헌정한다. 나는 대학 신입생이었던 해에 이미 2학년생이던 기디언을 만났다. 그때 이후 지금까지 삼십팔 년 동안 우리는 적어도 일주일에 한 번, 더러는 그보다 자주 서로 연락하며 지내 왔다. 그의 부모님 댄과 조애너는 나의 비공식 대부모이며, 동시에 지난 사십 년간 나에겐 가족 사랑이요, 튼튼한 버팀목이며, 격려였다. 함께 먹고 마시며 대화하는 황홀한 저녁을 보낸 다음에 댄이 자주 말하듯이,

"기대하시라, 다음 편을!"

주석

첫머리의 시

1) "미래는 결코 입을 열지 않았으며……": Ralph W. Franklin이 편집한 Emily Dickinson, *The Poems of Emily Dickinson: Reading Edition* (Cambridge, MA: Belknap Press, 1999).

들어가며: 박쥐 효과

1) "삐죽삐죽 못이 박힌 둥그런 덩어리": Cara Giaimo, "The Spiky Blob Seen Around the World," *New York Times*, April 1, 2020, https://www.nytimes.com/2020/04/01/health/coronavirus-illustration-cdc.html.

2) 마침표의 1만분의 1: SARS-CoV-2 바이러스 입자는 지름이 0.1마이크로미터 혹은 100나노미터다.: Yinon M. Bar-On, Avi Flamholz, Rob Phillips, and Ron Milo, "SARS-CoV-2 (COVID-19) by the Numbers," *eLife* 9 (April 2, 2020): e57309, https://www.ncbi.nlm.nih.gov/pmc/articles/PMC7224694/; 마침표 하나의 지름은 대략 1억 나노미터다.: Shige Abe, "How Small Can Life Be?," Astrobiology at NASA, July 9, 2001, https://astrobiology.nasa.gov/

news/how-small-can-life-be.

3) 7500억 달러: 2019년도 미국의 방위비 지출은 7320억 달러: Stockholm International Peace Research Institute, "Global Military Expenditure Sees Largest Annual Increase in a Decade," April 27, 2020, https://www.sipri.org/media/press-release/2020/global-military-expenditure-sees-largest-annual-increase-decade-says-sipri-reaching-1917-billion.

4) 결정적인 사건: Lawrence Summers, "Covid-19 Looks Like a Hinge in History," *Financial Times*, May 14, 2020, https://www.ft.com/content/de643ae8-9527-11ea-899a-f62a20d54625.

5) 예전의 삶으로 돌아가리라고: Micah Zenko, "The United States Will Learn Nothing from the Pandemic," *Foreign Policy*, June 5, 2020, https://foreignpolicy.com/2020/06/05/coronavirus-pandemic-covid-lessons-united-states-9-11/.

6) 역사의 흐름을 가속할: Richard Haass, "The Pandemic Will Accelerate History Rather Than Reshape It," *Foreign Affairs*, April 7, 2020.

7) '자신을 떠나지 않고 붙어 있는 경이로움': William Maxwell, *They Came Like Swallows*(1937, reprint Vintage International, 1997), 174.

8) "모든 것을 할 수 있는 시간": Katherine Anne Porter, *Pale Horse, Pale Rider*(1939, reprint Houghton Mifflin Harcourt, 1990), 208.

9) 그것이 닥쳐올 것을 예상했어야 했다.: Uri Friedman, "We Were Warned," *Atlantic*, March 18, 2020.

10) 중세사를 기록한 어떤 저자는: 제노바 출신 저자 Gabriele de'Mussi. Mark Wheelis, "Biological Warfare at the 1346 Siege of Caffa," *Emerging Infectious Diseases* 8, no. 9 (2002): 971-75를 참조할 것, https://dx.doi.org/10.3201/eid0809.010536.

11) 역병으로 죽은 시신을 투석기로 쏘아 보냄: Walter Scheidel, *The Great Leveler: Violence and the History of Inequality from the Stone Age to the Twenty-First Century*(Princeton, NJ: Princeton University Press, 2015), 293.

12) 인구의 절반: 유럽 인구의 30~50%가 몰살당했다.: Sharon N. DeWitte, "Age Patterns of Mortality During the Black Death in London, A.D. 1349-1350," *Journal of Archaeological Science* 37, no. 12 (December 2010)에 인용된 James W. Wood et al., "The Temporal Dynamics of the 14th Century Black Death,"

Human Biology(2003), https://www.sciencedirect .com/science/article/pii/ S0305440310002803.

13) **몇백 건의 …… 발병 사례:** World Health Organization, "Plague," https://www. who.int/news room/fact-sheets/detail/plague.

14) **임금이 오르고 임대료는 떨어졌다고:** Scheidel, *Great Leveler*, Chapter 10, "The Black Death," 291-313.

15) **사회계층은 왜 …… 의문을 제기하는:** Barbara W. Tuchman, *A Distant Mirror: The Calamitous Fourteenth Century* (New York: Alfred A. Knopf, 1978). 가령 이 런 부분을 읽어 보라.

역병에서 살아남은 이들은 파괴되지도, 개선되지도 않은 자신들의 모습을 보 며 그들이 겪었던 고통으로 도대체 신이 뭘 원했는지 알 수 없었다. 대저 신의 목적은 신비롭지만, 이 저주는 너무도 끔찍해서 의문을 제기하지 않고서는 그 냥 받아들일 수가 없었다. 만약 그토록 엄청난 재앙, 일찍이 겪어 보지 못했던 가장 치명적인 재앙이 한낱 신의 변덕이라면, 아니 어쩌면 전혀 신의 행위가 아 니라면, 고정된 질서의 절대성은 기반을 잃게 될 터였다. 이런 의문을 용인할 정 도로 열린 마음은 절대로 다시 닫히는 일이 없을 것이었다. 일단 고정된 질서가 변할 수도 있다는 가능성을 사람들이 상상하게 되자, 마냥 복종하던 시대의 끝 이 보이기 시작했고, 그들의 앞에는 개인의 양심에 의존하는 삶이 펼쳐졌다. 그 런 의미에서 흑사병은 어쩌면 부지불식간에 근대적 인간의 시작이었을 수도 있 다.(153-154쪽)

16) **르네상스와…… 시작하게 만드는:** 그렇지만 르네상스를 연구하는 학자들과 중 세 사학자들은 이런 내러티브와 '중세의 고질병'이라는 개념에 격렬한 이의 를 제기한다. Ada Palmer, "Black Death, COVID, and Why We Keep Telling the Myth of a Renaissance Golden Age and Bad Middle Ages," *Ex Urbe*, June 4, 2020을 참조할 것. https://www.exurbe.com/black-death-covid-and- why-we-keep-telling-the-myth-of-a-renaissance-golden-age-and-bad- middle-ages/.

17) **수천만 명이 역병에:** William M. Denevan 편집의 *The Native Population of the Americas in 1492*, 2nd ed. (Madison: University of Wisconsin Press, 1992), Alexander Koch et al., "Earth System Impacts of the European Arrival and Great Dying in the Americas After 1492," *Quaternary Science Reviews* 207 (March 1, 2019) 13-36쪽에서 인용돼. http://www.sciencedirect.com/

science/article/pii/S0277379118307261.

18) "끔찍한 심리적 영향": William H. McNeill, *Plagues and Peoples* (Garden City, NY: Anchor Press, 1976), Introduction, 23-24; Jared Diamond, *Guns, Germs, and Steel: The Fate of Human Societies* (New York: W. W. Norton, 1999)도 참조할 것.

19) 전쟁으로 죽은 숫자: 제1차 세계대전으로 약 2000만 명 사망: Nadège Mougel, "World War I Casualties," 번역 Julie Gratz(Scy-Chazelles, France: Centre européen Robert Schuman, 2011), http://www.centre-robert-schuman.org/userfiles/files/REPERES%20%E2%80%93%20module%201-1%20-%20explanatory%20notes%20%E2%80%93%20World%20War%20I%20casualties%20%E2%80%93%20EN.pdf.

20) 5000만여 명의 목숨을 앗아 갔다.: Centers for Disease Control and Prevention, National Center for Immunization and Respiratory Diseases, "Partner Key Messages on the 1918 Influenza Pandemic Commemoration," August 10, 2018, https://www.cdc.gov/flu/pandemic-resources/1918-commemoration/key-messages.htm.

21) 스페인에서 시작되었기 때문이 아니라: see John M. Barry, *The Great Influenza: The Story of the Deadliest Plague in History* (New York: Viking, 2004), 171.

22) 이 새로운 전염병의 치료법: 스페인 독감에 관해 더 많은 것을 알고 싶으면, Barry, *The Great Influenza*, 특히 353-358쪽을 읽어 볼 것.

23) 한 TED 강의에서 이렇게 경고했다.: Bill Gates, "The Next Outbreak? We're Not Ready," TED2015, https://www.ted.com/talks/bill_gates_the_next_outbreak_we_re_not_ready/transcript?language=en.

24) 뮌헨 안보회의에서: Bill Gates, Bill & Melinda Gates Foundation, February 17, 2017, https://www.gatesfoundation.org/Media-Center/Speeches/2017/05/Bill-Gates-Munich-Security-Conference.

25) CNN에서 내가 맡은 프로그램의 일부를: Fareed Zakaria, "Global Pandemic Possibility," *Fareed Zakaria GPS: Global Public Square*, CNN, June 25, 2017, http://transcripts.cnn.com/TRANSCRIPTS/1706/25/fzgps.01.html.

26) 비대칭 충격: 비대칭 충격으로서 역사상의 팬데믹에 대한 대응에 관해서는 다음을 보라. Guido Alfani, "Pandemics and Asymmetric Shocks: Lessons from the History of Plagues," *VoxEU*, Center for Economic Policy Research, April 9,

2020, https://voxeu.org/article/pandemics-and-asymmetric-shocks.

27) **5조 4000억 달러**: Neta C. Crawford, "United States Budgetary Costs and Obligations of Post-9/11 Wars Through FY2020," Brown University, November 3, 2019, https://watson.brown.edu/costsofwar/files/cow/imce/papers/2019/US%20Budgetary%20Costs%20of%20Wars%20November%202019.pdf.

28) **우익의 포퓰리즘**: Jon Henley, "How Populism Emerged as an Electoral Force in Europe," *Guardian*, November 20, 2018, https://www.theguardian.com/world/ng-interactive/2018/nov/20/how-populism-emerged-as-electoral-force-in-europe.

29) **일부의 추정에 따르면**: Charles Riley, "The UK Economy Is Heading for Its Worst Crash in 300 Years," CNN Business, May 7, 2020, https://www.cnn.com/2020/05/07/economy/uk-economy-bank-of-england/index.html.

30) **이미 대공황으로 인한 손실에 견줄 만하다.**: 미국 Bureau of Labor Statistics에 의하면 미국의 실업률은 1930년대 이후 가장 높은 14.7%를 기록했다. "The Employment Situation—June 2020," https://www.bls.gov/news.release/pdf/empsit.pdf. (사상 최고의 실업률은 1933년의 24.9%였다. 출처는 Census, *Bicentennial Edition: Historical Statistics of the United States, Colonial Times to 1970*, Chapter D: Labor, cited in Gene Smiley, "Recent Unemployment Rate Estimates for the 1920s and 1930s," *Journal of Economic History* 43, no. 2 [June 1983]: 487-493, http://www.jstor.org/stable/2120839.)

31) **4분의 3에 해당하는**: Global GDP = $63.6 trillion in 2008, World Bank DataBank, https://data.worldbank.org/indicator/NY.GDP.MKTP.CD?locations=1W.

32) **45조 달러짜리 시장**: Janet Morrissey, "Credit Default Swaps: The Next Crisis?," *Time*, March 17, 2008, http://content.time.com/time/business/article/0,8599,1723152,00.html.

33) **나비 한 마리의 날갯짓**: 이 아이디어는 Edward N. Lorenz, *The Essence of Chaos* (Seattle: University of Washington Press, 1995)에 가장 두드러지게 개진되어 있다.

34) **별의 힘 때문에**: "Influenza at a Glance," Nieman Foundation for Journalism at Harvard, https://nieman.harvard.edu/wp-content/uploads/pod-assets/

microsites/NiemanGuideToCoveringPandemicFlu/AnIntroduction/
InfluenzaAtAGlance.aspx.html.

35) **그리프:** "grippe (n.)," Etymology Online, https://www.etymonline.com/word/
grippe.

Lesson 1 안전벨트를 단단히 매어야 할 때

1) **최고의 권력자도, 세계를 다스리는 정부도:** 이 주제를 다룬 많은 책들 가운데 최
근 고전의 반열에 오른 것은 Kenneth N. Waltz, *Man, the State, and War*(New
York: Columbia University Press, revised 2001, originally published 1959)이
다.

2) **"검투사와 같은 태세로":** Thomas Hobbes, *Leviathan*, Chapter XIII, "Of The
Naturall Condition Of Mankind," "The Incommodites Of Such A War."

3) **국제 교역이 활짝 꽃피면서:** Esteban Ortiz-Ospina and Diana Beltekian,
"Trade and Globalization," Our World in Data, October 2018, https://
ourworldindata.org/trade-and-globalization.

4) **'정책 트라일레마':** "Two Out of Three Ain't Bad," *Economist*, August 27, 2016.
이와는 다른 또 하나의 설명을 보고 싶다면, Dani Rodrik, *The Globalization
Paradox: Democracy and the Future of the World Economy*(New York: W. W.
Norton, 2012)를 참조할 것.

5) **우리의 자연이 …… 피폐해지고 있다는:** United Nations, Sustainable
Development Report: "Nature's Dangerous Decline," May 6, 2019, https://
www.un.org/sustainabledevelopment/blog/2019/05/nature-decline-
unprecedented-report/.

6) **약자의 무기:** James C. Scott, *Weapons of the Weak: Everyday Forms of Peasant
Resistance* (New Haven, CT: Yale University Press, 1985).

7) **새로운 질병의 75%가:** Centers for Disease Control and Prevention, "Zoonotic
Diseases," https://www.cdc.gov/onehealth/basics/zoonotic-diseases.html.

8) **더 빨리:** Jon Hilsenrath, "Global Viral Outbreaks Like Coronavirus, Once Rare,
Will Become More Common," *Wall Street Journal*, March 6, 2020.

9) **완벽한 온상:** Christian Walzer, "COVID-19: Where It Starts and Stops,"
Wildlife Conservation Society, Wildlife Health Program, https://youtu.be/_
D_6a56zI_U?t=129.

10) 확률이 높아진다고: Nita Madhav et al., "Pandemics: Risks, Impacts, and Mitigation," Chapter 17 in *Disease Control Priorities: Improving Health and Reducing Poverty*, 3rd ed., National Center for Biotechnology Information(National Institutes of Health), November 27, 2017, https://www.ncbi.nlm.nih.gov/books/NBK525302/#pt5.ch17.sec3.

11) 바이러스라도 박쥐는 잘 견뎌 내므로: Lena H. Sun, "On a Bat's Wing and a Prayer: Scientists' Plan to Track Deadly Marburg Virus Is Literally Held Together with Glue," *Washington Post*, December 13, 2018.

12) 영국의 한 연구소에서 누출된: Toby Ord, *The Precipice: Existential Risk and the Future of Humanity* (New York: Hachette, 2020), 130-131.

13) 전파를 위한 완벽한 온상: 예컨대 앞의 기사에서 우간다의 박쥐 동굴들이 마르부르크 바이러스를 위한 인큐베이터 노릇을 한다는 내용을 보라.

14) '박쥐 폭풍': Carolyn Kormann, "The Changing Climate Inside the World's Largest Bat Colony," *New Yorker*, August 5, 2019.

15) 박쥐에 기생하던 니파: Robert Kessler, "Nipah: The Very Model of a Pandemic," EcoHealth Alliance, March 2018, https://www.ecohealthalliance.org/2018/03/nipah.

16) 전통 한약재로 쓰인다는: Joel Achenbach, "Coronavirus Came from Bats or Possibly Pangolins amid 'Acceleration' of New Zoonotic Infections," *Washington Post*, February 7, 2020.

17) 중간 숙주: "박쥐에서 발견되는 코로나바이러스가 인간에게 전염되려면 반드시 그 전에 중간 숙주가 이미 있거나 새로 찾아야 하는데, 이는 메르스의 경우에 관측된 바와 유사하고……" in Arinjay Banerjee, "Bats and Coronaviruses," *Viruses*, January 9, 2019, 11(1): 41, https://www.ncbi.nlm.nih.gov/pmc/articles/PMC6356540/.

18) "그저 자연의 문제가 아니라는": Peter Daszak과 Fareed Zakaria의 대담, *Fareed Zakaria GPS: Global Public Square*, CNN, April 22, 2020, https://www.cnn.com/videos/tv/2020/04/26/exp-gps-0426-daszak-int.cnn.

19) 해마다 800억 마리의 짐승이 도축되고: "Meat Production," Our World in Data, https://ourworldindata.org/meat-production. 유엔 식량농업기구(FAO)에서는 770억 마리로 추산하고 있으니 참고할 것, http://www.fao.org/faostat/en/#data/QL.

20) **열량의 18%밖에 공급하지 못하면서:** World Economic Forum, "New Nature Economy Report II: The Future of Nature and Business," 39, http://www3. weforum.org/docs/WEF_The_Future_Of_Nature_And_Business_2020.pdf.

21) **미국의 경우 99%:** Jacy Reese, "US Factory Farming Estimates," April 11, 2019, Sentience Institute, https://www.sentienceinstitute.org/us-factory-farming-estimates.

22) **세계 전체로 보면 74%일 정도:** Kelly Witwicki, "Global Farmed & Factory Farmed Animals Estimates," Sentience Institute, February 21, 2019, https://www.sentienceinstitute.org/global-animal-farming-estimates.

23) **"훨씬 더 악성으로":** Sigal Samuel, "The Meat We Eat Is a Pandemic Risk, Too," *Vox*, April 22, 2020, updated June 10, 2020.

24) **"가장 위험한 병원균":** Rob Wallace, quoted in ibid.

25) **북미의 돼지 농장:** Charles W. Schmidt, "Swine CAFOs & Novel H1N1 Flu: Separating Facts from Fears," *Environmental Health Perspectives* 117, no. 9 (September 2009): A394-A401, https://www.ncbi.nlm.nih.gov/pmc/articles/PMC2737041/.

26) **동아시아의 공장식 축산 농장:** Fiona Harvey, "Factory Farming in Asia Creating Global Health Risks, Report Warns," *Guardian*, August 13, 2017.

27) **"인류 건강의 최대 리스크":** Robert Lawrence, quoted in Samuel, "The Meat We Eat."

28) **280만 명가량이 …… 병에 걸리며:** Centers for Disease Control and Prevention, "Antibiotic/Antimicrobial Resistance (AR/AMR)," https://www.cdc.gov/drugresistance/index.html.

29) **15분마다 한 명이 목숨을 잃는 셈:** Sigal Samuel, "The Post-Antibiotic Era Is Here," *Vox*, November 14, 2019.

30) **연간 사망자 수가 70만 명에 이른다.:** World Bank Group, "Pulling Together to Beat Superbugs," October 2019, http://documents.worldbank.org/curated/en/430051570735014540/pdf/Pulling-Together-to-Beat-Superbugs-Knowledge-and-Implementation-Gaps-in-Addressing-Antimicrobial-Resistance.pdf.

31) **초원을 갈아엎고:** Jonathan Coppess, "The Conservation Question, Part 2: Lessons Written in Dust," Gardner Policy Series, Department of Agricultural

and Consumer Economics, University of Illinois, October 24, 2019, https://farmdocdaily.illinois.edu/2019/10/the-conservation-question-part-2-lessons-written-in-dust.html.

32) 깡그리 휩쓸려 사라졌다.: Ibid.

33) 기온을 기록하기 시작한 이래 가장 더웠던 해: "National Climate Report— Annual 2014," National Oceanic and Atmospheric Administration, https://www.ncdc.noaa.gov/sotc/national/201413.

34) 수천 명이 사망했고: "Drought of 2012 Conjures Up Dust Bowl Memories, Raises Questions for Tomorrow," CNN, September 15, 2012.

35) 1분마다 23헥타르의 땅: United Nations, Sustainable Development Goals, 2020, https://www.un.org/sustainabledevelopment/biodiversity/.

36) "가장 커다란 환경 도전": Damian Carrington, "Desertification Is Greatest Threat to Planet, Expert Warns," *Guardian*, December 16, 2010.

37) 지구 표면의 38%가: Montserrat Núñez et al., "Assessing Potential Desertification Environmental Impact in Life Cycle Assessment," *International Journal of Life Cycle Assessment* 15, no. 1 (January 2010): 67-78, https://www.researchgate.net/publication/226955880_Assessing_potential_desertification_environmental_impact_in_life_cycle_assessment_Part_1_Methodological_aspects.

38) 지하수의 3분의 1가량: Jeremy Frankel, "Crisis on the High Plains: The Loss of America's Largest Aquifer—the Ogallala," *University of Denver Water Law Review*, May 17, 2018.

39) 70%까지 줄어들 것: Carey Gillam, "Ogallala Aquifer: Could Critical Water Source Run Dry?," Reuters, August 27, 2013.

40) 강우로 …… 채우는 데에는 6000년이: Jane Braxton Little, "The Ogallala Aquifer: Saving a Vital U.S. Water Source," *Scientific American*, March 1, 2009.

41) "인간이 만들어 낸 종(種)": Joshua Lederberg, "Viruses and Humankind: Intracellular Symbiosis and Evolutionary Competition," *Frontline*, 1989, https://www.pbs.org/wgbh/pages/frontline/aids/virus/humankind.html.

42) 99%의 개체를 죽이고: Ed Yong, "The Next Chapter in a Viral Arms Race," *Atlantic*, August 14, 2017.

43) 감염된 양들을: Siro Igino Trevisanato, "The 'Hittite Plague,' an Epidemic of

Tularemia and the First Record of Biological Warfare," *Medical Hypotheses* 69, no. 6 (2007): 1, 371-374, https://doi.org/10.1016/j.mehy.2007.03.012, cited in Ord, *The Precipice*, 130.

44) **9000명의 과학자들을 동원해:** Jonathan B. Tucker, "Bioweapons from Russia: Stemming the Flow," *Issues in Science and Technology* 15, no. 3 (Spring 1999), https://issues.org/p_tucker/, also referenced in Ord, *The Precipice*, 132.

45) **"맥도날드 점포 하나보다도 더 적은 예산으로":** Ord, *The Precipice*, 132.

46) **끔찍하게 약해 빠진:** Thomas L. Friedman, "How We Broke the World," *New York Times*, May 30, 2020.

47) **1억 4000만 에이커:** Paula vW Dáil, *Hard Living in America's Heartland: Rural Poverty in the 21st Century Midwest* (Jefferson, NC: McFarland, 2015), 80.

48) **"대규모 전염 사태는 우리 하기 나름":** Larry Brilliant, "Outbreaks Are Inevitable, but Pandemics Are Optional," Long Now Foundation, YouTube, March 6, 2020, https://www.youtube.com/watch?v=nVWoHmURDTQ.

49) **신선 야채와 육류의 73%:** "Will Wet Markets Be Hung Out to Dry After the Pandemic?," *Economist*, May 26, 2020.

50) **별난 짐승들의 거래:** John Vidal, "'Tip of the Iceberg': Is Our Destruction of Nature Responsible for Covid-19?," *Guardian*, March 18, 2020; James Gorman, "Wildlife Trade Spreads Coronaviruses as Animals Get to Market," *New York Times*, June 19, 2020.

Lesson 2 중요한 건 정부의 크기가 아니라 능력이다

1) **팬데믹에 대처할 준비가 가장 잘 되어 있는:** Elizabeth Cameron et al., "Global Health Security Index: Building Collective Action and Accountability," Johns Hopkins Bloomberg School of Public Health, October 2019, https://www.ghsindex.org/wp-content/uploads/2019/10/2019-Global-Health-Security-Index.pdf.

2) **세계 총 누적 확진자의 25%:** "Coronavirus Map: Tracking the Global Outbreak," *New York Times*, https://www.nytimes.com/interactive/2020/world/coronavirus-maps.html, accessed July 13, 2020.

3) **사망률은 유럽의 10배 정도로:** Our World in Data, "Daily New Confirmed COVID-19 Deaths per Million People," European Union vs United States,

July 13, 2020을 인용한 Paul Krugman의 2020년 7월 13일 자 트위터 포스팅. https://twitter.com/paulkrugman/status/1282656106762952705/photo/1.

4) **'미국 예외주의'의 새로운 모습:** Jeremy Konyndyk, "Exceptionalism Is Killing Americans: An Insular Political Culture Failed the Test of the Pandemic," *Foreign Affairs*, June 8, 2020.

5) **결함이 있는 진단 키트:** Eric Lipton et al., "The C.D.C. Waited 'Its Entire Existence' for This Moment. What Went Wrong?," *New York Times*, June 3, 2020.

6) **마스크를 착용하지 말라고 권유:** Ben Schreckinger, "Mask Mystery: Why Are U.S. Officials Dismissive of Protective Covering?," *Politico*, March 30, 2020, https://www.politico.com/news/2020/03/30/coronavirus-masks-trump-administration-156327.

7) **미국은 그러지 못했다.:** Selena Simmons-Duffin, "As States Reopen, Do They Have the Workforce They Need to Stop Coronavirus Outbreaks?," NPR, June 18, 2020.

8) **7억 5000만 명을 사실상 격리:** Raymond Zhong and Paul Mozur, "To Tame Coronavirus, Mao-Style Social Control Blankets China," *New York Times*, February 15, 2020, https://www.nytimes.com/2020/02/15/business/china-coronavirus-lockdown.html.

9) **2개의 새로운 병원을 뚝딱:** Lingling Wei, "China's Coronavirus Response Toughens State Control and Weakens the Private Market," *Wall Street Journal*, March 18, 2020.

10) **논문의 발표조차도 억제:** Nectar Gan, Caitlin Hu, and Ivan Watson, "Beijing Tightens Grip over Coronavirus Research, amid US-China Row on Virus Origin," CNN, April 16, 2020, https://www.cnn.com/2020/04/12/asia/china-coronavirus-research-restrictions-intl-hnk/index.html.

11) **독재가 ······ 잘못 대처하는:** "Diseases Like Covid-19 Are Deadlier in Non-Democracies," *Economist*, February 18, 2020.

12) **기근의 확산을 막는 열쇠:** Amartya Sen, *Development as Freedom* (New York: Anchor, 1999), 16.

13) **6조 달러 이상이 경제에 투입되었고:** Andrew Van Dam, "The U.S. Has Thrown More Than $6 Trillion at the Coronavirus Crisis. That Number Could Grow,"

Washington Post, April 15, 2020, and Chris Edwards, "Crisis May Add $6 Trillion to Federal Debt," Cato Institute, April 21, 2020, https://www.cato.org/blog/crisis-may-add-6-trillion-federal-debt.

14) **1인당 금액으로도 …… 최대:** IMF, "Policy Responses to Covid-19," https://www.imf.org/en/Topics/imf-and-covid19/Policy-Responses-to-COVID-19.

15) **노련하게 영업을 조정:** Faiz Siddiqui and Reed Albergotti, "Ford and General Electric Team Up to Produce Ventilators as Major Manufacturers Shift to Medical Equipment," *Washington Post*, March 30, 2020.

16) **"공공 부문의 누추함":** John Kenneth Galbraith, *The Affluent Society* (Boston: Houghton Mifflin, 1958), 189.

17) **대기업들과 부자들이 낚아채고:** Jesse Drucker, "The Tax-Break Bonanza Inside the Economic Rescue Package," *New York Times*, April 24, 2020.

18) **지원금이 그들에게 흘러 들어오도록:** Brendan Fischer and Kedric Payne, "How Lobbyists Robbed Small Business Relief Loans," *New York Times*, April 30, 2020.

19) **트럼프 대통령의 이름을 수표에 넣자는:** Lisa Rein, "In Unprecedented Move, Treasury Orders Trump's Name Printed on Stimulus Checks," *Washington Post*, April 14, 2020.

20) **사망한 사람들에게 100만 장의 수표를 발송:** Erica Werner, "Treasury Sent More Than 1 Million Coronavirus Stimulus Payments to Dead People, Congressional Watchdog Finds," *Washington Post*, June 25, 2020.

21) **500만 명 이상 …… 지원금을 기다리고:** 2020년 7월 6일에 업데이트된 US Treasury's Bureau of the Fiscal Service에 의하면 4월 30일까지 1억 2000만 장의 수표가 발송되었음. https://www.fiscal.treasury.gov/files/news/eip-operational-faqs-for-financial-industry.pdf; "Economic Impact Payments Issued to Date," June 5, 2020에 의하면, 하원 세입위원회는 총 1억 7100만~1억 9000만 명에 대한 지원금이 필요할 것으로 추정한다. https://waysandmeans.house.gov/sites/democrats.waysandmeans.house.gov/files/documents/2020.06.04%20EIPs%20Issued%20as%20of%20June%204%20FINAL.pdf.

22) **위기가 발발한 지 이 주일 이내:** Lauren Vogel, "COVID-19: A Timeline of

Canada's First-Wave Response," *Canadian Medical Association Journal News*,
June 12, 2020, https://cmajnews.com/2020/06/12/coronavirus-1095847/.

23) **휴직한 노동자들에게 임금의 60%**: "Germany Offers Cash for Everyone,"
Economist, March 26, 2020.

24) **종종 최고 점수를 누려**: Heritage Foundation, 2019 Index of Economic
Freedom, "Key Findings of the 2019 Index," https://www.heritage.org/index/
book/chapter-3.

25) **프랑스의 3분의 1인**: Heritage Foundation, 2020 Index of Economic Freedom,
"France," https://www.heritage.org/index/country/france.

26) **18%에 지나지 않는다.**: Heritage Foundation, 2020 Index of Economic
Freedom, "Hong Kong," https://www.heritage.org/index/country/hongkong.

27) **사망자 수가 18명에 불과**: 홍콩과 대만에 관해서는 *New York Times* 기사
"Coronavirus Map: Tracking the Global Outbreak"를 읽어 볼 것. 2020년 7월
27일 접속, https://www.nytimes.com/interactive/2020/world/coronavirus-
maps.html.

28) **6%밖에 쓰지 않아, 미국의 3분의 1 수준**: Tsung-Mei Cheng, "Health Care
Spending in the US and Taiwan," *Health Affairs*, February 6, 2019.

29) **"가산제(patrimonial)"**: Max Weber, *Economy and Society* (Berkeley: University
of California Press, 1978).

30) **"기본 건자재"**: Francis Fukuyama, *Political Order and Political Decay: From the
Industrial Revolution to the Globalization of Democracy* (New York: Farrar, Straus
and Giroux, 2014), 199.

31) **통상적으로 규제할 뿐**: Paul Waldman, "How Our Campaign Finance System
Compares to Other Countries," *American Prospect*, April 4, 2014.

32) **'비잔틴(byzantine)'**: 그렇시만 최근 학자들은 '경화증에 걸린 썩어 가는 비
잔틴 제국'이라는 해묵은 내러티브에 도전해 왔다. Judith Herrin, *Byzantium:
The Surprising Life of a Medieval Empire* (Princeton, NJ: Princeton University
Press, 2007)를 참조할 것.

33) **'만다린(mandarin)'**: Sarah Zhang, "Why *Mandarin* Doesn't Come from
Chinese," *Atlantic*, January 4, 2019.

34) **"전쟁은 국가를 낳고"**: Charles Tilly 편집 *The Formation of National States in
Western Europe* (Princeton, NJ: Princeton University Press, 1975), 45쪽에서

Charles Tilly, "Reflections on the History of European State-Making."

35) 거의 세 배나 많은 세금: John Brewer, *Sinews of Power: War, Money, and the English State, 1688-1783* (London: Unwin Hyman, 1989), 74.

36) 국가가 만든 칵테일: Jason Willick, "How Epidemics Change Civilizations," *Wall Street Journal*, March 27, 2020에서 인용된 Frank Snowden의 표현.

37) 프로이센 관료주의를 의식적으로 모방: T. J. Pempel, "Bureaucracy in Japan," *PS: Political Science and Politics* 25, no. 1 (March 1992): 19-24.

38) "좀스러운 귀족들": Josephus Daniels 편집 *The Collected Works of Woodrow Wilson*에서 Woodrow Wilson, "The House of Representatives".

39) "절대적인 궁극의 지도자 한 명": Woodrow Wilson, "The Executive," *Congressional Government*(1885), 283, https://archive.org/stream/congressionalgov00wilsiala.

40) 루스벨트 시절에서 그 뿌리를: *Washington Post*, "FDR's Government: The Roots of Today's Federal Bureaucracy," April 12, 1995.

41) 총 고용량의 5%를 …… 이제 2% 아래로: 세인트루이스 연방은행이 제공한 연방 정부 기구 종사자 자료 https://fred.stlouisfed.org/series/CES9091000001, 미국 비농업 종사자 전체는 https://fred.stlouisfed.org/series/PAYEMS.

42) 인구는 두 배로 늘어났고: US Census Bureau, "Quickfacts," https://www.census.gov/quickfacts/fact/table/US/AGE775219.

43) GDP는 일곱 배로: 세인트루이스 연방은행이 제공한 자료, https://fred.stlouisfed.org/series/GDPCA.

44) 정부 관리의 숫자: OECD의 "Government at a Glance 2017"에 의하면 OECD 평균보다 훨씬 낮음. https://www.oecd.org/gov/government-at-a-glance-2017-highlights-en.pdf.

45) 30대 이하의 연방 공무원은 전체의 겨우 6%: Fiona Hill, "Public Service and the Federal Government," Brookings Institution, May 27, 2020, https://www.brookings.edu/policy2020/votervital/public-service-and-the-federal-government/.

46) "욕조에 집어넣어 익사시키고": Jeff Spross, "The GOP Plot to Drown Medicaid in the Bathtub," *Week*, March 9, 2017.

47) "행정국가의 해체": Philip Rucker and Robert Costa, "Bannon Vows a Daily Fight for 'Deconstruction of the Administrative State,'" *Washington Post*,

February 23, 2017.

48) 2684개의 주, 지역, 부족 보건 담당 부서: Polly J. Price, "A Coronavirus Quarantine in America Could Be a Giant Legal Mess," *Atlantic*, February 16, 2020.

49) 9만 126개의 주 정부와 지자체 정부: Editorial Board, "Federalism Explains Varied COVID-19 Responses," *Columbus Dispatch*, May 8, 2020, https://www.dispatch.com/opinion/20200508/editorial-federalism-explains-varied-covid-19-responses.

50) 심지어 팩스까지: 미국 내 Covid-19 검진 관련 보도의 부족에 관해서는 Sarah Kliff and Margot Sanger-Katz, "Choke Point for U.S. Coronavirus Response: The Fax Machine"을 참조할 것, *New York Times*, July 13, 2020.

51) '헬스 카드': 대만의 거의 실시간인 '헬스 카드'와 관련해 Covid-19 환자 관련 자료 추적을 보려면, *Becker's Hospital Review*, July 1, 2020에 게재된 Jackie Drees, "What the US Can Learn from Taiwan's EHR System and COVID-19 Response"를 참조할 것. https://www.beckershospitalreview.com/ehrs/what-the-us-can-learn-from-taiwan-s-ehr-system-and-covid-19-response.html; 아울러 *Fareed Zakaria GPS: Global Public Square*, CNN, July 12, 2020에서 Fareed Zakaria와 Ezekiel Emanuel의 대화도 참조할 것, https://www.cnn.com/videos/tv/2020/07/12/exp-gps-0712-emanuel-on-us-covid-19-response.cnn.

52) 1만 8000개 개별 경찰 부서: Duren Banks et al., "National Sources of Law Enforcement Employment Data," US Department of Justice, October 4, 2016, https://www.bjs.gov/content/pub/pdf/nsleed.pdf.

53) 과거 영국의 식민지: Michael Bernhard, Christopher Reenock, and Timothy Nordstrom, "The Legacy of Western Overseas Colonialism on Democratic Survival," *International Studies Quarterly* 48, no. 1 (March 2004): 225-50, https://academic.oup.com/isq/article-abstract/48/1/225/2963246.

54) 17명의 후보자가 '층층이': Paul Light, "People on People on People: The Continued Thickening of Government," The Volcker Alliance, October 2017, https://www.volckeralliance.org/sites/default/files/attachments/Issue%20Paper_People%20on%20People.pdf.

55) 장문의 블로그 글로: Marc Andreessen, "It's Time to Build," Andreessen

Horowitz, https://a16z.com/2020/04/18/its-time-to-build/.

56) 펜실베이니아 역: Marc J. Dunkelman, "This Is Why Your Holiday Travel Is Awful," *Politico*, November 11, 2019.

57) 에즈라 클라인이 관측한 바: Ezra Klein, *Why We're Polarized* (New York: Simon & Schuster, 2020).

58) "악마적이란 오점을 떼어 낸": James Traub, "After the Coronavirus, the Era of Small Government Will Be Over," *Foreign Policy*, April 15, 2020.

Lesson 3 시장만으로는 충분치 않다

1) "정직한 금융인": quoted in David Kynaston, *The Financial Times: A Centenary History* (New York: Viking, 1988), 17.

2) "집단적인 희생을": Editorial Board, "Virus Lays Bare the Fragility of the Social Contract," *Financial Times*, April 3, 2020.

3) '어느 정도의 사회주의': Mohamed Younis, "Four in 10 Americans Embrace Some Form of Socialism," Gallup, May 20, 2019, https://news.gallup.com/poll/257639/four-americans-embrace-form-socialism.aspx.

4) 보호주의: Pablo D. Fajgelbaum, Pinelopi K. Goldberg, Patrick J. Kennedy, and Amit K. Khandelwal, "The Return to Protectionism," National Bureau of Economic Research, Working Paper No. 25638, issued in March 2019, revised in October 2019, https://www.nber.org/papers/w25638.

5) 고령자들보다 훨씬 더 높은 지지율: Lydia Saad, "Socialism as Popular as Capitalism Among Young Adults in U.S.," Gallup, November 25, 2019, https://news.gallup.com/poll/268766/socialism-popular-capitalism-among-young-adults.aspx.

6) "뼛속까지 자본주의자": Katie Lannan의 트위터 포스팅(July 16, 2018)으로 보도된 바와 같이 New England Council을 향한 2018년의 발언에서, https://twitter.com/katielannan/status/1018852303212896257?s=20.

7) 이념적 헌신 …… 덜 순수한 경우: Donald R. Kinder and Nathan P. Kalmoe, *Neither Liberal nor Conservative: Ideological Innocence in the American Public* (Chicago: University of Chicago Press, 2017).

8) "자유시장 자본주의가 종교가 아니라는": Tucker Carlson, "Mitt Romney Supports the Status Quo. But for Everyone Else, It's Infuriating," Fox News

Opinion, January 19, 2019.

9) **"진짜배기 대공황"**: Paul Krugman, "Saving Asia: It's Time to Get Radical," *Fortune/CNN Money*, September 7, 1998.

10) **5조 달러의 자산을 몽땅 쓸어 갔던**: Chris Gaither and Dawn C. Chmielewski, "Fears of Dot-Com Crash, Version 2.0," *Los Angeles Times*, July 16, 2006.

11) **집착의 종말**: Alex Williams, "2001: When the Internet Was, Um, Over?," *New York Times*, October 8, 2018.

12) **"또 다른 이념의 신은 실패했다."**: Martin Wolf, "Seeds of Its Own Destruction: The Scope of Government Is Again Widening and the Era of Free-Wheeling Finance Is Over," *Financial Times*, March 8, 2009.

13) **"예전과 사뭇 다른 자본주의"**: Joe Weisenthal, "Geithner Tells Charlie Rose: Capitalism Will Be Different," *Business Insider*, March 11, 2009.

14) **이번에도 우리는 그렇게 할 수 있을까?**: 상황을 지켜보면서 이번만큼은 자유 시장의 통설과 결별하게 되리라는 회의가 생긴다면 Lane Kenworthy, "The Pandemic Won't Usher In an American Welfare State," *Foreign Affairs*, May 1, 2020을 읽어 볼 것.

15) **"역사의 종말"**: Francis Fukuyama, *The End of History and the Last Man* (New York: Free Press, 1992).

16) **"우리한테 이롭게 활용할 수밖에"**: President William J. Clinton, "Remarks on Signing the North American Free Trade Agreement Implementation Act," December 8, 1993, *Public Papers of the Presidents of the United States: William J. Clinton* (1993, Book II), https://www.govinfo.gov/content/pkg/PPP-1993-book2/html/PPP-1993-book2-doc-pg2139-3.htm.

17) **"황금 구속복(Golden Straitjacket)"**: Thomas L. Friedman, *The Lexus and the Olive Tree: Understanding Globalization* (New York: Farrar, Straus and Giroux, 1999).

18) **가장 빨리 성장해 온 …… 중국**: Congressional Research Service, "China's Economic Rise: History, Trends, Challenges, and Implications for the United States," June 25, 2019, https://fas.org/sgp/crs/row/RL33534.pdf.

19) **"시장 레닌주의"**: Nicholas Kristof, "China Sees 'Market-Leninism' as Way to Future," *New York Times*, September 6, 1993.

20) **철강**: World Steel Association, "World Steel in Figures 2019," https://www.

worldsteel.org/en/dam/jcr:96d7a585-e6b2-4d63-b943-4cd9ab621a91/Worl
d%2520Steel%2520in%2520Figures%25202019.pdf.

21) **시멘트:** US Geological Survey, "Mineral Commodity Summaries," https://
www.usgs.gov/centers/nmic/mineral-commodity-summaries.

22) **부지불식간에 진실을:** 저널리스트 Michael Kinsley의 표현. Jonathan Chait, "The
Origins of the Gaffe, Politics' Idiot-Maker," *New York*, Intelligencer, June 14,
2012를 참조할 것.

23) **헬스케어 비용을 두 배나:** OECD의 평균 1인당 헬스케어 비용이 5287달러인
데 비해 미국은 1만 586달러이다.: OECD Health Statistics 2020, https://
www.oecd.org/health/health-data.htm, "How Does the U.S. Healthcare
System Compare to Other Countries?," Peter G. Peterson Foundation, July 22,
2020에서 인용함, https://www.pgpf.org/blog/2019/07/how-does-the-us-
healthcare-system-compare-to-other-countries.

24) **미국프로농구(NBA) 여덟 팀에 소속된 선수들 전원이 검진을:** Tim Bontemps,
"Adam Silver Lays Out Conditions for NBA's Return, Mulls Charity Game
'Diversion'," ESPN, March 18, 2020.

25) **문지기와 중재자 역할:** Fareed Zakaria, *The Future of Freedom: Illiberal Democracy
at Home and Abroad* (New York: W. W. Norton, 2003), Chapter 6: "The Death
of Authority."

26) **1993년에 쓴 에세이:** Robert A. Dahl, "Why All Democratic Societies Have
Mixed Economies," *Nomos* 35 (1993): 259-282, https://www.jstor.org/stable/
pdf/24219491.pdf?refreqid=excelsior%3A41633675a96dd0b062c13fd9ea
ac3053.

27) **"상향 이동할 여지":** Reihan Salam, "Incarceration and Mobility: One Pretty Big
Reason We're Not Denmark," *National Review*, November 23, 2011.

28) **가능성은 7.5%:** Raj Chetty, "Improving Opportunities for Economic Mobility:
New Evidence and Policy Lessons," Stanford University/Federal Reserve Bank
of St. Louis, https://www.stlouisfed.org/~/media/files/pdfs/community%20
development/econmobilitypapers/section1/econmobility_1-1chetty_508.
pdf?d=l&s=tw.

29) **해외에서 태어난 국민의 숫자 ⋯⋯ 22%:** Éric Grenier, "21.9% of
Canadians Are Immigrants, the Highest Share in 85 Years," CBC News,

October 25, 2015, https://www.cbc.ca/news/politics/census-2016-immigration-1.4368970.

30) **미국의 14%:** Jynnah Radford, "Key Findings About U.S. Immigrants," Pew Research Center, June 17, 2019, https://www.pewresearch.org/fact-tank/2019/06/17/key-findings-about-u-s-immigrants/.

31) **생생하게 살아 있는데 ······ 미국에는 없다는:** 특히 *U.S. News & World Report*, September 11, 2012에 실린 Rick Newman, "The American Dream Is Alive and Well—Just Not in America," https://www.usnews.com/news/blogs/rick-newman/2012/09/11/the-american-dream-is-alive-and-welljust-not-in-america; Alison Williams, "The American Dream Is Alive and Well, Outside America," *Harvard Business Review*, August 6, 2013, https://hbr.org/2013/08/the-american-dream-is-alive-and-well; 그리고 Issie Lapowsky, "Data Reveals the American Dream Is Alive and Well—In Canada," *Wired*, October 13, 2016 등을 읽어 볼 것, https://www.wired.com/2016/10/data-reveals-american-dream-alive-well-canada/.

32) **"덴마크에 도달":** Francis Fukuyama, *Political Order and Political Decay: From the Industrial Revolution to the Globalization of Democracy* (New York: Farrar, Straus and Giroux, 2014), Chapter 1.

33) **"덴마크는 시장경제":** Lars Løkke Rasmussen, "Nordic Solutions and Challenges—A Danish Perspective," Harvard Kennedy School's Institute of Politics, https://youtube/MgrJnXZ_WGo?t=490.

34) **덴마크는 8위 ······ 17위의 미국:** 2020 Index of Economic Freedom, Heritage Foundation, https://www.heritage.org/index/ranking.

35) **덴마크의 상속세율은 15%:** "Denmark: Individual—Other Taxes, Inheritance, Estate, and Gift Taxes," PwC Denmark, June 2, 2020, https://taxsummaries.pwc.com/denmark/individual/other-taxes.

36) **스웨덴과:** "Taxing Inheritances Is Falling out of Favour," *Economist*, November 23, 2017.

37) **노르웨이는 0%:** Norwegian Tax Administration, "Inheritance Tax Is Abolished," https://www.skatteetaten.no/en/person/taxes/get-the-taxes-right/gift-and-inheritance/inheritance-tax-is-abolished/.

38) **국민총생산의 45%:** "Revenue Statistics—OECD Countries: Comparative

Tables," Organisation for Economic Co-operation and Development, https://stats.oecd.org/Index.aspx?DataSetCode=REV.

39) **유럽연합의 평균치인 20%:** 유럽연합의 평균 부가가치세는 21%, 덴마크는 25%임: Elle Aksen, "2020 VAT Rates in Europe," Tax Foundation, January 9, 2020, https://taxfoundation.org/european-union-value-added-tax-2020/.

40) **미국 각 주의 판매세는 평균 7%:** Average based on "State Sales Tax Rates," Sales Tax Institute, May 1, 2020, https://www.salestaxinstitute.com/resources/rates.

41) **맥주에서 달걀이며 스마트폰에 이르기까지:** Peter Baldwin, "A U.S. More Like Denmark? Be Careful What You Wish For," *New York Times*, October 20, 2015, https://www.nytimes.com/roomfordebate/2015/10/20/can-the-us-become-denmark/a-us-more-like-denmark-be-careful-what-you-wish-for.

42) **1만 5000달러(약 1600만 원)만큼 적을 것:** OECD Better Life Index에 의한 덴마크의 가구당 평균 조정가처분소득은 2만 9606달러이고 미국은 4만 5284달러임, http://www.oecdbetterlifeindex.org/countries/united-states/ and http://www.oecdbetterlifeindex.org/countries/denmark/. "평균 조정가처분소득"의 정의는 "How's Life? 2020: Measuring Wellbeing," OECD Better Life Index에 의거함, https://www.oecd-ilibrary.org/docserver/9870c393-en.pdf: 가구당 평균 조정가처분소득은 모든 소득, 자영업 및 자본 소득, 다른 부문으로부터의 이전 등, 가계 부문으로 지급된 모든 수입의 흐름을 더한 다음, 소득세나 재산세처럼 가계부문이 다른 부문으로 지급한 경상 이전을 차감함으로써 얻을 수 있다. 국가 회계에서 사용하는 '조정'이란 용어는, 교육이나 헬스케어 서비스처럼 가계가 정부로부터 받는 비금전적 사회적 이전을 포함했다는 의미다. 여기서 사용되는 측정치는 가계의 자본재(예컨대 비법인 기업의 소재지나 설비)를 대체하는 데 필요하며 가계의 수입에서 차감되는 금액까지 고려한다. 가구당 조정가처분소득은 개인의 실질 소비를 위한 2017년도 구매력평가지수를 사용하여 1인당 미국 달러 기준으로 표시된다. 출처는 OECD 국가회계통계 데이터베이스.

43) **미국에서보다 무려 열일곱 배나:** 덴마크가 국내총생산의 0.52%를 근로자 훈련에 사용하는 데 비해 미국은 0.03%만을 쓰고 있음. Gary Burtless, "Comments on 'Employment and Training for Mature Adults: The Current System and

Moving Forward,' by Paul Osterman," Brookings Institution, November 7, 2019, https://www.brookings.edu/blog/up-front/2019/11/07/employment-and-training-for-mature-adults-the-current-system-and-moving-forward/.

44) 550시간이나 더 많은 여가: OECD Better Life Index, Denmark and United States.

45) 국민을 이렇게 '무장'하면서: Fareed Zakaria, "The Politics of the Future: Be Open and Armed," *Washington Post*, July 7, 2016, https://www.washingtonpost.com/opinions/the-politics-of-the-future-be-open-and-armed/2016/07/07/fd171ce0-447b-11e6-8856-f26de2537a9d_story.html.

Lesson 4 전문가의 말을 들어야 한다, 전문가는 사람들 얘기를 듣고

1) "아주 똑똑거든요.": Eliza Collins, "Trump: I Consult Myself on Foreign Policy," *Politico*, March 16, 2016.

2) "전문가라는 사람들은 형편없습니다.": Nick Gass, "Trump: 'The Experts Are Terrible,'" *Politico*, April 4, 2016.

3) "전문가라면 …… 충분히 많지 않았습니까": Henry Mance, "Britain Has Had Enough of Experts, Says Gove," *Financial Times*, June 3, 2016.

4) 부총통의 작품: 천젠런 전 대만 부총통에 관해서는 Javier C. Hernández and Chris Horton, "Taiwan's Weapon Against Coronavirus: An Epidemiologist as Vice President," *New York Times*, May 9, 2020을 보라.

5) "전문가들의 말에 귀를 기울였습니다.": Kyriakos Mitsotakis 그리스 총리와 저자의 대화, *Fareed Zakaria GPS: Global Public Square*, CNN, June 14, 2020.

6) 스스로 이런 경솔한 태도의 피해자가 되어: Ernesto Londoño, Manuela Andreoni, and Letícia Casado, "President Bolsonaro of Brazil Tests Positive for Coronavirus," *New York Times*, July 7, 2020.

7) 행복하고 낙관적으로 살라고: León Krauze, "Mexico's President Has Given Up in the Fight Against the Coronavirus," *Washington Post*, June 18, 2020.

8) "해방"하려는 우파의 운동을 지지: Kevin Liptak, "Trump Tweets Support for Michigan Protesters, Some of Whom Were Armed, as 2020 Stress Mounts," CNN, May 1, 2020.

9) 마스크 착용을 거부: 7월 13일까지 그렇게 했음. Jonathan Lemire, "Trump Wears

Mask in Public for First Time During Pandemic," Associated Press, July 13, 2020을 참조할 것.

10) **표백제를 마시지 말라고 경고:** 표백제 Lysol 제조사는 고객들에게 표백제를 마시거나 주사하지 말라고 경고한다.: "Improper Use of Disinfectants," https://www.rb.com/media/news/2020/april/improper-use-of-disinfectants/.

11) **"게임 체인저":** Toluse Olorunnipa, Ariana Eunjung Cha, and Laurie McGinley, "Drug Promoted by Trump as Coronavirus 'Game Changer' Increasingly Linked to Deaths," *Washington Post*, May 15, 2020.

12) **식품의약국의 경고:** US Food and Drug Administration, "FDA Cautions Against Use of Hydroxychloroquine or Chloroquine for COVID-19 Outside of the Hospital Setting or a Clinical Trial Due to Risk of Heart Rhythm Problems," updated July 1, 2020, https://www.fda.gov/drugs/drug-safety-and-availability/fda-cautions-against-use-hydroxychloroquine-or-chloroquine-covid-19-outside-hospital-setting-or.

13) **"기분이 어떠냐는 것뿐이죠.":** Donald J. Trump, "Remarks by President Trump, Vice President Pence, and Members of the Coronavirus Task Force in Press Briefing," White House, March 20, 2020, https://www.whitehouse.gov/briefings-statements/remarks-president-trump-vice-president-pence-members-c-oronavirus-task-force-press-briefing/.

14) **"트루시니스(truthiness)":** Stephen Colbert, "The Word: Truthiness," *Colbert Report*, October 17, 2005, Comedy Central, http://www.cc.com/video-clips/63ite2/the-colbert-report-the-word---truthiness. Kurt Andersen, "How America Lost Its Mind," *Atlantic*, September 2017에서 재인용.

15) **"위험도는 대단히 낮습니다.":** J. Edward Moreno, "Government Health Agency Official: Coronavirus 'Isn't Something the American Public Need to Worry About,'" *Hill*, January 26, 2020.

16) **"감염될 위험은 여전히 낮다.":** Alex M. Azar II, "Secretary Azar Delivers Remarks on Declaration of Public Health Emergency for 2019 Novel Coronavirus," White House, January 31, 2020, https://www.hhs.gov/about/leadership/secretary/speeches/2020-speeches/secretary-azar-delivers-remarks-on-declaration-of-public-health-emergency-2019-novel-coronavirus.html.

17) **위급하지 않은 의료 서비스를 중단:** Alice Park and Jeffrey Kluger, "The Coronavirus Pandemic Is Forcing U.S. Doctors to Ration Care for All Patients," *Time*, April 22, 2020.

18) **심근경색 흰자가:** S. J. Lange, M. D. Ritchey, A. B. Goodman et al., "Potential Indirect Effects of the COVID-19 Pandemic on Use of Emergency Departments for Acute Life-Threatening Conditions—United States, January-May 2020," Centers for Disease Control and Prevention, *MMWR Morb Mortal Weekly Report* 69 (2020):795-800; Will Feuer, "Doctors Worry the Coronavirus Is Keeping Patients Away from US Hospitals as ER Visits Drop: 'Heart Attacks Don't Stop,'" CNBC, April 14, 2020.

19) **영국에서만 6만 5000명이 목숨을 ⋯⋯ 450여 영국인의 목숨을 앗아 가는 것으로 마무리:** Jonathan Ford, "The Battle at the Heart of British Science over Coronavirus," *Financial Times*, April 15, 2020; David D. Kirkpatrick, Matt Apuzzo, and Selam Gebrekidan, "Europe Said It Was Pandemic-Ready. Pride Was Its Downfall," *New York Times*, July 20, 2020.

20) **과장된 공포의 기억이 ⋯⋯ 일조했을지도 모를 일이다.:** Ibid.

21) **2020년 4월의 한 인터뷰에서:** Steven Pinker, "Alan Alda & Steven Pinker: Secrets of Great Communication," 92nd Street Y, April 23, 2020.

22) **국민을 상대로 과학 강의를:** Jhag Balla, "This Viral Angela Merkel Clip Explains the Risks of Loosening Social Distancing Too Fast," *Vox*, April 17, 2020; Katrin Bennhold, "Relying on Science and Politics, Merkel Offers a Cautious Virus Re-entry Plan," *New York Times*, April 15, 2020.

23) **'전국적인 마스크 쓰기':** Lili Pike, "Why 15 US States Suddenly Made Masks Mandatory," *Vox*, May 29, 2020.

24) **근본적으로 불성실:** 이런 잘못된 조치를 어떻게 피할 수도 있었을까를 보여 주는 한 사례가 Zeynep Tufekci, "Why Telling People They Don't Need Masks Backfired," *New York Times*, March 15, 2020에 나온다.

25) **공중위생국장 ⋯⋯ 인정했다.:** 방송 프로그램 *CBS Face the Nation*에서. Melissa Quinn, "Surgeon General Says Administration 'Trying to Correct' Earlier Guidance Against Wearing Masks," CBS News, July 12, 2020을 보라. https://www.cbsnews.com/news/coronavirus-surgeon-general-jerome-adams-wearing-masks-face-the-nation/.

26) **"논점들은 아주 간결해야"**: Dean Acheson, *Present at the Creation: My Years at the State Department* (New York: W. W. Norton, 1970), 375.

27) **보수당 정부에 대한 신뢰는 땅에 떨어졌고**: Richard Fletcher, Antonis Kalogeropoulos, and Rasmus Kleis Nielsen, "Trust in UK Government and News Media COVID-19 Information Down, Concerns over Misinformation from Government and Politicians Up," University of Oxford, Reuters Institute, June 1, 2020, https://reutersinstitute.politics.ox.ac.uk/trust-uk-government-and-news-media-covid-19-information-down-concerns-over-misinformation.

28) **봉쇄령 위반 사례도 크게 늘었다.**: Chris Curtis, "One in Five Have Started Breaking Lockdown Rules More Following Cummings Saga," YouGov, June 3, 2020, https://yougov.co.uk/topics/health/articles-reports/2020/06/03/one-five-have-started-breaking-lockdown-rules-more.

29) **엘리엇 코언이 보여 주었다시피**: Eliot Cohen, *Supreme Command: Soldiers, Statesmen, and Leadership in Wartime* (New York: Free Press, 2002).

30) **"너무나도 중요해서 장군들에게 그걸 맡겨둘 수는"**: 영어로는 통상 이렇게 인용되는데, 참고로 클레망소가 말한 프랑스어 원문은 "La guerre! C'est une chose trop grave pour la confier à des militaires"로 직역하면 이런 뜻이다. "전쟁! 그것은 너무나 심각한 사안이라, 군인에게 맡겨 둘 수는 없다." 이 인용문은 제1차 세계대전 중 몇몇 프랑스 정치인들의 발언이라고 다양하게 알려져 있다는 점을 참고하기 바란다.

31) **"예측해 주는 일관된 요소는 …… 당파심이다."**: Shana Kushner Gadarian, Sara Wallace Goodman, and Thomas B. Pepinsky, "Partisanship, Health Behavior, and Policy Attitudes in the Early Stages of the COVID-19 Pandemic," *SSRN*, March 30, 2020, https://ssrn.com/abstract=3562796. (참고: 이 연구 및 Painter, Qiu, Allcott 등의 연구는 동료 평가를 받지 않았음)

32) **몸을 사릴 가능성이 적다고**: Marcus Painter and Tian Qiu, "Political Beliefs Affect Compliance with COVID-19 Social Distancing Orders," *SSRN*, July 3, 2020, https://ssrn.com/abstract=3569098; Hunt Allcott, Levi Boxell, Jacob Conway, Matthew Gentzkow, Michael Thaler, and David Y. Yang, "Polarization and Public Health: Partisan Differences in Social Distancing During the Coronavirus Pandemic," *SSRN*, June 2020, https://ssrn.com/

abstract=3574415.

33) 통신 장비에 대한 방화나 파손 사례: Adam Satariano and Davey Alba, "Burning Cell Towers, out of Baseless Fear They Spread the Virus," *New York Times*, April 10, 2020.

34) "동기를 지닌 추론": Jonathan Haidt, *The Righteous Mind: Why Good People Are Divided by Politics and Religion* (New York: Vintage Books, 2013), 98, 104.

35) "정보 수준이 높은 유권자들": Ezra Klein, "Why the Most Informed Voters Are Often the Most Badly Misled," *Vox*, June 8, 2015.

36) "합리화하는 유권자": Christopher H. Achen and Larry M. Bartels, "It Feels Like We're Thinking: The Rationalizing Voter and Electoral Democracy," Annual Meeting of the American Political Science Association, Philadelphia, August 28, 2006, https://web.archive.org/web/20160410201427/http://www.princeton.edu/~bartels/thinking.pdf.

37) "열정의 노예": David Hume, *A Treatise Of Human Nature*, Book III, Part III, Section III, "Of The Influencing Motives Of The Will."

38) "지식의 위기": David Roberts, "Partisanship Is the Strongest Predictor of Coronavirus Response," *Vox*, May 14, 2020.

39) '순수한 시민'과 '부패한 엘리트': Cas Mudde, "Populism in the Twenty-First Century: An Illiberal Democratic Response to Undemocratic Liberalism," Andrea Mitchell Center for the Study of Democracy, University of Pennsylvania, https://www.sas.upenn.edu/andrea-mitchell-center/cas-mudde-populism-twenty-first-century.

40) "국민의 뜻을 대담하게 고취": Donald J. Trump, "Let Me Ask America a Question," *Wall Street Journal*, April 14, 2016.

41) 『다섯 번째 리스크』: Michael Lewis, *The Fifth Risk* (New York: W. W. Norton, 2018).

42) 태풍의 진로를 …… 다시 그려: Matthew Cappucci and Andrew Freedman, "President Trump Showed a Doctored Hurricane Chart. Was It to Cover Up for 'Alabama' Twitter Flub?," *Washington Post*, September 5, 2019.

43) 기상학자들을 힐난하기까지 했다.: Christopher Flavelle, "NOAA Chief Violated Ethics Code in Furor over Trump Tweet, Agency Says," *New York Times*, June 15, 2020.

44) "이슈는 바로 권력이다.": Michael Lind, *The New Class War: Saving Democracy from the Managerial Elite* (New York: Portfolio: 2020).

45) 70%가 석사 학위를 가지고 있으며 그중 60%는 미국에서 대학 교육을 받았다고: 코넬대에서 박사 학위를 받은 리덩휘가 대만 총통이었던 1996년에서 2000년까지: John Trenhaile, "The New Cabinet," *Taiwan Review*, August 1, 1996, archived at https://web.archive.org/web/20160915152001/http://www.taiwantoday.tw/ct.asp?xItem=54929&ctNode=2198&mp=9.

46) 인구의 3분의 1 정도: 2016년 현재 미국 인구의 33.4%가 대학에서 학위를 받았다. US Census Bureau, "Educational Attainment in the United States: 2016," https://www.census.gov/newsroom/press-releases/2017/cb17-51.html; "31% of 25-64 Year Olds Achieved Tertiary Level Study," European Commission, Eurostat, https://ec.europa.eu/eurostat/web/products-eurostat-news/-/EDN-20181008-1.

47) 겨우 13% 정도: 또 13.1%가 석사 학위, 전문 학위, 혹은 박사 학위를 지니고 있다. US Census Bureau, "Educational Attainment in the United States: 2018," https://www.census.gov/library/stories/2019/02/number-of-people-with-masters-and-phd-degrees-double-since-2000.html.

48) 중국 인구의 겨우 10%만이: 2010년 중국의 인구조사 당시, 한 눈으로 보는 교육 상황: OECD Indicators 2016, "People's Republic of China," https://gpseducation.oecd.org/Content/EAGCountryNotes/EAG2016_CN_CHN.pdf.

49) 99%가: 2016년 18차 공산당 중앙위원회 당시 구성원의 99.2%가 어떤 형태로든 대학 교육을 받았음: Cheng Li, Table 4.1, "Percentage of College-Educated Members on the 8th-18th Central Committees," *Chinese Politics in the Xi Jinping Era: Reassessing Collective Leadership* (Washington, DC: Brookings Institution Press, 2016).

50) 3.7배나 많은 소득: US Census Bureau, "Educational Attainment in the United States: 2018."

51) 클린턴은 전자에 속한 사람들의 표를 거의 휩쓴: Nate Silver, "Education, Not Income, Predicted Who Would Vote for Trump," FiveThirtyEight, November 22, 2016, https://fivethirtyeight.com/features/education-not-income-predicted-who-would-vote-for-trump/.

52) **3분의 2가량이 트럼프를 지지했고:** Nathaniel Rakich and Dhrumil Mehta, "Trump Is Only Popular in Rural Areas," FiveThirtyEight, December 7, 2018, https://fivethirtyeight.com/features/trump-is-really-popular-in-rural-areas-other-places-not-so-much/.

53) **"공화당 도시라는 것이 전혀 존재하지 않는":** Will Wilkinson, "The Density Divide: Urbanization, Polarization, and Populist Backlash," Niskanen Center, June 2019, https://www.niskanencenter.org/wp-content/uploads/2019/09/Wilkinson-Density-Divide-Final.pdf.

54) **대학 졸업장이 없는 사람들:** Anushka Asthana, "People Who Felt Marginalised Drove Brexit Vote, Study Finds," *Guardian*, August 31, 2016.

55) **'노란 조끼' 시위를 주도한 사람들:** Marie Dupin, "Jeunes, Précaires, Ruraux: Qui Sont Les Gilets Jaunes?," BFM, April 9, 2020, https://www.bfmtv.com/economie/economie-social/france/jeunes-precaires-ruraux-qui-sont-les-gilets-jaunes_AN-201904090053.html.

56) **차에 대한 의존도가 높은 지방 주민들:** Feargus O'Sullivan, "Why Drivers Are Leading a Protest Movement Across France," *City Lab*, November 19, 2018, https://www.bloomberg.com/news/articles/2018-11-19/-yellow-vests-why-france-is-protesting-new-gas-taxes.

57) **독일의 정치에서도:** Christian Franz, Marcel Fratzscher, and Alexander S. Kritikos, "German Right-Wing Party AfD Finds More Support in Rural Areas with Aging Populations," *DIW Weekly Report* 8, no. 7/8 (2018): 69-79, http://hdl.handle.net/10419/175453.

58) **터키 민족의 심장부인:** *Daily Sabah*, 2018 presidential election results, https://www.dailysabah.com/election/june-24-2018-election-results.

59) **재택근무 …… 10%에도 미치지 못했으며:** "Job Flexibilities and Work Schedules — 2017-2018, Data from the American Time Use Survey," Bureau of Labor Statistics, September 24, 2019, https://www.bls.gov/news.release/flex2.nr0.htm.

60) **10만 달러 이상의 가계소득을 누리는 사람들 가운데:** Jeanna Smialek, "Poor Americans Hit Hardest by Job Losses amid Lockdowns, Fed Says," *New York Times*, May 14, 2020, https://www.nytimes.com/2020/05/14/business/economy/coronavirus-jobless-unemployment.html.

61) "분개한다.": Richard Hofstadter, *Anti-Intellectualism in American Life* (New York: Alfred A. Knopf, 1963), 34.

62) "궁극의 최음제": Henry Kissinger, "The Sayings of Secretary Henry," compiled by DuPre Jones, *New York Times*, October 28, 1973, cited in Jerry Useem, "Power Causes Brain Damage," *Atlantic*, July/August 2017: "[권력은] 헨리 키신저조차도 자신에게 강렬한 성적 매력이 있다고 믿게 만들 수 있다."

63) 켈트너 교수는 여러 가지 연구를 실행한 끝에: Dacher Keltner, *The Power Paradox: How We Gain and Lose Influence* (New York: Penguin, 2016), 112-113, 116-118.

64) 진 에드워드 스미스: Jean Edward Smith, *FDR* (New York: Random House, 2007).

65) 도리스 컨즈 굿윈: Doris Kearns Goodwin, *No Ordinary Time: Franklin and Eleanor Roosevelt—The Home Front in World War II* (New York: Simon & Schuster, 1994).

66) "그분은 저를 잘 아셨죠.": 예컨대 Ken Burns, *The Roosevelts: An Intimate History*, PBS, 2014에서 인용했던 사건.

Lesson 5 삶은 디지털이다

1) 5천만여 명의 목숨을 앗아 간: Niall Johnson and Juergen Mueller, "Updating the Accounts: Global Mortality of the 1918-1920 'Spanish' Influenza Pandemic," *Bulletin of the History of Medicine* (Spring 2002), https://www.researchgate.net/publication/11487892_Updating_the_Accounts_Global_Mortality_of_the_1918-1920_Spanish_Influenza_Pandemic.

2) 최고 10만 개나 되는 무허가 술집: Lisa Bramen, "October 28, 1919: The Day That Launched a Million Speakeasies," *Smithsonian Magazine*, October 28, 2010.

3) "정상으로 돌아가자!": 1920년 Harding의 연설에서: "지금 미국이 필요로 하는 것은 영웅적 언동이 아니라 치유다. 만병통치약이 아니라 정상의 상태다. 혁명이 아니라 회복이다. 수술이 아니라 평온함이다.": Library of Congress, Presidential Election of 1920, https://www.loc.gov/collections/world-war-i-and-1920-election-recordings/articles-and-essays/from-war-to-normalcy/presidential-election-of-1920/.

4) 프로토타입 컴퓨터 Kenbak-1: 가령 캘리포니아 Palo Alto에 있는 Computer History Museum이 결정한 바에 의하면 최초의 퍼스널 컴퓨터다.: Chris Garcia, "In His Own Words: John Blankenbaker," CHM Blog, Curatorial Insights, April 5, 2016, https://computerhistory.org/blog/in-his-own-words-john-blankenbaker/.

5) "누가 아는 고객이 구매했는지": Brad Stone, *The Everything Store: Jeff Bezos and the Age of Amazon* (New York: Little, Brown, 2013), Chapter 2.

6) 1초당 1만 달러를 판매: J. Stern의 World Stars Global Equity 펀드를 운용하는 포트폴리오 매니저 Christopher Rossbach가 계산한 2020년 1분기 실적: Irina Ivanova, "Amazon Makes $10,000 Per Second as Shoppers Shelter in Place," CBS News, Moneywatch, May 1, 2020, https://www.cbsnews.com/news/amazon-q1-earnings-75-billion-10000-per-second/; 마찬가지로 Amazon의 1분기 순판매액 755억 달러, 즉 1초당 9709달러의 실적도 참고할 것: "Amazon.Com Announces First Quarter Results," https://s2.q4cdn.com/299287126/files/doc_financials/2020/Q1/Amazon-Q1-2020-Earnings-Release.pdf.

7) 실업률은 …… 9%대에: US Bureau of Labor Statistics, "Unemployment Rate 9.1 Percent in August 2011," https://www.bls.gov/opub/ted/2011/ted_20110908.htm?view_full.

8) 《월스트리트 저널》에 …… 글을: Marc Andreessen, "Why Software Is Eating the World," August 20, 2011.

9) 영화 및 음악 산업의 수익을 합친 것보다 더 많았다.: 비디오게임 산업의 수익은 2010년에 780억 달러, 2019년에 1370억 달러였다. Will Partin, "The 2010s Were a Banner Decade for Big Money and Tech—and Esports Reaped the Rewards" *Washington Post*, January 28, 2020을 참조할 것; 이에 비해 2019년 할리우드의 총수익은 425억 달러를 기록했다. Pamela McClintock, "2019 Global Box Office Revenue Hit Record $42.5B Despite 4 Percent Dip in U.S.," *Hollywood Reporter*, January 10, 2020을 참조할 것. https://www.hollywoodreporter.com/news/2019-global-box-office-hit-record-425b-4-percent-plunge-us-1268600. 그리고 2019년 미국 음악 산업의 총수익은 111억 달러에 그쳤다. Dan Rys, "US Recorded Music Revenue Reaches $11.1 Billion in 2019, 79% from Streaming: RIAA," *Billboard*, February 25, 2020

을 참조할 것. https://www.billboard.com/articles/business/8551881/riaa-music-industry-2019-revenue-streaming-vinyl-digital-physical.

10) 10만 개의 오프라인 점포가: Suzanne Kapner and Sarah Nassauer, "Coronavirus Finishes the Retail Reckoning That Amazon Started," *Wall Street Journal*, May 14, 2020.

11) 데이터를 새로운 원유라고: Carl Benedikt Frey, *The Technology Trap: Capital, Labor, and Power in the Age of Automation* (Princeton, NJ: Princeton University Press, 2020), 304.

12) 대부분을 인터넷과 연결해주는 ······ 스마트폰: "Percentage of Mobile Device Website Traffic Worldwide from 1st Quarter 2015 to 1st Quarter 2020," Statista, https://www.statista.com/statistics/277125/share-of-website-traffic-coming-from-mobile-devices.

13) "인도인은 겨우 2000만 명": Ravi Agrawal, *India Connected: How the Smartphone Is Transforming the World's Largest Democracy* (New York: Oxford University Press, 2018), 3.

14) 5억 5000만 국민이: McKinsey Global Institute, "Digital India," 2019, https://www.mckinsey.com/~/media/McKinsey/Business%20Functions/McKinsey%20Digital/Our%20Insights/Digital%20India%20Technology%20to%20transform%20a%20connected%20nation/MGI-Digital-India-Report-April-2019.ashx.

15) 세계 155위: *India Today*에 실린 Mukesh Ambani와의 인터뷰, "India is now world's top mobile data consuming nation: Mukesh Ambani," October 25, 2018, https://www.indiatoday.in/technology/news/story/india-top-mobile-data-consuming-nation-mukesh-ambani-1375253-2018-10-25.

16) 더 많은 모바일 데이터: Ibid.

17) 몇억 명 늘어날 것: McKinsey Global Institute, "Digital India," 6.

18) 370억 달러라는 경이로운 금액: Mobis Philipose, "Why Reliance Jio's Big and Bold 2021 Vision Doesn't Make Sense," *LiveMint*, March 7, 2017.

19) 살인을 저지르게 한: Geeta Anand and Suhasini Raj, "Rumors on WhatsApp Ignite 2 Mob Attacks in India, Killing 7," *New York Times*, May 25, 2017.

20) 미국인의 3분의 1가량: "4주 전 취업 상태인 사람들 가운데 34.1%가 예전에는 사무실에 나갔지만 지금은 집에서 일하고 있다고 말한다.": Erik Brynjolfsson et al., "COVID-19 and Remote Work: An Early Look at US Data," MIT Sloan School of Management, https://mitsloan.mit.edu/shared/ods/documents/?PublicationDocumentID=6322.

21) **인력의 25%**: Sonal Khetarpal, "Post-COVID, 75% of 4.5 Lakh TCS Employees to Permanently Work from Home by '25; from 20%," *Business Today India*, April 30, 2020.

22) **정정 기사를 싣고**: Saunak Chowdhury, "TCS Refutes Claims of 75% Employees Working from Home Post Lock-Down," *Indian Wire*, April 28, 2020.

23) **45만 임직원에게**: Tata Consultancy Services, "About Us," https://www.tcs.com/about-us.

24) **가상 의료 서비스 거래가 10억 건 정도에**: Jeff Becker and Arielle Trzcinski, "US Virtual Care Visits to Soar to More Than 1 Billion," Forrester Analytics, April 10, 2020, https://go.forrester.com/press-newsroom/us-virtual-care-visits-to-soar-to-more-than-1-billion/.

25) **"인류를 위한 가장 위대한 공헌"**: Lizzy Gurdus, "Tim Cook: Apple's Greatest Contribution Will Be 'About Health,'" *CNBC Mad Money*, January 8, 2019.

26) **97%의 정확도로 진단**: "Using Artificial Intelligence to Classify Lung Cancer Types, Predict Mutations," National Cancer Institute, October 10, 2018, https://www.cancer.gov/news-events/cancer-currents-blog/2018/artificial-intelligence-lung-cancer-classification.

27) **11%나 더 적다는 사실**: D. Ardila, A. P. Kiraly, S. Bharadwaj et al., "End-to-End Lung Cancer Screening with Three-Dimensional Deep Learning on Low-Dose Chest Computed Tomography," *Nature Medicine* 25 (2019): 954-61, https://doi.org/10.1038/s41591-019-0447-x.

28) **인간의 세포와 결합하지 못하게 막는 단백실 디자인**: Kim Martineau, "Marshaling Artificial Intelligence in the Fight Against Covid-19," MIT Quest for Intelligence, *MIT News*, May 19, 2020, http://news.mit.edu/2020/mit-marshaling-artificial-intelligence-fight-against-covid-19-0519.

29) **해법을 인공지능이 찾아낼지도 …… 결과는 한마디로 잘라 말하기 어렵다.**: 무엇보다도 Cade Metz, "How A.I. Steered Doctors Toward a Possible Coronavirus Treatment," *New York Times*, April 30, 2020을 참조할 것. 아울러 읽어 보면 좋을 자료는 O. Kadioglu, M. Saeed, H. Johannes Greten, and T.

Efferth, "Identification of Novel Compounds Against Three Targets of SARS CoV-2 Coronavirus by Combined Virtual Screening and Supervised Machine Learning," [preprint], *Bulletin of the World Health Organization*, E-pub: March 21, 2020, http://dx.doi.org/10.2471/BLT.20.255943.

30) **위치 추적 앱의 설치가 자발적:** Salvatore Babones, "Countries Rolling Out Coronavirus Tracking Apps Show Why They Can't Work," *Foreign Policy*, May 12, 2020, https://foreignpolicy.com/2020/05/12/coronavirus-tracking-tracing-apps-cant-work-south-korea-singapore-australia/.

31) **국민의 30% 정도만이:** Goh Yu Chong and Nasrath Hassan, "Factsheet: Tracetogether Programme," Smart Nation, Government of Singapore, June 8, 2020, https://www.smartnation.gov.sg/whats-new/press-releases/factsheet--tracetogether-programme.

32) **"3200만~5000만 개의 미국 내 일자리":** "Covid-19 and the Workforce," *MIT Technology Review* and Faethm, 2020, https://mittrinsights.s3.amazonaws.com/AIagenda2020/Covid19workforce.pdf.

33) **요리사 등:** Rachel Premack, "Robots Are Already Working in Fast-Food Restaurants—Here's Exactly What They're Doing Right Now," *Business Insider*, June 26, 2018, https://www.businessinsider.com/mcdonalds-kfc-panera-robot-employees-2018-6.

34) **백만 명 이상이며:** "Road Traffic Injuries and Deaths—a Global Problem," US Centers for Disease Control and Prevention, last updated December 18, 2019, https://www.cdc.gov/injury/features/global-road-safety/index.html.

35) **충돌 사고의 94%가:** "Critical Reasons for Crashes Investigated in the National Motor Vehicle Crash Causation Survey," US Department of Transportation, February 2015, https://crashstats.nhtsa.dot.gov/Api/Public/ViewPublication/812115.

36) **400만 미국인들:** Jennifer Cheeseman Day and Andrew W. Haidt, "Number of Truckers at All-Time High," US Census, June 6, 2019, https://www.census.gov/library/stories/2019/06/america-keeps-on-trucking.html.

37) **매주 4000명가량의 운전기사를:** Fred Smith, Federal Express CEO, "Transcript: The Path Forward: Business & the Economy," *Washington Post Live*, May 14, 2020.

38) 『나와 같은 기계들』: Ian McEwan, *Machines Like Me: A Novel* (New York: Knopf Doubleday, 2019).

39) 문학작품을 쓸 수 있는 알고리즘: Brian Merchant, "When an AI Goes Full Jack Kerouac," *Atlantic*, October 1, 2018.

40) "빵을 버터 위에다 얇게 펴서": John Maynard Keynes, "Economic Possibilities for Our Grandchildren" (originally written 1930), reprinted in *Essays in Persuasion* (New York: W. W. Norton, 1963), 358-73.

41) 1960년대 만화 시리즈 …… 주인공 젯슨: "하루에 세 시간, 일주일에 사흘"이란 표현이 나온 것은 Sarah Ellison, "Reckitt Turns to Jetsons to Launch Detergent Gels," *Wall Street Journal*, January 13, 2003; "단추를 누르는 일"의 원전은 Hanna-Barbera Wiki, "The Jetsons," https://hanna-barbera.fandom.com/wiki/The_Jetsons.

42) 주 4일 근무를: Zoe Didali, "As PM Finland's Marin Could Renew Call for Shorter Work Week," *New Europe*, January 2, 2020, https://www.neweurope.eu/article/finnish-pm-marin-calls-for-4-day-week-and-6-hours-working-day-in-the-country/.

43) "삽질": David Graeber, *Bullshit Jobs: A Theory* (New York: Simon & Schuster, 2018).

44) "목적도 없이 시간의 노예가": McEwan, *Machines Like Me*.

45) 관측할 수 있는 우주 안에 존재하는 원자: David Silver and Demis Hassabis, "AlphaGo: Mastering the Ancient Game of Go with Machine Learning," Google DeepMind, January 27, 2016, https://ai.googleblog.com/2016/01/alphago-mastering-ancient-game-of-go.html.

46) 쉰일곱 가지의 게임을: Kyle Wiggers, "DeepMind's Agent57 Beats Humans at 57 Classic Atari Games," *Venture Beat*, March 31, 2020; Rebecca Jacobson, "Artificial Intelligence Program Teaches Itself to Play Atari Games—And It Can Beat Your High Score," *PBS NewsHour*, February 20, 2015.

47) 스튜어트 러셀: Stuart Russell, "3 Principles for Creating Safer AI," TED2017, https://www.ted.com/talks/stuart_russell_3_principles_for_creating_safer_ai/transcript?language=en.

48) 컴퓨터에게 암을 없애 버리라고 부탁한다면: Stuart Russell, in conversation with Sam Harris, "#53—The Dawn of Artificial Intelligence," *Making Sense*,

November 23, 2016, https://samharris.org/podcasts/the-dawn-of-artificial-intelligence1/.

49) **옥스퍼드 대학 철학 교수의 경고:** Nick Bostrom, *Superintelligence: Paths, Dangers, and Strategies* (New York: Oxford University Press, 2014).

50) **계몽주의의 종말:** Henry Kissinger, "How the Enlightenment Ends," *Atlantic*, June 2018, https://www.theatlantic.com/magazine/archive/2018/06/henry-kissinger-ai-could-mean-the-end-of-human-history/559124/.

51) **"스스로 부과한 미숙함":** Immanuel Kant, "An Answer to the Question: What Is Enlightenment?" (September 30, 1784), trans. Mary C. Smith.

52) **신비한 방식으로 …… 행하시는:** 영국 시인 William Cowper의 1774년 찬송가 "Light Shining Out of Darkness"의 한 구절로, 원래는 "God moves in a mysterious way"라고 되어 있다. Carl R. Woodring과 James Shapiro가 편집한 전집 *The Columbia Anthology of Poetry*(New York: Columbia University Press, 1995), 383쪽에 들어 있음.

53) **호모 데우스:** Yuval Noah Harari, *Homo Deus: A Brief History of Tomorrow* (London: Harvill Secker, 2016).

Lesson 6 아리스토텔레스는 옳았다, 우리는 사회적 동물이다

1) **종을 뛰어넘은 것으로:** 원숭이 면역결핍 바이러스(SIV, simian immunodeficiency virus)로 알려진 바이러스로부터. "Where Did HIV Come From?," AIDS Institute를 참조할 것. https://www.theaidsinstitute.org/education/aids-101/where-did-hiv-come-0.

2) **에이즈 확산의 기원:** Craig Timberg and Daniel Halperin, *Tinderbox: How the West Sparked the AIDS Epidemic and How the World Can Finally Overcome It* (New York: Penguin, 2012).

3) **박쥐, 사향고양이, 천산갑 …… 아시아에서도:** Nicola Decaro and Alessio Lorusso, "Novel Human Coronavirus (SARS-CoV-2): A Lesson from Animal Coronaviruses," *Veterinary Microbiology* 244 (May 2020), https://doi.org/10.1016/j.vetmic.2020.108693.

4) **"그 불운한 사람들":** Fareed Zakaria와의 대화에서, "On GPS: Tracing Pandemics Back to Their Source," *Fareed Zakaria GPS: Global Public Square*, CNN, April 26, 2020, https://www.cnn.com/videos/tv/2020/04/26/exp-gps-

0426-daszak-int.cnn; 다자크의 설명을 좀 더 알고 싶다면 Nurith Aizenman, "Why the U.S. Government Stopped Funding a Research Project on Bats and Coronaviruses," NPR, April 29, 2020을 참조할 것. https://www.npr.org/sections/goatsandsoda/2020/04/29/847948272/why-the-u-s-government-stopped-funding-a-research-project-on-bats-and-coronavirus.

5) **"대단히 생생한 관심"**: Anonymous, *Times*, December 3, 1889, p. 9, James Mussell, "Pandemic in Print: The Spread of Influenza in the Fin de Siècle"에서 인용됨. https://doi.org/10.1016/j.endeavour.2007.01.008.

6) **겨우 넉 달 만에**: Alain-Jacques Valleron et al., "Transmissibility and Geographic Spread of the 1889 Influenza Pandemic," *Proceedings of the National Academy of Sciences* 107, no. 19 (May 11, 2010): 8778-81, https://doi.org/10.1073/pnas.1000886107.

7) **700명으로 줄어들었다.**: Benoît Morenne and Vivien Ngo, "Train Drain: How Social Distancing Is Transforming Mass Transit," *Wall Street Journal*, June 22, 2020.

8) **바텐더들이 …… 이름과 전화번호 등을 일일이**: Paul Sandle, "No Name, No Pint: New Rules for England's Pubs After Lockdown," Reuters, June 24, 2020.

9) **싱가포르 정부의 앱**: Aaron Holmes, "Singapore Is Using a High-Tech Surveillance App to Track the Coronavirus, Keeping Schools and Businesses Open. Here's How It Works," *Business Insider*, March 24, 2020.

10) **42만 명가량이 뉴욕시를 빠져나간**: Kevin Quealy, "The Richest Neighborhoods Emptied Out Most as Coronavirus Hit New York City," *New York Times*, May 15, 2020.

11) **베이 지역을 벗어나고 싶다는**: Laura Forman, "For Newly Remote Workers, Small Town U.S.A. Will Lose Its Allure Soon Enough," *Wall Street Journal*, June 19, 2020.

12) **농촌 지역으로 서둘러 떠나는**: "'Thank You Parisians, Don't Bring the Virus': Plea from Rural France," *Guardian*, March 18, 2020.

13) **수만 명이 병으로 죽어 갔고**: 시의 자료에 의하면 6만 8596명이었음. John S. Morrill, "Great Plague of London," *Encyclopaedia Britannica*를 참조할 것. https://www.britannica.com/event/Great-Plague-of-London.

14) **도시의 80%가량이 잿더미로**: 이는 중심부 지역으로 성곽도시다. Matthew

Green, "Lost in the Great Fire: Which London Buildings Disappeared in the 1666 Blaze?," *Guardian*, August 30, 2016.

15) **"더 훌륭하게 복원하기로"**: 예컨대 "Build Back Better," We Mean Business Coalition을 보라. https://www.wemeanbusinesscoalition.org/build-back-better/.

16) **대개 목재로 ····· 벽돌과 암석으로 다시 탄생**: Andrew Sullivan, "The Very First Pandemic Blogger," *New York*, March 15, 2020.

17) **"규모가 큰 도시들의 성장을 저지할 것"**: Clay Jenkinson, "Thomas Jefferson, Epidemics and His Vision for American Cities," *Governing*, April 1, 2020, https://www.governing.com/context/Thomas-Jefferson-Epidemics-and-His-Vision-for-American-Cities.html.

18) **『인간 없는 세상』**: Alan Weisman, *The World Without Us* (New York: St. Martin's Thomas Dunne Books, 2007).

19) **시카고 같은 도시를 ····· 세우는**: United Nations, "World Population Prospects 2018," Department of Economic and Social Affairs, Population Dynamics, https://population.un.org/wup/.

20) **200만 명 이상인 도시····· 딱 두 개뿐**: David Satterthwaite, "The Transition to a Predominantly Urban World and Its Underpinnings," Human Settlements Discussion Paper Series, "Theme: Urban Change—4" (2007), https://pubs.iied.org/pdfs/10550IIED.pdf.

21) **200만 명 이상인 도시····· 371개에 이른다.**: 이 문단에 나오는 모든 데이터는 United Nations, *The World's Cities in 2018—Data Booklet*, 2018에서 가져온 것임. https://www.un.org/en/events/citiesday/assets/pdf/the_worlds_cities_in_2018_data_booklet.pdf.

22) **글레이저는 주목한다.**: Edward Glaeser, *Triumph of the City: How Our Greatest Invention Makes Us Richer, Smarter, Greener, Healthier, and Happier* (New York: Penguin, 2011); 함께 볼만한 자료는 https://www.scientificamerican.com/article/glaeser-triumph-of-the-city-excerpt/.

23) **지구촌 GDP의 절반**: "The Destiny of Density," *Economist*, June 11, 2020.

24) **도시에 사는 ····· 94%나 더 높았다.**: David M. Cutler and Grant Miller, "The Role of Public Health Improvements in Health Advances: The 20th Century United States," National Bureau of Economic Research, Working Paper No.

10511, May 2004, https://www.nber.org/papers/w10511.

25) **"햇빛과 나뭇잎은 공기를 소독"**: Frederick Law Olmsted, *Public Parks and the Enlargement of Towns* (New York: American Social Science Association, at the Riverside Press, 1870).

26) **"도시의 허파"**: Frederick Law Olmsted, "Notes on the plan of Franklin Park and related matters" (1886), in *The Papers of Frederick Law Olmsted*, edited by C. E. Beveridge, C. F. Hoffman, and K. Hawkins, "Supplementary Series 1: Writings on Public Parks, Parkways and Park Systems" (Baltimore: Johns Hopkins University Press, 1997), 460-534.

27) **"영속적으로 반복되는 재앙"**: Steven Johnson, *The Ghost Map: The Story of London's Most Terrifying Epidemic—and How It Changed Science, Cities, and the Modern World* (New York: Penguin Random House, 2006), 25.

28) **배수펌프를 막아 …… 당국에 확신을 주어 …… 실시하도록 만드는 데에는 실패**: Ibid., 175, 195-196.

29) **장티푸스 같은 질병**: David M. Cutler and Grant Miller, "The Role of Public Health Improvements," NBER Working Paper No. 10511, May 2004, https://www.nber.org/papers/w10511.

30) **감소율이 한층 더 높았다.**: Ibid.

31) **소다세(soda tax)**: 블룸버그 시장의 소다세 부과 제안은 뉴욕시에서 채택되지 않았지만, 샌프란시스코, 시애틀, 필라델피아, 워싱턴 DC 등의 도시에서는 시행되었음을 알아 두자. "State and Local Finance Initiative: Soda Taxes," Urban Institute, 2011-2020을 참조할 것, https://www.urban.org/policy-centers/cross-center-initiatives/state-and-local-finance-initiative/state-and-local-backgrounders/soda-taxes.

32) **"평균적인 미국인보다 더 오래 더 건강하게 살고 싶다면"**: Michael Howard Saul, "Life Span in City Exceeds U.S. Average," *Wall Street Journal*, December 28, 2011, https://www.wsj.com/articles/SB10001424052970203479104577125151628468014.

33) **정말로 아끼고 사랑하는 친구와 친척이**: Stu Loeser, Samantha Levine, Susan Craig, and Alexandra Waldhorn, "Mayor Bloomberg, Deputy Mayor Gibbs, Health Commissioner Farley Announce New Yorkers Living Longer Than Ever, Outpacing National Trend," Official Website of the City of New York,

December 7, 2011, https://www1.nyc.gov/office-of-the-mayor/news/453-11/mayor-bloomberg-deputy-mayor-gibbs-health-commissioner-farley-new-yorkers-living-longer#/4.

34) **지구 표면적에서 차지하는 비율은 3%:** Liu Zhifeng et al., "How Much of the World's Land Has Been Urbanized, Really? A Hierarchical Framework for Avoiding Confusion," *Landscape Ecology* 29 (2014): 763-771.

35) **농촌 지역의 오염 실태가 훨씬 더 나쁜:** H. E. S. Mestl, K. Aunan, H. M. Seip et al., "Urban and Rural Exposure to Indoor Air Pollution from Domestic Biomass and Coal Burning Across China," *Science of the Total Environment* 377, no. 1 (May 2007): 12-26, https://doi.org/10.1016/j.scitotenv.2007.01.087.

36) **더러운 화석연료에 의존하기:** "Country Living, Dirty Air: Oil & Gas Pollution in Rural America," Earthworks and Clean Air Taskforce, https://www.scribd.com/document/383729903/Country-Living-Dirty-Air; see also, for example, Liz Ruskin, "Alaska Remote Diesel Generators Win Exemption from Pollution Rule," Alaska Public Media, September 18, 2019, https://www.alaskapublic.org/2019/09/18/alaska-remote-diesel-generators-win-exemption-from-pollution-rule/.

37) **"암 골짜기":** Tristan Baurick, Lylla Younes, and Joan Meiners, "Welcome to 'Cancer Alley,' Where Toxic Air Is About to Get Worse," *ProPublica*, October 30, 2019, https://www.propublica.org/article/welcome-to-cancer-alley-where-toxic-air-is-about-to-get-worse.

38) **뉴욕의 길거리마다 산더미처럼 쌓인 쓰레기:** 길거리 쓰레기라는 뉴욕시의 악명 높은 골칫거리는 밀집된 그리드 계획이 낳은 인공물이다. 다른 주요 도시들과는 달리, 뉴욕은 19세기 이래 다른 도시들이 쓰레기를 모아 두는 샛길을 염두에 두지 않고 구축되었다. Gersh Kuntzman, "Will NYC *Finally* Get Garbage out of Pedestrians' Way?," *Streetsblog NYC*, June 4, 2019에서 좀 더 자세한 내용을 볼 수 있다. https://nyc.streetsblog.org/2019/06/04/will-nyc-finally-get-garbage-out-of-pedestrians-way/.

39) **도시 주민들은 평균적으로 재활용을 더 많이:** 여론조사 기관 Pew의 연구 결과에 따르면, 2011년의 경우 도시화가 많이 진행된 캘리포니아(53.4%)와 워싱턴(50.1%) 주의 재활용 비율은 가장 높은 편에 속했다. 반대로 그 비율이 가장 낮

은 지역은 오클라호마(3.7%), 알래스카(4.5%), 미시시피(4.8%) 같은 주로 농업 위주의 주들이었다. Drew DeSilver, "Perceptions and Realities of Recycling Vary Widely from Place to Place," Pew Research Center, October 7, 2016, https://www.pewresearch.org/fact-tank/2016/10/07/perceptions-and-realities-of-recycling-vary-widely-from-place-to-place/.

40) 물을 적게 쓰고: Arumugam Sankarasubramanian et al., "Synthesis of Public Water Supply Use in the U.S.: Spatio-Temporal Patterns and Socio-Economic Controls," *Earth's Future*, May 18, 2017, https://doi.org/10.1002/2016EF000511.

41) 전기는 덜 쓴다.: "대도시 지역에선 교외에 사는 사람들보다 시내에 사는 사람들이 예외 없이 탄소를 훨씬 더 적게 배출한다." Edward Glaeser, "Green Cities, Brown Suburbs," *City Journal*, Winter 2009에서 인용함. https://www.city-journal.org/html/green-cities-brown-suburbs-13143.html.

42) 유럽과 아시아의 주요 도시들은: See Arcadis Sustainable Cities Index 2018, https://www.arcadis.com/media/1/D/5/%7B1D5AE7E2-A348-4B6E-B1D7-6D94FA7D7567%7DSustainable_Cities_Index_2018_Arcadis.pdf; and Robert Muggah and Parag Khanna, "These 10 Asian Cities Are the Most Prepared for the Future," World Economic Forum, September 5, 2018, https://www.weforum.org/agenda/2018/09/these-asian-cities-are-best-equipped-for-the-future/.

43) 미국의 농촌 지역은: 나바호 같은 원주민 보호구역을 예로 들 수 있다. 참조할 기사는 Ian Lovett, Dan Frosch, and Paul Overberg, "Covid-19 Stalks Large Families in Rural America," *Wall Street Journal*, June 7, 2020.

44) 유럽의 농촌 지역은: Ilya Kashnitsky and José Manuel Aburto, "The Pandemic Threatens Aged Rural Regions Most," Center for Open Science, University of Oxford, and Interdisciplinary Centre on Population Dynamics (CPOP) at University of Southern Denmark, https://ideas.repec.org/p/osf/osfxxx/abx7s.html.

45) 스태튼 아일랜드가 월등히 밀도 높은 맨해튼보다도: "Density & COVID-19 in New York City," Citizens Housing & Planning Council, May 2020, https://chpcny.org/wp-content/uploads/2020/05/CHPC-Density-COVID19-in-NYC.pdf.

46) 사망자는 18명뿐: "Coronavirus Map," *New York Times*, accessed July 27, 2020, https://www.nytimes.com/interactive/2020/world/coronavirus-maps.html.

47) "개인 병원 의사들이 …… 합류했다.": Soutik Biswas, "How Asia's Biggest Slum Contained the Coronavirus," BBC, June 23, 2020, https://www.bbc.com/news/world-asia-india-53133843.

48) 자연재해의 위험: United Nations, *The World's Cities in 2018*, 9.

49) 무려 30년이나 더: "A Ride Along Chicago's Red Line: Life Expectancy Varies by 30 Years from One End to the Other," *Economist*, October 10, 2019.

50) "사회가 도시화하고": Darrell Bricker and John Ibbitson, *Empty Planet: The Shock of Global Population Decline* (New York: Crown, 2019).

51) 초대형 도시들의 80%가량: United Nations, *The World's Cities in 2018*, 5.

52) 2050년 즈음엔 그 비율이 89%까지: United Nations, "World Populations Prospects 2019," https://population.un.org/wpp/.

53) 최근 …… 인구 감소를 경험: Sabrina Tavernise and Sarah Mervosh, "America's Biggest Cities Were Already Losing Their Allure. What Happens Next?," *New York Times*, April 23, 2020.

54) 인구가 10%나 줄어들었던: Peter W. Colby, "Public Policy in New York State Today," in *New York State Today: Politics, Government, Public Policy* (Albany: State University of New York Press, 1985), Table 17: Change from 1970 to 1980 (-10.4%), 228.

55) 인구 증가율의 정체를: William H. Frey, "Even Before Coronavirus, Census Shows U.S. Cities' Growth Was Stagnating," Brookings, April 6, 2020, https://www.brookings.edu/research/even-before-coronavirus-census-shows-u-s-cities-growth-was-stagnating/.

56) 다른 도시로 …… 옮겨 간다.: Joel Kotkin, "What the Census Numbers Tell Us," April 5, 2018, http://joelkotkin.com/what-the-census-numbers-tell-us/.

57) "15분 도시": Natalie Whittle, "Welcome to the 15-Minute City," *Financial Times*, July 17, 2020, https://www.ft.com/content/c1a53744-90d5-4560-9e3f-17ce06aba69a; Jennifer Keesmaat, "The Pandemic Does Not Spell the End for Cities," *Foreign Affairs*, May 28, 2020.

58) 새뮤얼 클링: "What Is Paris Mayor Anne Hidalgo's Plan for a '15-Minute City'?," Chicago Council on Global Affairs, February 24, 2020, https://youtu.

be/55VkdnzGzhw.

59) '임비(YIMBY)': Alana Semeuls, "From 'Not in My Backyard' to 'Yes in My Backyard,'" *Atlantic*, July 5, 2017.

60) 압도직인 표 차로 재선: "2014년 이래 시장직을 맡고 있는 이달고는 지자체 선거에서 32%를 얻은 보수 진영 후보 라시다 다티를 제치고 50.2%를 확보하면서 당선되었다. 아그네스 부진이 단 16%로 그 뒤를 이었다.": Carlton Reid, "Anne Hidalgo Reelected as Mayor of Paris Vowing to Remove Cars and Boost Bicycling and Walking," *Forbes*, June 28, 2020.

61) 차 없는 거리로: Feargus O'Sullivan, "What Happens to Public Space When Everything Moves Outside," *City Lab*, May 29, 2020, https://www.bloomberg.com/news/features/2020-06-29/what-happens-to-public-space-when-everything-moves-outside.

62) "미도시합중국": Parag Khanna, "A New Map for America," April 15, 2016, citing Joel Kotkin's "mega-regions." See map in the digital version: https://www.nytimes.com/2016/04/17/opinion/sunday/a-new-map-for-america.html.

63) 협약을 밀어붙였다.: Ivo Daalder, "Why Cities Need Their Own Foreign Policies," *Politico*, May 6, 2017.

64) 콜럼버스를 떠나지 않을: Alina Dizik, "New Residents Are Spending Big in Columbus," *Wall Street Journal*, November 7, 2019.

65) 위대한 도시들의 흥망: 제인 제이콥스(Jane Jacobs)의 걸작 *The Death and Life of Great American Cities* (New York: Random House, 1961)에서 따온 제목임.

66) "이제 이 도시는 마치 옷을 걸치듯": William Wordsworth, "Composed Upon Westminster Bridge, September 3, 1802."

67) 『여기 뉴욕에서』: Elwyn Brooks White, *Here Is New York* (1949), 21.

68) "순수하고 풍요로운 다양성": Jane Jacobs, "Can Big Plans Solve the Problem of Renewal?," Samuel Zipp과 Nathan Storring이 편집한 *Vital Little Plans: The Short Works of Jane Jacobs* (New York: Random House, 2016)에서.

69) "모자이크의 조각 하나하나는": Jane Jacobs, quoted in Jared Greed, "The Case for Diversity," *Dirt: Uniting the Built and Natural Environments*, September 30, 2016, https://dirt.asla.org/2016/09/30/jane-jacobs-the-case-for-diversity/.

70) 커피 마시면서 자발적으로 꽃피우는 대화: Tom Simonite, "Remote Work Has

Its Perks, Until You Want a Promotion," *Wired*, May 28, 2020.

71) "인간은 거의 몸을 움직이지 않게": E. M. Forster, "The Machine Stops," *Oxford and Cambridge Review* (November 1909).

72) "단지 서로 이어지기를!": E. M. Forster, *Howards End* (London: Edward Arnold, 1910).

Lesson 7 불평등은 갈수록 심해질 터

1) "죽음은 민주적이다.": Adriana Gomez Licon, "Mexican Day of Dead 'Skeleton Lady' Spreads Look," Associated Press, October 31, 2013.

2) 「라 카트리나」: Simon Ingram, "La Catrina: The Dark History of Day of the Dead's Immortal Icon," *National Geographic*, October 18, 2019.

3) 「오싹한 콜레라의 두개골」: José Guadalupe Posada, *La calavera del cólera morbo* (1910). Library of Congress를 통해 접속함, https://www.loc.gov/pictures/item/99615954/.

4) "아주 심각한 문제": Richard Wike, "The Global Consensus: Inequality Is a Major Problem," Pew Research, November 15, 2013, https://www.pewresearch.org/fact-tank/2013/11/15/the-global-consensus-inequality-is-a-major-problem/.

5) 소득 격차 역시 같은 기간 중 감소해 왔다.: *Taking on Inequality: Poverty and Shared Prosperity 2016*, The World Bank Group, 9, 81, https://openknowledge.worldbank.org/bitstream/handle/10986/25078/9781464809583.pdf.

6) 42개국이 불평등의 증가를 경험했고: "Table 4.1: Trends in the Within-Country Gini Index, 1993-2013," *Taking on Inequality: Poverty and Shared Prosperity 2016*, The World Bank Group, 86, https://openknowledge.worldbank.org/bitstream/handle/10986/25078/9781464809583.pdf.

7) 비율은 1:2였다.: Ibid, 88.

8) 16개국 가운데 12개국: Ibid.

9) 격차는 극적으로 벌어진다.: Facundo Alvaredo, Lucas Chancel, Thomas Piketty, Emmanuel Saez, and Gabriel Zucman, "World Inequality Report 2018," 46, https://wir2018.wid.world/files/download/wir2018-full-report-english.pdf.

10) 1928년 이후로 지니계수가 최고 수준: Markus P. A. Schneider and Daniele Tavani, "Tale of Two Ginis in the United States, 1921-2012," Levy Institute

Working Paper (January 2015), http://www.levyinstitute.org/pubs/wp_826. pdf; Paris School of Economics의 토마 피케티가 발췌한 통계와 도표들도 참고할 것, excerpted figures and tables, Table 1.1, http://piketty.pse.ens.fr/files/capital21c/en/Piketty2014FiguresTables.pdf.

11) **"본질적 의미를 규정하는 난제":** Barack Obama, "Remarks by the President on Economic Mobility," White House, Office of the Press Secretary, December 4, 2013, https://obamawhitehouse.archives.gov/the-press-office/2013/12/04/remarks-president-economic-mobility.

12) **계획보다 5년 앞당겨:** United Nations, "Millennium Development Goals Report 2015," 15, https://www.un.org/millenniumgoals/2015_MDG_Report/pdf/MDG%202015%20rev%20(July%201).pdf.

13) **6억 5000만 명으로:** Max Roser and Esteban Ortiz-Ospina, "Global Extreme Poverty," Our World in Data, 2019, https://ourworldindata.org/extreme-poverty.

14) **아동 사망률이 59% 감소했다는:** "Under-Five Mortality," Global Health Observatory (GHO) data, WHO, https://www.who.int/gho/child_health/mortality/mortality_under_five_text/en/#:~:text=Trends,1%20in%2026%20in%202018.

15) **신종 코로나바이러스로 인한 사망자의 단지 14%만이 일어났다.:** Philip Schellekens and Diego Sourrouille, "Tracking COVID-19 as Cause of Death: Global Estimates of Relative Severity," Brookings Institution, May 2020, https://www.brookings.edu/wp-content/uploads/2020/05/Tracking_COVID-19_as_-Cause_of_Death-Global_Estimates_of_Severity.pdf.

16) **더위가 …… 어느 정도 도움을 줄 수:** Islam et al., "Temperature, Humidity, and Wind Speed Are Associated with Lower COVID-19 Incidence," 2020, https://doi.org/10.1101/2020.03.27.20045658, Rapid Expert Consultation on SARS-CoV-2 Survival in Relation to Temperature and Humidity and Potential for Seasonality for the COVID-19 Pandemic(April 7, 2020), National Academies of Science, Engineering, and Medicine에 인용됨. https://www.nap.edu/read/25771/chapter/1.

17) **2019년에 거의 1억 7000만 명:** 중국 National Bureau of Statistics의 자료를 인용한 "Chinese Tourists Made 169 Million Outbound Trips in 2019: Report,"

China Global Television Network, February 29, 2020, https://news.cgtn.com/news/2020-02-29/Chinese-tourists-made-169-million-outbound-trips-in-2019-report-OtIYWsZmOQ/index.html.

18) **30배에 달하는:** 2020년 4월 4일 자 CNN의 보도를 인용한 "Dharavi slum has a population density almost 30 times greater than New York—about 280,000 people per square kilometer": Vedika Sud, Helen Regen, and Esha Mitra, *Mercury News*, https://www.mercurynews.com/2020/04/03/doctors-india-must-prepare-for-onslaught-of-coronavirus/.

19) **주민의 3분의 2가 밀집된 슬럼에 거주:** UN 주거 문제 특별 리포터 Leilani Farha의 2019년 자료를 근거로 함: Paul Wallace and Tope Alake, "Lagos Building Luxury Homes in Face of Affordable Housing Crisis," Bloomberg, December 20, 2019.

20) **1만 명당 병상이 8개밖에 없는데:** World Bank DataBank, "Hospital Beds (Per 1,000 People)—Bangladesh, European Union, United States," https://data.worldbank.org/indicator/SH.MED.BEDS.ZS?locations=BD-EU-us.

21) **산소호흡기는 2000개에 못 미쳤다.:** Ruth Maclean and Simon Marks, "10 African Countries Have No Ventilators. That's Only Part of the Problem," *New York Times*, April 18, 2020.

22) **부통령의 숫자보다도 적다:** Ibid.

23) **5% 위축되는:** "Economy to shrink 5% this year, fiscal stimulus not enough to support growth," *Economic Times*, June 8, 2020.

24) **최악의 성과에 버금가는 실적:** World Bank DataBank, https://data.worldbank.org/indicator/NY.GDP.MKTP.KD.ZG?locations=IN.

25) **6만 명의 아이들:** 2017년 영양실조로 사망한 5세 이하 아동은 70만 6000명이었다.: India State-Level Disease Burden Initiative Study의 결과를 인용한 Aastha Ahuja, "68 Per Cent of Child Deaths Under Five Years in India Caused by Malnutrition in 2017: Study," Banega Swasth India에서. https://swachhindia.ndtv.com/68-per-cent-of-child-deaths-under-five-years-in-india-caused-by-malnutrition-in-2017-study-39470.

26) **천억 달러 이상의 돈이 …… 빠져나갔다.:** Kristalina Georgieva IMF 총재의 말을 빌자면, "투자의 안전성을 추구하는 엄청난 금액의 자본이 신흥국 경제 혹은 개발도상국으로부터 빠져나갔다. 이는 금융 위기 때보다 훨씬 더 많은 금

액이다.": 2020년 4월 3일 세계보건기구의 COVID-19 온라인 기자회견에서. https://www.who.int/docs/default-source/documents/covid-19-virtual-press-conference-transcript-3-april 2020.pdf?sfvrsn=43e2f2f3_6.

27) **가난한 나라들은 …… 더 빨리 회복했다.**: "Slowly Emerging," *Economist*, April 7, 2015.

28) **적게는 7000만 명에서 많게는 4억 3000만 명이**: World Bank, June 8, 2020에 게재된 Daniel Gerszon 등의 기사를 참조할 것, https://blogs.worldbank.org/opendata/updated-estimates-impact-covid-19-global-poverty; Andy Sumner, Chris Hoy, and Eduardo Ortiz-Juarez, "Estimates of the Impact of COVID-19 on Global Poverty," WIDER Working Paper 2020/43. Helsinki: UNUWIDER, https://www.wider.unu.edu/publication/estimates-impact-covid-19-global-poverty.

29) **"트랜스태즈먼 버블"**: "New Zealand PM: No Open Borders for 'a Long Time,'" BBC, May 5, 2020.

30) **"국경을 개방하지 않을 것"**: Ibid.

31) **치열한 로비전**: Jamie Smith, "Pacific Islands Plead to Join AustraliaNew Zealand Travel Bubble," *Financial Times*, June 7, 2020.

32) **국민총생산의 15~25%를 …… 크기가 작은 바베이도스나 바하마연방 같은 곳은 30%를 넘는다.**: World Travel & Tourism Council, "Economic Impact Reports," https://wttc.org/Research/Economic-Impact.

33) **생산성을 33% 증가시켰다.**: Jason Douglas, Jon Sindreu, and Georgi Kantchev, "The Problem with Innovation: The Biggest Companies Are Hogging All the Gains," *Wall Street Journal*, July 15, 2018.

34) **이러한 추세가 …… 다른 조사에서도 밝혀졌다.**: Morgan Stanley Wealth Management, "The Capex Conundrum and Productivity Paradox," Global Investment Committee, November 2017, https://advisor.morganstanley.com/sandra-smith-allison-butler/documents/home-office/investing/The Capex-Conundrum-and-Productivity-Paradox.pdf.

35) **구글의 글로벌 시장점유율**: J. Clement, "Global Market Share of Search Engines 2010-2020," Statista, June 18, 2020, https://www.statista.com/statistics/216573/worldwide-market-share-of-search-engines/.

36) **"경쟁이란 루저들이나 하는 짓이죠."**: Peter Thiel, "Competition Is for Losers,"

Wall Street Journal, September 12, 2014.

37) 금액으로는 1조 달러를 초과했다.: JP Morgan Chase 2018 Annual Report, https://www.jpmorganchase.com/corporate/investor-relations/document/line-of-business-ceo-letters-to-shareholders-2018.pdf.

38) 좀 더 크고 좀 더 발이 넓은 기업들에 돌아갔다.: 메인 스트리트의 생명줄이라고 떠들어 댔던 정부 지원책(CARES Act) 덕분에 사실은 중소기업뿐 아니라 대기업과 항공업계에도 많은 혜택이 돌아갔음을 암시하는 Committee for a Responsible Budget의 인포그래픽을 보라(http://www.crfb.org/blogs/visualization-cares-act). 소규모 비즈니스를 위한 대출이 나중에는 거의 7000억 달러 수준까지 확대되었다는 점에 주목하자. 그러나 그러한 대출을 받은 소기업들의 전부가 진정한 의미의 '영세 소매업'이었던 것은 아니란 점도 알아 두자. 그들 중에는 전 세계에 점포를 지닌 Shake Shack이라든지 Kanye West의 의류회사, Soho House, 민영 전세기 회사, Jeff Koons 등도 포함되어 있었다.

39) '위험' 또는 '취약'으로 분류될 확률이 두 배나: André Dua, Deepa Mahajan, Ingrid Millan, and Shelley Stewart, "COVID-19's Effect on MinorityOwned Small Businesses in the United States," McKinsey & Company, Social Sector Practice, May 27, 2020, https://www.mckinsey.com/industries/social-sector/our-insights/covid-19s-effect-on-minority-owned-small-businesses-in-the-united-states.

40) 위험천만한 투자의 긍정적인 측면: Gene Ludwig and Sarah Bloom Raskin, "How the Fed's Rescue Program Is Worsening Inequality," *Politico*, May 28, 2020.

41) "파산 없는 자본주의는": Thomas G. Donlan, "The Benefits of Failure," Barrons, April 12, 2010에 인용된 프랭크 보먼의 말.

42) 불평등이······ 저조한 경제성장과: Joseph Stiglitz, *The Price of Inequality: How Today's Divided Society Endangers Our Future* (New York: W. W. Norton, 2012).

43) 고도의 불신: Richard G. Wilkinson and Kate Pickett, *The Spirit Level: Why More Equal Societies Almost Always Do Better* (London: Allen Lane, 2009).

44) 22%나 올랐다.: Taylor Telford, "Income Inequality in America Is the Highest It's Been Since Census Bureau Started Tracking It, Data Shows," *Washington Post*, September 26, 2019.

45) **더 급증한 곳은 어디에도 없다.**: Alvaredo et al., "World Inequality Report 2018," 6, 8.

46) **10% 미만을 차지했지만:** "The Unequal States of America: Income Inequality in the United States," Economic Policy Institute infographic, adapted from Estelle Sommeiller and Mark Price, "The New Gilded Age: Income Inequality in the U.S. by State, Metropolitan Area, and County," an Economic Policy Institute report published July 2018, https://www.epi.org/multimedia/unequal-states-of-america/#/United%20States.

47) **1970년의 22%에서 현재의 15%로:** Moritz Kuhn, Moritz Schularick, and Ulrike I. Steins, "Income and Wealth Inequality in America, 1949-2016," Federal Reserve Bank of Minneapolis, Institute Working Paper 9, June 2018, 21, https://www.minneapolisfed.org/institute/working-papers-institute/iwp9.pdf.

48) **하위 50%는 총자산의 겨우 1.5%만을:** US Federal Reserve, "Distribution of Household Wealth in the U.S. Since 1989," https://www.federalreserve.gov/releases/z1/dataviz/dfa/distribute/table/.

49) **세금이나 정부 보조금을 고려하더라도:** Drew Desilver, "Global Inequality: How the U.S. Compares," FactBank, Pew Research Center, https://www.pewresearch.org/fact-tank/2013/12/19/global-inequality-how-the-u-s-compares/; and "Income Distribution Database," OECD, https://stats.oecd.org/Index.aspx?DataSetCode=IDD(choose measure "Gini (disposable income)").

50) **덴마크 같은 …… 오히려 브라질에 더 가깝다.**: World Bank DataBank, https://data.worldbank.org/indicator/SI.POV.GINI?locations=US-DK-BR.

51) **미국을 둘로 쩍 갈라놓을:** 예컨대 Joe Pinsker, "The Pandemic Will Cleave America in Two," *Atlantic*, April 2020을 보라.

52) **일부 빈곤한 동네는:** Larry Buchanan, Jugal K. Patel, Brian M. Rosenthal, and Anjali Singhvi, "A Month of Coronavirus in New York City: See the Hardest-Hit Areas," *New York Times*, April 1, 2020.

53) **흑인들은 …… 코로나바이러스에 감염될 가능성이 두 배나 크다.**: "Double Jeopardy: COVID-19 and Behavioral Health Disparities for Black and Latino Communities in the U.S.," Office of Behavioral Health Equity, Substance

Abuse and Mental Health Services Administration, US Department of Health and Human Services, https://www.samhsa.gov/sites/default/files/covid19-behavioral-health-disparities-black-latino-communities.pdf.

54) 흑인의 사망률은 백인보다 2.3배 높으며: "The Color of Coronavirus: Covid-19 Deaths by Race and Ethnicity in the U.S.," APM Research Lab, July 8, 2020, https://www.apmresearchlab.org/covid/deaths-by-race.

55) 영국에서도 유색인종의 사망 비율은: Shaun Treweek, Nita G. Forouhi, K. M. Venkat Narayan, and Kamlesh Khunti, "COVID-19 and Ethnicity: Who Will Research Results Apply To?" *Lancet* 395, no. 10242 (June 27-July 3, 2020): 1955-57, https://www.ncbi.nlm.nih.gov/pmc/articles/PMC7292594/; and Lucinda Platt and Ross Warwick, "Are Some Ethnic Groups More Vulnerable to COVID-19 Than Others?," *VI Inequality*, May 1, 2020, https://www.ifs.org.uk/inequality/chapter/are-some-ethnic-groups-more-vulnerable-to-covid-19-than-others/.

56) 흑인의 3분의 1 정도가: Amy Goldstein and Emily Guskin, "Almost One-Third of Black Americans Know Someone Who Died of Covid-19, Survey Shows," *Washington Post*, June 26, 2020.

57) 확률이 무려 77배나 높다는: Raj Chetty, John N. Friedman, Emmanuel Saez, Nicholas Turner, and Danny Yagan, "Income Segregation and Intergenerational Mobility Across Colleges in the United States," *Quarterly Journal of Economics* 135, no. 3 (August 2020): 1567-1633, https://doi.org/10.1093/qje/qjaa005.

58) "금권정치적 포퓰리즘": Jacob Hacker and Paul Pierson, *Let Them Eat Tweets: How the Right Rules in an Age of Extreme Inequality* (New York: Liveright, 2020).

59) 일부 카리브해 연안 국가의 여권은 10만 달러에: 가령 안티과 바르부다 (https://cbiu.gov.dm/investment-options/), 혹은 도미니카(http://www.antiguabarbuda-citizenship.com/)의 경우를 보라.

60) 90만~180만 달러를: US Department of State, "Immigrant Investor Visas," https://travel.state.gov/content/travel/en/us-visas/immigrate/immigrant-investor-visas.html.

61) 대략 250만 달러가: "Investor visa (Tier 1)," UK Government, https://www.

gov.uk/tier-1-investor.

62) **키프로스, 몰타, 불가리아:** Francesco Guarascio, "EU Sees Crime Risks from Malta, Cyprus Passport-for-Sale Schemes: Report," Reuters, January 21, 2019.

63) **'사람들을 대체로 믿을 수 있는가?':** "Can People Be Trusted," General Social Survey, 2018, https://gssdataexplorer.norc.org/variables/441/vshow.

64) **고도의 신뢰에는 그럴 만한 이유가:** Esteban Ortiz-Ospina and Max Roser, "Trust," 2016, https://ourworldindata.org/trust; 함께 참고할 자료는 Paul R. Ward, Loreen Mamerow, and Samantha B. Meyer, "Interpersonal Trust Across Six Asia-Pacific Countries: Testing and Extending the 'High Trust Society' and 'Low Trust Society' Theory," *PLoS ONE* 9, no. 4 (April 23, 2014), ttps://doi.org/10.1371/journal.pone.0095555; 아울러 Soo Jiuan Tan and Siok Kuan Tambyah, "Generalized Trust and Trust in Institutions in Confucian Asia," *Social Indicators Research* 103, no. 3 (September 2011): 357-377, https://www.jstor.org/stable/41476527?seq=1.

65) **불평등이 별로 없는 나라들은 ······ '사회적 자본'이 풍부하다는:** Fabio Pisani and Maria Cristina Scarafile, "Income Inequality and Social Capital: An Empirical Analysis for European Regions," University of Rome Tor Vergata, Società Italiana degli Economisti (Italian Society of Economists), https://siecon3-607788.c.cdn77.org/sites/siecon.org/files/media_wysiwyg/160-pisani-scarafile.pdf.

66) **"우물 왕국"과 "환자 왕국":** Susan Sontag, "Illness as Metaphor," *New York Review of Books*, January 26, 1978, https://www.nybooks.com/articles/1978/01/26/illness-as-metaphor/.

Lesson 8 세계화는 끝나지 않았다

1) **릴리아나 델 카르멘 루이스:** "The Story of the Pediatrician Who Died of Coronavirus in La Rioja," Web24 News, April 1, 2020, https://www.web24.news/u/2020/04/the-story-of-the-pediatrician-who-died-of-coronavirus-in-la-rioja.html; and Ministerio de la Salud de La Rioja, Twitter post, March 31, 2020, https://twitter.com/Minsaludlrj/status/1244962594496143366.

2) **우한의 대척점:** Antipode Map, https://www.antipodesmap.com/#about-

antipodes, "Wuhan, China," accessed July 10, 2020.

3) **"진취력 만점인 이 병원균은":** Florence Fenwick Miller, 'The Ladies Column,' *Illustrated London News* 96 (1890), 154-155, quoted in J. Mussell, "Writing the 'Great Proteus of Disease': Influenza, Informatics, and the Body in the Late Nineteenth Century," in *Minds, Bodies, Machines, 1790-1920*, edited by D. Coleman and H. Fraser (Basingstoke, UK: Palgrave Macmillan, 2011), 161-178, https://core.ac.uk/download/pdf/267268737.pdf.

4) **처칠은 울컥한 마음으로 지은 시 한 편을:** Winston Churchill, "The Influenza, 1890," National Churchill Museum, https://www.nationalchurchillmuseum. org/winston-churchill-the-influenza-poem.html; Winston Churchill 아카이브에 의하면 1890년 Harrow School 학보인 *The Harrovian*에 실렸다.: https://www-archives.chu.cam.ac.uk/perl/node?a=a;reference=CHUR%20 2%2F336.

5) **"관에다 마지막 못질을":** Garry White, "Coronavirus Is the Canary in Globalisation's Coal Mine," *Telegraph*, March 6, 2020.

6) **"멈출 방도가 없다":** Zachary Karabell, "Will the Coronavirus Bring the End of Globalization? Don't Count on It," *Wall Street Journal*, March 20, 2020.

7) **처음 보는 것도 아니다.:** Adam Tooze, "The Death of Globalisation Has Been Announced Many Times. But This Is a Perfect Storm," *Guardian*, June 2, 2020.

8) **"취리히의 작은 악마들":** 원래는 Harold Wilson이 1956년의 연설에서 사용한 표현으로, 1960년대 영국에서 인플레이션과의 싸움이 벌어지면서 널리 쓰이게 되었음: "Why Are Swiss Bankers Called Gnomes?", BBC News, February 25, 2010, http://news.bbc.co.uk/2/hi/uk_news/magazine/8534936.stm.

9) **조작된 게임이라고 아우성치는:** 예컨대 Jagdish Bhagwati가 BBC 라디오 토론에서 프랑스의 어느 시장과 논쟁했던 것을 보라. 이 시장은 지역 내 공장이 영국으로 이전한다고 해서 화가 나 있었다.: "공장이 당신들 마을로 올 땐 박수를 보냈지요. 그런데 이제 다시 다른 곳으로 옮긴다고 하니 짜증이 난 것이잖아요. 맨날 둘 다 좋을 순 없습니다." Jagdish Bhagwati, *In Defense of Globalization* (Oxford: Oxford University Press, 2007)의 후기에 인용됨.

10) **항공 여행은 …… 곱절 이상 늘었다.:** 민항기 승객 수는 2000년에 16억 7400만 명, 2001년에 16억 5500만 명, 2004년에 18억 8900만 명, 그리고 2018년

에 42억 3300만 명을 각각 기록했다.: "Air Transport, Passengers Carried," International Civil Aviation Organization, Civil Aviation Statistics, World Bank DataBank, https://data.worldbank.org/indicator/IS.AIR.PSGR.

11) **현저하게 줄어들었다.**: 2009년의 경우, 전 세계의 교역은 9.9% 감소했고 투자는 9% 줄었다.: M. Ayhan Kose와 Franziska Ohnsorge가 편집한 World Bank Report, "A Decade After the Global Recession: Lessons and Challenges for Emerging and Developed Economies," Chapter 3, "Macroeconomic Analysis," http://pubdocs.worldbank.org/en/799211574200483232/Recession-Chapter-3.pdf.

12) **서서히 살아났다.**: 2002년에서 2007년까지 세계 교역이 76% 성장한 데 비해서, 2011년 이후엔 연 4.1% 성장으로 속도가 떨어졌다.: Ibid.

13) **교역 …… 영영 회복하지 못하고:** 2008년 교역은 전 세계 GDP의 30.7%이었고 2018년에는 30.1%였다.: "Exports of Goods and Services (% of GDP)," World Bank DataBank, https://data.worldbank.org/indicator/NE.EXP.GNFS.ZS.

14) **자본의 흐름 …… 영영 회복하지 못하고:** 2007년 전 세계 자본의 흐름은 세계 GDP의 22%였고, 2017년 이 수치는 6.9%로 떨어졌다.: United Nations Conference on Trade and Development, Global Investment Report 2018, Figure 1.1, "Global Capital Flows, 2002-2017 (Per cent of GDP)," 11, https://unctad.org/en/PublicationsLibrary/wir2018_en.pdf.

15) **해외 직접투자 …… 영영 회복하지 못하고:** 2007년 전 세계 FDI는, 3조 7000억 달러였으나, 2015년엔 2조 2000억 달러, 2018년엔 9700억 달러를 기록했다.: "Foreign Direct Investment, Net Outflows," World Bank DataBank, https://data.worldbank.org/indicator/BM.KLT.DINV.CD.WD.

16) **자본가에게 혜택을 주는:** 예컨대 Lawrence H. Summers, "The Inequality Puzzle," *Democracy: A Journal of Ideas*, no. 3 (Summer 2014)를 읽어 보라.

17) **'탈세계화':** Ruchir Sharma, "Our Irrational Anxiety About 'Slow' Growth," *New York Times*, August 17, 2019를 참조할 것.

18) **94% 감소했고:** 2020년 4월의 항공 운송을 2019년 4월의 그것과 비교하는 "After April Passenger Demand Trough, First Signals of Uptick," IATA (International Air Transport Association, trade group representing 290 airlines and 82% of global air traffic), Press Release #49, June 3, 2020, https://www.iata.org/en/pressroom/pr/2020-06-03-01/.

19) **76% 줄었으며:** "Passenger Car Registrations," European Automobile Manufacturers' Association, May 19, 2020, https://www.acea.be/press-releases/article/passenger-car-registrations-38.5-four-months-into-2020-76.3-in-april.

20) **문자 그대로 차트에 표시할 수가 없을 정도:** Nelson D. Schwartz, Ben Casselman, and Ella Koeze, "How Bad Is Unemployment? 'Literally off the Charts,'" *New York Times*, May 8, 2020에서 14.7% 실업률 수치와 함께 인용함.

21) **알약 세 알 중 한 알은:** Priyali Sur, "The Coronavirus Exposed the US' Reliance on India for Generic Drugs. But That Supply Chain Is Ultimately Controlled by China," CNN Business, May 16, 2020, https://www.cnn.com/2020/05/16/business-india/india-pharma-us-china-supply-chinaintl-hnk/index.html.

22) **태평양을 건너는 재화의 단위 수송 비용은:** Keith Bradsher and Ana Swanson, "The U.S. Needs China's Masks, as Acrimony Grows," *New York Times*, March 23, 2020.

23) **공급망 체제를 좀 더 탄력적이게:** 가령 European Commission, "Coronavirus: Commission Issues Guidelines to Protect Critical European Assets and Technology in Current Crisis," March 25, 2020을 읽어 보라. https://trade.ec.europa.eu/doclib/press/index.cfm?id=2124; Japan: Walter Sim, "Coronavirus: Japan PM Shinzo Abe Calls on Firms to Cut Supply Chain Reliance on China," *Straits Times*, April 16, 2020; and India: Bill Spindle and Rajesh Roy, "India's Coronavirus Crisis Spurs a New Look at Self-Reliance," *Wall Street Journal*, May 17, 2020.

24) **"프랑스 독립":** Emmanuel Macron, "Addresse aux Français," June 14, 2020, https://www.elysee.fr/emmanuel-macron/2020/06/14/adresse-aux-francais-14-juin-2020.

25) **4000억 달러짜리 "바이 아메리칸" 계획:** "The Biden Plan to Ensure the Future Is "Made in All of America" by All of America's Workers," Joe Biden for President, https://joebiden.com/madeinamerica/.

26) **2008년의 고점이었던 30.8%에 살짝 못 미친다.:** "Exports of Goods and Services (% of GDP)," World Bank DataBank, https://data.worldbank.org/indicator/NE.EXP.GNFS.ZS.

27) **2조 7000억 달러:** "Foreign Direct Investment, Net Inflows," World Bank DataBank, https://data.worldbank.org/indicator/BX.KLT.DINV.CD.WD.

28) **2016년까지 거의 두 배로:** 약 2조 7000억 달러로 늘어남: "Aviation Benefits Report 2019," Industry High Level Group / International Coordinating Council of Aerospace Industries Associations, 17, https://www.icao.int/sustainability/Documents/AVIATION-BENEFITS-2019-web.pdf.

29) **2016년에는 54%로 낮아졌다. …… 도표를 역사적으로 보면:** "Globalization over 5 Centuries," Our World in Data, "Globalization over 5 Centuries, World," Our World in Data, https://ourworldindata.org/grapher/globalization-over-5-centuries?time=1945..2016. Data from Mariko J. Klasing and P. Milionis, "Quantifying the Evolution of World Trade, 1870-1949," *Journal of International Economics* 92, no. 1 (2014): 185-197; A. Estevadeordal, B. Frantz, and A. Taylor, "The Rise and Fall of World Trade, 1870-1939," *Quarterly Journal of Economics* 118, no. 2 (2003): 359-407, retrieved from http://www.jstor.org/stable/25053910); World Bank—World Development Indicators, http://data.worldbank.org/data-catalog/world-development-indicators; Robert C. Feenstra, Robert Inklaar, and Marcel P. Timmer, "The Next Generation of the Penn World Table," *American Economic Review* 105, no. 10 (2015): 3150-3182, www.ggdc.net/pwt에서 내려받을 수 있음.

30) **미국 납세자들은 …… 엄청난 대가를:** Congressional Budget Office: "The Budget and Economic Outlook, 2020 to 2030," "Trade Policies," Congressional Budget Office의 연구 결과에 의하면, 트럼프가 결정한 관세는 2020년 미국 가계의 평균 소득을 1277달러만큼 줄일 것이다. https://www.cbo.gov/publication/56073.

31) **1967년에 …… 15%에 머물렀다.:** Organisation for Economic Co-operation and Development (OECD), "Tariff Escalation & Environment" (Paris, 1996), 15에서 인용한 UNCTAD (1968), "The Kennedy Round: Estimated Effects on Tariff Barriers," TD/6/Rev. 1, United Nations, New York, http://www.oecd.org/officialdocuments/publicdisplaydocumentpdf/?cote=OCDE/GD(96)171&docLanguage=En.

32) **3% 미만이었다.:** 2017년 전 세계 평균 관세율은 2.59%였다. "Tariff Rate,

Applied, Weighted Mean, All Products (%)," World Bank DataBank, https://data.worldbank.org/indicator/TM.TAX.MRCH.WM.AR.ZS.

33) **필수 의료품을 해외 공급자들에 의존하는 게:** 미국: "트럼프 대통령의 경제 자문역이었던 Peter Navarro는 '다시는 필수 불가결한 의약품과 대응책을 해외에 의존하는 일이 절대로 없어야 한다'고 말했다.": Sur, "The Coronavirus Exposed the US' Reliance on India for Generic Drugs. But That Supply Chain Is Ultimately Controlled by China"; 인도: Vindu Goel, "As Coronavirus Disrupts Factories, India Curbs Exports of Key Drugs," *New York Times*, March 6, 2020; 프랑스: Rym Momtaz, "Macron Urges Massive Increase in Local Production of Medical Equipment," *Politico*, March 31, 2020.

34) **마스크가 절대 부족이어서:** Farhad Manjoo, "How the World's Richest Country Ran Out of a 75-Cent Face Mask," *New York Times*, March 25, 2020을 읽어 볼 것; K Oanh Ha, "The Global Mask Shortage May Get Much Worse," Bloomberg, March 10, 2020.

35) **57배로 늘렸다.:** Association of Indian Medical Device Industry (AiMeD)를 인용한 Viswanath Pill, "Rising Inventory, Falling Prices Spook PPEs, Sanitizer Makers Who Jumped into COVID-19 Bandwagon," Moneycontrol.com, https://www.moneycontrol.com/news/business/companies/rising-inventory-falling-prices-spook-ppes-santizer-makers-who-jumped-into-covid-19-bandwagon-5547681.html.

36) **마스크의 도매 가격 90%나 하락:** Heather Mowbray, "Trending in China: Wholesale Mask Prices Fall over 90% and Raw Materials Fall to Fraction of Peak Price," *Caixin Global*, July 15, 2020.

37) **신종 플루 창궐 이후로는 한 번도 넉넉하게 채운 적이 없었다.:** Sarah Fitzpatrick, "Why the Strategic National Stockpile Isn't Meant to Solve a Crisis Like Coronavirus," NBC News, March 28, 2020.

38) **전 세계 생산의 70~80%를 차지:** "Made In China?," *Economist*, March 12, 2015.

39) **자국 내 생산을 위한 인센티브를 다양하게 만들어 내고:** 유럽연합: Flavia Rotondi, Piotr Skolimowski, Jeannette Neumann, and Joao Lima, "Europe Finds It's Not So Easy to Say Goodbye to Low-Cost China," Bloomberg, June 29, 2020; 일본: Isabel Reynolds and Emi Urabe, "Japan to Fund Firms to Shift

Production out of China," Bloomberg, April 8, 2020.

40) 세금 감면을 이용: "Companies Get Leniency in Made-in-America Export Tax Break," Bloomberg, March 4, 2019

41) 1950~1960년대 이후로 …… 급격히 감소: St. Louis Fed for US data를 볼 것, https://www.stlouisfed.org/on-the-economy/2017/april/us-manufacturing-really-declining; 1960년 이후 기타 선진국들의 고용 비율 감소에 대해서는 Our World in Data 참조, https://ourworldindata.org/grapher/share-of-manufacturing-employment-in-high-income-countries-1960-2011.

42) 똑같은 바지의 '메이드 인 유에스에이' 버전은 대략 350달러: Dana Varinsky, "Here's What 5 of Your Favorite Products Would Cost if They Were Made in the US," *Business Insider*, November 27, 2016, https://www.businessinsider.com/how-much-products-would-cost-if-made-in-us-2016-11#jeans-2.

43) 스무트·홀리 관세법: Chad P. Bown and Eva (Yiwen) Zhang, "Trump's 2019 Protection Could Push China Back to Smoot-Hawley Tariff Levels," Peterson Institute of International Economics, May 14, 2019, https://www.piie.com/blogs/trade-and-investment-policy-watch/trumps-2019-protection-could-push-china-back-smoot-hawley.

44) 비율은 꼼짝도 하지 않은 채: Covid19를 둘러싼 급격한 변동을 제외하면 트럼프 임기 중 제조업 일자리는 절대 수치로 50만 개 정도 늘었다. 전체 일자리에서 차지하는 비율로 보면 2017년 1월의 8.49%에서 시작해, 2019년 2월 8.55%로 정점에 이른 다음, 2020년 1월에 다시 8.44%로 내려왔다. 이에 비해서 George W. Bush 집권 당시 제조업의 비율은 3.5퍼센트포인트 떨어졌다. 자료 출처는 US Bureau of Labor Statistics, All Employees, Manufacturing [MANEMP], retrieved from FRED, Federal Reserve Bank of St. Louis; https://fred.stlouisfed.org/series/MANEMP, July 15, 2020.

역사적인 맥락에서 St. Louis Fed가 제시한 수치:

1980 = 제조업 일자리 1,900만 개

2000 = 1,700만 개

2010 = 1,150만 개

2020년 1월 = 1,280만 개

2020년 5월 = 1,170만 개

Ronnie Polidoro, "Apple CEO Tim Cook Announces Plans to Manufacture

Mac Computers in USA," *NBC News*, December 6, 2012.

45) 이 공장들이 재정적으로 생존 가능했던 적이 없었다고: 《뉴욕 타임스》와의 인 터뷰에서 Brooks Brothers CEO Claudio Del Vecchio: Vanessa Friedman and Sapna Maheshwari, "Brooks Bros., 'Made in America' Since 1818, May Soon Need a New Calling Card," *New York Times*, June 5, 2020.

46) 맞춤형 나사였다.: Jack Nicas, "A Tiny Screw Shows Why iPhones Won't Be 'Assembled in U.S.A.,'" *New York Times*, January 28, 2019.

47) "축구장 몇 개를": Ibid.

48) 중국 내 생산 설비 일부를 베트남이나: Yoko Kubota and Tripp Mickle, "Apple Explores Moving Some Production out of China," *Wall Street Journal*, June 20, 2019; and India: Kim Lyons, "Apple Starts Making First Flagship iPhone in India," *Verge*, July 25, 2020.

49) 미국 GDP의 70%는: 2019년 4분기 현재 70.4%임. US Bureau of Economic Analysis, "Value Added by Private Services-Producing Industries as a Percentage of GDP," FRED, Federal Reserve Bank of St. Louis, June 18, 2020 에서 발췌함. https://fred.stlouisfed.org/series/VAPGDPSPI.

50) 미국의 일자리 다섯 개 가운데 네 개는: 미국 내 일자리의 80.2%는 서비스산업에 있음: US Bureau of Labor Statistics, "Employment by Major Industry Sector," Table 2.1, September 4, 2019, https://www.bls.gov/emp/tables/employment- by-major-industry-sector.htm.

51) 경제적 산출의 70%가량: 독일 GDP의 69.3%는 서비스 업종에서 창출 된다.: Bruttoinlandsprodukt für Deutschland 2019 (Gross Domestic Product for Germany 2019), Federal Statistical Office of Germany (Statistisches Bundesamt), 11, https://www.destatis.de/DE/Presse/ Pressekonferenzen/2020/BIP2019/pressebroschuere-bip.pdf?__ blob=publicationFile.

52) 일자리의 70%가량: 독일 내 일자리의 74.5%는 서비스산업에 있음: "Persons in Employment and Employees by Sectors of Economic Activity," Federal Statistical Office of Germany (Statistisches Bundesamt), May 19, 2020, https://www.destatis.de/EN/Themes/Labour/Labour-Market/ Employment/Tables/persons-employment-sectors-economic.html.

53) GDP의 10%도 차지하기 어렵다.: "Manufacturing, Value Added (% of

GDP)—France," World Bank DataBank, https://data.worldbank.org/
indicator/NV.IND.MANF.ZS?locations=FR. 세계은행이 규정하는 제조업
개념은 건설을 제외하고 있다는 점을 알아 두자. 건설업까지 포함하는 경우, 제
소업은 프랑스 GDP의 거의 17%를 창출한다는 것이 세계은행의 데이터다.
http://wdi.worldbank.org/table/4.2.

54) **대역폭의 사용은 90배나 늘었고:** Christine Lagarde, "Creating a Better
Global Trade System," IMF, May 14, 2018, https://www.imf.org/en/News/
Articles/2018/05/14/sp-lagarde-creating-a-better-global-trade-system.
아울러 McKinsey: Cross-border data flows grew by a factor of 150 from
2005 to 2017도 읽어 볼 것. McKinsey Global Institute, "Globalization in
Transition: The Future of Trade and Value Chains," January 2019, 72, https://
www.mckinsey.com/~/media/mckinsey/featured%20insights/innovation/
globalization%20in%20transition%20the%20future%20of%20trade%20
and%20value%20chains/mgi-globalization%20in%20transition-the-future-
of-trade-and-value-chains-full-report.ashx.

55) **'남남 무역':** Susan Lund and Laura Tyson, "Globalization Is Not in Retreat:
Digital Technology and the Future of Trade," *Foreign Affairs*, May/June 2018.

56) **아시아의 전체 GDP 가운데 ······ 35% 이하에서:** Organisation for Economic
Co-operation and Development (OECD) Report: "Perspectives on Global
Development 2019: Rethinking Development Strategies," November 2018,
Figure 4.9, 164, http://obela.org/system/files/persp_glob_dev-2019-en.pdf.

57) **1200억 달러를:** Benn Steil and Benjamin Della Rocca, "Belt and Road
Tracker," Council on Foreign Relations, Greenberg Center for Geoeconomic
Studies, May 8, 2019, accessed July 13, 2020, https://www.cfr.org/article/
belt-and-road-tracker.

58) **4억 9500만 인구와:** "Overview and Benefits of the CPTPP," Government
of Canada, February 11, 2019, https://www.international.gc.ca/trade-
commerce/trade-agreements-accords-commerciaux/agr-acc/cptpp-ptpgp/
overview-apercu.aspx.

59) **아프리카를 떠나 돌아다니기:** Cassandra Love, "In Their Footsteps: Human
Migration out of Africa," *National Geographic*, January 18, 2019, https://www.
nationalgeographic.org/article/their-footsteps-human-migration-out-

africa/.

60) 세계화의 오랜 과정: 대부분의 설명(주로는 아프리카·유라시아의 구세계 내부의 세계화이지만 아이슬란드, 그린란드, 캐나다 등을 향한 노르웨이의 원정까지 포함해서)보다는 훨씬 더 빨리 세계화가 이루어졌다고 하는 최근의 연구에 관해서는 Valerie Hansen, *The Year 1000: When Explorers Connected the World and Globalization Began* (New York: Scribner, 2020)을 참조할 것.

61) "가장 중요한 이 두 개의 사건": Adam Smith, *The Wealth of Nations*, Volume II, Chap. VII, Part III, "Of the Advantages which Europe has derived From the Discovery of America, and from that of a Passage to the East Indies by the Cape of Good Hope," referenced in Kevin H. O'Rourke and Jeffrey G. Williamson, "When Did Globalization Begin?," *European Review of Economic History* 6, no. 1 (April 2002): 23-50, https://doi.org/10.1017/S1361491602000023, J. D. Tracy 편집의 *The Rise of Merchant Empires*(Cambridge: Cambridge University Press, 1990), 3에 나오는 J. D. Tracy (1990), "Introduction"을 기반으로 구성함.

62) "모든 나라를 위한": Smith, *Wealth of Nations*, "Of the Advantages which Europe has derived."

63) 세계화의 '빅뱅': O'Rourke and Williamson, "When Did Globalization Begin?"

64) 쌀을 보내는 해상 운임 …… 석탄 운임도: Ibid., "IV. The Second Era: 19th Century Transport Revolutions and Commodity Price Convergence."

65) 총톤수는 거의 세 배로: Mulhall, *Dictionary of Statistics* (London, 1881) and *League of Nations International Statistical Yearbook 1913*, Table 76을 인용한 Eric Hobsbawm, *Age of Empire: 1875-1914*(New York: Vintage Books, 1987), 350.

66) 소득도 두루 늘어나기 시작: Our World in Data, "GDP Per Capita, 1870 to 1914," https://ourworldindata.org/grapher/average-real-gdp-per-capita-across-countries-and-regions?time=1870..1914. 서유럽과 "서유럽 파생사회"(미국, 캐나다, 호주, 뉴질랜드)처럼 세계화가 가장 많이 이루어진 지역에 대해서는, 최초의 세계화 물결 기간 중 일인당GDP가 두 배 이상으로 늘었음을 알아 두자. 자료 출처는 Maddison Project Database, version 2018. Jutta Bolt, Robert Inklaar, Herman de Jong, and Jan Luiten van Zanden, "Rebasing 'Maddison': New Income Comparisons and the Shape of Long-

Run Economic Development," Maddison Project Working Paper 10 (2018).

67) **500만 명의 유학생들:** UNESCO, "Outbound Internationally Mobile Students by Host Region," accessed June 18, 2020, http://data.uis.unesco.org/Index. aspx?queryid=172.

68) **2억 7000만 명의 이민자들:** United Nations Department of Economic and Social Affairs, "The Number of International Migrants Reaches 272 Million, Continuing an Upward Trend in All World Regions," https://www.un.org/development/desa/en/news/population/international-migrant-stock-2019.html.

69) **15억 명의 여행자들:** UN World Tourism Organization, "World Tourism Barometer," January 2020, https://www.unwto.org/world-tourism-barometer-n18-january-2020.

70) **"런던에 사는 사람":** John Maynard Keynes, *The Economic Consequences of the Peace* (1920), Chapter II: "Europe Before the War."

71) **다섯 배로 늘었다.:** Maurice Obstfeld, "Globalization and Nationalism: Retrospect and Prospect," University of California, Berkeley; Peterson Institute; CEPR; and NBER Italian Economic Association Annual Meeting, Palermo, Italy, October 24, 2019, https://conferences.wcfia.harvard.edu/files/peif/files/globalizationandnationalism.pdf.

72) **"빠르게 한 민족이 되어 가고":** Lord James Bryce, The Romanes Lecture, June 7, 1902, Oxford University. (이 강연에는 "진보한 인종과 후진 인종의 다양한 관계"라는 민망한 제목이 붙어 있었다.)

73) **『위대한 환상』:** Norman Angell, *The Great Illusion: A Study of the Relation of Military Power in Nations to Their Economic and Social Advantage*, 3rd ed., 1911, https://archive.org/details/greatillusion00angeiala.

74) **이전의 정점을 회복하는 데:** Obstfeld, "Globalization and Nationalism."

75) **신흥 강대국의 부상과 그로 인한 기존 패권국의 불안:** Graham Allison, *Destined for War: Can America and China Escape Thucydides's Trap?* (London: Scribe, 2017)에서 인용된 투키디데스의 이 말을 들어 보라. "전쟁을 불가피하게 만든 것은 아테네의 부상과 그로 인해 스파르타가 느끼게 된 두려움이었다."

Lesson 9 온 세상이 양극화하고 있다

1) **"실패한 나라":** George Packer, "We Are Living in a Failed State," *Atlantic*, June 2020.

2) **"구조적 장기 침체":** Lawrence H. Summers, "Reflections on Secular Stagnation," February 19, 2015, 프린스턴 대학의 Julis-Rabinowitz Center for Public Policy and Finance에서 했던 발언.

3) **갈수록 심해지는 불평등을 강조하는:** 특히 참조해 봐야 할 것은 Thomas Piketty, *Capital in the Twenty-First Century* (Cambridge, MA: Harvard University Press, 2013).

4) **"절망으로 인한 죽음":** Anne Case and Angus Deaton, *Deaths of Despair and the Future of Capitalism* (Princeton, NJ: Princeton University Press, 2020).

5) **핀턴 오툴:** Fintan O'Toole, "Donald Trump Has Destroyed the Country He Promised to Make Great Again," *Irish Times*, April 25, 2020. 오툴의 칼럼은 다른 저자들의 눈길을 끌었고, Maureen Dowd in "Double, Double, Trump's Toil, Our Trouble," *New York Times*, August 1, 2020을 위시해 몇 차례 인용되기도 했다.

6) **8억 인구에 대한 봉쇄:** James Griffiths and Amy Woodyatt, "780 Million People in China Are Living Under Travel Restrictions Due to the Coronavirus Outbreak," CNN, February 17, 2020.

7) **1988년 《포린 어페어스》에 글을 기고하면서:** Samuel P. Huntington, "The U.S.—Decline or Renewal?," *Foreign Affairs*, Winter 1988/89.

8) **『대영제국의 몰락』:** Correlli Barnett, *The Collapse of British Power* (Amherst, NY: Prometheus Books, 1986).

9) **폭력이 훨씬 더 심각하고:** "Firearms: Global Mortality from Firearms, 1990-2016," Global Burden of Disease 2016 Injury Collaborators, *JAMA* 320, no.8 (2018): 792-814, https://jamanetwork.com/journals/jama/fullarticle/2698492; prison: Eurostat, "Prison Statistics," https://ec.europa.eu/eurostat/statistics-explained/index.php?title=Prison_statistics; and Drew Kann, "5 Facts Behind America's High Incarceration Rate," CNN, April 21, 2019.

10) **최근 10년 동안 오히려 늘어났다.:** 2010년 미국의 GDP는 전 세계 GDP의 22.7%였고, 2018에는 24%로 살짝 늘었다. World Bank DataBank, https://

data.worldbank.org/indicator/NY.GDP.MKTP.CD.

11) **중국과 거의 같은 점수로:** 2016 Global Manufacturing Competitiveness Index, Deloitte, https://www2.deloitte.com/global/en/pages/manufacturing/articles/global-manufacturing-competitiveness-index.html.

12) **모든 통화 거래의 90%를 차지:** 2019년 4월 미국 달러로 이루어진 모든 외환 거래의 88%였음: "Foreign Exchange Turnover in April 2019," Triennial Central Bank Survey, Bank for International Settlements, https://www.bis.org/statistics/rpfx19_fx.htm; 그리고 2020년 6월 미국 달러로 이루어진 모든 외환 거래의 85%였음: Committee on the Global Financial System, Paper #65: "US Dollar Funding: An International Perspective," 3, https://www.bis.org/publ/cgfs65.pdf.

13) **"2050년까지":** Ruchir Sharma, "The Comeback Nation: U.S. Economic Supremacy Has Repeatedly Proved Declinists Wrong," *Foreign Affairs*, April 31, 2020.

14) **그다음 10개국의 방위비를 모두 합친 것보다:** 2019년 미국의 총 군사비 지출은 7320억 달러였고, 중국, 인도, 러시아, 사우디아라비아, 프랑스, 독일, 영국, 일본, 한국, 브라질 등, 그 아래 10개국의 군사비를 모두 합친 금액은 7258억 달러였다. "Trends in World Military Expenditure, 2019," Table 1, Stockholm International Peace Research Institute, https://www.sipri.org/sites/default/files/2020-04/fs_2020_04_milex_0_0.pdf.

15) **"소프트 파워":** Joseph S. Nye가 *Bound to Lead* (New York: Basic Books, 1990)에서 처음 사용했던 용어.

16) **조지프 나이는 최근 들어 …… 경고했다.:** "명백한 증거가 있다. 트럼프 대통령 재임 중 미국의 소프트 파워는 잠식당했다.": Joseph S. Nye, "Donald Trump and the Decline of US Soft Power," *Project Syndicate*, February 6, 2018.

17) **오바마 당시의 64%에서:** Richard Wike, Bruce Stokes, Jacob Poushter, and Janell Fetterolf, "U.S. Image Suffers as Publics Around World Question Trump's Leadership," Pew Research, June 26, 2017, https://www.pewresearch.orjg/global/2017/06/26/u-s-image-suffers-as-publics-around-world-question-trumps-leadership/.

18) **트럼프의 29%로:** Richard Wike, Jacob Poushter, Janell Fetterolf, and Shannon Schumacher, "Trump Ratings Remain Low Around Globe, While Views of

U.S. Stay Mostly Favorable," Pew Research, January 8, 2020, https://www.pewresearch.org/global/2020/01/08/trump-ratings-remain-low-around-globe-while-views-of-u-s-stay-mostly-favorable/.

19) "다른 나라들이 부상하고": Fareed Zakaria, *The Post-American World* (New York: W. W. Norton, 2008)을 볼 것.

20) 경제적 산출량은 다섯 배로: World Bank DataBank, Turkey GDP since 1990: https://data.worldbank.org/indicator/NY.GDP.MKTP.CD?locations=TR.

21) 국민소득도 세 배로: World Bank DataBank, Turkey GDP per capita since 1990: https://data.worldbank.org/indicator/NY.GDP.PCAP.CD?locations=TR.

22) 지금 그 수치는 16%로: World Bank DataBank, China and World GDP, 1990 to 2019, https://data.worldbank.org/indicator/NY.GDP.MKTP.CD?locations=CN-1W.

23) 최대 교역국의 자리에: 2013년의 상황; "China Eclipses U.S. as Biggest Trading Nation," *Bloomberg News*, February 9, 2013을 읽어볼 것, https://www.bloomberg.com/news/articles/2013-02-09/china-passes-u-s-to-become-the-world-s-biggest-trading-nation.

24) 1980년 이래로 대충 일정한 수준: 1980년 미국의 GDP는 전 세계 GDP의 25.4%였고 2018년에는 23.9%였다. "GDP (current US$) — United States" and "World GDP (current US$)," World Bank DataBank, https://data.worldbank.org/indicator/NY.GDP.MKTP.CD.

25) 30%에서 …… 떨어지는: Mikkel Barslund and Daniel Gros, "Europe's Place in the Global Economy — What Does the Last Half Century Suggest for the Future?," "Figure 5: Regional GDP Shares in US$, 1965-2030," in "50 Years of European Integration," *Intereconomics* 51, no. 1 (2016): 5-11 (ZBW— Leibniz Information Centre for Economics and CEPS — Centre for European Policy Studies), https://www.intereconomics.eu/contents/year/2016/number/1/article/europes-place-in-the-global-economy-what-does-the-last-half-century-suggest-for-the-future.html.

26) 양극체제는 …… 하나하나가 전부 다르다: 미·소 양극체제와 미·중 양극체제 사이의 차이점에 관한 좀 더 자세한 논의는 Øystein Tunsjø, *The Return of Bipolarity in World Politics: China, the United States, and Geostructural Realism* (New York: Columbia University Press, 2018)에서 찾아볼 수 있다.

27) **갈등은 우리의 운명:** 가령 Graham Allison, *Destined for War* 같은 책을 참조할 것.

28) **'권력 이행':** 전항의 참조 도서와 함께 Harvard Belfer Center, "Thucydides's Trap Case File"을 읽어 볼 것. https://www.belfercenter.org/thucydides-trap/case-file.

29) **"차이메리카(Chimerica)":** "Niall Ferguson: Is U.S.-China Economic Marriage on the Rocks?", *HuffPost* blog, May 25, 2011에 나오는 퍼거슨과 Nathan Gardeis의 대화에서, https://www.huffpost.com/entry/niall-ferguson-is-us-chin_b_245470.

30) **2012년 집권한 시진핑:** 시진핑이 국가 주석 자리에 오른 것은 2013년이었지만, 공산당 총서기직과 중앙군사위원회 주석직을 맡은 2012년부터 이미 그는 사실상의 지도자였다. John Rutwich, "Timeline — The Rise of Chinese Leader Xi Jinping," Reuters, March 16, 2018, https://www.reuters.com/article/us-china-parliament-xi-timeline/timeline-the-rise-of-chinese-leader-xi-jinping-idUSKCN1GS0ZA.

31) **"전랑 외교":** Ben Westcott and Steven Jiang, "China Is Embracing a New Brand of Foreign Policy. Here's What Wolf Warrior Diplomacy Means," CNN, May 22, 2020.

32) **사실상 …… 미국의 기부는:** "의료 체제, 인도적 지원, 세계적인 경제·안보·안정화 노력" 등을 뒷받침하기 위해 의회가 배정한 24억 달러를 인용한 미 국무성 자료. US Department of State, "Foreign Assistance for Coronavirus (COVID-19)," https://www.state.gov/foreign-assistance-for-coronavirus-covid-19/.

33) **이번 라운드에서는 중국이 이겼고:** 2020년 봄 전 세계 53개국 12만 4000명을 대상으로 실시한 여론조사에서, 미국이 중국보다 Covid 팬데믹에 더 잘 대응했다고 생각한 것은 딱 두 나라뿐이었다. 그중 하나는 미국 자신이었고, 다른 하나는 중국의 오랜 라이벌인 일본이었다. 참조할 자료는 "Nearly all countries say that China's response to the COVID19 is better than the US's," in Democracy Perception Index — 2020, https://daliaresearch.com/blog/democracy-perception-index-2020.

34) **집무 시작 첫날:** Peter Baker, "Trump Abandons Trans-Pacific Partnership, Obama's Signature Trade Deal," *New York Times*, January 23, 2017.

35) **다자주의 수용이니 …… 시진핑의 온갖 수사에도:** 시신핑: "우리는 다자 기구의

권위와 효율을 지탱하기 위해서 반드시 다자주의를 준수해야 한다. 약속을 했으면 지켜야 하고, 규칙을 엄수해야 한다. 자신이 옳다고 생각하는 규칙을 채택하거나 기존의 규칙을 주물러서도 안 된다." CGTN America, "Full Text of Xi Jinping Keynote at the World Economic Forum," January 17, 2017, https://america.cgtn.com/2017/01/17/full-text-of-xi-jinping-keynote-at-the-world-economic-forum.

36) "'**외국의 적대 세력**'": Orville Schell, "The Death of Engagement," *The Wire — China*, June 7, 2020, https://www.thewirechina.com/2020/06/07/the-birth-life-and-death-of-engagement/.

37) "**신시대**": 시진핑이 "중국이 중앙 무대로 다가가 인류를 위해 좀 더 많이 공헌하는 모습을 보게 되는 시대"라고 부름. 2017년 10월 18일 제19차 중국 공산당 전국대표대회 당시 시진핑의 연설 "Secure a Decisive Victory in Building a Moderately Prosperous Society in All Respects and Strive for the Great Success of Socialism with Chinese Characteristics for a New Era"에서, *China Daily*, http://www.chinadaily.com.cn/china/19thcpcnationalcongress/2017-11/04/content_34115212.htm.

38) 인권유린에 대해서는 눈에 띄게 입을 꾹 다물어 왔다.: John Bolton 전 국가안보 보좌관의 설명을 믿는다면, 트럼프 대통령은 농업 위주인 중서부 선거에서 중국의 도움을 얻으려고 적극적으로 구애했다. *Wall Street Journal* 기사에 발췌된 John Bolton, *The Room Where It Happened: A White House Memoir* (New York: Simon & Schuster, 2020) 일부 내용. https://www.wsj.com/articles/john-bolton-the-scandal-of-trumps-china-policy-11592419564:

그러자 트럼프는 놀랍게도 대화 주제를 다가오는 미국 대선으로 바꾼 다음, 중국의 경제적 능력을 암시하면서 자신이 대선에서 승리할 수 있도록 도와달라고 시진핑에게 부탁했다. 그는 선거 결과에서 농부들이 차지하는 중요성, 그리고 콩과 밀에 대한 중국의 수입 증대가 미칠 영향을 강조했다. …… 2019년 6월 오사카에서 열린 G-20 회의 개막 만찬에서 통역사들만 대동한 시진핑은 근본적으로 왜 자신이 신장지구에 강제수용소를 만들고 있는지를 설명했다. 우리의 통역사에 의하면, 트럼프는 강제수용소 건축이 정당한 일이기 때문에 시진핑이 계획을 추진해야 한다고 말했다.

39) 더욱 야심만만해졌다.: "As America Gets Tired, China Gets Busy," *Economist*, June 18, 2020.

40) 미국보다 네 배 많다.: "Who Runs the World?," *Economist*, June 18, 2020.

41) 개발도상국이라고: 예컨대 Stefan Link and Noam Maggor, "The United States as a Developing Nation: Revisiting the Peculiarities of American History," *Past & Present* 246, no. 1 (February 2020)을 읽어 보라: 269-306, https://doi.org/10.1093/pastj/gtz032.

42) 세계 5대 경제 강국에도 들지 못하는: 1820년경 전 세계 GDP에서 차지하는 비율로 본 상위 경제 대국은 #1 China (38.7%), #2 India (16%), #3 France (5.4%), #4 UK (5.2%), #5 Russia (4.5%) …… #9 USA (1.8%)였다. Angus Maddison, *Monitoring the World Economy, 1820-1992* (Paris: OECD, 1995), 30, compiled by Vincent Ferraro, Mount Holyoke College, https://www.mtholyoke.edu/acad/intrel/ipe/topten.htm.

43) 몽유병 환자처럼 …… 전쟁 속으로: Christopher C. Clark, *The Sleepwalkers: How Europe Went to War in 1914* (London: Allen Lane, 2012).

44) 2020년 6월의 국경 분쟁: Jeffrey Gettleman, Hari Kumar, and Sameer Yasir, "Worst Clash in Decades on Disputed India-China Border Kills 20 Indian Troops," *New York Times*, June 16, 2020.

45) 한때는 상상조차 할 수 없었던: Military partnership: "U.S. Security Cooperation with Vietnam," US Department of State Bureau of Political-Military Affairs, Fact Sheet, May 21, 2019, https://www.state.gov/u-s-security-cooperation-with-vietnam-2/.

46) 전쟁 없이 양극성을 유지: 양극체제의 안정성에 관해 더 알고 싶으면 Kenneth Waltz, *Theory of International Politics* (Long Grove, IL: Waveland Press, 1979)를 보라.

47) 2500만 국민이 목숨을 잃었다.: 제2차 세계대전 중 소련의 희생자 수에 관한 추정은 다양하다. 브리태니커에 의하면 "신뢰할 만한 수치가 없다." 전투 중 사망자와 희생된 시민들이 2500만이라는 추산은 Warren W. Eason, "The Soviet Population Today: An Analysis of the First Results of the 1959 Census," *Foreign Affairs*, July 1959에 나와 있다. https://www.foreignaffairs.com/articles/russian-federation/1959-07-01/soviet-population-today#:~:text=(1).

48) "시장 레닌주의": Kristof, "China Sees 'Market-Leninism' as Way to Future."

49) 연 20억 달러를 넘은 적이 거의 없다.: 미국 센서스 자료 "Trade in Goods with the USSR, Years 1985-1990"을 참조할 것. https://www.census.gov/foreign-trade/balance/c4610.html.

50) **'매일' 20억 달러를:** 2018년도 재화와 용역의 교역은 모두 7371억 달러로, 매일 20억 2000만 달러였다. Office of the US Trade Representative, "The People's Republic of China: U.S.-China Trade Facts"에서 인용한 자료임. https://ustr.gov/countries-regions/china-mongolia-taiwan/peoples-republic-china.

51) **"영국이 땅을 소유하고 있는데":** Woodrow Wilson 대통령이 Walter H. Page 주미 영국 대사와 나눈 대화에서. Page 대사의 일기에 의하면 1916년 8월 Wilson 대통령은 "영국이 땅을 소유하고 있으며 독일이 그것을 원한다."라고 언급했다. Adam Tooze, *The Deluge: The Great War, America and the Remaking of the Global Order, 1916-1931* (New York: Penguin/Viking Press, 2014), Chapter 1, footnote 39에 인용되었으며, A. S. Link 등이 편집한 *The Papers of Woodrow Wilson*, 69 vols. (Princeton, NJ: Princeton University Press, 1966-94), 36:120에 기록되어 있음.

52) **"두 경우 모두 …… 특성을 보인다.":** Markus Brunnermeier, Rush Doshi, and Harold James, "Beijing's Bismarckian Ghosts: How Great Powers Compete Economically," *Washington Quarterly* 41, no. 3 (Fall 2018): 161-76, https://www.tandfonline.com/doi/full/10.1080/0163660X.2018.1520571.

53) **"참여하기 쉽고 뒤집어엎기는 어려워":** John Ikenberry, *After Victory: Institutions, Strategic Restraint, and the Rebuilding of Order After Major Wars* (Princeton, NJ: Princeton University Press, 2001, new edition 2019), Preface.

Lesson 10 때론 최고의 현실주의자가 이상주의자다

1) **"중국은 반드시 홀로 서야 한다.":** Mu Lu, "Mastering Advanced Tech Protects National Security," *Global Times*, March 18, 2020.

2) **의료 물자의 수출을 금지하고:** Pamela Boykoff, Clare Sebastian, and Valentina Di Donato, "In the Race to Secure Medical Supplies, Countries Ban or Restrict Exports," CNN Business, March 27, 2020.

3) **중국 의존도를 줄이기 위해:** Ari Altstedter, "India to Spend $1.3 Billion to Boost Pharmaceutical Production," Bloomberg, March 22, 2020.

4) **약품을 직접 개발:** Devjyot Ghoshal and Sachin Ravikumar, "Health Experts Cast Doubt on India's Timeline for COVID Vaccine," Reuters, July 3, 2020.

5) **필수 물자를 직접 제조:** 인도 상공회의소 제95차 연례총회에서 나렌드라 모디 총리는 이렇게 말했다. "인도가 의료 장비를 자급자족할 수 있으면 좋겠다고 생각하는 사람들을 봅니다. 나도 우리가 스스로 PPE 키트를 만들 수 있으면 좋겠고…… 지금 구매하고 소비하는 모든 것들을 스스로 만들 수 있다면 좋겠습니다. …… 이 모든 걸 해결하는 유일한 길은 자급자족 인도에서 비롯됩니다.": *Deccan Chronicle*, "Turn Crisis into Opportunity, Says PM Modi; Reiterates Self-Reliance," June 11, 2020.

6) **총 1억 5000만 명의 희생자:** 1914~1945년의 이 잔혹 행위로 인한 희생자에 대해 가장 많은 사람이 지지하는 추정치를 근거로 한 자료임: 제1차 세계대전으로 2000만 명, 스페인 독감으로 약 5000만 명(어쩌면 1억 명까지 가능), 제2차 세계대전으로 (홀로코스트 및 다른 나치 수용소 희생자들을 포함해) 약 8000만 명, 스탈린의 무차별 학살(대숙청과 우크라이나 아사 사태)로 500만 명 등.

7) **고작 7.7평방킬로미터의 진흙탕을 차지하기 위해 …… 거의 2만 명의 영국 병사들이 희생된:** BBC, "WW1: Why Was the First Day of the Somme Such a Disaster?"에 의하면 희생자 수는 1만 9240명이었다. https://www.bbc.co.uk/teach/why-was-the-first-day-of-the-somme-such-a-disaster/zn3hwty.

8) **「록슬리 홀」:** Alfred, Lord Tennyson, "Locksley Hall," *Poems* (1842). 잘 알려진 바와 같이, UN 역사를 기록한 Paul Kennedy의 저서 *The Parliament of Man*는 바로 이 시에서 따온 제목이다.

9) **아래의 시구를 …… 베껴:** John Hersey, *New Yorker*, April 7, 1951, https://archives.newyorker.com/newyorker/1951-04-07/flipbook/050/.

10) **테니슨의 시구를 읽어 주곤:** "Caught in the Middle," *Economist*, July 13, 2006.

11) **크롱카이트는 …… 아이젠하워를 인터뷰했다.:** "Eisenhower Recalls the Ordeal of D-Day Assault 20 Years Ago," *New York Times*, June 6, 1964.

12) **"쇠로 만든 십자가에 대통령":** Dwight D. Eisenhower, "April 16, 1953: Chance for Peace," University of Virginia Miller Center, https://millercenter.org/the-presidency/presidential-speeches/april-16-1953-chance-peace.

13) **"유럽합중국":** "Speech of Sir Winston Churchill, Zurich, 19th September 1946," Council of Europe, Parliamentary Assembly, https://archive.is/20130218054245/http://assembly.coe.int/Main.asp?link=/AboutUs/zurich_e.htm#selection-653.1-661.27.

14) **"나라를 먼저 앞세울 것이며":** Donald J. Trump, "Remarks by President Trump

to the 72nd Session of the United Nations General Assembly," White House, September 19, 2017, https://www.whitehouse.gov/briefings-statements/ remarks-president-trump-72nd-session-united-nations-general-assembly/.

15) **미국의 일방적인 파워를 견제하는:** Ikenberry, *After Victory*.

16) **가장 가까운 유럽 동맹들에 …… 알려 줄 생각조차:** David E. Sanger, "For Trump, a New Crisis and a Familiar Response: It's China's Fault, and Europe's," *New York Times*, March 12, 2020.

17) **"로컬을 위해 목소리를 높이자.":** "It's a Great Service to the Nation': PM Modi Urges People to Go Vocal About Local," *Hindustan Times*, June 28, 2020.

18) **유럽처럼 …… 국수주의를 초래한:** Giulio Sabbati and Costica Dumbrava, "The Impact of Coronavirus on Schengen Borders," European Parliament, Members' Research Service PE 649.347, April 2020, https://www.europarl. europa.eu/RegData/etudes/BRIE/2020/649347/EPRS_BRI(2020)649347_ EN.pdf.

19) **베이징의 주장을 참으로 쉽게도 받아들이고:** Kathy Gilsinan, "How China Deceived the WHO," *Atlantic*, April 12, 2020; 중국의 주장을 WHO가 쉽게 믿는 점에 대해서는 2020년 1월 14일에 최종 업데이트된 World Health Organization, "Novel Coronavirus — Thailand (ex-China)"를 읽어 볼 것. https://www.who.int/csr/don/14-january-2020-novel-coronavirus- thailand-ex-china/en/.

20) **3월 11일까지 이번 바이러스의 팬데믹 선언을 미루게:** 2020년 4월 27일 최종 업데이트된 World Health Organization, "WHO Timeline — Covid-19," https://www.who.int/news-room/detail/27-04-2020-who-timeline---covid-19.

21) **예산도 보잘것없는 데다:** 2018~2019년 예산은 44억 달러였음. WHO, "Programme Budget 2020-21," 7, https://www.who.int/about/finances-accountability/budget/WHOPB-PRP-19.pdf?ua=1.

22) **힘센 자금 공여국들에 수치심을 안겨:** 중국의 부와 영향력이 훨씬 적었던 2003년의 SARS 사태 중에도 WHO가 베이징의 대응을 두고 중국에 수치심을 안겼던 사실을 주목할 것: "세계보건기구가 사스에 대한 중국의 대응을 비난했는데, 이는 회원국과 정면 대치하는 일이 거의 없는 UN 기구로서는 보기 드문 공격이었다." Joseph Kahn, "China Discovers Secrecy Is Expensive," *New York*

Times, April 13, 2003; 아울러 참조할 자료는 "China's failure to admit the true extent of the SARS outbreak drew severe criticism from governments and from WHO's Director-General Gro Harlem Brundtland," Isabel de Bertodano, *Bulletin of the World Health Organization* 2003, 81 (8), https://www.who.int/bulletin/volumes/81/8/News0803.pdf.

23) **중국으로부터의 공급을 기꺼이 수락했다.**: Alexandra Stevenson, Nicholas Kulish, and David Gelles, "Frantic for Coronavirus Gear, Americans in Need Turn to China's Elite," *New York Times*, April 24, 2020.

24) **150만 개의 검진 키트를 확보했고:** "Strategic Preparedness and Response Plan: Data as of 22 April 2020," WHO, https://www.who.int/docs/default-source/coronaviruse/covid-19-exr-srp-infographic-.pdf?sfvrsn=6f7a7e58_11.

25) **중국 여행객들의 숫자는 …… 훨씬 더 많았다.**: 팬데믹 이전 중국발 대만행 항공편은 매월 5700편이었고, 이에 비해 미국행은 약 1300편이었다. 2020년 1월에 한국을 찾은 중국 여행객은 48만 명이었다. 대만 항공편 자료는 NPR, "With Odds Against It, Taiwan Keeps Coronavirus Corralled," March 13, 2020: 미국 항공편 자료는 Lin Yang, "China Flights Increasing, but American Carriers Still Left Out," *Voice of America*, June 12, 2020: 한국의 관광업 관련 자료는 Korea Tourism Organization, "Monthly Arrivals," January 2020: 그리고 중국 관련 자료는 http://kto.visitkorea.or.kr/eng/tourismStatics/keyFacts/KoreaMonthlyStatistics/eng/inout/inout.kto.

26) **"어느 모로 봐도 전혀 신성하지 않으며, 로마도 아니고, 제국도 아니다.":** "le saint empire romain n'était en aucune manière ni saint, ni romain, ni empire": François Marie Arouet de Voltaire, *Essai sur l'histoire générale et sur les mœurs et l'esprit des nations* (Essay on Universal History and the Manners and Spirit of Nations) (1756), Chapter 70.

27) **휘호 흐로티위스:** 국제법의 기원 및 좀 더 평화로운 세계 질서의 기반을 위한 흐로티위스의 공헌에 관해서는 Oona A. Hathaway and Scott J. Shapiro, *The Internationalists: How a Radical Plan to Outlaw War Remade the World* (New York: Simon & Schuster, 2017)를 읽어 볼 것.

28) **이마누엘 칸트:** 그의 1795년 "Perpetual Peace: A Philosophical Sketch"에서.

29) **"만국의 동등한 권리":** William E. Gladstone, "Third Midlothian Speech, West Calder, 27 November 1879," *English Historical Documents*, 1874-1914, edited

by W. D. Hancock and David Charles Douglas, citing *Political Speeches in Scotland* (1880), 1:115-117.

30) **극도로 중상주의적이기도:** 대영제국과 그 식민지들 사이에 적용된 관세 할인 따위의 '제국주의적 선호' 시스템 같은 것을 예로 들 수 있다. 참조할 자료는 Brian Varian, "Britain's Post-Brexit Trade: Learning from the Edwardian Origins of Imperial Preference," *VoxEU*, Center for Economic Policy Research, June 23, 2018, https://voxeu.org/article/what-imperial-preference-can-teach-us-about-post-brexit-trade-deals.

31) **근대의 첫 번째 군축 협정:** Notably the Hague Conventions of 1899 and 1907.

32) **일흔두 번이나:** Lindsey A. O'Rourke, "The U.S. Tried to Change Other Countries' Governments 72 Times During the Cold War," *Washington Post*, December 23, 2016.

33) **가장 많은 외국인 직접투자를 유치한 25개국에:** A. T. Kearney Foreign Direct Investment Confidence Index, 2020, https://www.kearney.com/foreign-direct-investment-confidence-index/2020-full-report.

34) **2015년에 발표한 보고서:** Michael O'Sullivan and Krithika Subramanian, "The End of Globalization or a More Multipolar World?," Credit Suisse Report, September 2015, https://www.credit-suisse.com/media/assets/corporate/docs/about-us/research/publications/the-end-of-globalization-or-a-more-multipolar-world-report.pdf.

35) **"중국의 성장 감속의 절반가량은":** Nicholas R. Lardy, *The State Strikes Back: The End of Economic Reform in China?* (Washington, DC: Peterson Institute for International Economics, 2019), 31.

36) **1만 달러 이정표를 지났지만:** 중국 국가통계청 고위 관리의 발언에 의거함. Ning Jizhe: "China's Per Capita GDP Crosses USD 10,000-Mark for the First Time," *Economic Times*, January 17, 2020, https://economictimes.indiatimes.com/news/international/business/chinas-per-capita-gdp-crosses-usd-10000-mark-for-the-first-time/articleshow/73329871.cms.

37) **1945년 이래 전쟁과 합병의 두드러진 감소와:** Mark W. Zacher, "The Territorial Integrity Norm: International Boundaries and the Use of Force," *International Organization* 55, no. 2 (Spring 2001): 218, "Table 1: Interstate Wars by Historical Era, 1648-2000," https://www.jstor.org/stable/3078631.

38) 세계 경제의 58%를: 2019년 World Bank의 데이터에 의하면, 미국 및 리스트에 오른 미국의 동맹국들은 모두 50조 6000억 달러의 GDP를 기록해 87조 7000억 달러인 전 세계 GDP의 57.7%를 차지한다.

39) 중국이 ⋯⋯ 완전히 "탈출"하기를: Ikenberry, *After Victory*, preface to the 2019 edition.

40) 미국의 포기가: Ivo H. Daalder and James M. Lindsay, *The Empty Throne: America's Abdication of Global Leadership* (New York: PublicAffairs, 2018).

41) 트럼프의 본능은 잭슨을 닮았다.: Walter Russell Mead, "The Jacksonian Revolt: American Populism and the Liberal Order," *Foreign Affairs*, January 20, 2017.

42) 현장을 포기해 버린: Daniel W. Drezner, "This Time Is Different: Why U.S. Foreign Policy Will Never Recover," *Foreign Affairs*, May/June 2019.

43) 유럽 기지에서 군대를 철수: "Donald Trump's Baffling Proposal to Withdraw Troops from Germany," *Economist*, June 27, 2020.

44) 칠십 년간의 대서양 파트너십에 종말이: 대서양을 사이에 둔 긴장에 관해 좀 더 낙관적인 해설을 보고 싶다면, Karen Donfried and Wolfgang Ischinger, "The Pandemic and the Toll of Transatlantic Discord," *Foreign Affairs*, April 18, 2020을 읽어 볼 것.

45) "오로지 미국용으로": Aitor Hernández-Morales, "Germany Confirms That Trump Tried to Buy Firm Working on Coronavirus Vaccine," *Politico*, March 15, 2020, citing Jan Dams, "Diese Erfahrung wird Europa so schnell nicht vergessen," *Die Welt*, March 15, 2020, https://www.welt.de/wirtschaft/plus206563595/Trump-will-deutsche-Impfstoff-Firma-CureVac-Traumatische-Erfahrung.html.

46) 흥정에서 새치기를 하거나: Richard Lough and Andreas Rinke, "U.S. Coronavirus Supply Spree Sparks Outrage Among Allies," Reuters, April 3, 2020.

47) 1800만 명의 목숨을 구했다.: 국무성 자료에 의함. "The United States President's Emergency Plan for AIDS Relief," US Department of State, https://www.state.gov/pepfar/; 함께 참조할 자료는 Anthony S. Fauci and Robert W. Eisenger, "PEPFAR—15 Years and Counting the Lives Saved," *New England Journal of Medicine* 378 (January 25, 2018): 314-316, https://www.nejm.org/doi/10.1056/NEJMp1714773; 그리고 "The U.S. President' s Emergency Plan for AIDS Relief (PEPFAR)," Kaiser Family Foundation, May 27, 2020, https://www.kff.org/global-health-policy/fact-sheet/the-us-presidents-emergency-plan-for-aids-relief-pepfar/. 다소 드라마틱함이 떨어지긴 하지만 300만 명 정도의 목숨을 구했다는 추정치는 Dylan Matthews, "George W. Bush Was a Much Better President Than Liberals Like to Admit," *Vox*, July 8, 2015에서 볼 수 있음.

48) **다양한 기부를 한 나라가:** 유럽도 해외 개발 지원을 위해 방대한 금액을 제공하고 있는데, 이것이 미국보다 훨씬 더 큰 기부라고 보는 자료도 있다. OECD 자료에 의하면, 2016년의 경우 미국이 연간 300억 달러를 내놓은 반면, EU 기구들은 프랑스, 독일, 영국과 더불어 600억 달러 정도를 기부했다. http://www.oecd.org/dac/stats/ODA-2015-detailed-summary.pdf.

49) **전역에서 팬데믹이 기승을 부리는:** 7월 16일 미국은 일간 감염자 수 7만 5000명을 넘겨 사상 최고를 기록했다. Lisa Shumaker, "U.S. Shatters Coronavirus Record with over 77,000 Cases in a Day," Reuters, July 16, 2020.

50) **"옛날옛날 베를린 공수작전을 편 미국이라는 나라가":** Kevin Rudd, "The Coming Post-Covid Anarchy," *Foreign Affairs*, May 6, 2020.

51) **일련의 다자 그룹을:** 라틴아메리카에서는 2015년 이래 China-CELAC Forum 을 통해 CELAC(라틴아메리카·카리브해 국가공동체)과 관여했고(http://www.chinacelacforum.org/eng/ltjj_1/P020161207421177845816.pdf), 중앙 유럽 및 동유럽에서는 "Visegrad Group"과 관여했으며, 소위 17+1 포맷(알바니아, 보스니아 헤르체고비나, 불가리아, 크로아티아, 체코, 에스토니아, 헝가리, 라트비아, 리투아니아, 마케도니아, 몬테네그로, 폴란드, 루마니아, 세르비아, 슬로바키아, 슬로베니아, 2019년엔 그리스까지)과도 관여했음: Emilian Kavalski, "China's '16+1' Is Dead? Long Live the '17+1,'" *Diplomat*, March 29, 2019.

52) **방위조약에 참여한 옛 소비에트 공화국들:** 1992년부터 원래 아르메니아, 카자흐스탄, 키르기스스탄, 러시아, 타지키스탄, 우즈베키스탄 등을 포함했으며 1993년에 추가로 아제르바이잔, 벨라루스, 조지아가 가입한 The Collective Security Treaty Organization (CSTO). Tashkent Pact라는 이름으로 알려지기도 함. "From the Treaty to the Organization," https://en.odkb-csto.org/25years/.

53) **모스크바와 엮이는 것을 경계하게:** "우크라이나를 둘러싼 위기는 유라시아 경제연합의 탄생 트라우마가 되었다." Evgeny Troitskiy, "The Eurasian Economic

Union at Five: Great Expectations and Hard Times," Wilson Center, January 14, 2020, https://www.wilsoncenter.org/blog-post/eurasian-economic-union-five-great-expectations-and-hard-times.

54) 세계 무대에서 그 나름의 독자적인 역할을 하려고: Ivan Krastev and Mark Leonard, "Europe's Pandemic Politics: How the Virus Has Changed the Public's Worldview," European Council on Foreign Relations, Policy Brief, June 23, 2020, https://www.ecfr.eu/publications/summary/europes_pandemic_politics_how_the_virus_has_changed_the_publics_worldview.

55) "중국과 미국, 그리고 세계의 무질서에 맞섬": Emmanuel Macron, "Addresse aux Français," https://www.elysee.fr/emmanuel-macron/2020/06/14/adresse-aux-francais-14-juin-2020.

56) 미국 패권이 끝나더라도 ⋯⋯ 살아남을 수 있다는: 미국이 창안했던 질서가 그걸 만든 국가권력이 사라져도 생존할 수 있다는 생각에 관해서는 Ikenberry가 *After Victory* 2019년판에 쓴 서문에서 좀 더 많은 것을 배울 수 있다.

57) 금성: Michael Cabbage and Leslie McCarthy, "NASA Climate Modeling Suggests Venus May Have Been Habitable," NASA Goddard Institute for Space Studies, https://climate.nasa.gov/news/2475/nasa-climate-modeling-suggests-venus-may-have-been-habitable/.

오래전부터 과학자들은 금성이 지구와 비슷한 물질로 형성되어 있지만, 지구와는 다른 진화의 길을 걸어왔다는 이론을 구축해 왔다. 1980년대 NASA가 금성에 보낸 Pioneer 미션에 의한 측정치들은 원래 금성에 바다가 있었을지도 모른다는 점을 최초로 암시했다. 그러나 금성은 지구보다 태양에 가까워 햇빛을 훨씬 더 많이 받는다. 그 결과, 금성의 초기 해양은 증발했고, 수증기 분자는 자외선에 쪼여 부서졌으며, 수소는 대기 속으로 달아나 버렸다. 표면에 수분이 남지 않게 되자, 이산화탄소가 내기 중에 축적되어 소위 '탈주온실효과' 때문에 지금과 같은 조건이 만들어졌다는 것이다.

58) "먹먹하고, 지루하고, 그러면서도 감명 깊다.": Paul Kennedy, *The Parliament of Man: The Past, Present, and Future of the United Nations* (New York: Random House, 2006), 283.

맺으며: 쓰여 있는 것은 단 하나도 없다

1) 최초의 공식 여론조사: Frank Newport, "75 Years Ago, the First Gallup Poll,"

Gallup, October 20, 2010, https://news.gallup.com/opinion/polling-matters/169682/years-ago-first-gallup-poll.aspx.

2) 유럽연합에 대해 격렬한 반감을: "3월 말의 한 여론조사 결과에 의하면, 응답자의 72퍼센트는 유럽연합이 팬데믹 대처에 기여한 바가 '전혀 없다'고 생각했으며, 유럽연합에 대한 신뢰는 팬데믹 이전의 34퍼센트에서 25퍼센트로 내려앉았다." Luigi Scazzieri, "Trouble for the EU Is Brewing in Coronavirus-Hit Italy," Centre for European Reform, April 2, 2020, https://www.cer.eu/insights/trouble-eu-brewing-coronavirus-hit-italy, citing ADN Kronos, "Il sondaggio: fiducia in Ue crolla anche fra europeisti," https://www.adnkronos.com/fatti/cronaca/2020/03/29/sondaggio-fiducia-crolla-anche-fra-europeisti_4SqDLxMTeNlpRJsz9jEwzK.html.

3) 합의가 이루어졌다.: Jan Strupczewski, John Chalmers, and Robin Emmott, "EU Reaches Historic Deal on Pandemic Recovery After Fractious Summit," Reuters, July 20, 2020.

4) 생물학자들이 믿는 속성이다.: 예컨대 Robert Boyd and Peter J. Richerson, "Culture and the Evolution of Human Cooperation," *Philosophical Transactions of the Royal Society of London, Series B, Biological Sciences* 364, no. 1533 (November 12, 2009): 3281-3288, https://www.ncbi.nlm.nih.gov/pmc/articles/PMC2781880/; 최근 Erica Moore와 Elizabeth Manton이 번역한 Rutger Breman의 *Humankind: A Hopeful History* (New York: Little, Brown, 2020)에 등장해 인기를 끈 이론.

5) "인간은 스스로 역사를 만든다.": Saul K. Padover가 번역한 Karl Marx, *The Eighteenth Brumaire of Louis Bonaparte*(1852), Chapter 1.

6) "신의 발걸음 소리": 이 비스마르크식 격언의 살짝 다른 버전이 Henry Kissinger의 "Otto von Bismarck: Master Statesman," *New York Times*, March 31, 2011에 제시되어 있다.

7) 빅토르 즈다노프 박사가: 천연두에 맞선 미·소 협력에 관한 이 이야기는 하버드 역사학자 Erez Manela의 탁월하고도 권위 있는 글 "A Pox on Your Narrative: Writing Disease Control into Cold War History," *Diplomatic History* 34, no. 2 (April 2010)에서 비롯되었다. https://scholar.harvard.edu/files/manela/files/manela-pox-dh.pdf. 그는 Thomas Jefferson이 Edward Jenner에게 보낸 1806년 5월 14일의 서신 The Thomas Jefferson Papers, Series 1, General

Correspondence, Library of Congress, Washington, DC를 인용하고 있다.

8) **공식적으로 박멸되어 사라졌다.** : "Smallpox," US Centers for Disease Control and Prevention, last reviewed July 12, 2017, https://www.cdc.gov/smallpox/index.html.

Credits

LESSON 9와 LESSON 10의 일부분은 "The Self-Destruction of American Power"를 이용했음.《포린 어페어스》(2019년 7-8월호)의 사용 허락하에 게재함. Copyright 2019 by the Council on Foreign Relations, Inc. www.ForeignAffairs.com.

LESSON 9의 또 다른 일부는 "The New China Scare"를 이용했음.《포린 어페어스》(2020년 1-2월호)의 사용 허락하에 게재함. Copyright 2020 by the Council on Foreign Relations, Inc. www.ForeignAffairs.com.

이 책은 예전에 출간된 저자의 글, 특히《워싱턴 포스트》에 게재된 기사들을 이용했으며, 그 모든 것은 https://www.washingtonpost.com/people/fareed-zakaria/에서 찾아 볼 수 있음.

THE POEMS OF EMILY DICKINSON: READING EDITION, edited by Ralph W. Franklin, Cambridge, Mass.: The Belknap Press of Harvard University Press, Copyright © 1998, 1999 by the President and Fellows of Harvard College. Copyright © 1951, 1955 by the President and Fellows of Harvard College. Copyright © renewed 1979, 1983 by the President and Fellows of Harvard College. Copyright © 1914, 1918, 1919, 1924, 1929, 1930, 1932, 1935, 1937, 1942 by Martha Dickinson Bianchi. Copyright © 1952, 1957, 1958, 1963, 1965 by Mary L. Hampson.

225쪽의 [도표]는 2014년 출간되고 2018년 개정판이 나온 Esteban Ortiz-Ospina and Diana Beltekian, Our World in Data 중 "Globalization over 5 centuries, World"에서 발췌함. https://ourworldindata.org/grapher/globalization-over-5-centuries?time=1945..2016. Mariko J. Klasing and P. Milionis, "Quantifying the Evolution of World Trade, 1870-1949," *Journal of International Economics* 92, no. 1 (2014): 185-197에서 구한 데이터; http://www.jstor.org/stable/25053910)에서 수집한 A. Estevadeordal, B. Frantz, and A. Taylor, "The Rise and Fall of World Trade, 1870-1939," *Quarterly Journal of Economics* 118, no. 2 (2003): 359-407; World Bank—World Development Indicators, http://data.worldbank.org/data-catalog/world-development-indicators; Robert C. Feenstra, Robert Inklaar, and Marcel P. Timmer, "The Next Generation of the Penn World Table," *American Economic Review* 105, no. 10 (2015): 3150-3182, www.ggdc.net/pwt. PWT v9.1에서 다운로드 가능.

옮긴이 **권기대**

서울대 경제학과를 졸업하고 미국 모건은행에서 비즈니스 커리어를 시작하여 1980년부터 뉴욕 월스트리트에서 근무했다. 이후 호주, 인도네시아, 프랑스, 독일, 홍콩 등을 편력하며 각국의 문화를 흡수했다. 홍콩에서는 영화 평론과 배급을 하는 등 국제적으로 문화 콘텐트를 교류하는 사업을 벌였으며 2005년 귀국한 후로는 번역과 책 만드는 일에 매진하고 있다. 50여 종의 영어, 독어, 프랑스어 작품을 우리말로 옮겼다. 영미권 도서로는 『헨리 키신저의 중국 이야기』, 『덩샤오핑 평전』, 『화이트 타이거』, 『부와 빈곤의 역사』, 『우주 전쟁』, 『살아 있는 신』, 『첼시의 신기한 카페로 오세요』, 『다시 살고 싶어』, 『아이는 어떻게 성공하는가』, 『가볍게 살고 있습니다』 등을, 독어권 도서로는 『돈 후안』, 『쇼펜하우어 이기는 대화법 38』, 『신비주의자가 신발끈을 묶는 방법』 등을, 프랑스어 도서로는 『살로테』, 『코리동』, 『어바웃 타임』 등을 펴냈다.

팬데믹 다음 세상을 위한
텐 레슨

1판 1쇄 펴냄 2021년 4월 16일
1판 2쇄 펴냄 2021년 7월 19일

지은이   파리드 자카리아
옮긴이   권기대
발행인   박근섭·박상준
펴낸곳   (주)민음사

출판등록   1966. 5. 19. 제16-490호
주소   서울특별시 강남구 도산대로1길 62(신사동)
          강남출판문화센터 5층 (우편번호 06027)
대표전화   02-515-2000 | 팩시밀리 02-515-2007
홈페이지   www.minumsa.com

한국어 판 ⓒ (주)민음사, 2021. Printed in Seoul, Korea

ISBN 978-89-374-1929-4 (03320)